Dr. Fred Bernitzke, Dr. Peter Schlegel

Das Handbuch der Elternarbeit

1. Auflage, korrigierter Nachdruck

Bestellnummer 60000

Bildungsverlag EINS

Haben Sie Anregungen oder Kritikpunkte zu diesem Buch?
Dann senden Sie eine E-Mail an BV60000@bv-1.de
Autoren und Verlag freuen sich auf Ihre Rückmeldung.

www.bildungsverlag1.de

Gehlen, Kieser und Stam sind unter dem Dach des Bildungsverlages EINS zusammengeführt.

Bildungsverlag EINS
Sieglarer Straße 2, 53842 Troisdorf

ISBN 3-427-**60000**-9

Die Elternarbeit wird von vielen Erzieherinnen als wichtig und notwendig erkannt – und dennoch vernachlässigt. In der Fachschulausbildung nimmt die Elternarbeit nicht den Stellenwert ein, den eine umfassende berufsbezogene Vorbereitung erfordert. Nach der Ausbildung fehlen den Erzieherinnen[1] häufig die geeigneten Methoden, um mit den Eltern angemessen zu kooperieren. Eltern interessieren manche Erzieherinnen oft nur als Informationsgeber, um die Kinder besser verstehen und die Erziehungsaktivitäten in den sozialpädagogischen Einrichtungen optimieren zu können. Einige Erzieher gehen mit den Eltern bisweilen pädagogisch belehrend um, was der Zusammenarbeit abträglich ist.

Die Einstellung zur Elternarbeit hat sich in den letzten Jahren grundlegend gewandelt. Wurden die Eltern zunächst als Partner im Erziehungsauftrag der sozialpädagogischen Einrichtung wahrgenommen, so werden sie nun stärker in den Erziehungsalltag eingebunden und ihnen wird eine aktivere Rolle als Mitgestalter zugestanden. Dieses Verständnis der Elternarbeit wird in unserer Zeit durch eine neue Perspektive ergänzt: Die sozialpädagogischen Einrichtungen verstehen sich als Dienstleistungsunternehmen, in dem Kinder und Eltern als Kunden zu sehen sind. Die Elternarbeit wird unter Qualitätsaspekten bewertet und weiterentwickelt.

Wenn man Eltern als Partner oder Kunden ansieht, erfordert das entsprechende Methoden, um den Partner in den Erziehungsalltag zu integrieren bzw. den Kunden in seinen Wünschen und Interessen durch eine qualitativ hochwertige Erziehungsarbeit zufrieden zu stellen.

Das vorliegende Handbuch der Elternarbeit setzt sich mit einem zeitgemäßen Verständnis der Elternarbeit auseinander, indem der Qualitätsanspruch an diese Arbeit präzisiert sowie eine Vielzahl von bewährten und neuen Formen dargestellt und mit methodischen Hinweisen zur Umsetzung versehen werden.

Die Elternarbeit wird grundsätzlich in die **soziale Form der Elternarbeit** mit einer direkten Kommunikation zwischen Eltern und Erzieherinnen und in die **schriftliche Form der Elternmitarbeit** unterteilt. Diese beiden Gruppierungen erfordern unterschiedliche Erzieherkompetenzen und berücksichtigen unterschiedliche Methoden, auf die hier näher eingegangen wird.

Innerhalb der sozialen Formen stellt sich die Frage, wer von der Elternarbeit profitieren soll. Im Rahmen von Informations- und Beratungssituationen und der Elternbildung stehen die Eltern im Mittelpunkt **(elternunterstützende Formen)**, bei der **einrichtungsunterstützenden Elternmitarbeit** steht die sozialpädagogische Institution im Zentrum der Bemühungen. Adressat der Elternarbeit können zum einen Einzelpersonen (zum Beispiel Elternteile) und zum anderen Gruppen sein (zum Beispiel Eltern der jeweiligen Kindergruppe, Eltern der Gesamteinrichtung). Diese Adressaten erfordern spezifische Methoden (zum Beispiel Beratungstechniken, Präsentationsverfahren), die im Handbuch erläutert und an Beispielen veranschaulicht werden.

Die zahlreichen Probleme der Elternarbeit werden ernst genommen, an Beispielen verdeutlicht und mit praxisgerechten Ansätzen zur Verminderung dieser Erschwernisse versehen. Zusätzlich sind eine Reihe von Aufgaben entwickelt worden, die unter der Internetadresse http://www.bildungsverlag1.de/buchplus/427-60000.asp kostenlos abgerufen werden können.

Dr. Fred Bernitzke und Dr. Peter Schlegel — Ludwigshafen im Dezember 2003

1 *Aus Gründen der Lesbarkeit verwenden wir in diesem Buch oft nur die weibliche oder männliche Form. Gemeint sind jedoch immer beide Geschlechter.*

1 Einführung

Die Elternarbeit in Tageseinrichtungen wird im Kinder- und Jugendhilfegesetz eingefordert. Die Eltern sind bei der Gestaltung des Betreuungsangebots, der Förderung, der Bildung und der Erziehung der Kinder zu beteiligen. Daraus ergibt sich die Notwendigkeit, die unterschiedlichen Betreuungssysteme „Familie" und „Einrichtung" mit ihren unterschiedlichen Zielvorstellungen, Abläufen und Regeln zum Wohle des Kindes aufeinander abzustimmen. Zwischen Eltern und Erzieherinnen besteht eine Erziehungspartnerschaft, die es lebendig auszugestalten und zu entwickeln gilt.

> Das Kinder- und Jugendhilfegesetz (KJHG) gibt bezüglich der Elternarbeit folgende Hinweise:
>
> § 1 (2) Pflege und Erziehung der Kinder sind das natürliche Recht der Eltern und die zuvörderst ihnen obliegende Pflicht. ...
>
> § 9 Bei der Ausgestaltung der Leistungen und der Erfüllung der Aufgaben ... (ist) ... die von den Personensorgeberechtigten bestimmte Grundausrichtung der Erziehung ... zu beachten.
>
> § 22 (2) Das Leistungsangebot soll sich pädagogisch und organisatorisch an den Bedürfnissen der Kinder und ihrer Familien orientieren.
>
> § 22 (3) Bei der Wahrnehmung ihrer Aufgaben sollen die in den Einrichtungen tätigen Fachkräfte und anderen Mitarbeiter mit den Erziehungsbe-rechtigten zum Wohl der Kinder zusammenarbeiten. Die Erziehungsberechtigten sind an den Entscheidungen in wesentlichen Angelegenheiten der Tageseinrichtung zu beteiligen.

Analysiert man die in den Einrichtungen praktizierte Elternarbeit, werden verschiedene Defizite deutlich:

Unsicherheit gegenüber Elternarbeit: Dem Bereich Elternarbeit wird in der Ausbildung eine zu geringe Bedeutung beigemessen. Zwar werden Ziele und Formen der Elternarbeit in der Theorie besprochen, doch die praktische Erprobung erfolgt erst im dritten Ausbildungsjahr, in dem die Praktikanten in einigen Einrichtungen systematisch mit der Elternarbeit vertraut gemacht werden. Berufspraktikantinnen nehmen häufig gegenüber der Elternarbeit eine abwehrende Haltung ein und fühlen sich überfordert, bei den Angeboten der Elternarbeit aktiv mitzuwirken. Aber auch erfahrene Erzieherinnen stehen einigen Formen der Elternarbeit mit gemischten Gefühlen gegenüber und betreiben sie eher halbherzig und mit Unbehagen. Sie fühlen sich der Betreuung, Erziehung und Bildung der Kinder verpflichtet und betrachten die Elternarbeit als ein notwendiges Übel.

Problematische Begrifflichkeit: Der Begriff „Elternarbeit" suggeriert, wie Randow-Barthel (2002) herausstellt, dass die Erzieherinnen als Handelnde den Eltern als passive Adressaten zuarbeiten. Ein partnerschaftlicher Dialog kommt in der Begrifflichkeit nicht zum Ausdruck. Deshalb schlägt Randow-Barthel vor, den Begriff „Elternarbeit" durch offenere Formulierungen wie Elterndialog, Elternkontakt oder Elternkooperation zu ersetzen.

Methodische Mängel: Erzieher haben vielfältige Erfahrungen im Umgang mit Kindern und deshalb manchmal Probleme, sich auf Erwachsene einzustellen. Sie sind frustriert, wenn sie merken, dass bei Kindern erfolgreich eingesetzte Methoden bei Erwachsenen auf Widerstand stoßen. Misserfolge in der Elternarbeit werden als persönliche Mängel empfunden und vermindern die Bereitschaft, sich erneut darauf einzulassen.

Gegenüber Kindern entwickeln Erzieherinnen eine natürliche Autorität, gegenüber Erwachsenen sind sie weniger in der Lage, ihre Fach-/Sachautorität zu dokumentieren.

Vorbehalte gegenüber Eltern: Wie Textor (2000) herausstellt, entspringt die abwehrende, skeptische Haltung gegenüber Eltern den pädagogischen Konzepten von sozialpädagogischen Einrichtungen in den letzten 40 Jahren. Der Einfluss der Eltern auf die Entwicklung ihrer Kinder wird in diesen Ansätzen eher negativ bewertet.

- In der Diskussion zur **antiautoritären Erziehung** wurden die Familien als Orte der Unterdrückung kindlicher Bedürfnisse enttarnt und eine Erziehung in Einrichtungen gefordert, die dieser Unterdrückung entgegen wirkt.
- Der Ansatz der **kompensatorischen Erziehung** sieht die mangelhafte Betreuung durch die Eltern als Ursache für geistige Defizite von Kindern aus sozialen Randgruppen. Die Kindertagesstätte hat das auszugleichen, was die Eltern versäumen.
- Vertreter des **Bildungsanspruchs** von Kleinkindern sehen den Kindergarten eher als Bildungseinrichtung im Elementarbereich. Die Einflussnahme der Eltern wird, wie in der Schule, auf ein geregeltes Mindestmaß beschränkt.

Diesen Ansätzen, die den Elterneinfluss negativ bewerten, stehen alternative pädagogische Konzepte gegenüber, die der Elternarbeit und -mitwirkung einen hohen Stellenwert beimessen.

- Die Unzufriedenheit mit dem sozialpädagogischen Angebot im Elementarbereich führte zur Gründung von Kinderbetreuungseinrichtungen durch **Elterninitiativen**. Eltern übernehmen dabei die Verantwortung für ein aus ihrer Sicht pädagogisch angemessenes Erziehungskonzept.
- **Modellversuche** wie beispielsweise „Netz für Kinder“ (Becker-Textor 1998) oder Mütterzentren („Orte für Kinder“, Gerzer-Sass 1998) erproben Konzepte, in denen Laien und Profis im Team für die Betreuung der Kinder verantwortlich sind. Die sozialpädagogischen Fachkräfte werden von Müttern als „Praxis-Expertinnen“ unterstützt. Die Eltern werden im „bunten Team“ zu Teammitgliedern, ein berufspolitisch nicht unumstrittener Ansatz.
- Im **Situationsansatz** wird die Rolle der Eltern neu definiert: Sie werden als Mitarbeitende und Kooperierende in die pädagogische Arbeit der Kindertagesstätte eingebunden. Eltern werden zum Partner der Erzieherinnen, die gemeinsam die kindliche Entwicklung verantworten.
- Die Übertragung von **betriebswirtschaftlichen Konzepten** auf den sozialen Bereich führt zur Entdeckung der Eltern mit ihren Kindern als Kunden. Die angestrebte Verbesserung der Kundenzufriedenheit als ein zentrales Ziel der Einrichtung stärkt die Position der Eltern, deren Wünsche vermehrt Berücksichtigung finden.

Die aktuelle Diskussion über die Arbeit in sozialpädagogischen Einrichtungen fordert von vielen Erzieher einen deutlichen Perspektivenwechsel. Nimmt man die Forderungen nach Kundenorientierung, aktiver Öffentlichkeitsarbeit und Qualitätsstandards ernst, ist die Elternarbeit in ihrer Bedeutung neu zu verorten. Sie hat in ihrer Bedeutung erheblich gewonnen.

Die bisher praktizierten Formen der Elternarbeit stehen auf dem Prüfstand und neue Formen in der Zusammenarbeit mit den Eltern gilt es zu entwickeln und zu erproben.

Elternarbeit ist ein wesentlicher Teil der Öffentlichkeitsarbeit. Eltern wirken als Multiplikatoren, die ihre Erfahrungen, Meinungen, Einstellungen mit anderen Eltern austauschen. Das Bild der Einrichtung wird durch die Mund-zu-Mund-Propaganda geprägt und ist für die Erzieherinnen nur indirekt beeinflussbar.

Die in der Einrichtung praktizierten Formen der Elternarbeit kennzeichnen die Einstellung zu den Eltern und ist Ausdruck des Selbstverständnisses einer Einrichtung bzw. der Einrichtungskultur.

Definition der Elternarbeit

Die veränderte Sichtweise der Elternarbeit kommt in den Definitionen der Elternarbeit zum Ausdruck.

Definition

Furian (1982) versteht die Elternarbeit als
- *die Summe aller pädagogischen Angebote für Eltern und Bemühungen **zur Verbesserung des elterlichen Erziehungsverhaltens***
- *die **Offenlegung und Abstimmung der Erziehung** zwischen Familien und außerfamiliären Erziehungseinrichtungen und*
- *die **Verbesserung der Erziehungssituation** in außerfamiliären Einrichtungen unter Einbeziehung der Eltern.*

In diesem Verständnis der Elternarbeit aus den achtziger Jahren kommt eine belehrende Grundhaltung sowie eine Rechtfertigung der eigenen Arbeit zum Ausdruck. Das Einbeziehen der Eltern in die pädagogische Arbeit der Einrichtung, eine partnerschaftliche Verantwortung für die Erziehung, Betreuung und Bildung der Kinder ist nicht beabsichtigt.

Stürmer (2001) berücksichtigt die veränderte Einstellung zu den Eltern, wenn er in seiner Definition die Elternarbeit im Bereich der Kindertagesstätte und Krippe wie folgt kennzeichnet:

Definition

Elternarbeit

- *umfasst die **Gesamtheit der Angebote** einer Kindertageseinrichtung an die Familien ihres Einzugsgebietes.*
- *ist **elementarer Bestandteil der pädagogischen Arbeit**, die auf die Betreuung, Erziehung und Bildung ausgerichtet ist.*
- *beruht auf der* **konstruktiven, partnerschaftlichen und dialogischen Kooperation** *zwischen Eltern und Erzieherinnen.*
- *beinhaltet:*
  - *Informationen über die Einrichtung,*
  - *Abklärung gegenseitiger Erwartungen,*
  - *aktive Mitwirkung der Eltern,*
  - *Begegnungsmöglichkeiten für Eltern,*
  - *Unterstützung anderer sozialen Netzwerke im Gemeinwesen.*

Dieses Verständnis nimmt die Eltern als Partner ernst und schafft Räume für eine konstruktive Zusammenarbeit zum Wohle des Kindes.

Neben diesem partnerschaftlichen Ansatz in der Elternarbeit werden vermehrt betriebswirtschaftliche Sichtweisen propagiert, in denen die Eltern mit ihren Kindern als Kunden und die Einrichtung als soziale Dienstleistungsunternehmen verstanden werden.

Unter dem Kundenaspekt könnte in Anlehnung an Jansen und Wenzel (2000/2. Aufl.) die Elternarbeit folgendermaßen charakterisiert werden:

Definition

Elternarbeit

- *in dem sozialen **Dienstleistungsunternehmen** umfasst alle Aktivitäten der Einrichtung, um den Kundenwünschen gerecht zu werden und die Kundenzufriedenheit zu erhöhen.*
- *beinhaltet die Erfassung und Umsetzung der **Elternwünsche** und nimmt die **Elterninteressen** ernst.*
- *heißt, die **Eltern als Kunden** bei der Entwicklung von neuen, bedarfsgerechten Angebots- und Betreuungsformen einzubeziehen.*
- *wird getragen von einem **freundlichen, zuvorkommenden Umgang** der Erzieherinnen mit den Eltern, für deren Interessen großes **Verständnis** entgegengebracht wird.*

Hinter dieser Einstellung steht die Erkenntnis: Die Eltern sind nicht auf ein bestimmtes Betreuungsangebot angewiesen, denn es gibt häufig ein breites Angebotsspektrum. Die Arbeitsplätze von Erzieher hängen von den Eltern als Kunden ab. Die sozialpädagogische Einrichtung steht in Konkurrenz zu anderen sozialpädagogischen Einrichtungen. Bei einer rückläufigen Kinderzahl werden Gruppen geschlossen und Mitarbeiter freigesetzt. In dieser Wettbewerbssituation werden nur solche Einrichtungen überleben, denen es gelingt, ein Dienstleistungsangebot zu entwikkeln, das den Bedürfnissen der Kunden (Eltern und Kindern) entspricht.

Zusammenfassung

Die Elternarbeit zählt zu den zentralen Aufgaben sozialpädagogischer Einrichtungen. Zum einen wird die Mitwirkung der Eltern rechtlich nach KJHG geregelt, zum anderen beruht erfolgreiche pädagogische Arbeit auf der notwendigen Abstimmung mit den Eltern und ihrer wünschenswerten Mitwirkung in den Einrichtungen. Die Erzieherinnen haben die Aufgabe, die vielfältigen Formen der Elternarbeit situations- und adressatengerecht zu nutzen.

Die Einstellung zur Elternarbeit hat sich in den letzten 50 Jahren grundlegend gewandelt. Wurde der Elterneinfluss früher eher negativ bewertet (zum Beispiel mangelnde Förderung, Überforderung, autoritäre Erziehungshaltung der Eltern), so berücksichtigen die aktuellen pädagogischen und betriebswirtschaftlich orientierten Einrichtungskonzepte die Eltern als Erziehungspartner oder als Kunden einer sozialen Dienstleistung. Die Elternarbeit wird somit zu einem wesentlichen Bestandteil der pädagogischen Arbeit. Sie stellt einen wichtigen Bereich der Öffentlichkeitsarbeit dar.

Den Wandel in der Einstellung zur Elternarbeit verdeutlichen auch die Definitionen der Elternarbeit, die von folgenden Kernaussagen ausgehen:

- Elternarbeit beinhaltet die **Verbesserung des elterlichen Erziehungsverhaltens** und eine Abstimmung der Erziehung in der Einrichtung und der Familie.

- Elternarbeit als elementarer Bestandteil der pädagogischen Arbeit beruht auf einer **partnerschaftlichen, dialogischen Kooperation** zwischen den Eltern und der Einrichtung.

- Elternarbeit in einem sozialen Dienstleistungsunternehmen zielt auf **die Erhöhung der Kundenzufriedenheit** ab; d. h. die Elternwünsche und Interessen werden erfasst und fließen in die Gestaltung des Betreuungsangebots ein.

Diese Sichtweisen kennzeichnen ein sehr unterschiedliches Elternverständnis, das von einer belehrenden Grundhaltung gegenüber den Eltern bis hin zu einer umfassenden Ausrichtung auf die Elternwünsche („der Kunde ist König") reicht.

2 Ziele und Bedeutung der Elternarbeit

2.1 Ziele der Elternarbeit

Die Zielsetzungen der Elternarbeit sind in den verschiedenen sozialpädagogischen Arbeitsfeldern sehr unterschiedlich. Zum einen beruht die Elternarbeit auf freiwilligen Angeboten, zum anderen besteht der gesetzliche Auftrag zur Kooperation mit dem Elternhaus.

Folgende Ziele begründen die Elternarbeit in sozialpädagogischen Einrichtungen:

Kooperation dient der Konfliktvermeidung: Zur Erfüllung des Erziehungsauftrags ist ein abgestimmtes Vorgehen zwischen Elternhaus und sozialpädagogischer Einrichtung unerlässlich. Dies gilt auch in Fällen, in denen die Erziehungsfunktion der Eltern durch Erzieher zeitlich befristet übernommen wird.

Eine beständige Kooperation mit den Eltern verbessert das Klima zwischen den Partnern im Erziehungsprozess. Das Verhalten des anderen wird verständlicher und Missverständnisse können frühzeitig ausgeräumt werden. Es kann sich eine vertrauensvolle Beziehung zum Wohle des Kindes entwickeln.

Besseres Verständnis des Kindes: Eine gelungene Elternarbeit führt zu einem umfassenderen Verständnis des Kindes und seiner Entwicklung, da neben der Gruppensituation der sozialpädagogischen Einrichtung auch das Verhalten in der häuslichen Situation berücksichtigt wird.

Transparenz der Arbeit in der Einrichtung: Werden die Eltern in die sozialpädagogische Arbeit einbezogen (zum Beispiel durch Hospitationen), so werden pädagogische Ziele und das erzieherische Handeln für Eltern transparenter. Elternarbeit gibt den Eltern eine Orientierung und weckt ihr Interesse an der Einrichtung.

Aufbau einer vertrauensvollen Beziehung: Eine partnerschaftlich angelegte Elternarbeit führt zu einer vertrauensvollen, offenen Beziehung der an der Erziehung beteiligten Personen. Die Eltern werden zur Mitwirkung ermutigt und können sich engagiert einbringen.

Elternarbeit zur Erfüllung des gesetzlichen Auftrags: Die Erziehungsfachkräfte sind im Rahmen der Jugendhilfe zur Zusammenarbeit mit den Eltern verpflichtet. So ist die Situation im Heim eine Übergangsphase, die eine Integration des Kindes in die Alltagssituation der Familie zum Ziel hat. Eine effektive Zusammenarbeit mit den Eltern ist die Voraussetzung, damit die Erziehungsfunktion wieder durch die Eltern wahrgenommen werden kann. Im Rahmen der Elternarbeit werden Hausbesuche und Hilfeplangespräche durchgeführt.

Informationsaustausch zwischen Eltern und Erziehern (gemeinsamer, gleicher Informationsstand): Durch einen regelmäßigen Informationsaustausch zwischen Eltern und Erziehern kann die Entwicklung des Kindes über einen längeren Zeitraum umfassend erfasst und mögliche Auffälligkeiten können recht schnell erkannt werden. Dem Informationsaustausch mit Eltern kommt vor allem bei der Betreuung von beeinträchtigten Kindern eine große Bedeutung zu. Die Eltern erleben das Kind über einen längeren Zeitraum in anderen Situationen und können dadurch Veränderungen differenzierter und sensibler erkennen als Erzieher in der Gruppensituation.

Entwicklung bedarfsgerechter Angebote und Betreuungsformen: Die Erkundung der Elterninteressen und -wünsche bildet die Grundlage zur Weiterentwicklung der Einrichtung. Um diesem Ziel gerecht zu werden, sollten Elternbefragungen durchgeführt werden, deren Ergebnisse veröffentlicht und mit allen Beteiligten (Träger, Erzieherinnen und Eltern) offen diskutiert werden. Dabei müssen auch langfristige Ziele und Entwicklungen unter strategischen Gesichtspunkten verfolgt werden. So ist beispielsweise der Elternwunsch nach einer integrativen Gruppe, in der behinderte und nicht behinderte Kinder gemeinsam aufwachsen, mit baulichen und personellen Veränderungen verbunden, die nur langfristig umgesetzt werden können. Ein ständiges Wechseln von Konzepten und Angeboten, um kurzfristig den sich ständig verändernden Elternwünschen entgegenzukommen, wirkt eher kontraproduktiv und kann nicht das Ziel sein.

Erweiterung und Bereicherung des Betreuungsangebots durch die aktive Mitwirkung der Eltern: Die Eltern können durch ihr Mitwirken das Betreuungsangebot der Einrichtung erweitern und den Kindern neue Erfahrungs- und Lernmöglichkeiten bieten. So können qualifizierte Eltern im Rahmen der sozialpädagogischen Einrichtung für Interessierte Arbeitsgemeinschaften anbieten.

Erfahrungsaustausch unter Eltern: Die Elternarbeit sollte auch den Erfahrungsaustausch unter Eltern anregen. Dabei sind offene Formen wie Eltern-Café mit geringer Erzieherpräsenz bis hin zu Elterngesprächskreisen möglich, bei denen Erzieher die Moderation übernehmen.

Feedback über die eigene Arbeit: Im Rahmen der Elternarbeit erhalten die Erzieherinnen eine beständige Rückmeldung über ihre Arbeit. Neben den mündlichen Rükkmeldungen zum Beispiel beim Tür-und-Angelgespräch sollten aber auch schriftliche Befragungen der Eltern durchgeführt werden, um eine umfassendere Einschätzung der Eltern zu erhalten.

- **Forderungen an die Elternarbeit:**
  - Eltern nicht als Kinder behandeln – Eltern sind Erwachsene und müssen mit Methoden des **erwachsenengemäßen Lernens** informiert werden.
  - Elternarbeit ist adressatengerecht zu gestalten: Bildungsvoraussetzungen, Sprachkompetenz, Erfahrungen der Eltern sind zu berücksichtigen.
  - Elternarbeit achtet die Privatsphäre der Eltern.
  - Elternarbeit erfolgt **kontinuierlich** und darf nicht nur aus „Eintagsfliegen" bestehen.
  - Elternarbeit berücksichtigt variabel die Vielfalt von Methoden und Ausdrucksformen.
  - Elternarbeit ist ein **integrativer Bestandteil** der Erziehungsarbeit und darf nicht als lästiges Anhängsel verstanden werden (zum Beispiel Verankerung in der Konzeption der Einrichtung).

- Elternarbeit ist beständig zu **überprüfen** (evaluieren), um qualitativen Ansprüchen gerecht zu werden.
- Elternarbeit stärkt und nutzt die Kompetenzen der Eltern.
- Elternarbeit ist eine **Teamaufgabe**, für die jeder Mitarbeiter Verantwortung trägt und seinen Beitrag zu leisten hat.
- Elternarbeit ist **gemeinwesenorientiert**, d. h. in das Gemeinwesen, in dem die Einrichtung arbeitet, zu integrieren und mit anderen Institutionen abzustimmen.
- Elternarbeit muss **wirkungsvoll** sein, denn sie ist **öffentlichkeitswirksam** und hat großen Einfluss darauf, wie die Einrichtung in der Öffentlichkeit wahrgenommen und eingeschätzt wird. Elternarbeit ist damit eine wichtige Zukunftsinvestition, die den Bestand der Einrichtung sichern kann.
- Elternarbeit ist **sorgfältig zu planen**, da sie Multiplikatorenwirkung hat. Es werden Eltern angesprochen, die als Multiplikatoren ihre Erfahrungen weitergeben. Dieser Aspekt wird vielfach unterschätzt. Deshalb muss Elternarbeit professionell angegangen und realisiert werden.
- Elternarbeit ist für Eltern **interessant** und **attraktiv** zu gestalten, nur dann ist eine hohe Beteiligung und Motivation der Eltern erreichbar.
- Elternarbeit muss **betroffen** machen, damit die Eltern zum aktiven Mittun bewegt werden.

2.2 Bedeutung der Elternarbeit

- **Erzieherperspektive**

Die unterschiedliche Motivation der Erzieherinnen für die Elternarbeit fasst Schmitt-Wenkebach (1976) in folgende Gruppen zusammen:

„Ich mache Elternarbeit den Kindern zuliebe." Dieser Einstellung liegt zum einen die Auffassung zugrunde, dass die Eltern zum Wohle der Kinder ihre Erziehung überdenken und verändern sollen, und zum anderen wird Elternarbeit als ein Bedürfnis der Kinder interpretiert. Die Erzieherinnen sehen sich in der Pflicht, beratend und korrigierend auf die Eltern einzuwirken, um eine schädliche Beeinflussung der Kinder zu verhindern. In dieser Haltung schwingt eine belehrende Grundhaltung mit, die zu einem missionarischen Eifer in der Elternarbeit der Erzieher führt. Das andere Verständnis dieser Grundhaltung geht vom Stolz der Kinder auf ihre Einrichtung, ihre Gruppe aus. Die Kinder haben das Bedürfnis, den Eltern ihren Bereich zu zeigen und die Eltern mit in den Alltag einzubinden. Die so verstandene Elternarbeit gibt den Eltern und Kindern die Möglichkeit, den Einrichtungsalltag gemeinsam zu erleben. Die Erzieherinnen werden in der Elternarbeit vor allem defizitorientiert arbeiten, d. h. den bei den Eltern erkannten Mängeln durch geeignete Maßnahmen entgegenwirken (zum Beispiel Einzelgespräche, Hausbesuche, Elternabende mit Referenten sowie Hospitationen und Teilnahme an Festen und Feiern).

„Ich mache Elternarbeit den Eltern zuliebe." Die Erzieherinnen gehen von den Erwartungen der Eltern aus und erkennen einerseits Unsicherheiten und Defizite in der Erziehungsarbeit der Eltern und zum anderen den Wunsch, die sozialpädagogische Einrichtung näher kennen zu lernen. Um den Eltern gerecht zu werden, bieten die

Erzieherinnen durch Informationsveranstaltungen Hilfen zur Erziehung in der Familie an (zum Beispiel Vorträge, Seminare, Ausstellungen) und ermöglichen die Teilnahme am Einrichtungsalltag (zum Beispiel durch Hospitationen, Feste und Feiern, Ausflüge).

„Ich mache Elternarbeit aufgrund gesellschaftlicher Notwendigkeit." In dieser Aussage kommt die gesellschaftliche Wirkung der Arbeit in sozialpädagogischen Einrichtungen zum Ausdruck. Die Arbeit mit Kindern rückt immer stärker in das Blickfeld der Öffentlichkeit. Zum einen wird beispielsweise dem Kindergarten vorgeworfen, ihren Bildungsauftrag zu wenig wahrzunehmen, was zum Versagen der Kinder in der Schule führt und die Leistungsfähigkeit der deutschen Schulkinder im weltweiten Vergleich beeinträchtigt; Forderungen nach einer früheren Einschulung werden gestellt. Zum anderen werden die Eltern als Interessenvertreter ihrer Kinder und damit als Lobbyisten für die sozialpädagogischen Einrichtungen gesehen. Die kritische, öffentliche Auseinandersetzung mit der Arbeit in sozialpädagogischen Einrichtungen erfordert in der Elternarbeit Aufklärung über das Erziehungskonzept der Einrichtung, die methodischen Ansätze und inhaltlichen Schwerpunkte (zum Beispiel Informationsschriften, Elternbriefe, Informationsveranstaltungen). Elternarbeit als Unterstützung der Einrichtungsinteressen beinhaltet eine enge Zusammenarbeit mit den Eltern (etwa im Elternausschuss), um die notwendige gesellschaftliche Anerkennung und Unterstützung zu erhalten. Eltern können sich in der politischen Gemeinde sowie beim Träger für die Einrichtung stark machen, um in Zeiten leerer Kassen die erforderlichen Mittel zu erhalten. Dies setzt voraus, dass die Eltern als Partner der Erzieher ernst genommen und eingebunden werden.

„Ich mache Elternarbeit, weil es vorgeschrieben ist." Die Erzieherinnen ziehen sich auf eine formale Position zurück. Elternarbeit wird als notwendiges Übel verstanden, dem man nur soweit gerecht werden muss, wie es der Gesetzgeber (zum Beispiel im KJHG oder in Landesregelungen zur Arbeit in sozialpädagogischen Einrichtungen) vorschreibt. Mit der Elternarbeit werden Ressourcen der Einrichtung gebunden, die man lieber den Kindern zugute kommen lassen möchte. Auch die geringe Beteiligung der Eltern an Angeboten der Einrichtung weist scheinbar darauf hin, dass die Eltern kein Interesse an der Mitarbeit haben. Warum Energien in die Elternarbeit stecken, wenn sie von den Erzieherinnen als unnötige Belastung und von den Eltern als überflüssiges Angebot erlebt wird? Unmut und eine negative Grundeinstellung verhindern eine Elternarbeit, die mit Engagement, Freude und Überzeugung auf die Eltern zugeht.

„Ich mache Elternarbeit, weil es mir die Arbeit mit den Kindern erleichtert." In dieser Sichtweise werden die positiven Auswirkungen der Elternarbeit auf den erzieherischen Alltag deutlich. Elternarbeit dient der Abstimmung zwischen Elternhaus und Einrichtung, die sich gegenseitig ergänzen und nicht gegeneinander arbeiten. Aus diesem Verständnis heraus ist es wichtig, sich gegenseitig zu informieren und den Eltern Angebote zur Optimierung ihres Erziehungsverhaltens zu machen.

Aus heutiger Sicht können folgende Sichtweisen hinzugefügt werden:

„Ich mache Elternarbeit, um die Eltern zufrieden zu stellen." In dieser Einstellung kommt der Kundengedanke zum Ausdruck und das Bemühen der Einrichtung, die Kundenzufriedenheit zu erhöhen. Mit diesem Verständnis ist auch die folgende Aussage verknüpft:

„Ich mache Elternarbeit, um zu erfahren, was die Eltern wünschen." Die Zufriedenheit der Eltern ist davon abhängig, inwieweit es den Erzieherinnen gelingt, ihre Interessen und Wünsche zu erkennen und in der Einrichtung zu realisieren.

„Ich mache Elternarbeit, weil auch die Eltern Verantwortung für die Arbeit in unserer Einrichtung tragen." Mit dieser Aussage werden die Eltern als Partner ernst genommen. Sie werden in partnerschaftliche Verantwortung für die pädagogische Arbeit der Einrichtung einbezogen. Dieses Vorgehen verstärkt die Identifikation der Eltern mit der Einrichtung, die sich für die sozialpädagogische Einrichtung engagieren.

- **Eltern-Perspektive**

Aus der Elternperspektive ergeben sich folgende Einstellungen zur Elternarbeit:

„Elternarbeit dem Kind zuliebe." Hinter dieser Sichtweise werden auch Schuldgefühle gegenüber dem Kind deutlich. Die Mitwirkung der Eltern an der Elternarbeit signalisiert dem Kind, dass sich die Eltern für ihren Bereich interessieren und sich für ihre Belange einsetzen.

„Elternarbeit den Erzieherinnen zuliebe." Werden die Eltern von den Erzieherinnen direkt darauf angesprochen, an Elternangeboten teilzunehmen, dann beteiligen sie sich an den Veranstaltungen, um die Erwartungen der Erzieherinnen nicht zu enttäuschen. Im Rahmen dieser Veranstaltungen nutzen diese Eltern häufig die Gelegenheit, um Näheres über die Entwicklung ihres Kindes zu erfahren.

„Elternarbeit zur Verwirklichung persönlicher Vorstellungen." Viele Eltern haben konkrete Vorstellungen von der Förderung ihres Kindes in der sozialpädagogischen Einrichtung. Ihre Erwartungen basieren auf einem hohen Leistungsanspruch gegenüber dem Kind und in der Folge gegenüber der Einrichtung (zum Beispiel Umfang und Qualität der Hausaufgabenbetreuung im Hort). Aufmerksam verfolgen sie in den Medien – wie etwa Elternzeitschriften – die pädagogischen Entwicklungen. Sie überprüfen die Leistungen des Kindes mit ihren Leistungsansprüchen und vergleichen das Angebot in den sozialpädagogischen Einrichtungen mit neuen Konzepten (zum Beispiel integrative Gruppen, offener Ansatz, Erlebnispädagogik, spielzeugfreier Kindergarten). Die Eltern pochen auf die Verwirklichung neuer Ideen auch in ihrer Einrichtung. Bisweilen verfahren sie nach dem Motto: „Je früher man beginnt, umso leichter fällt es den Kindern" und fordern bestimmte Angebote ein. So gibt es teilweise der Wunsch nach intensiver musikalischer Früherziehung, andere fordern die Vermittlung einer Fremdsprache bereits im Kindergarten. Die Elternarbeit bietet diesen Eltern die Plattform, ihre Wünsche und Interessen zu vertreten und ggf. durchzusetzen. Für die Erzieherinnen andererseits ist der Umgang mit diesen hoch motivierten, fachlich versierten Eltern nicht einfach, da sie sich in die Defensive gedrängt fühlen und ihre Erziehungsarbeit rechtfertigen müssen.

„Elternarbeit aus sozialer Verantwortung." Nur wenige Eltern verfolgen Elternarbeit uneigennützig aus sozialen Motiven. Im Mittelpunkt steht der Einsatz für die Gemeinschaft und das Engagement für Schwächere.

„Elternarbeit als Hilfe in Problem- und Entscheidungssituationen." Mit dieser Erwartungshaltung treten Eltern an die Erzieherinnen heran, die unsicher sind und für ihre Entscheidung fachliche Unterstützung benötigen. Soll der sechsjährige Christian eingeschult werden oder ist eine Rückstellung sinnvoller? Die vierjährige Sabrina hat Schwierigkeiten bei der Bildung von S-Lauten. Ist eine logopädische Behandlung erforderlich oder ist die Sprachauffälligkeit noch im Bereich des Normalen? Was können die Eltern tun? Was kann der Kindergarten zur Verbesserung der Lautbildung beitragen? Die Eltern erwarten konkrete Hilfen bzw. Hinweise auf fachkundige Einrichtungen, die das Problem beheben können.

Die unterschiedlichen Motive der Eltern und Erzieherinnen führen häufig zu Konflikten, wie 64 Prozent der von der Universität Dortmund befragten Erzieherinnen aus Kindertagesstätten bekunden. Am häufigsten löst die Orientierung der Eltern an schulischem Leistungsdenken Auseinandersetzungen aus. Daneben werden Konflikte durch unterschiedliche Erziehungsauffassungen von Eltern und Erziehern sowie durch das mangelnde Interesse der Eltern an der Arbeit im Kindergarten und anderer Einrichtungen ausgelöst. Jeder siebte Konflikt beruht auf den zu hohen Erwartungen der Eltern an die Arbeit mit den Kindern.

2.3 Eltern als Partner oder Kunden

In den letzten Jahren ist in der Diskussion zur Elternarbeit ein gravierender Wandel in der Einstellung gegenüber den Eltern zu beobachten, der sich in drei Phasen vollzieht:

1. Eltern als fachliche Laien wurden häufig nur als **Störenfriede** im Erziehungsalltag gesehen, die man sich möglichst vom Leib halten sollte, um sich intensiver mit den Kindern beschäftigen zu können. Eltern wurde egoistisches Verhalten unterstellt, das nur den eigenen Interessen verpflichtet ist (zum Beispiel längere Öffnungszeiten) unterstellt. Das geringe Engagement der Eltern an der Arbeit in den sozialpädagogischen Einrichtungen wurde als Ausdruck von mangelndem Interesse, Oberflächlichkeit und Bequemlichkeit interpretiert. Die Eltern wurden lediglich als Helfer genutzt, um „niedrige" Arbeiten zu erledigen (zum Beispiel Bearbeitung des Außengeländes, Reparieren von Spielmaterialien). Eine klare Trennung von professioneller Betreuung durch ausgebildete Erzieherinnen und den wenig qualifizierten Betreuungsbemühungen durch die Eltern als „natürliche" Erzieher bestimmte das Denken.

2. Diese Sichtweise änderte sich in der 60er und 70er Jahren, als sich einige engagierte Eltern in Initiativen zusammenschlossen, um selbst als **Träger** von sozialpädagogischen Einrichtungen neue pädagogische und politische Ideen zu verwirklichen. In dieser Zeit entstanden Kinderläden und das Interesse an pädagogischen Konzepten (zum Beispiel Waldorfpädagogik) führte zur Gründung neuer Einrichtungen. Eltern fungierten als Träger, Mitarbeiter und Helfer im Erziehungsalltag in ganz unterschiedlichen Rollen. Die Eltern verstanden sich als Partner in der gemeinsamen Erziehungsverantwortung und gestalteten das Erziehungsangebot selbstbewusst und engagiert mit. Die Erziehungseinstellungen der Eltern setzten sich im pädagogischen Konzept dieser Einrichtungen konsequent fort.

3. Das veränderte Elternverständnis beeinflusste auch die Regeleinrichtungen und das Bild der Eltern als **Partner** gewann an Konturen. In der pädagogischen Diskussion wurde das Prinzip Partnerschaft auf verschiedene Ebenen übertragen. Die Kinder wurden als Partner (siehe Gordon 1989) ernst genommen und die Eltern wurden für die Erzieherinnen zu Partnern in der Erziehungsverantwortung. Den Eltern wurden Kompetenzen zugebilligt, die gewinnbringend in die pädagogische Arbeit eingebracht werden konnte. Diese für viele Eltern aufwändige Rolle forderte von ihnen aktives Mitgestalten und damit zeitliches Engagement. Doch nicht alle Eltern wollten und konnten die Partnerrolle ausfüllen. Die zunehmende Zahl allein Erziehender und ausländischer Eltern erforderte neue Wege in der Elternarbeit.

4. In den 90er Jahren wurden die Eltern in ihrem Berufsalltag mit neuen betriebswirtschaftlichen Konzepten konfrontiert, die beispielsweise eine größere Verantwortung für ihre Arbeitsleistung, eine stärkere Kontrolle unter Qualitätsgesichtspunkten und ein neues Verständnis der Kunden beinhalteten. Die im betrieblichen Bereich entwickelten Konzepte wurden von den Eltern auch auf den sozialen Dienstleistungsbereich übertragen und inzwischen auch im sozialpädagogischen Bereich eingefordert. Eltern, die diesen Ansprüchen als Arbeitnehmer genügen müssen, erwarteten die Verwirklichung diese Forderungen auch bei der Betreuung ihrer Kinder; die Träger von sozialpädagogischen Einrichtungen wandten die betriebswirtschaftlichen Prinzipien vermehrt auf ihre Einrichtungen an. Eltern mit ihren Kindern wurden zu **Kunden**, die im Mittelpunkt stehen. In dieser neuen Rolle als Leistungserbringer wurden die Erzieherinnen mit den Wünschen und Interessen der Eltern konfrontiert, die sich zunehmend kritischer, vergleichender mit dem Betreuungsangebot ihrer Region auseinandersetzten. Waren Eltern früher froh, einen Betreuungsplatz für das Kind in erreichbarer Nähe zu finden, so ist nun die Entscheidung für eine sozialpädagogische Einrichtung für immer mehr Eltern das Ergebnis einer umfassenden Marktanalyse. Betreuungsangebote der verschiedenen Einrichtungen wurden miteinander verglichen und die Erfahrungen anderer Eltern gingen in die Entscheidungsfindung der Eltern ein.

Die heutige Sichtweise der Eltern als Partner oder Kunden kennzeichnet nicht nur eine begriffliche Nuancierung, sondern hat erhebliche Auswirkungen auf die Elternarbeit der Erzieherinnen.

Eltern als ...		
	Partner	**Kunden**
Einstellung zu den Eltern	Eltern sind gleichberechtigte Partner, die in den Erziehungsalltag umfassend einzubeziehen sind.	Eltern sind Kunden mit spezifischen Wünschen und Interessen; Eltern sind zufrieden zu stellen und an die Einrichtung zu binden.
Elternrolle	Mitgestalter, Mit-Verantwortliche für das sozialpädagogische Angebot	Konsumenten, Nutzer einer sozialpädagogischen Dienstleistung
Elternverhalten	Aktiv sein, beraten, sich einbringen, mitwirken, Aufgaben übernehmen, Zeit investieren, Anregungen geben	Bewerten, wünschen, einfordern, auswählen, mit eigenen Vorstellungen/Interessen vergleichen
Elternerwartung	Fortlaufende Information, Mitsprache, Gestaltungsräume	Leistungskatalog, Qualität, Wahlmöglichkeiten
Konsequenzen für Erzieherinnen	Mitwirkung ermöglichen und gemeinsame Aktivitäten mit Eltern organisieren; Begegnungsmöglichkeiten für Eltern schaffen, gemeinsame Arbeitsgruppen (Eltern/Erzieherinnen) bilden, Eltern als Ressourcen nutzen (zum Beispiel Elternkompetenzen)	Öffentlichkeitsarbeit; Marketing, Präsentation des Leistungsangebots; Profilbildung der Einrichtung; Leistungen dokumentieren (zum Beispiel Plakate, Informationsmaterial), Qualität der Leistung belegen; Elternzufriedenheit und -wünsche fortlaufend erfassen
Wirkung auf Eltern	Eltern identifizieren sich mit „ihrer“ Einrichtung und setzen sich für sie ein	Eltern äußern Zufriedenheit/ Unzufriedenheit mit dem Dienstleistungsangebot der Einrichtung
Motto	Wir sitzen alle in einem Boot.	Der Kunde ist König.

Beide Positionen unterscheiden sich in ihrer Ausrichtung und in den Konsequenzen für die Elternarbeit erheblich. Die neueren Veröffentlichungen, wie zum Beispiel Jansen und Wenzel (2000) „Von der Elternarbeit zur Kundenpflege“ fordern einen radikalen Wandel in der Elternarbeit, bei dem die Partnerrolle der Eltern zugunsten der Kundenrolle aufgegeben wird.

Wer diesen Wandel vollzieht, versteht sich vor allem als Anbieter von Betreuungsleistungen, die von den Kunden (Eltern und Kinder) eingefordert werden. Der gemeinsame Erziehungsauftrag tritt in den Hintergrund. Doch die Erziehungspartnerschaft Eltern-Erzieherinnen ist ein viel zu hohes Gut, um es aus modernistischen Gründen vorschnell aufzugeben. Die vielfältigen Formen der Elternmitarbeit wären unter dem Gesichtspunkt der Kundenorientierung kaum denkbar. Welcher Kunde wäre bereit, in seiner Freizeit den Verkaufsraum des Supermarktes zu streichen oder im benachbarten Möbelhaus mit anderen Kunden eine Kinderbetreuungsfläche zu errichten? Die Kundenhaltung ist eher von einer Erwartungs- und Konsumhaltung geprägt, die den Supermarkt danach auswählt, ob er freundlich gestaltet ist, und das Möbelhaus danach, ob es ein Kinderbetreuungsangebot bereithält.

Aus unserer Sicht gilt auch bei dieser Diskussion – wie bei vielen pädagogischen Kontroversen: Man sollte Bewährtes nicht einfach über Bord werfen, sondern es mit Neuem verbinden und damit weiterentwickeln. Die stärkere Ausrichtung an den Interessen und Wünschen der Eltern ist in Zeiten zurückgehender Kinderzahlen und verstärkter Konkurrenz durch andere Einrichtungen unausweichlich: Dominierten früher die Einrichtungen, die ihre freien Plätze aus der Warteliste auffüllen konnten, so haben heute viele Einrichtungen freie Kapazitäten und die Eltern haben Wahlmöglichkeiten. Die Einrichtungen müssen sich profilieren, um den Eltern Vergleichsmöglichkeiten zu geben. In diesem Zusammenhang stehen Aspekte wie Qualitätsmanagement sowie Stärkung der Eigenverantwortung der Einrichtung für ihren Erhalt. In Zeiten stetigen und schnellen Wandels müssen auch sozialpädagogische Einrichtungen flexibel sein und pro-aktiv, d. h. vorausschauend, handeln.

2.4 Erwartungen an Elternarbeit

Untersuchungen zu Erwartungen von Eltern beziehen sich vor allem auf den Bereich der Kindertagesstätten. Im Altersbereich von drei bis sechs Jahren besteht das umfassendste Betreuungsangebot in Deutschland, das von nahezu allen Kindern genutzt wird. Etwa zwei Drittel aller Erzieherinnen arbeiten im Bereich Kindertagesstätte, während nur etwa vier Prozent im Hort und 2 Prozent im Krippenbereich tätig sind. So ist es nicht verwunderlich, dass die Studien zu Elternerwartungen vorwiegend auf dem Bereich der Kindertagesstätten beruhen.

Aufgabe	Rangplatz	
	Eltern	Erzieherinnen
Kreativität und Fantasie fördern	1	2
Selbstwertgefühl fördern	2	1
Zusammenkommen fördern	3	3
Kenntnis von „richtig" und „falsch" fördern	4	4
Regeln, Disziplin einüben	5	5
Betreuung bereitstellen	6	7
auf Schule vorbereiten	7	6
Anfänge von Lesen und Schreiben beibringen	8	8

Untersuchungen zu Erwartungen von Eltern und Erzieherinnen an Kindertagesstätten weisen auf übereinstimmende Sichtweisen hin (Tietze 1998, Seite 91). Acht vorgegebene Aspekte wurden von Eltern und Erzieher nach ihrer Bedeutung gewichtet.

Diese grundlegende Übereinstimmung lässt sich auch nachweisen, wenn nach Qualitätsaspekten von Kindertagesstätten gefragt wird (Tietze 1998, Seite 95).

Qualitätsaspekte des Kindergartens	Rangplatz	
	Eltern	Erzieherinnen
gut ausgebildete Erzieherinnen	1	1
gute Atmosphäre	2	2
wenig Kinder pro Gruppe	3	3
angemessenes Erziehungsprogramm	4	4
angemessenes pädagogisches Material	5	5
gute materielle Ausstattung	6	6
lange Öffnungszeiten	7	7

Unterschiedliche Einschätzungen sind jedoch nachweisbar, wenn es um die Elternarbeit im engeren Sinne geht. In der Studie von Tietze wurden verschiedene Problembereiche näher beleuchtet, die den gemeinsamen Auftrag von Familie und Kindertagesstätte beeinträchtigen. Eltern und Erzieherinnen konnten ihre Meinung auf einer vierstufigen Antwortskala zum Ausdruck bringen. Am stärksten kritisieren die Eltern die mangelnde Berücksichtigung ihrer Bedürfnisse bei der Gestaltung des Kindergartenangebots. Als weiteres Problemfeld erweisen sich die unterschiedlichen Zielvorstellungen von Eltern und Einrichtung. Von den Erzieherinnen wird an einigen Eltern die „Abgabementalität" kritisiert, die sich im Übertragen der Erziehungs- und Betreuungsverantwortung auf die Kindertagesstätte zeigt.

Wie gut Erzieher und Eltern miteinander auskommen, belegt die Studie von Wolf (2002), die sich auf eine Befragung in den neuen Bundesländern aus dem Jahr 1997 und 2001 bezieht.

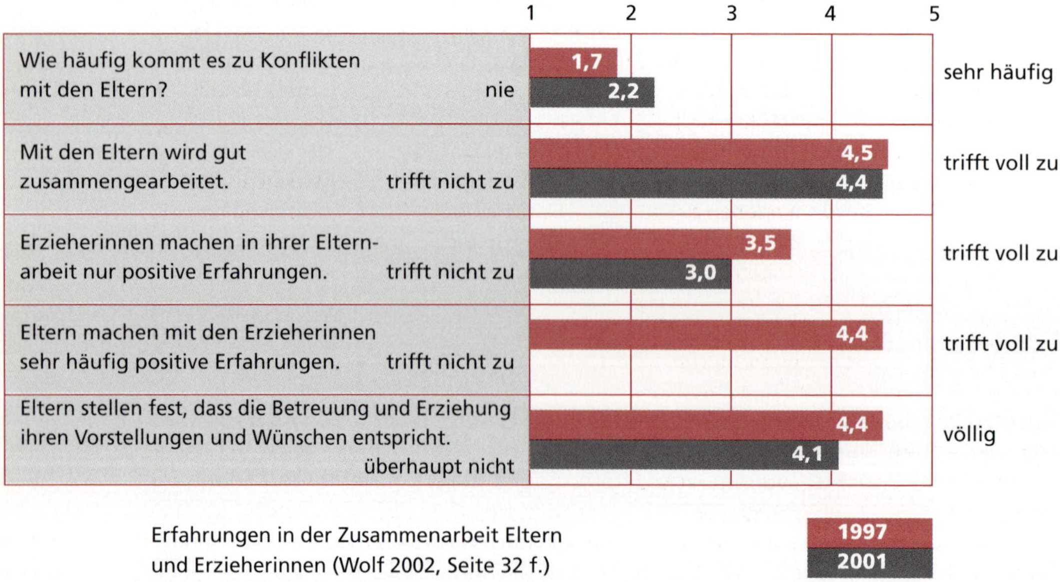

Erfahrungen in der Zusammenarbeit Eltern und Erzieherinnen (Wolf 2002, Seite 32 f.)

Die Erzieher erleben die Zusammenarbeit als relativ konfliktfrei und recht positiv. Diese Einschätzung teilen auch die Eltern, die ihre Vorstellungen in der pädagogischen Arbeit der Einrichtung verwirklicht sehen. Im Vergleich zu den Ergebnissen des Jahres 1997 sind die Einschätzungen vier Jahre später sowohl bei den Erzieherinnen als auch bei den Eltern etwas kritischer.

Der Erwartungshorizont geht aber über die Elternschaft hinaus und berücksichtigt auch den Träger und die Kinder in ihrer Erwartung an eine effektive und gute Elternarbeit. Einige Träger sehen die Elternarbeit im Kontext des Gemeinwesens und erwarten, dass sich die Eltern nicht nur für die Kindertagesstätte, sondern auch für andere Einrichtungen des Trägers engagieren. Die Elternmitarbeit ist für einige Träger ein fester Bestand der Kostenkalkulation (zum Beispiel Mitwirkung der Eltern bei Verkaufsbasaren). Die Kinder sind an einer spannungsfreien Beziehung zwischen Elternhaus und Einrichtung interessiert. Sie sind stolz auf ihre Gruppe und Erzieherinnen und erwarten ein entsprechendes Interesse ihrer Eltern an den Aktivitäten in der Einrichtung.

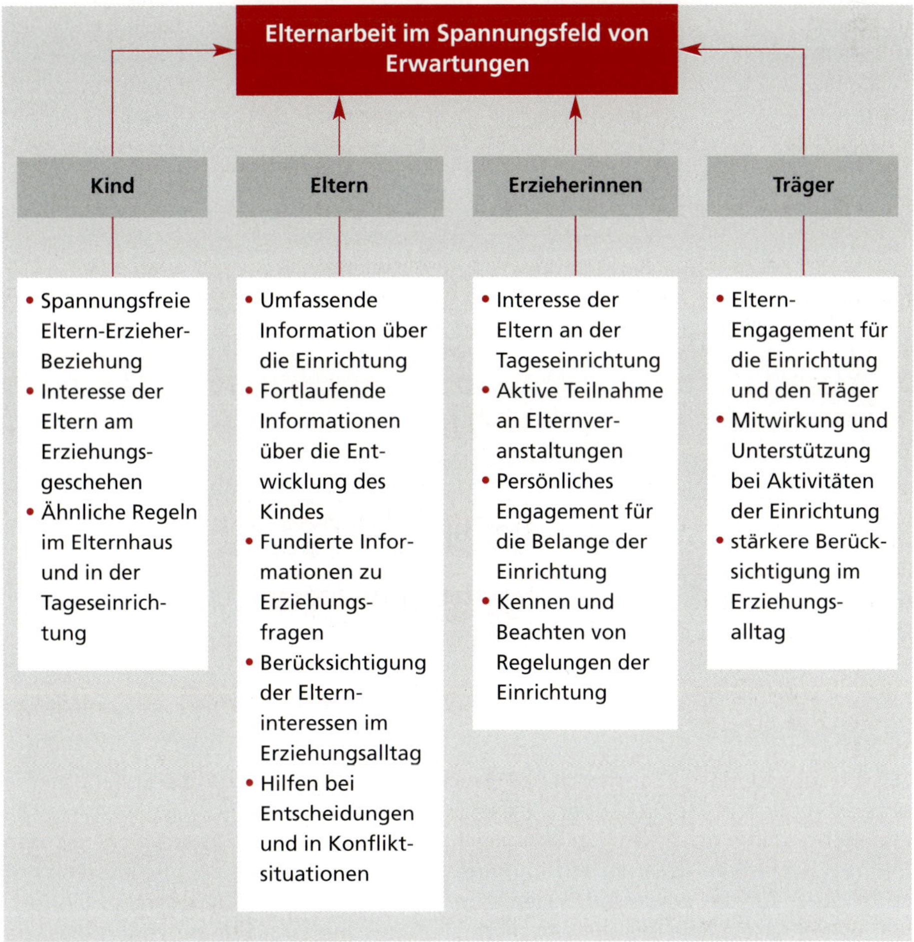

Aus diesen unterschiedlichen Erwartungen erwachsen für alle, die im sozialpädagogischen Bereich Verantwortung tragen, Forderungen, die in der folgenden Übersicht exemplarisch verdeutlicht werden.

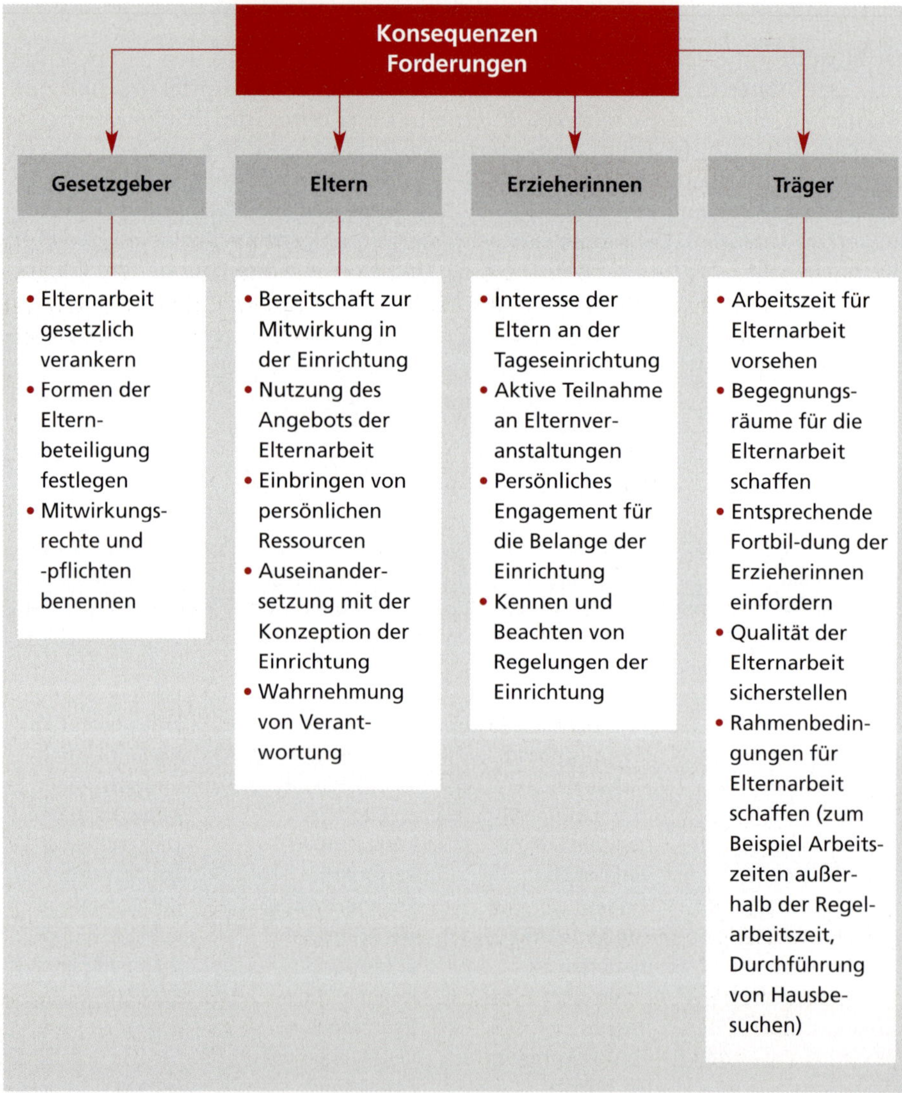

Die hier aufgezeigten Formen der Elternarbeit verdeutlichen für die Erzieherin die unterschiedlichen Möglichkeiten, diesen Anforderungen gerecht zu werden. Die Erzieherin sollte sich nicht nur auf die Kommunikation und Interaktion mit den Eltern beschränken (Elternarbeit im engeren Sinn), sondern auch im Gespräch mit dem Träger für die Voraussetzungen einer effektiven Elternarbeit sorgen. Einflussnahme auf gesetzliche Regelungen setzt ein politisches Engagement voraus, das von

Erzieherinnen nur im geringen Umfang wahrgenommen wird. Über die Interessenvertretungen (zum Beispiel Berufsverbände, Trägervertretungen) und direkt über die Parteien (zum Beispiel Abgeordnete, Gremien, Beiräte) kann durchaus eine politische Wirkung erzielt werden.

Zusammenfassung

Elternarbeit, die gesetzlich verankert ist, zielt auf eine vertrauensvolle Zusammenarbeit zwischen Elternhaus und sozialpädagogischen Einrichtungen ab. Die Eltern werden in den Erziehungsauftrag eingebunden, indem ihre Interessen und Bedürfnisse berücksichtigt, die aktive Mitarbeit ermöglicht und ein Mitspracherecht eingeräumt werden.

Aus der Perspektive der Erzieher erfüllt die Elternarbeit unterschiedliche Anforderungen. Die Erzieherin versucht, den Erwartungen der Kinder, der Eltern und der Gesellschaft gerecht zu werden. Die Eltern engagieren sich für die sozialpädagogische Einrichtung, um den Erwartungen der Erzieherinnen und Kinder zu entsprechen und um ihre eigenen persönlichen Vorstellungen zu verwirklichen.

In den letzen Jahren wird ein starker Wandel in der Wahrnehmung der Eltern durch die Erzieherinnen deutlich. Dabei können vier Phasen unterschieden werden:

1. Die Eltern werden als **Störenfriede** gesehen, die sich unqualifiziert in den Erziehungsalltag einmischen.
2. Die Eltern übernehmen Erziehungsverantwortung und engagieren sich als **Träger** in Elterninitiativen, um ihre Erziehungsvorstellungen zu verwirklichen.
3. Die Eltern werden als **Partner** im Erziehungsalltag gesehen, die gemeinsam die Erziehungsverantwortung wahrnehmen.

3. Die Eltern werden als **Kunden** behandelt, deren Ansprüche durch das soziale Dienstleistungsunternehmen Krippe, Kindertagesstätte, Hort oder Heim zufrieden zu stellen sind.

Untersuchungen zu den Erwartungen an die Elternarbeit zeigen, dass die Eltern hohe Ansprüche an den Ausbildungsstand haben und auf eine gute Atmosphäre in den Einrichtungen Wert legen. Insgesamt wird die Zusammenarbeit sowohl von den Eltern als auch von den Erzieherinnen als ausgesprochen positiv und wenig konfliktbeladen eingeschätzt.

3 Elternarbeit und Qualitätsmanagement

Die Qualitätsdiskussion steht in Verbindung mit einem Paradigmenwechsel, der sich auch im sozialpädagogischen Bereich vollzogen hat: Dabei wird die Einrichtung zum Dienstleistungsunternehmen und Eltern und Kinder werden zu seinen Kunden.

Doch ist die Qualität in der Elternarbeit bestimm- und messbar? Das Qualitätsverständnis im Bereich der sozialen Dienstleistung unterscheidet sich deutlich vom Qualitätsbegriff im industriellen Bereich. So darf die Qualität nicht nur an gut messbaren Äußerlichkeiten festgemacht werden (zum Beispiel an der Häufigkeit von Elternabenden, Größe von Besprechungszimmern), sondern wird von subjektiven Bewertungen, beispielsweise der Zufriedenheit, bestimmt. Zur Festlegung der Qualität sind die pädagogischen Bedingungen, unter denen die Elternarbeit stattfindet, zu berücksichtigen. Pädagogische Konzepte, Gesetze (wie KJHG) sowie gesellschaftliche Normen sind zu beachten.

Im Rahmen des Qualitätsmanagements wird Qualität in der Regel als die Erfüllung von Anforderungen mit dem Ziel der dauerhaften Kundenzufriedenheit verstanden (Zink 1994). Nach diesem Verständnis definieren Irskens und Vogt (2000) Qualität prägnant als die Erfüllung vereinbarter Kundenerwartungen. Das KJHG fordert denn auch, dass im Dialog zwischen Einrichtung und Eltern die gegenseitigen Erwartungen zu klären sind.

Die Eltern als Kunden werden mit ihren Erwartungen und Ansprüchen unter dem Aspekt der Qualität zunehmend ernster genommen. Waren sie früher froh, beispielsweise einen Kindergartenplatz in erreichbarer Nähe zu erhalten, und meldeten ihr Kind bereits kurz nach der Geburt vorsorglich an, so hat sich dies grundlegend geändert. Nachdem jedes Kind im Alter von drei bis sechs Jahren einen Anspruch auf eine Betreuung in der Kindertageseinrichtung hat, konkurrieren verschiedene Einrichtungen, um ihre Platzkapazitäten auszulasten.

Die Eltern erfahren auch in ihrem beruflichen Umfeld einen Wertewandel. Im Mittelpunkt des neuen Verständnisses steht der Kunde mit seinen Erwartungen und Ansprüchen. Die berufliche Leistung der Eltern als Arbeitnehmer unterliegt in vielen Bereichen bereits einem betrieblichen Qualitätsmanagement. Dieses Qualitäts-verständnis wird von den Eltern auch auf den privaten Bereich übertragen. Eltern als Kunden beginnen auch die Leistung von sozialpädagogischen Einrichtungen kritisch zu vergleichen. Doch welche Vergleichsaspekte können herangezogen werden? Monatliche Kosten sind in vielen Bundesländern in jeder Gemeinde/Stadt einheitlich festgelegt. Die Suche nach

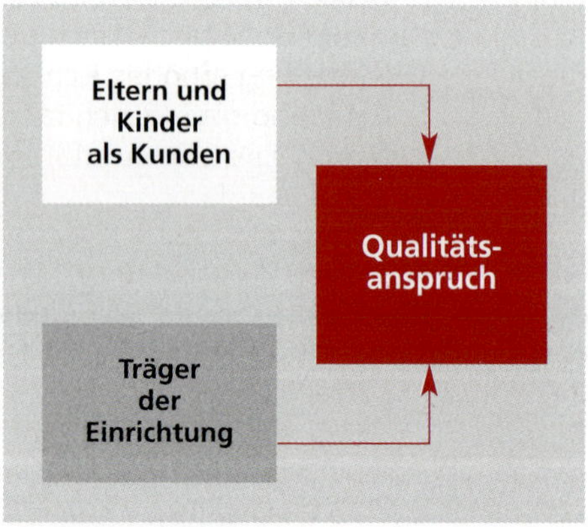

geeigneten Qualitätsmerkmalen fällt Eltern schwer, die noch keinen Einblick in die verschiedenen Einrichtungen haben. Sie verlassen sich deshalb zumeist auf Mund-zu-Mund-Propaganda, den Ruf einer Einrichtung, wobei diese Entscheidungsgrößen subjektiv und kaum überprüfbar sind. Mit zurückgehenden Kinderzahlen sind viele Einrichtungen nicht vollständig ausgelastet, so dass die verschiedenen Einrichtungen als „Anbieter von Kinderbetreuung" und mit dem „Angebot von Betreuungsplätzen" in Konkurrenz stehen. Die Einrichtungen müssen sich verstärkt profilieren, um ihre Qualität für andere (zum Beispiel Eltern, Jugendamt) zu verdeutlichen.

Die Forderung von Qualitätsnachweisen kommt außerdem von Trägerseite. Im zunehmenden Umfang wird das Qualitätsmanagement, das zunächst für den industriellen Bereich entwickelt wurde, auf den Dienstleistungsbereich übertragen, so dass auch die Träger sich mit dem Qualitätsmanagement befassen müssen. Im Rahmen dieser Entwicklung müssen sich auch die sozialpädagogischen Einrichtungen der Qualitätsfrage stellen und nachweisen, inwieweit ihre Arbeit hohen Ansprüchen gerecht wird.

Das Erbringen einer qualitativ hochwertigen Leistung setzt sowohl qualifizierte Mitarbeiterinnen mit einem ausgeprägten Qualitätsbewusstsein als auch qualifizierte Führungskräfte voraus, die über ausreichende Ressourcen verfügen.

Die Verwirklichung des Qualitätsmanagements ist mit Vorteilen für die Einrichtung, die Mitarbeiter und die Eltern als Kunden verknüpft.

Einrichtung: Die Institution entwickelt ein klareres Profil und kann sich damit im Wettbewerb Vorteile verschaffen. In der Regel führt die Auseinandersetzung mit der Qualität der Dienstleitung zu anderen Handlungsweisen. Die Mittel der Einrichtung werden gezielter und effizienter eingesetzt und die personelle Zusammensetzung des Teams und die Weiterqualifizierung erfolgt unter qualitativen Aspekten. Die Fehlerhäufigkeit nimmt ab und die Einrichtung verbessert ihre Wirtschaftlichkeit und Effizienz.

Mitarbeiter: Das Qualitätsbewusstsein ist bei den Mitarbeitern zu entwickeln und mit der persönlichen Verantwortung für die Qualität der Dienstleistung zu verknüpfen. Abläufe werden transparenter, da sie dokumentiert, analysiert und beständig optimiert werden. Die Mitarbeiterzufriedenheit und -motivation und das Engagement für die Einrichtung erhöhen sich. Die vorhandenen Mitarbeiterpotenziale können besser genutzt und die Mitarbeiter für die Wahrnehmung der Aufgaben gezielter geschult werden. Die Leistungsfähigkeit verbessert sich mit Hilfe des Qualitätsmanagements kontinuierlich.

Eltern: Bei steigender Qualität des Angebots erhöht sich das Vertrauen der Eltern in die Arbeit der Einrichtung. Sie werden als Kunden ernst genommen und sie erleben, dass sie als Partner stärker in die Arbeit der Einrichtung eingebunden sind und von ihnen eine aktivere Rolle gewünscht wird. Die Kooperationsmöglichkeiten zwischen Erzieher und Eltern werden beständig weiterentwickelt. Die Eltern werden umfassender und besser informiert und treffen mit ihren Anliegen in der Einrichtung auf aufgeschlossenere Gesprächspartner.

3.1 Qualität in der Elternarbeit

Unter dem Qualitätsaspekt steht die bisherige Elternarbeit von Einrichtungen auf dem Prüfstand und es ist kritisch zu fragen, inwieweit die praktizierten Formen der Elternarbeit den Qualitätsansprüchen noch genügen.

Legt man Qualitätskriterien an, so fallen beispielsweise die in Stresssituationen abgewickelten Tür-und-Angel-Gespräche, die traditionellen Bastelnachmittage oder fehlende Gesprächsräume bzw. eine ungemütliche Gesprächsatmosphäre negativ auf.

Qualität ist kein objektiver Wert, sondern abhängig von der Bewertung der erlebten Qualität durch den Kunden. Daraus ergibt sich: Die Qualität einer Dienstleistung im Bereich der Elternarbeit ist abhängig von den subjektiven Erfahrungen, Erwartungen und persönlichen Gegebenheiten der Eltern. Die erbrachte Dienstleistung der Erzieherinnen beim Elternabend kann zwar objektiv hochwertig sein (ein Professor hält einen Vortrag über das hyperkinetische Syndrom – HKS) aber dennoch subjektiv Unzufriedenheit und Verärgerung bei den teilnehmenden Eltern auslösen, wenn sie nur wenig verstanden haben und ihre Fragen unzureichend bzw. unverständlich beantwortet wurden.

Fehlende Qualität schlägt sich in der Unzufriedenheit der Eltern als Kunden, in der Unzufriedenheit der Mitarbeiter nieder und geht mit einer geringen Nachfrage und letztendlich im Rückgang der Anmeldungen von Kindern einher. Die Sicherheit des Arbeitsplatzes gerät in Gefahr.

Jede Tätigkeit der Einrichtung hat direkte bzw. indirekte Auswirkungen auf die Eltern. Die „Erlebniswelt" der Eltern verdeutlicht die nachfolgende Abbildung.

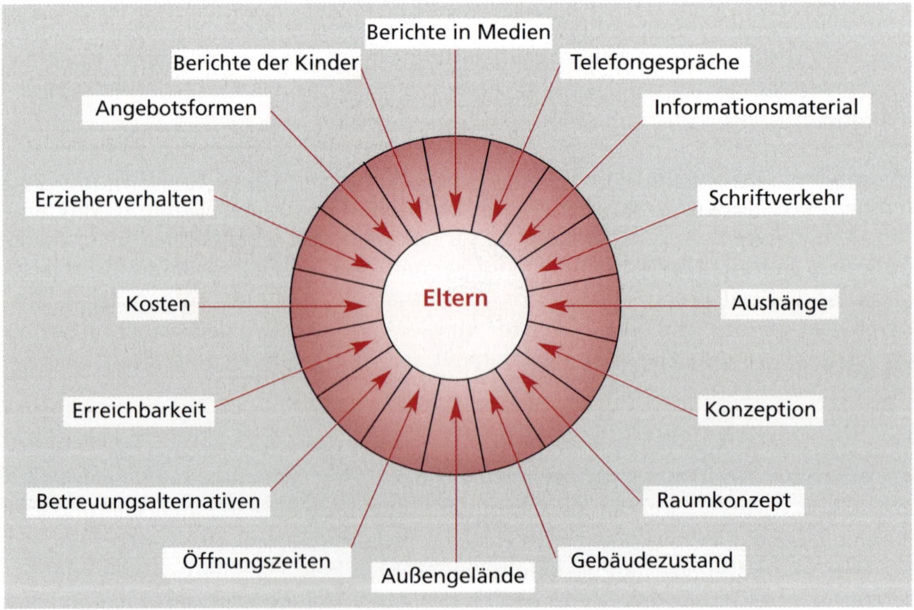

Die „Erlebniswelt der Eltern"

Die Verwirklichung einer qualitativ hochwertigen Dienstleistung umfasst nach Niedenführ (1998) folgende drei Aufgaben:

- **Qualitätsentwicklung** *(Erfassung der Bedürfnisse und Qualitätsstandards)*
In dieser Phase werden Fragen zu den Nutzern der Dienstleistung und deren Bedürfnisse gestellt. Das Umfeld, in dem die Dienstleistung angeboten wird, wird von den Beteiligten differenziert beschrieben. Grundsätze zur Gestaltung der Kundenbeziehung werden formuliert und Qualitätsstandards definiert.

- **Organisation des Qualitätsprozesses** *(Umsetzung und Prozessverantwortliche)*
Im Rahmen der Prozessgestaltung werden beispielsweise die Qualifikation der Leistungserbringer spezifiziert und ein Ressourcenmanagement (zum Beispiel räumliche und technische Ausstattung, Personal, Sachmittel) durchgeführt. Qualität ist nur in einem kontinuierlichen Verbesserungsprozess, der von Prozessverantwortlichen in Gang gehalten wird, zu verwirklichen.

- **Qualitätsbewertung** *(Messung und Analyse)*
Am Ende des Qualitätskreises steht die Entwicklung von Messverfahren zur Qualitätsüberprüfung. Die Ergebnisse diese Prüfung münden in Maßnahmen zur Optimierung der Qualität.

Diese drei Bereiche bilden einen Qualitätskreis.

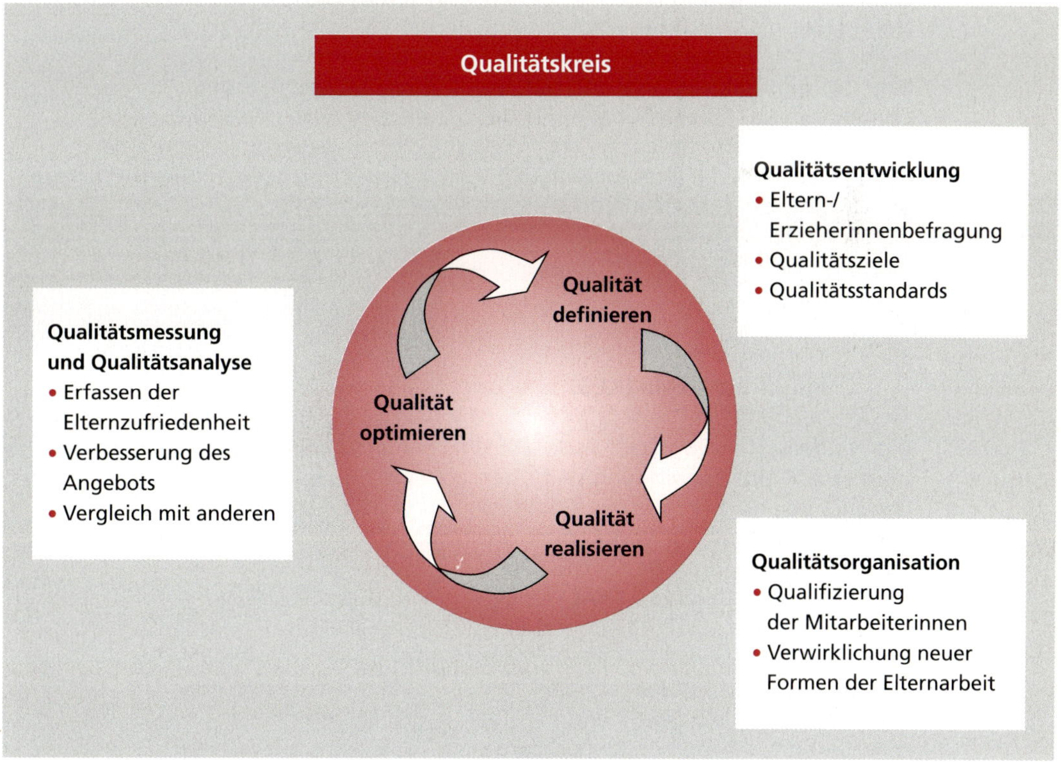

Qualitätskreis (in Anlehnung an Niedenführ 1998, Seite 37)

3.2 Qualitätsmodelle

Es können im Wesentlichen drei Qualitätskonzepte unterschieden werden, die zur Bestimmung von Qualität der sozialpädagogischen Arbeit in Kindertagesstätten Anwendung finden:

- *Kindergarten-Einschätz-Skala (KES)*
- *Qualitätsmodell des Kronberger Kreises*
- *Qualitätsmanagementsystem nach DIN EN ISO 9000:2000.*

Die unterschiedlichen Ansätze können hier nur kurz erläutert werden. Der Schwerpunkt der Darstellung liegt auf der Analyse, inwieweit die Elternarbeit als Bestimmungsfaktor für die Qualität in Kindertagesstätten von Bedeutung ist. Auf europäischer Ebene setzt sich beispielsweise das Kinderbetreuungsnetzwerk der Europäischen Kommission mit der Qualität von Kindertageseinrichtungen auseinander und formuliert zehn Qualitätskriterien.

Zur Bestimmung der Qualität werden sowohl Eltern als auch Experten befragt. In der Zusammenstellung wird deutlich, dass die Elternarbeit, die auf der Beziehungsebene („Beziehung – Kinder, Eltern, Mitarbeiterinnen") und der Hierarchieebene („Elternbeteiligung") erfasst wird, von zentraler Bedeutung ist.

Qualitätskriterien Europäische Kommission (nach Münzenloher 2001)

- Anmeldeverfahren und Öffnungszeiten
- Umfeld – Gesundheit, Sicherheit, Mahlzeiten, Räumlichkeiten, Ästhetik
- Förderung – kognitive und soziale Entwicklung
- Beziehungen – Kinder, Eltern, Mitarbeiterinnen
- Elternbeteiligung
- Gemeinwesenarbeit
- Integration – Rasse, Geschlecht, Auffälligkeiten, Behinderung
- Wahrnehmen und Beobachten – individuelle Förderung
- Kosten-Nutzen-Analyse
- Ethos – Verwirklichung der Ziele gewährleisten hohen Qualitätsstandard

3.2.1 Kindergarten-Einschätz-Skala (KES)

Die Kindergarten-Einschätz-Skala (KES) stellt eine Weiterentwicklung und Übertragung der amerikanischen Qualitätsmessung auf deutsche Verhältnisse dar. Die „National Association for the Education of Young Children" (NAEYC) entwickelte mit der „Early Childhood Environment Rating Scale" (ECERS) ein Messinstrument, das auf Fragebogen- und Beobachtungsergebnissen beruht. Die zehn Bereiche werden im Kasten dargestellt.

Early Childhood Environment Rating Scale (nach Münzenloher 2001)

- Interaktion zwischen Erzieherinnen und Kindern
- Curriculum
- Interaktion zwischen Erzieherinnen und Eltern
- Qualifikation und Fortbildung des Personals
- Verwaltung
- Personelle Besetzung
- Umgebung
- Gesundheits- und Sicherheitsvorkehrungen
- Ernährung
- Überprüfung (Evaluation)

Tietze u. a. (1997) passten dieses Verfahren für die Situation deutscher Kindertagesstätten an. Es werden drei Qualitätsebenen unterschieden:

Prozessqualität: Angebote, Interaktionen, die zur Entwicklung des Kindes beitragen, indem das Kind emotionale Sicherheit erfährt und ihm Lernanreize geboten werden. Die Familie des Kindes wird in die Betrachtung einbezogen.

Strukturqualität: Erfasst werden formale Aspekte wie Gruppengröße, Erzieher-Kind-Schlüssel oder das Qualifikationsniveau der Mitarbeiter.

Orientierungsqualität: Im Mittelpunkt stehen die pädagogischen Einstellungen, Ausrichtungen im Hinblick auf die Aufgaben der Einrichtung, das Qualitätsverständnis der Erzieher, die Vorstellungen zur kindliche Entwicklung und ihre Beeinflussbarkeit sowie handlungsleitende Ziele und Normen.

Die Kindergarten-Einschätz-Skala differenziert zwischen sieben Bereichen mit siebenunddreißig unterschiedlichen Items (Aspekten). Ein geschulter Beobachter besichtigt die Einrichtung und richtet sein Augenmerk auf die Interaktionen. Anhand von vorgegebenen Skalen, deren sieben Abstufungen inhaltlich verbal verankert sind, wird die Einrichtung bewertet. Die Elternarbeit findet dabei im Bereich VII „Erzieherinnen und Eltern" mit zwei Items Berücksichtigung. Einen Hinweis auf Eltern ist auch bei Item 1 (Begrüßung und Verabschiedung) zu finden.

Kindergarten-Einschätz-Skala
(nach Tietze,Roßbach & Schuster 1997)

- Betreuung und Pflege von Kindern (5 Items)
- Möbel und Ausstattung für Kinder (5 Items)
- Sprachliche und kognitive Anregungen (4 Items)
- Fein- und grobmotorische Aktivitäten (6 Items)
- Kreative Aktivitäten (7 Items)
- Sozialentwicklung (6 Items)
- Erzieherinnen und Eltern (4 Items)

Elternarbeit findet unter formal räumlichen Aspekten Beachtung, indem erfasst wird, unter welchen räumlichen Bedingungen Erwachsene (Erzieher und Eltern) sich treffen können. Das Item 37 setzt sich mit inhaltlichen Aspekten der Elternarbeit auseinander. Zur Abstufung werden die Gesichtspunkt: Formen und Häufigkeit der Informationsweitergabe, Teilnahme am Gruppengeschehen sowie Elternbeteiligung an Entscheidungsprozessen betrachtet. Die ausgewählten Inhalte erlauben es nicht, die Qualität der Elternarbeit angemessen abzubilden. Die Vermischung unterschiedlicher Gesichtspunkte bei der Definition der jeweiligen Skalenstufen ist zudem methodisch fragwürdig.

Zusammenfassend zeigt sich, dass die Kindergarten-Einschätz-Skala nur ansatzweise die Qualität der Elternarbeit wiedergibt. Weder der Vielfalt noch der Bedeutung der Elternarbeit wird die KES gerecht.

Kindergarteneinschätzskalen (Auszug)			
Qualitätsstufen		**Item 36:** Treffmöglichkeiten für Erwachsene	**Item 37:** Elternarbeit
Unzureichend	1	Keine angemessenen räumlichen Möglichkeiten für Dienstbesprechungen oder sonstige Treffen und Konferenzen von Erzieherinnen/Eltern während des Tages.	Keine Vorkehrungen für Informationsaustausch zwischen Eltern und Erzieherinnen bzw. Eltern untereinander. Kein Einbezug der Eltern in die pädagogische Arbeit. Eltern werden von der Beobachtung des Gruppengeschehens oder der Teilnahme am Gruppengeschehen möglichst ferngehalten.
	2		
Minimal	3	Gewisse räumliche Möglichkeiten vorhanden, wo sich Erzieherinnen/Eltern treffen können. Diese werden aber auch für andere, zum Teil störende Aktivitäten genutzt (zum Beispiel lauter Bereich, häufige Störungen, da gleichzeitig als Büro, Spielraum, Küche usw. genutzt.	Nur wenige Informationen an die Eltern, begrenzte Möglichkeiten für Einbezug (zum Beispiel Informationen beziehen sich nur auf Richtlinien, Kosten, Öffnungszeiten; geringe Kontakte beim Bringen und Abholen der Kinder). Wenig Bemühen um elternfreundliche Atmosphäre.
	4		
Gut	5	Zufriedenstellende räumliche Möglichkeiten für Mitarbeiterinnenbesprechungen oder sonstige Treffen von Erzieherinnen/Eltern. Doppelte Benutzung (wenn notwendig) macht keine Abstimmungsschwierigkeiten.	Regelmäßiger Informationsaustausch zwischen Erzieherin und Eltern (zum Beispiel durch Elternabende, Zeitungen usw.). Eltern werden über das Erziehungskonzept der Einrichtung unterrichtet (zum Beispiel durch Informationsblätter, Elterntreffen usw.). Teilnahme der Eltern am Gruppengeschehen erwünscht (zum Beispiel Frühstück/Mahlzeiten mit den Kindern, Vermitteln häuslicher Gewohnheiten).
	6		
Ausgezeichnet	7	Zusätzlich zu 5: Treffmöglichkeiten von Aktivitätsbereichen der Kinder getrennt, keine doppelte Nutzung.	Zusätzlich zu 5: Informationen an die Eltern über häusliche Erziehung, Gesundheitsvorsorge usw. Regelmäßige Beteiligung der Eltern an der Planung und Bewertung der Arbeit angestrebt. Eltern sind zusammen mit den Erzieherinnen an Entscheidungen beteiligt (zum Beispiel über Elternvertreter in Ausschüssen).

3.2.2 Qualitätsmodell des Kronberger Kreises

Eine Arbeitsgruppe mit Wissenschaftlern, Fachberatern und Supervisoren setzte sich in der hessischen Stadt Kronberg (Taunus) mit den Aspekten der Qualitätssicherung und -entwicklung auseinander. Im Gegensatz zu anderen Qualitätskonzepten, die die Messlatte an die Einrichtung von außen anlegen, favorisiert der Kronberger Kreis einen Ansatz, der im Dialog mit den Beteiligten die Qualität von innen entwikkelt. Es werden vier zentrale Bedingungen für diese Qualitätsentwicklung in den Einrichtungen formuliert:

Formulierung von Qualitätsstandards: In den Einrichtungen bereits formulierte Konzeptionen werden einbezogen.

Interne/externe Evaluation: Unabhängige Institutionen sollen die Qualität der Einrichtung selbst (interne Evaluation) sowie die Qualität der mit der Einrichtung kooperierenden Institutionen (zum Beispiel Fort-/Weiterbildungseinrichtungen, Fachberatung, Träger) bewerten (externe Evaluation).

Schaffung von materiellen und immateriellen Anreizen: Ein Belohnungssystem soll die Qualitätsentwicklung für die Einrichtung unterstützen und die Motivation zur Qualitätsverbesserung erhöhen.

Budgetierung: Der Leitung von Einrichtungen sollte ein größerer Gestaltungsfreiraum beim Einsatz der finanziellen Mittel zugestanden werden, um eine stärkere Profilbildung der Einrichtung zu ermöglichen.

Auf der Basis von Qualitätsbeschreibungen, die vom situativen Ansatz ausgehen, werden die Dimensionen mit den entsprechenden Indikatoren zur Qualitätsbestimmung formuliert. Die Grundlage des Qualitätskonzepts stellen fünf qualitative Grundorientierungen dar, die deutlich herausstellen, welches Qualitätsverständnis und -bewusstsein in der Einrichtung vorherrscht. Im nächsten Schritt wird die Qualität aus sieben verschiedenen Perspektiven analysiert.

Das Konzept des Kronberger Kreises berücksichtigt die Elternarbeit auf drei Dimensionen: „Die qualitative Grundorientierung (GO)“, „die Einrichtungs- und Raumqualität (E+RQ)“ sowie „die Kosten-Nutzen-Qualität (KNQ)“.

Die **Grundorientierung** (GO) kennzeichnet das Konzept der Einrichtung, das sich auf alle andere Dimensionen auswirkt.

GO 1: Freundlichkeit als persönliche Grundhaltung
Von den Fachkräften wird ein kundenfreundliches, interessiertes, offenes, zugewandtes und solidarischen Verhalten gefordert.

GO 2: *Partizipation/Partnerschaftlichkeit als strategisches Ziel*
Alle Beteiligte sind partnerschaftlich einzubeziehen. Eltern werden zum Mitwirken ermuntert.

GO 3: ***Integration***
Das Angebot richtet sich an alle Familien in ihrer Region und entwickelt Integrationsangebote auch für Familien aus anderen Kulturen.

GO 4: ***Kontextorientierung***
Die pädagogische Arbeit berücksichtigt die Lebens- und Beziehungswelten des Kindes. Die Eltern als Bezugspersonen des Kindes erfahren aktive Unterstützung durch die Einrichtung.

GO 5: ***Bedarfsorientierung***
Die Einrichtung ermittelt den konkreten Bedarf in ihrer Region durch Befragung der Eltern und greift deren Wünsche und Interessen bei der Entwicklung des Leistungsangebots auf.

Die **Einrichtungs- und Raumqualität** erfasst als Strukturmerkmal den Innen- und Außenbereich der Einrichtung.

E + RQ 5: ***Partizipation***
Überprüft wird, inwieweit neben den Fachkräften und den Kindern auch die Eltern bei der Planung und Gestaltung einbezogen werden. Die Autoren des Kronberger Kreises weisen darauf hin, dass die Bedürfnisse der Eltern im Planungsprozess zu berücksichtigen sind.

Die **Kosten-Nutzen-Qualität** überprüft die Kosteneffizienz einer Einrichtung, die sich im sparsamen Einsatz der Ressourcen und einem guten Leistungsangebot niederschlägt.

KNQ 3: ***Kapazitätsauslastung***
Das Ziel der Kapazitätsauslastung ist nur dann zu verwirklichen, wenn die Öffnungszeiten dem Bedarf und die Höhe der Beiträge sozial gestaffelt den finanziellen Möglichkeiten der Eltern entsprechen.

KNQ 5: ***Evaluierte ökonomische Zufriedenheit***
Die ökonomische Zufriedenheit berücksichtigt das Verhältnis von Aufwand und Ertrag. In Befragungen (auch der Eltern) ist die ökonomische Zufriedenheit systematisch und regelmäßig zu prüfen.

Das Qualitätsverständnis des Kronberger Kreises orientiert sich stärker an dem Verständnis einer Kindergartenstätte als soziales Dienstleistungsunternehmen. Kundenfreundliches Verhalten wird ebenso eingefordert wie die Partizipation der Eltern in allen Bereichen. Sie werden in die Arbeit der Einrichtung eingebunden. Ihre Wünsche und Interessen finden Niederschlag im Leistungsangebot der Einrichtung. Die Effizienz der Einrichtung steht auf dem Prüfstand und wird beständig kontrolliert. Die Berücksichtigung der Elternzufriedenheit mit der Einrichtung weist auf ein kundenorientiertes Konzept hin, das marktwirtschaftlichen Prinzipien folgt.

Qualitätskonzept des Kronberger Kreises							
Qualitative Grundorientierung (GO)		**Programm- und Prozessqualität (PPQ)**		**Leitungsqualität (LQ)**		**Personalqualität (PQ)**	
1. GO	Freundlichkeit als persönliche Grundhaltung	**1. PPQ**	Befriedigung körperlicher Bedürfnisse	**1. LQ**	Selbstkompetenz	**1. PQ**	Schlüsselqualifikationen
2. GO	Partizipation/Partnerschaftlichkeit als strategisches Ziel	**2. PPQ**	Entwicklungsfördernde Gestaltung von Beziehungen	**2. LQ**	Managementkompetenz	**2. PQ**	Fachwissen und Handlungskompetenz
3. PPQ	Integration	**3. PPQ**	Erfahrung und Lernen	**3. LQ**	Fachkompetenz	**3. PQ**	Teamqualität
4. GO	Kontextorientierung	**4. PPQ**	Kinderkultur	**4. LQ**	Personalkompetenz		
5. GO	Bedarfsorientierung	**5. PPQ**	Integration	**5. LQ**	Öffentlichkeitskompetenz		
		6. PPQ	Familienorientierung				
		7. PPQ	Gemeinwesenorientierung				
		8. PPQ	Highlights				
Einrichtung und Raumqualität (GO)		**Trägerqualität (TQ)**		**Kosten-Mutzungs-Qualität (LQ)**		**Förderung von Qualität (PQ)**	
1. E+RQ	Präsenz und Umfeldbezug	**1. TQ**	Institutionelle Form	**1. KNQ**	Sichere Finanzbasis	**1. FQ**	Lernen vom Erfolg
2. E+RQ	Atmosphäre	**2. TQ**	Gesetzlicher Auftrag	**2. KNQ**	Kostentransparenz, -differenzierung	**2. FQ**	Erweiterung der Selbstreflexivität
3. E+RQ	Funktionalität	**3. TQ**	Politische Verantwortung	**3. KNQ**	Kapazitätsauslastung	**3. FQ**	Personalentwicklung durch Praxislernen und -forschung
4. E+RQ	Erfahrungsraum	**4. TQ**	Planungsverantwortliche Jugendhilfe	**4. KNQ**	Effektiver Arbeitskräfteeinsatz	**4. FQ**	Qualitätsförderung durch Qualitätszirkel
5. E+RQ	Partizipation	**5. TQ**	Managementverantwortung	**5. KNQ**	Evaluierte ökonomische Zufriedenheit		
6. E+RQ	Raumerfahrung	**6. TQ**	Qualitätsmanagement-Verantwortung/ Qualitätssicherung				
7. E+RQ	Bauausführung						

3.2.3 Qualitätsmanagementsystem nach DIN EN ISO 9000:2000

Um auf internationaler und nationaler Ebene den Handel und Güterverkehr sowie Dienstleistungen aufeinander abzustimmen, hat man sich auf Normen verständigt. Zur Qualitätsbestimmung wird die international gültige, branchenübergreifende DIN EN ISO 9000:2000 angewandt: DIN (**D***eutsches* **I***nstitut für* **N***ormierung e.V.*), EN (**E***uropäische* **N***orm*), ISO (**I***nternational* **O***rganization for* **S***tandardization*), 9000:2000 (Nummerierung der Vorschriften, wobei 2000 darauf hinweist, dass es sich um die seit 2000 gültige überarbeitete Fassung der DIN EN ISO 9000 ff handelt). Die Norm definiert die Anforderungen, die an das Unternehmen gestellt werden, legt aber nicht fest, wie diese Anforderungen umzusetzen sind. Ein unabhängiger Gutachter (Auditor) prüft das Unternehmen und zertifiziert es, d.h. er bescheinigt den Qualitätsstandard.

Dieses Verfahren, das auch auf Dienstleistungen bezogen wird, findet ebenso im sozialpädagogischen Bereich Anwendung. Es kennzeichnet den Wandel in der Einstellung zu den Abnehmern der Leistung, den Kunden. Die Erzieherinnen erbringen Dienstleistungen, die an den Qualitätsanforderungen der Eltern zu messen sind.

Der Anwendung von Normen, wie sie im Wirtschaftsbereich üblich sind, auf den sozialpädagogischen Bereich wird von vielen Erzieherinnen skeptisch und mit inneren Widerständen begegnet. Sie vertreten die Meinung, sozialpädagogisches Handeln sei nicht messbar und die Überprüfung formaler Kriterien (wie Raum- oder Gruppengröße, Erzieher-Kind-Relation) decke nur einen Teilbereich des sozialpädagogischen Feldes ab, das Wesentliche bleibe jedoch unberücksichtigt. Doch diese Haltung wird von der Qualitätsentwicklung im Dienstleistungsbereich überrollt: Qualitätsstandards werden inzwischen in einigen sozialpädagogischen Einrichtungen definiert und Maßnahmen zur Qualitätssicherung und -entwicklung erfolgreich umgesetzt. Der kritischen Auseinandersetzung mit der Qualität der Einrichtung muss sich jede Institution stellen.

- **Grundbegriffe**

Das Qualitätsverständnis nach DIN EN ISO 9000:2000 beinhaltet folgende Begriffe:

Definition

Unter ***Qualität*** *(Q) werden alle Eigenschaften und Merkmale von Dienstleitungen verstanden, die geeignet sind, festgelegte oder vorausgesetzte Erfordernisse zu erfüllen.*

Das ***Qualitätsmanagement*** *(QM) umfasst alle Maßnahmen in der Einrichtung, die sich auf die Festlegung von Zielen, Benennung von Verantwortlichen und den Einsatz von Mitteln zur Qualitätsplanung, -lenkung, -sicherung, und -verbesserung beziehen. Im Mittelpunkt steht die Analyse von Prozessen und der Personen, die für diese Abläufe Verantwortung tragen. Es müssen dazu Messinstrumente entwickelt werden, die eine Analyse von Prozessen ermöglichen. Die Erhöhung der Kundenzufriedenheit ist das zentrale Ziel. Die Messung der Kundenzufriedenheit wird bei der Überprüfung der Qualität herangezogen.*

Definition

*Das **Qualifikationsmanagementsystem** (QMS) beschreibt die Verankerung des Qualitätsmanagements in der Organisation, die entsprechende Verfahren und Mittel zur Umsetzung des Qualitätsmanagements zur Verfügung stellen muss. Alle Anstrengungen zielen auf eine Qualitätsverbesserung ab, die durch ein effektives und effizientes Handeln und Prozessgestaltung der Einrichtung bzw. den Träger und dem Kunden zugute kommt.*

Eine zentrale Aufgabe für die Einrichtung besteht im Verfassen eines **Qualitätsmanagementhandbuchs**. Dieses Handbuch umfasst die Organisationsstruktur der Einrichtung, legt die Verantwortungsbereiche und Verantwortlichen fest, verdeutlicht das Qualitätsverständnis der Einrichtung, erläutert das Dienstleistungsangebot und beschreibt die Maßnahmen zur Qualitätssicherung und -verbesserung. Alle Abläufe bzw. Prozesse werden eindeutig definiert und dokumentiert.

Die Bewertung einer Einrichtung (Zertifizierung) erfolgt auf der Grundlage von Normen, die an folgenden Prinzipien ausgerichtet sind:

- das angestrebte Ergebnis ist leichter zu erreichen, wenn die Abläufe als Prozesse analysiert werden; Voraussetzung ist die eindeutige Beschreibung aller **Prozesse**;
- für die einzelnen Prozesse müssen geeignete **Messverfahren** entwickelt werden;
- es sind für alle Funktionen entsprechende **Qualitätsziele** zu definieren;
- aus den Normen sind **Bewertungskriterien** abzuleiten;
- der Kunde steht im Mittelpunkt; zum einen sind die Kundenanforderungen an die Dienstleistung zu bestimmen und zum anderen ist die **Kundenzufriedenheit** mit der erbrachten Dienstleistung zu erfassen;
- die **Wirksamkeit** des Qualitätsmanagements ist kritisch zu prüfen;
- aus den Ergebnissen der Qualitätsüberprüfung sind Maßnahmen zur **kontinuierlichen Verbesserung** abzuleiten.

Die **Zertifizierung**, die vor allem in der Privatwirtschaft zu finden ist, dient dem Nachweis für Außenstehende, dass der Betrieb vertrauenswürdig ist und qualitativ hochwertige Leistungen in Übereinstimmung mit bestimmten Normen erbringt. Das Zertifikat bestätigt, dass die Einrichtung ein Qualitätsmanagementsystem zum Beispiel gemäß DIN ISO 9001 entwickelt hat und dieses auch anwendet. Eine Zertifizierung erfolgt durch zugelassene Zertifizierungsstellen, die unparteiisch und fachlich kompetent die Zertifizierung vornehmen. Die Zertifizierung ist jedoch nicht staatlich geregelt, so dass sich ein Markt von Zertifizierungsstellen, die sich auf bestimmte Bereiche spezialisiert haben, entwickelt hat. Die Zertifizierung erfolgt auf der Grundlage der Qualitätshandbücher, die in der Einrichtung verwendet werden.

Der **Gutachter (Auditor)** setzt sich mit der Leitung als Qualitätsverantwortlicher zusammen und überprüft die Wahrnehmung der Qualitätsaufgaben durch diese. Die Umsetzung der Qualitätsvorgaben in der Praxis in der Einrichtung wird vom Gutachter erfasst, der sich mit den Mitarbeiterinnen in Verbindung setzt. Es werden gegebenenfalls Verbesserungen eingefordert und deren Umsetzung wird in einer zweiten Überprüfung („Nach-Audit") kontrolliert. Werden die Qualitätsziele verwirklicht und der Prozess der ständigen Verbesserung wird umgesetzt, dann kann das Zertifikat erteilt werden. Es hat eine Gültigkeit von drei Jahren und muss dann in einem „Wiederholungsaudit" erneuert werden. Der Zeitaufwand für das Zertifizierungsverfahren liegt im industriellen Bereich bei einer Erstzertifizierung bei etwa zwei Jahren. Die Kosten belaufen sich für ein mittelständisches Unternehmen auf über 100.000 €. Hinzu kommen weitere Aufwendungen für die Einführung und Weiterentwicklung des Qualitätsmanagementsystems. Diese Kosten können von einem Träger im sozialpädagogischen Bereich kaum verkraftet werden, so dass eine Zertifizierung, wie sie im privatwirtschaftlichen Bereich erfolgt, in der Regel nicht in Betracht kommt. Dennoch sind die Prinzipien, die der Qualitätserfassung zugrunde liegen, auch im sozialpädagogischen Bereich nutzbringend einzusetzen: Qualität von Leistungen muss gemessen und dokumentiert werden, die Mitarbeiter setzen sich bewusst mit der Qualität der erbrachten Dienstleistungen auseinander, die Einrichtung entwickelt sich qualitätsorientiert weiter und kann sich damit auf dem Markt der Anbieter besser profilieren.

Die Zertifizierung wird im sozialpädagogischen Bereich kritisch bewertet (siehe Gerull 2000), da ein Zertifikat nichts über die Qualität und den Inhalt der Leistung aussagt, sondern lediglich belegt, dass ein Qualitätsmanagementsystem entwickelt und angewendet wird. Im Mittelpunkt stehen Fragen der Prozessqualität und nicht die Ergebnisqualität. Da die Zertifizierung von außen erfolgt, sind die überprüften Mitarbeiter bisweilen nur zum Zeitpunkt der Zertifizierung engagiert; die Überprüfung stellt eine Momentaufnahme dar und erfasst keine Dauerleistung. Inwieweit sich Eltern von der Zertifizierung beeindrucken lassen, sei dahingestellt.

Die Verantwortung für das Qualitätsmanagement liegt bei der Leitung der Einrichtung. Statt die Verantwortung mit einer anonymen Organisation zu verbinden sollen Personen benannt werden, die als Verantwortliche das Qualitätsmanagement betreiben. Aus **systemischer Sicht** hat die Leitung die Aufgabe, die Beziehungen und Abhängigkeiten zwischen den Prozessen zu erkennen und so zu steuern, dass die Einrichtung möglichst effektiv und effizient zum Ziel gelangt. Die Leitung ist für die Erfassung der Kunden-/Elternbedürfnisse verantwortlich, hat Qualitätsbewusstsein der Mitarbeiterinnen zu entwickeln, formuliert Qualitätsziele, koordiniert das Qualitätsmanagementsystem, ordnet Verantwortung für Abläufe und Ergebnisse eindeutig zu und hat den Erfolg der Maßnahmen zu überprüfen.

Das **Ressourcenmanagement** umfasst die Bereitstellung und den effizienten Einsatz der Mittel zur Verwirklichung der Qualitätsziele. Zu den Ressourcen zählen die personellen, sachlichen sowie finanziellen Möglichkeiten der Einrichtung (zum Beispiel technische Ausstattung, Räumlichkeiten).

Das geforderte **Prozessmanagement** konzentriert sich weniger auf das Endergebnis, sondern stärker auf die Abläufe (Planung, Vorbereitung, Durchführung) und die Prozessverantwortlichen. Eine ständige Verbesserung setzt an den Prozessen an und beabsichtigt die Abläufe zu optimieren.

Eine kontinuierliche **Weiterentwicklung** der Einrichtung setzt eine **Bewertung und Analyse** voraus und führt damit zur Entwicklung von Messverfahren, die sich sowohl auf die Prozesse und als auch auf die Ergebnisse beziehen.

Die Elemente des Qualitätskonzepts werden in der Abbildung zum Qualitätsmanagement-Prozessmodell verdeutlicht.

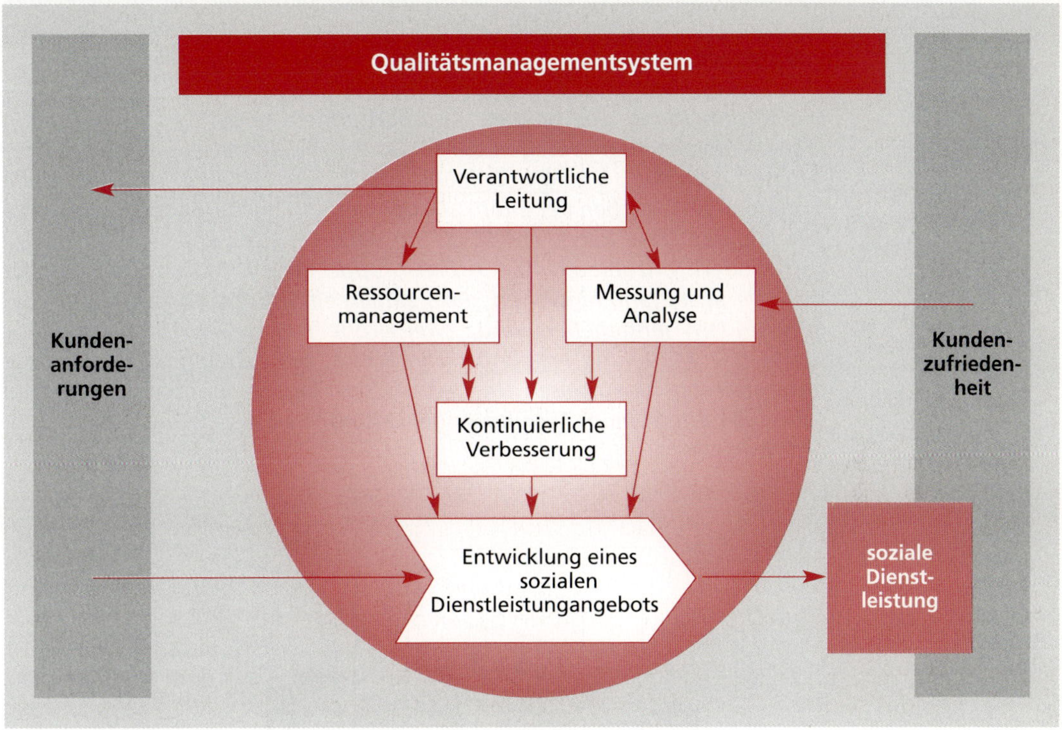

Übertragen auf die Elternarbeit ergibt sich folgende Situation:

> *Die **Leiterin** der städtischen Kindertagesstätte „Regenbogen" entwickelt einen Elternfragebogen, in dem sie auch das Interesse an einem thematischen Elternabend abklärt. Mehrere Eltern zeigen Interesse an einem Elternabend zum Thema „Kindesmisshandlung". In einer Teamsitzung beschließen die Erzieherinnen im Mai einen Elternabend zu diesem Thema anzubieten. Mit der Planung des Abends wird auf eine Arbeitsgruppe (zwei Erzieherinnen und einer Berufspraktikantin) beauftragt. Beim ersten Arbeitstreffen legt die Arbeitsgruppe die Ziele des Elternabends fest. Als Zielgruppe werden die Eltern der Kita-Kinder sowie interessierte Eltern, die auf den Regenbogen-Kita aufmerksam werden sollen, festgelegt.*
>
> *Die Arbeitsgruppe überprüft die vorhandenen Ressourcen der Einrichtung **(Ressourcenmanagement)** im Hinblick auf die Durchführung des Elternabends: Die Erzieherinnen beschließen zu diesem Thema eine Referentin einzuladen und setzen sich zunächst mit dem Jugendamt, der Erziehungsberatungsstelle, dem Kinderschutzbund und der Polizei in Verbindung. Es werden aufgrund bisheriger Erfahrungen ca. sechzig Eltern erwartet, so dass ein Gruppenraum zur Durchführung ausreicht. Die u. U. fehlende Medienausstattung (zum Beispiel Tageslichtprojektor) kann durch Leihgaben der benach-*

barten Grundschule ausgeglichen werden. Da die Kindertagesstätte keine Honorare zahlen kann, kommen nur Referenten in Frage, die auf ein Honorar verzichten. Die Elternvertreter erklärten sich bereit für ein Blumen- bzw. Weinpräsent zu sorgen. Nach heftiger Diskussion beschließt die Gruppe den Elternabend zunächst an einem Dienstag um 20:00 Uhr anzubieten.

Die ***Rückmeldung*** *der letzten Veranstaltungen zeigt, dass einige allein Erziehende den Termin wegen der fehlenden Kinderbetreuung nicht wahrnehmen konnten. Um die Teilnahmequote zu erhöhen, beschließt die Gruppe den Wünschen der Eltern aus dem letzten Vortragsabend gerecht zu werden, den Elternabend auf 19:00 Uhr vorzuverlegen und eine Betreuung von Kindern anzubieten. Die Arbeitsgruppe erstellt Materialien, die auf diese Veranstaltung hinweisen; dazu zählen ein Informationsschreiben, das den Kindern mitgegeben wird, zwei große Plakate im Eingangsbereich sowie eine Mitteilung an die örtliche Presse, die gebeten wird, auf diese Veranstaltung hinzuweisen. In den letzten Tagen vor dem Elternabend sollen die Eltern beim Tür-und-Angel-Gespräch an die Veranstaltung erinnert werden.*

Die Arbeitsgruppe entwickelt ein ***Verfahren, um die Zufriedenheit der Eltern*** *mit der Veranstaltung zu überprüfen. Man beschließt ein Plakat aufzuhängen, das mit Gesichtern den Grad an Zufriedenheit ausdrückt. Die Eltern sollen mit einem Markierungspunkt ihre Zufriedenheit verdeutlichen. Ergänzend werden farbige Zettel vorbereitet, auf denen sie Kommentare zur Veranstaltung abgeben können.*

Die Arbeitsgruppe stellt ihr Konzept im Rahmen einer Teamsitzung vor. Weitere Anregungen (zum Beispiel Erfahrung mit Referenten, Formulierung des Themas) werden aufgenommen.

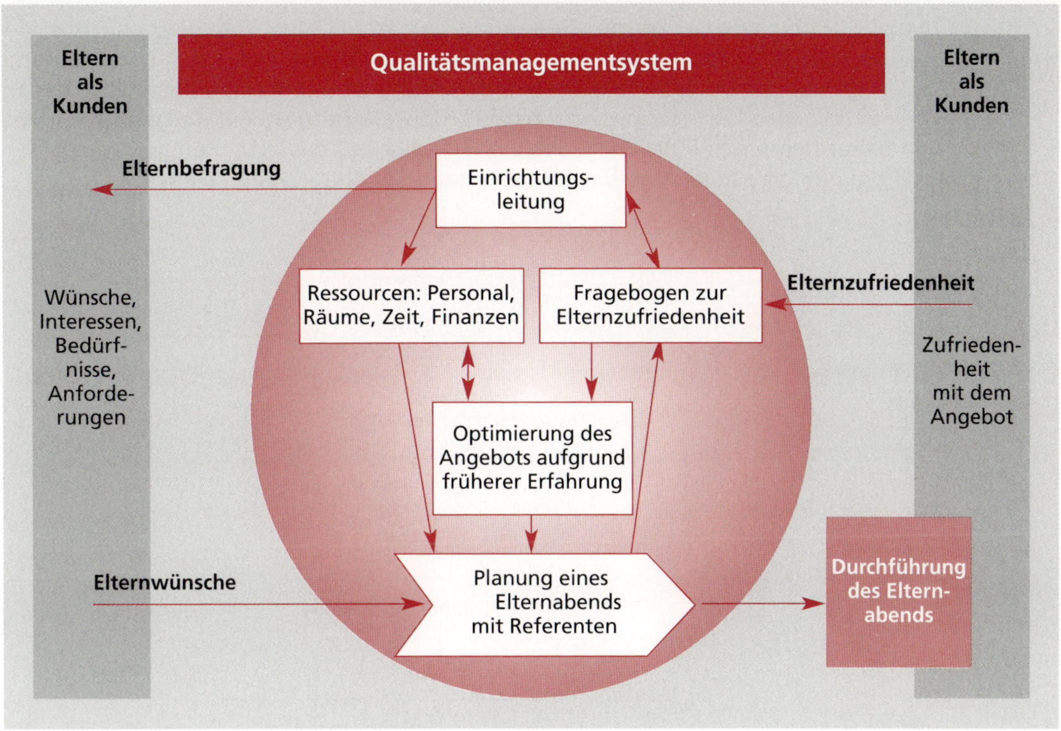

3.3 Einführung eines Qualitätsmanagementsystems für die Elternarbeit

Die Umsetzung eines Qualitätsmanagementmodells soll am Beispiel der DIN EN ISO 9000:2000 erläutert werden.

- **Qualitätspolitik**

Im Beispiel wird lediglich der Aspekt „Eltern" als Kunde näher beleuchtet. Als Zielgruppen können Kinder, Team, Träger, andere Einrichtungen oder Öffentlichkeit genannt werden.

Die Zielumsetzung lässt sich als Top-down- und Bottom-up-Prozess darstellen, d. h. die vorgegebenen Ziele werden auf der darunter liegenden Ebene reflektiert und der übergeordneten Ebene rückgemeldet. Daraus können sich Korrekturen in den Zielvorstellungen ergeben. Der Träger der Einrichtung entwickelt zunächst langfristige Ziele, die als Visionen die Arbeit bestimmen („Elternarbeit ist ein integrativer Bestandteil der sozialpädagogischen Arbeit in der Einrichtung", „Eltern sind Partner im erzieherischen Alltag", „Eltern sind Mitgestalter"). In den Einrichtungen des Trägers (zum Beispiel Heim, Kindertagesstätte, Hort) werden diese allgemeinen Ziele für die Einrichtung konkretisiert („Eltern werden regelmäßig über die Einrichtung informiert", „Elternwünsche werden bei der Elternarbeit erfasst und berücksichtigt", „Eltern werden in die Gestaltung von Angeboten einbezogen"). Auf der Gruppenebene ergeben sich daraus folgende Ziele und Aufgaben: Durchführung von Gruppenelternveranstaltungen, Entwicklung eines Informationssystems, das zu einer schnellen Informationsweitergabe an die Eltern führt. Für den einzelnen Mitarbeiter lassen sich individuelle Ziele im Hinblick auf das Verhalten gegenüber den Eltern und die Mitwirkung bei der Gestaltung der Elternarbeit ableiten.

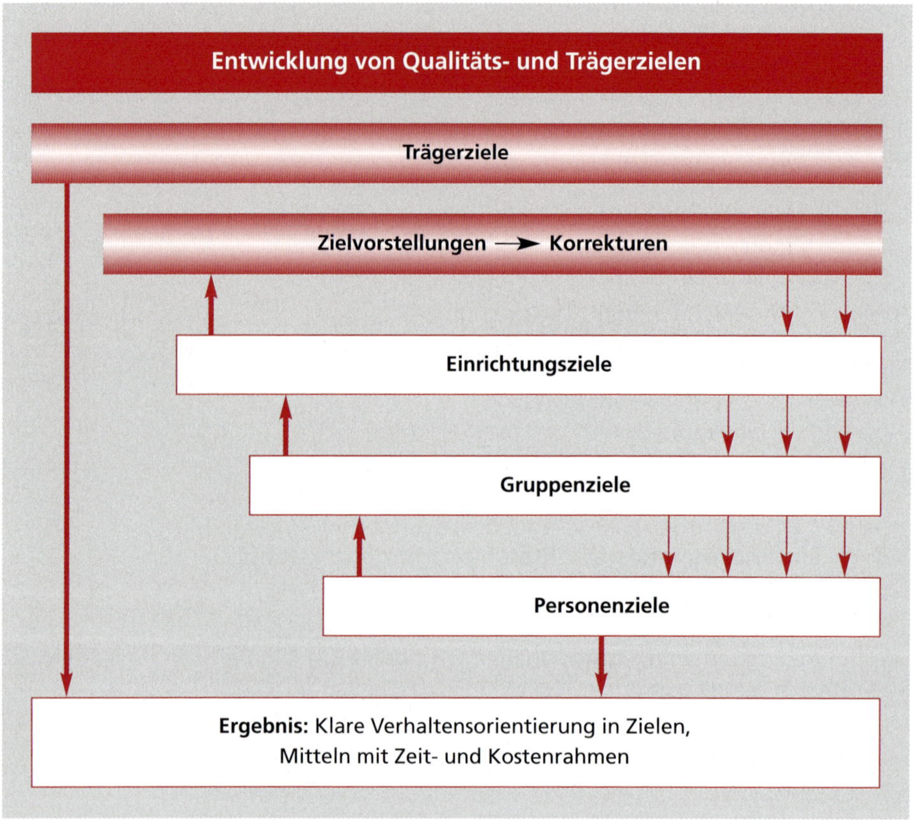

Entwicklung von Detailzielen aus den Trägerzielen (in Anlehnung an Schönbach 2000, Seite 49)

- **Aufgaben der Leitung bzw. des Trägers**

Zur Verwirklichung des Qualitätskonzepts in der Elternarbeit nach DIN EN ISO 9000:2000 sind durch die Leitung sechs Aufgaben wahrzunehmen:

1. Erfassung und Erfüllung von Elternanforderungen,
2. Berücksichtigung entsprechender gesetzlicher Regelungen,
3. Entwicklung und Überprüfung von Qualitätszielen in Bezug auf Elternarbeit,
4. regelmäßige Bewertung und Weiterentwicklung des eingesetzten Qualitätsmanagementsystems,
5. Bereitstellung der erforderlichen Ressourcen und
6. Erstellung eines Qualitätshandbuchs.

Die Umsetzung dieser sechs Forderungen im Bereich der Elternarbeit beinhaltet folgende Schritte:

1. Erfassung und Erfüllung von Elternanforderungen
Ausgangspunkt des Qualitätsverständnisses sind die Kundenwünsche bzw. -anforderungen. Es ist eine Aufgabe der Leitung, geeignete Instrumente zu entwickeln, um die Bedürfnisse der Eltern zu erfassen. Zur Ermittlung des aktuellen Bedarfs und zur Bestimmung der Zufriedenheit mit den bestehenden Angeboten können verschiedenen Verfahren eingesetzt werden. Neben der Befragung mittels Fragebögen können auch bei Elternveranstaltungen die Teilnehmer gebeten werden, ihre Zufriedenheit mit der Veranstaltung und Wünsche für die weitere Elternarbeit direkt zu artikulieren. Hinweise auf Elternwünsche ergeben sich aus den Gesprächskontakten. Auch die Auswertung von Beschwerden (zum Beispiel zu kurze Öffnungszeiten) ergeben Hinweise auf die Zufriedenheit sowie auf aktuelle Probleme der Elternschaft.

Elterntraining: Fit for Kids

Einige Eltern äußerten beim letzten Elternabend den Wunsch nach einem Elterntraining. Mitarbeiterinnen der Erziehungsberatungsstelle haben sich bereit erklärt, ein Elternseminar für Eltern mit Kindern von drei bis sechs Jahren in unserer Kindertagesstätte „Regenbogen" anzubieten. Zur Planung des Elterntrainings werden folgende Informationen benötigt:

Interesse am Elterntraining:	☐ kein Interesse ☐ Interesse
Das Elterntraining umfasst ca. zwölf Stunden. Gewünschter Zeitraum für das Elterntraining:	☐ sechs Abende ☐ ein Wochenende
Kinderbetreuung während des Elterntrainings:	☐ wünschenswert ☐ nicht erforderlich
Für ein Elterntraining entstehen abhängig von der Teilnehmerzahl, der Zahl der Trainer sowie für Unterrichts-€material und ggf. Verpflegung Kosten. Welchen Betrag wären Sie bereit, für das Elterntraining zu entrichten?	☐ bis 10 € ☐ 10 bis 15 ☐ 15 bis 20 €

Weitere Wünsche/Bemerkungen:

____

____

Bitte geben Sie uns bis zum 15. März Rückmeldung über Ihr Interesse am Elterntraining. Sie können Ihre Rückmeldung in den Briefkasten vor dem Büro einwerfen oder in der Gruppe abgeben. Vielen Dank für Ihre Rückmeldung!

Als Beispiel für eine Elternbefragung dient der abgebildete Fragebogen zu einem Elterntraining. Weitere Informationen zur Entwicklung eines Fragebogens sind im Kapitel 6.1.2 zu finden.

2. Berücksichtigung entsprechender gesetzlicher Regelungen
Elternarbeit unterliegt in Teilbereichen auch gesetzlichen Vorgaben, die im Kinder- und Jugendhilfegesetz (KJHG) sowie in landesrechtlichen Bestimmungen geregelt sind. So wird den Eltern ein Wahlrecht bei der Auswahl der sozialpädagogischen Einrichtung zugestanden (§ 5 KJHG). In § 22 KJHG wird die Ausrichtung des Angebots an den Bedürfnissen der Kinder und Familien eingefordert. Aussagen zur Qualität der Leistungsangebote sind in § 78 KJHG zu finden. Bei der Durchführung der Elternarbeit sind im Hinblick auf die Mitarbeiter auch arbeitsrechtliche Regelungen zu beachten.

3. Entwicklung und Überprüfung von Qualitätszielen in Bezug auf Elternarbeit
Ein wesentlicher Teil der Qualitätspolitik der Einrichtung bezieht sich auf die Eltern als Abnehmer der Dienstleistung. Zunächst sollte sich das Team mit folgenden Fragen kritisch auseinandersetzen:

- Welche Bedeutung haben die Eltern für unsere Institution?
- Wie sehen wir die Eltern (Partner, Kunden, Uninteressierte ...)?
- Welches Verständnis von Elternarbeit bestimmt unser Handeln?
- Welche Leistungen können wir für die Eltern erbringen?
- Inwieweit beeinflussen Eltern die Arbeit in der Gruppe?
- Wie soll die Zusammenarbeit mit den Eltern gestaltet werden?

Aus den Antworten ergibt sich das Selbstverständnis der Einrichtung im Hinblick auf Elternarbeit und sie verdeutlichen die Qualitätspolitik der Institution. Aus diesen Überlegungen sind Qualitätsziele abzuleiten, umzusetzen, zu überprüfen und weiterzuentwickeln.

Werden Qualitätsziele formuliert, so sind die Prozesse zu beschreiben, die mit der Verwirklichung der Ziele verbunden sind. Für die Abläufe sind Prozessverantwortliche festzulegen, die über die erforderlichen Qualifikationen verfügen. Die Leitung trägt für diese Zuordnung die Verantwortung. Im Rahmen der gezielten Personalentwicklung sind fehlende Kompetenzen durch entsprechende Fort- und Weiterbildung der Fachkräfte aufzubauen und zu sichern.

Ziel-gruppe	Ziel	Mittel zur Zielerreichung	Rang-folge	Verantwortliche
	(1) Einrichtungsziele			
Eltern	Zufriedene Eltern	Lange Öffnungszeiten	3	Leitung
		Gute Betreuungsqualität	1	Leitung + Team
		Gesunde, abwechslungsreiche Verpflegung	5	Küchenpersonal
		Pädagogische Hilfen	6	Team
		Elternwünsche erfassen	4	Leitung
		Vielfältige Angebote	2	Leitung + Team
		...		...
	Bindung der Eltern an die Institution	...		
	Engagement der Eltern für die Einrichtung	...		

Ziel-gruppe	Ziel	Mittel zur Zielerreichung	Rang-folge	Verantwortliche
	(2) Gruppenziele			
Eltern	Eltern in den Gruppenalltag einbeziehen	Eltern bei der Durchführung von Ausflügen einbeziehen ...	1	Team
			2	Team
		Regelmäßige Elternkontakte pflegen	3	Team
		Hospitationen ermöglichen	4	Team
		...	...	
	Eltern über Gruppen-aktivitäten informieren	...		
	Gruppenbezogene Elternarbeit anbieten	...		
	(3) Personenziele			
Eltern	Partnerschaftliche Elternarbeit	Eltern ansprechen, offen auf sie zugehen	1	Erzieherinnen
		Eltern persönlich informieren	5	Erzieherinnen
		Tür-und-Angel-Gespräche führen	4	Erzieherinnen
		Vereinbarungen einhalten	3	Erzieherinnen
		Anregungen von Eltern aufnehmen und umsetzen	2	Erzieherinnen Team
		...		
	Unterstützung der Erziehungsarbeit in der Familie	...		
	Beratung	...		

4. Regelmäßige Bewertung und Weiterentwicklung des eingesetzten Qualitätsmanagementsystems

Die Kundenzufriedenheit dient als Maßstab zur Bewertung des Qualitätsmanagementsystems. Deshalb ergibt sich zunächst die Aufgabe, ausgehend von den formulierten Qualitätszielen Verfahren zu entwickeln, die eine Bewertung erlauben. In der Regel werden Elternbefragungen mit Hilfe von Fragebögen durchgeführt. Aber auch andere Formen der Bewertung sind denkbar:

- Am Ende einer Elternveranstaltung können die Teilnehmer ihre Zufriedenheit durch Bewertung auf einer Zufriedenheitsskala abgeben.
- In kleineren Gesprächsrunden kann ein „Blitzlicht" durchgeführt werden, bei dem die Teilnehmer sich kurz zu ihrer Zufriedenheit äußern.
- Beschwerden geben Rückmeldung über Missstände und dokumentieren die Unzufriedenheit.
- Eltern können persönlich befragt werden. Mit Hilfe eines strukturierten Fragenkatalogs können Zufriedenheit, Kritik und Verbesserungsmöglichkeiten erfasst werden.

Vor- und Nachteile der Erfassungsverfahren (wie Aufwand, Offenheit/Ehrlichkeit der Antworten, Anzahl der Rückmeldungen, Objektivität) sind kritisch gegeneinander abzuwägen. Werden Befragungen durchgeführt, ist eine Rückmeldung der Ergebnisse für die Eltern vorzusehen.

Die Ergebnisse sind im Hinblick auf eine Weiterentwicklung des Qualitätsmanagementsystems zu analysieren. Die Vorgänge, die unbefriedigend ablaufen, sind zu überprüfen und mit Maßnahmen zur Verbesserung zu versehen. Es ist genau festzulegen, *was, von wem, bis wann* zu tun ist, um eine qualitative Verbesserung zu erreichen. An diesem Prozess, für den die Leitung verantwortlich ist, sind alle Mitarbeiterinnen zu beteiligen, die durch ihre Vorschläge zur Qualitätsverbesserung beitragen.

5. Bereitstellung der erforderlichen Ressourcen

Der Träger der Einrichtung trägt für die Bereitstellung der Mittel zur Verwirklichung der Qualitätsziele die Verantwortung. Es können vier Bereiche unterschieden werden:

Personal: Qualitativ hochwertige Leistung setzt motivierte, qualifizierte Mitarbeiter voraus. Die Einstellung und Qualifizierung des vorhandenen Personals sollte deshalb unter dem Gesichtspunkt der qualitativen Weiterentwicklung der Einrichtung getroffen werden.

Zeit: Elternarbeit kostet Zeit. Intensive, qualitativ anspruchsvolle Elternarbeit kostet viel Zeit. Eltern, die sich in einem kurzen Tür-und-Angel-Gespräch abgefertigt fühlen, werden keine vertrauensvolle und partnerschaftliche Beziehung aufbauen und unzufrieden nach Hause gehen. Abhängig von der beruflichen Situation der Eltern liegen die Aktivitäten außerhalb der üblichen Dienstzeit. Hier ist Flexibilität und Einsatzbereitschaft gefragt.

Arbeitsumfeld und Mittel: In einigen Einrichtungen bestehen erhebliche Erschwernisse bei der Realisierung der Elternarbeit. Gesprächsmöglichkeiten in einem ruhigen, störungsfreien Raum fehlen, die mangelhafte Medienausstattung beeinträchtigt die Umsetzung neuer Formen von Elternarbeit bzw. ausreichende, erwachsenengerechte Sitzmöglichkeiten fehlen.

Geld: Alle Bereiche des Ressourcenmanagements sind eng mit der finanziellen Ausstattung der Einrichtung verbunden. In zunehmendem Umfang wird den Einrichtungen die Verantwortung für finanzielle Budgets zugestanden. Mit dieser Budgetverantwortung gehen häufig Etatkürzungen und Sparappelle einher. Auswirkungen zeigen sich bei Einschränkungen in der Fort- und Weiterbildung von Mitarbeiterinnen, bei der Beschaffung neuer Medien, bei der Erstellung von ansprechenden Informationsmaterialien oder bei der Verpflichtung von Referenten.

6. Erstellung eines Qualitätshandbuchs

Die Dokumentation des Qualitätsmanagements erfolgt in einem Handbuch, dessen Aufbau in der folgenden Abbildung verdeutlicht wird.

Das Handbuch umfasst im engeren Sinne eine Darstellung des Qualitätsmanagements mit einer Beschreibung der Qualitätspolitik und der Benennung der Qualitätsverantwortlichen. Die Einrichtung wird im Hinblick auf Struktur und Ablauforganisation beschrieben. Die Erfassung der Kundenanforderungen, des Dienstleistungsangebots und die Maßnahmen zur Qualitätssicherung und -verbesserung verdeutlichen, wofür die Einrichtung steht und wie sie, ausgerichtet an Qualitätszielen, arbeitet.

Der umfangreiche zweite Teil enthält die Durchführungsbestimmungen, die sich aus den differenziert dokumentierten Prozessen und den daraus abgeleiteten Arbeitsanweisungen ergeben.

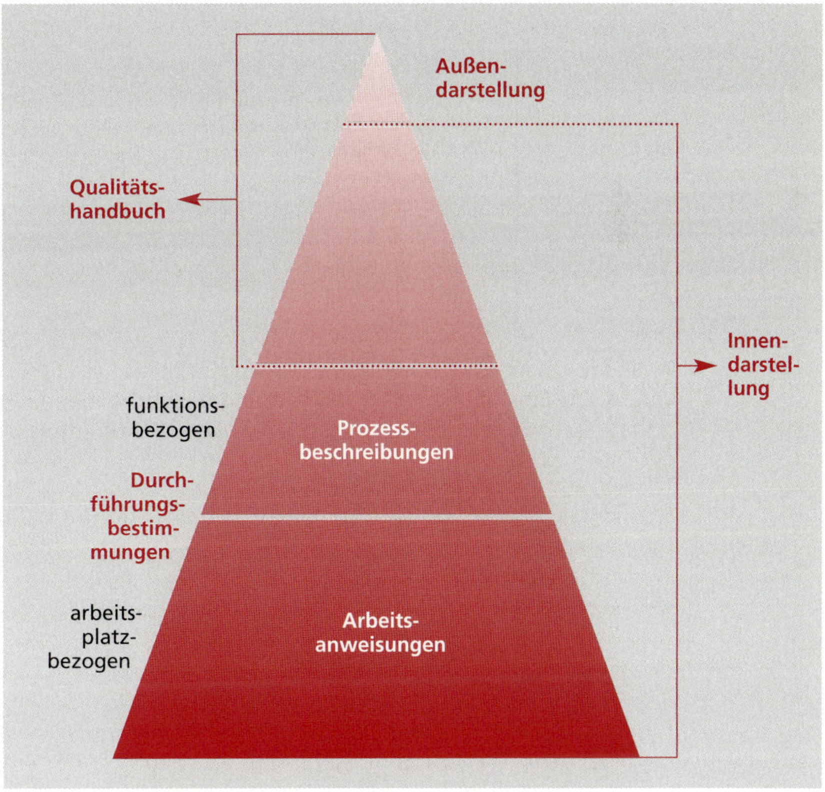

Qualitäts-management-Dokumentation (in Anlehnung an Hummel 1997)

Zusammenfassung

In den letzten Jahren werden auch die sozialpädagogischen Einrichtungen an Qualitätsansprüchen gemessen. Im Rahmen der Qualitätsdiskussion werden die Eltern als Kunden ernst genommen und die Bedingungen, unter denen die Elternarbeit praktiziert wird, werden als Qualitätsmerkmal definiert. Die Zufriedenheit der Eltern mit den verschiedenen Formen der Elternarbeit wird kritisch überprüft.

Eine qualitativ hochwertige Elternarbeit umfasst drei Aspekte:

- **Qualitätsentwicklung** (Formulierung von Zielen und Standards),
- **Qualitätsorganisation** (Qualifizierung von Mitarbeitern zur Verwirklichung der verschiedenen Formen von Elternarbeit),
- **Qualitätsmessung und -analyse** (Erfassung der Elternzufriedenheit und Maßnahmen zur Verbesserung der Elternarbeit).

In Deutschland werden vor allem drei Qualitätsmodelle propagiert:

Die **Kindergarten-Einschätz-Skalen** (KES) analysieren die Elternarbeit verstärkt unter formalen Bedingungen (Raumangebot, Formen und Häufigkeiten der Angebote).

Das **Qualitätsmodell des Kronberger Kreises** vertritt ein Qualitätskonzept, das von den Beteiligten im Dialog entwickelt wird. In den Einrichtungen als soziale Dienstleistungsunternehmen werden Qualitätsstandards formuliert, die intern und extern überprüft werden. Die Berücksichtigung der Elterninteressen und die Zufriedenheit der Eltern werden erfasst.

Das **Qualitätsmanagementsystem nach DIN EN ISO 9000:2000** wurde im Wirtschaftsbereich entwickelt und auf den Dienstleistungsbereich übertragen. In den Einrichtungen ist ein Qualitätssystem zu entwickeln, das sicherstellt, dass die Qualitätsziele mit entsprechenden Verfahren und Mitteln umgesetzt werden können. Im Qualitätshandbuch werden alle Prozesse exakt dokumentiert. Das Dienstleistungsangebot ist für die Eltern so zu gestalten, dass ihre Anforderungen und Wünsche im Dienstleistungsangebot der Einrichtung verwirklicht werden.

4 Elternunterstützende Formen der Elternarbeit und ihre Umsetzung

Die Unterteilung der Elternarbeit erfolgt in der Literatur unter verschiedenen Gesichtspunkten. Im Hinblick auf ihre Zielsetzung werden ihre Formen drei Hauptkategorien zugeordnet: Elternberatung/information – Elternbildung – Elternmitwirkung.

Die **Elternberatung und -information** umfasst die verschiedenen Gesprächssituationen im Erziehungsalltag, in denen Eltern und Erzieher direkt miteinander kommunizieren. Im Mittelpunkt steht die schriftliche und mündliche Weitergabe von Informationen. Um den Erziehungsalltag in einer sozialpädagogischen Einrichtung zu verstehen, benötigen die Eltern umfassende Informationen über Planungen, Abläufe und Ergebnisse der Arbeit mit den Kindern.

Einen weiteren Schwerpunkt der Elternarbeit stellt die Beratung in Problem- und Entscheidungssituationen dar. In solchen Situationen ist die Erzieherin als Expertin gefragt, die einerseits im gewissen Umfang selbst Hilfestellungen anbietet und andererseits auf Hilfsmöglichkeiten wie Beratungsstellen oder soziale Dienste verweisen bzw. den Kontakt anbahnen kann.

Zu den zentralen Aufgaben der Elternarbeit gehört die Vermittlung von Bildungsinhalten. Dies gilt nicht nur für die Kinder und Jugendlichen, sondern auch für die Eltern. Im Gegensatz zur Elternberatung und -information, die sich konkret mit aktuellen Anlässen beschäftigt, vermittelt die **Elternbildung** eine Wissensbasis, die Eltern dazu befähigt, Erziehungssituationen kritisch zu reflektieren und das pädagogische Handeln der Erzieher besser zu verstehen. Das Bildungsangebot kann sich auch über die Elternschaft der Einrichtung hinaus an alle Interessierten des Gemeinwesens richten.

Die **Elternmitarbeit** bindet die Eltern aktiv in das Alltagsgeschehen der Einrichtung ein. Sie werden als Partner ernst genommen und sind an Planungsprozessen (zum Beispiel Konzeptionsentwicklung) sowie an der Durchführung von Angeboten beteiligt. Der Umfang der Elternmitarbeit ist von der pädagogischen Konzeption der Einrichtung und den Möglichkeiten der Eltern abhängig. Ein hohes Maß an Elternbeteiligung signalisiert eine starke Identifikation der Eltern mit der Einrichtung. Sie werden zu Mitgestaltern und nehmen an der Erfahrungswelt des Kindes in der Einrichtung unmittelbar teil. Das Nutzen von Elternkompetenzen führt in der Regel zu einer Bereicherung der Angebote bzw. der Ausstattung der Einrichtung. Durch die Mitwirkung der Eltern können neue Möglichkeiten entwickelt werden, die mit den eigenen Mitteln nicht zu realisieren sind.

Die Übergänge zwischen diesen drei Gesichtspunkten sind fließend, dennoch sollte sich die Erzieherin bewusst machen, welche Zielsetzung sie bei dem jeweiligen Angebot der Elternarbeit in den Mittelpunkt stellt. Die Schwerpunktsetzung wirkt sich auf die Planung, Vorbereitung und die Durchführung der jeweiligen Form der Elternarbeit aus.

Die nachfolgende Übersicht ordnet wesentliche Formen der Elternarbeit den drei genannten Hauptkategorien zu.

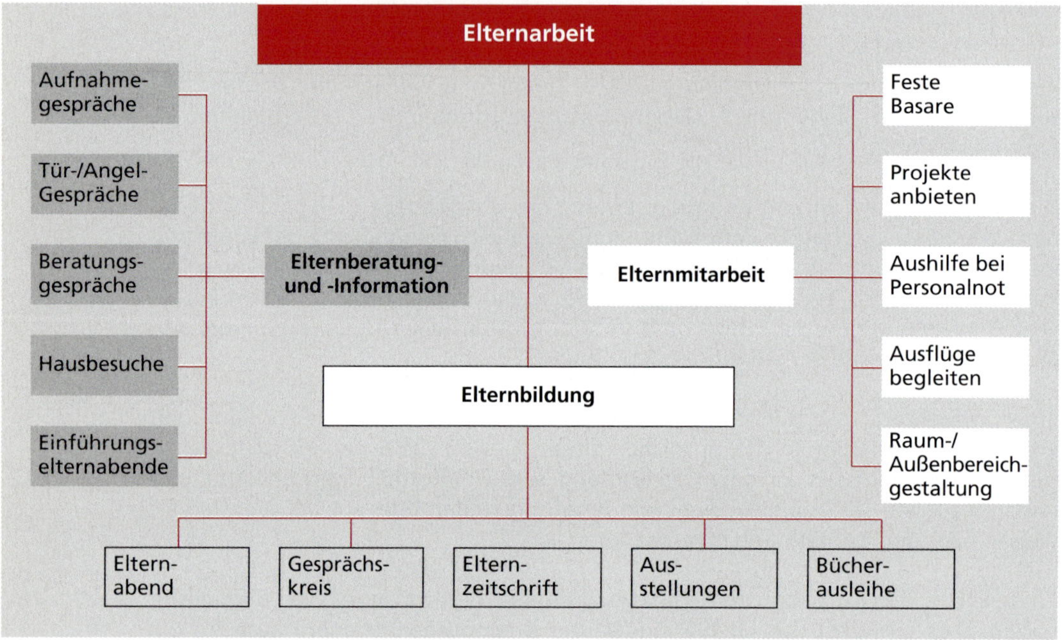

Formen der Elternarbeit mit Beispielen

Diese Systematik der Formen von Elternarbeit orientiert sich an den in der nachfolgenden Übersicht dargestellten Überlegungen hinsichtlich der Zielsetzungen, inhaltlichen Ausgestaltung und dem Ausgangspunkt der Elternarbeit.

	Elternberatung und -information	Elternbildung	Elternmitarbeit
Ziele	Betroffenen Eltern Entscheidungs- und Orientierungshilfe geben; die letzte Entscheidung liegt aber bei den Eltern;	Eltern neues Wissen vermitteln, um ein besseres Verständnis für die Erziehungsarbeit entstehen zu lassen; Reflexion des Erziehungsverhaltens	Gegenseitiger Informationsaustausch und besseres Verständnis zwischen Erzieherinnen und Eltern; Verwirklichung gemeinsamer Ziele
Inhalte	Analyse von Erziehungssituationen, Hinweis auf andere Einrichtungen; Entscheidungshilfe	Vermittlung von sozialpädagogisch bedeutsamem Wissen (zum Beispiel Pädagogik, Psychologie,Jugendliteratur, Gesundheitserziehung)	Elternmithilfe in verschiedenen Erziehungssituationen

	Elternberatung und -information	**Elternbildung**	**Elternmitarbeit**
Ausgangspunkt	Eltern kommen mit ihren aktuellen Anliegen bzw. Problemen zur Erzieherin; Erzieherin stellt Verhaltensauffälligkeiten bei Kindern fest; Erzieherin beobachtet Fehlverhalten der Eltern	Eltern benötigen Informationen (zum Beispiel über Medienwirkung, Drogen, sexueller Missbrauch); Eltern wünschen Hilfen bei Kaufentscheidungen (zum Beispiel Bilderbüchern); Eltern werden über neue pädagogische Konzepte informiert	Eltern wollen sich für die Einrichtung engagieren, um ihre Kinder bessere sachliche und personelle Bedingungen zu schaffen; Eltern sind bereit, sich als Partner im Erziehungsprozess zu engagieren und Verantwortung zu übernehmen.
Formen (Beispiele)	– Einzelgespräch – Beratungsgespräch – Aufnahmegespräch – Hausbesuch – Sprechstunde in der Einrichtung	– Vortragsabend evtl. mit Referent – Elternseminar/ Gesprächskreise – Elternzeitschrift – Bücher-/ Spieleausstellungen	– Hilfe bei der Gestaltung der Räume und des Außengeländes – Mitarbeit bei personellen Engpässen (zum Beispiel bei Aktivitäten außerhalb der Einrichtung)

Diese zielbezogene Einteilung der Elternarbeit in Beratung – Information – Bildung ist für die Zuordnung der recht unterschiedlichen Formen der Mitarbeit nicht unproblematisch. So kann ein Eltern-Kind-Wochenende sowohl beratenden als auch bildenden Charakter haben und Elemente der Elternmitarbeit umfassen. Die Zuordnung in die vorgegebenen Kategorien ist deshalb vielfach willkürlich.

Die Unterteilung im vorliegenden Handbuch folgt aus diesen Überlegungen heraus einer anderen Gruppierung der Elternarbeit. Zunächst wird im Rahmen der Elternarbeit grundsätzlich zwischen den **sozialen Formen** mit einer direkten Kommunikation zwischen den Eltern und den Erzieherinnen und den **schriftlichen Formen der Elternmitarbeit** unterschieden. Diese beiden Gruppierungen erfordern unterschiedliche Erzieherkompetenzen und berücksichtigen unterschiedliche Methoden, auf die im Handbuch näher eingegangen wird.

Innerhalb der sozialen Formen stellt sich die Frage, wer von der Elternarbeit profitieren soll. Im Rahmen von Informations- und Beratungssituationen und der Elternbildung stehen die Eltern im Mittelpunkt **(elternunterstützende Formen)**, bei der **einrichtungsunterstützenden Elternmitarbeit** steht die sozialpädagogische Institution im Zentrum der Bemühungen. Der Adressat der Elternarbeit können zum einen Einzelpersonen (zum Beispiel Elternteile) und zum anderen Gruppen sein (zum Beispiel Eltern der jeweiligen Kindergruppe, Eltern der Gesamteinrichtung). Diese Adressaten erfordern spezifische Methoden (zum Beispiel Beratungstechniken, Präsentationsverfahren), die im Handbuch erläutert und an Beispielen veranschaulicht werden.

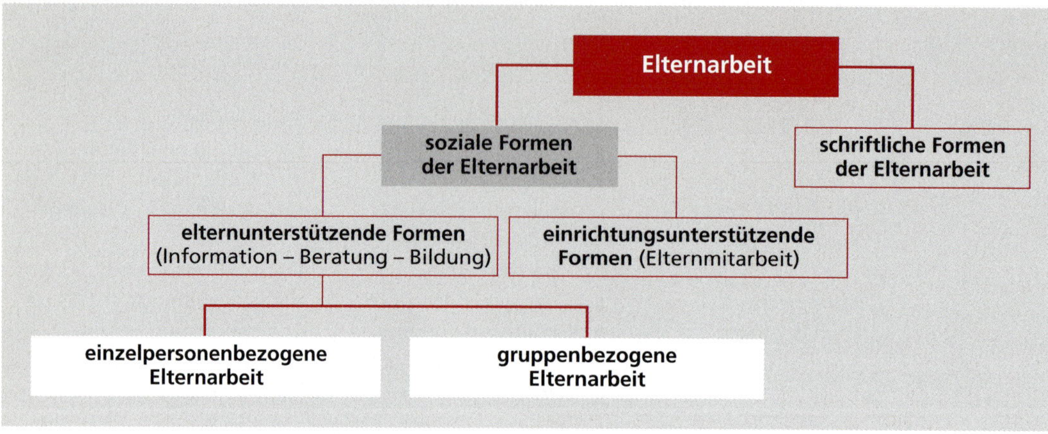

In einer Studie der Universität Dortmund (hrsg. v. Bundesminister für Jugend, Familie, Frauen und Gesundheit, 1984) wurde überprüft, welche Formen der Elternarbeit in den letzten zwölf Monaten von 553 befragten Erziehern durchgeführt wurden. Diese Ergebnisse werden in der nachfolgenden Übersicht mit unserer Befragung von Einrichtungen aus dem Jahr 2002 verglichen. An der Befragung nahmen 126 Einrichtungen aus drei Bundesländern teil:

Form der Elternarbeit	Studie 1984	Befragung 2002	+ / –
Tür-und-Angel-Gespräche	98,0 %	99,6 %	+ 1,6 %
Feste und Feiern mit Eltern	94,9 %	98,7 %	+ 3,8 %
Längere Einzelgespräche	81,9 %	87,6 %	+ 5,7 %
Bastelnachmittage/-abende	86,4 %	71,6 %	**– 14,8 %**
Elternveranstaltung auf Gruppenebene ohne Referenten	75,6 %	51,8 %	**– 23,8 %**
Ausflüge	72,0 %	72,8 %	+ 0,8 %
Hospitation der Eltern in der Gruppe	66,2 %	49,3 %	**– 16,9 %**
Elternveranstaltung auf Gesamtebene ohne Referenten	66,0 %	75,3 %	+ 9,3 %
Elternzeitung/Elternbrief	65,3 %	82,7 %	**+ 17,4 %**
Mitarbeit der Elternbeiräte	61,7 %	75,3 %	**+ 13,6 %**
Aufnahmegespräch	58,2 %	92,5 %	**+ 34,3 %**
Elternveranstaltung auf Gesamtebene mit Referenten	56,2 %	58,0 %	+ 1,8 %
Elternarbeit in der Gruppe	51,9 %	66,7 %	**+ 14,8 %**
Elternarbeit in Projekten (zum Beispiel Spiellatzgestaltung	49,4 %	46,7 %	– 2,7 %
Besichtigung mit Kindern und Eltern	45,9 %	45,6 %	– 0,3 %
Hausbesuche	44,1 %	27,1 %	**– 17,0 %**
Sprechstunden/Sprechtage	34,7 %	40,7 %	+ 6,0 %
Elternveranstaltung auf Gruppenebene mit Referenten	15,7 %	16,0 %	+ 0,3 %
Fortlaufende Arbeitsgruppen (Eltern und Erzieherinnen)	11,9 %	24,7 %	**+ 12,8 %**

Form der Elternarbeit	Studie 1984	Befragung 2002	+ / –
Elterninformation über Internet	Nicht erfasst	11,1 %	**+ 11,1 %**
Eltern-Kind-Wochenende	Nicht erfasst	9,8 %	–
Übernahme von Diensten durch Eltern	Nicht erfasst	39,5 %	**+ 39,5 %**

Elternkontakte werden vor allem durch die kurzen Tür-und-Angel-Gespräche, Einzelgesprächen, sowie im Rahmen von Festen und Feiern gepflegt. Die Ergebnisse zeigen einen deutlichen Wandel in der Elternarbeit. An Bedeutung haben die Erzieherinnen in den Gruppen gewonnen. Sie werden stärker an den Aufnahmegesprächen beteiligt und intensivieren die Elternkontakte auf der Gruppenebene. Die Nutzung neuer Medien (zum Beispiel PC) erleichtert die Gestaltung von Elternbriefen und -zeitungen und ermöglicht die Präsentation der Einrichtung im Internet. Der Forderung nach einer partnerschaftlichen Zusammenarbeit mit den Eltern wird in der stärkeren Einbeziehung von Elternvertretern, der Übernahme von Diensten durch die Eltern und der Bildung von Arbeitsgruppen deutlich, in denen Eltern und Erzieher, kooperieren. An Bedeutung verloren haben Elternveranstaltungen, die sich auf die Eltern einer Gruppe beziehen, sowie die Bastelnachmittage und -abende mit Eltern. Deutlich zurückgegangen ist zum einen die Wahrnehmung von Hospitationsmöglichkeiten und zum anderen die Durchführung der nicht unproblematischen Hausbesuche.

Die Elternarbeit und die Einbindung der Eltern in die Hilfsmaßnahmen gehören zu den fachlichen Aufgaben der professionellen Helfer. Neben der Informationsvermittlung zielt die Elternarbeit auf die Stärkung der Kompetenzen in der Familie ab. Die Familie wird zu einem kompetenten Kooperationspartner, der zur Optimierung der Lebens- und Entwicklungsbedingungen des Kindes wesentlich beiträgt. Die Aufgabenfelder und **Formen der Elternarbeit** ordnet Warnke (1990) sechs Bereichen zu:

	Aufgabenfelder					
	Information	Beratung	Weiterbildung	Intervention	Freizeitgestaltung	Öffentlichkeitsarbeit
Formen	Elternkontakt, Elternabend, Hospitation, Elternbrief, Informationsschriften, Tür-Angel-Gespräche	Sprechstunde, Gesprächskreise, Eltern-Kind-Gruppe, Hausbesuche, Literaturangebote	Seminare, Eltern-/Familienfreizeit, Tagungen, Exkursionen, Literaturangebote	Entlastende Dienste, Elternanleitung, Elterntraining, Elterntherapie, Familientherapie, Eltern-Kind-Gruppe	Feste, Ausflüge, Basar, Gottesdienst	Mitwirkung in Elternvereinigungen und Trägervereinen, Elternvertretung in Institutionen, Mitwirkung bei Tagungen, Beiträge in öffentlichen Medien (zum Beispiel Leserbriefe)

Aufgaben und Formen der Elternarbeit nach Warnke (1990)

Verschiedene Angebotsformen der Elternarbeit sind wiederkehrend und können unter dem Gesichtspunkt des *Jahreskreises bzw. Kindergartenjahres* geordnet werden:

Zeitrahmen	Kindergartenjahrbezogene Elternarbeit
August	Wahl des Elternbeirats
September	
Oktober	Erntedankfest
November	Laternenumzug (St. Martin)
Dezember	Weihnachtsbastelabend Weihnachtsfeier
Januar	Heilige drei Könige
Februar	Faschingsveranstaltung
März	Außengelände herrichten
April	Osterfest
Mai	Muttertag
Juni	Sommerfest
Juli	Verabschiedung der Schulabgänger

4.1 Einzelpersonbezogene Formen der Elternarbeit

Die einzelpersonbezogene Elternarbeit stellt das Anliegen der einzelnen Eltern in den Mittelpunkt. Die Erzieherin geht auf die spezifischen Belange der Eltern ein und berücksichtigt dabei unterschiedliche Formen der Elternarbeit.

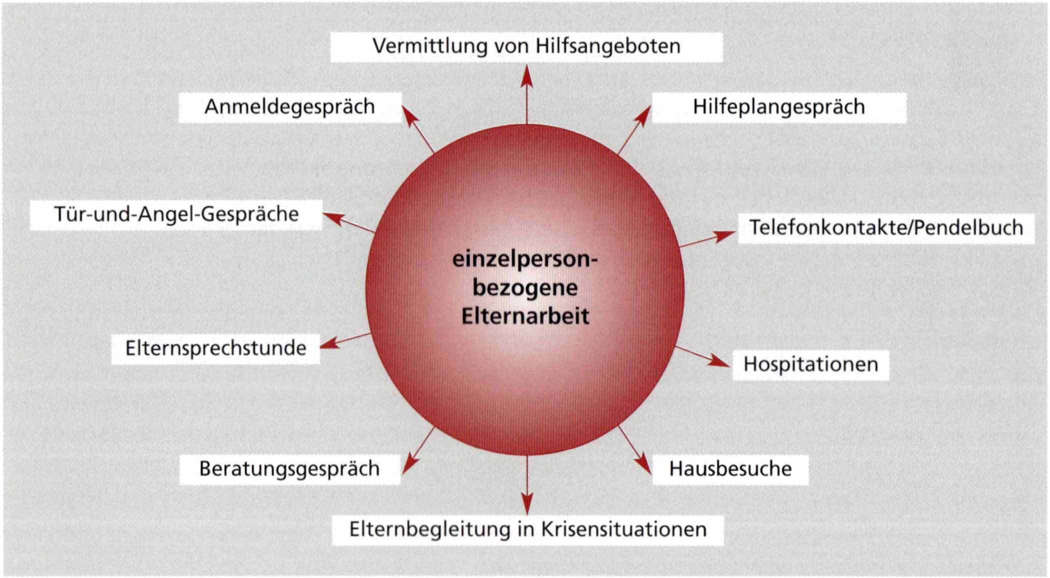

In einer Studie von Wolf (2002, Seite 44 f.) werden die vier wichtigsten elternbezogenen Aktivitäten in Kindertagesstätten aus der Sicht der Eltern und der Erzieherinnen erfasst. Erzieherinnen und Eltern stimmen in ihren Bewertungen überein und nennen folgende vier Aktivitäten:

- Einführungs- und Aufnahmegespräche,
- Elternabende,
- Feste,
- Einzelgespräche.

Im Hinblick auf die einzelpersonbezogene Elternarbeit werden vor allem Gesprächskompetenzen eingefordert um den Erwartungen zu entsprechen.

4.1.1 Erzieherkompetenzen und Methoden

Die Erzieherin muss verschiedene Kompetenzbereiche entwickeln, um den Anforderungen der Elternarbeit gerecht zu werden. Die schulische Ausbildung bildet die Wissensbasis, die durch Fort- und Weiterbildung beständig zu verbreitern und zu aktualisieren ist.

Im Rahmen der schulischen Ausbildung werden in der Regel folgende Inhalte vermittelt:

Sozialpädagogik/Pädagogik/Psychologie: Erprobung verschiedener Formen der Elternarbeit, Umgang mit Eltern, Techniken der Gesprächsführung, Moderationstechniken, Umgang mit Konflikten.

Rechtskunde: Rechtssicherheit im Umgang mit Eltern (zum Beispiel Mitspracherechte der Eltern, Regelung in Scheidungssituationen), Berücksichtigung der Elternrechte und -pflichten, Kenntnis der Datenschutzbestimmungen.

Aufbauend auf den Kenntnissen der schulischen Ausbildung entwickelt die Erzieherin in ihrem Berufsleben eine größere Sicherheit, ein individuelles Verständnis für die Erfordernisse der Elternarbeit und einen eigenen Stil in der Gestaltung der Elternkontakte. Die Erzieherin muss den Weg der dialogisch angelegten Elternarbeit gehen und das Gespräch mit den Eltern suchen, auch wenn es in Konfliktsituationen unerfreulich und im Hinblick auf den Gesprächsverlauf wenig planbar erscheint. Mit zunehmender Routine wächst die Selbstsicherheit und auch schwierige Gesprächssituationen können souverän beherrscht werden.

Vier Kompetenzbereiche (Fach-, Methoden-, Selbst- und Sozialkompetenzen) kennzeichnen und bestimmen den Umgang mit den Eltern:

Auf der Ebene der Einzelgespräche ergeben sich folgende Anforderungen an die Erzieherinnenkompetenzen: Die Durchführung von Aufnahme-, Beratungs- oder Kritikgesprächen setzt die Beherrschung von verschiedenen **Gesprächstechniken** wie aktives Zuhören oder die Vermittlung von Wertschätzung voraus. Leupold (1995) geht im Handbuch der Gesprächsführung ausführlich auf die entsprechenden Techniken ein.

Im vorliegenden Handbuch werden einige Methoden exemplarisch dargestellt. Die angegebene Literatur weist auf praxisnahe Darstellungen hin, die in der Elternarbeit effektiv eingesetzt werden können. Das Studium der einschlägigen Literatur erweitert das Wissen um die Handlungsmöglichkeiten, reicht aber in einigen Fällen nicht aus, um den Anforderungen im Alltag ganz gerecht zu werden. Die Erzieher sollten sich im Rahmen ihrer Fort- und Weiterbildung mit der praxisnahen Vermittlung der erforderlichen Kompetenzen befassen (zum Beispiel Ausbildung zur Mediatorin, Teilnahme an Rhetorik-Kursen, Training in den Gesprächstechniken).

4.1.1.1 Aktives Zuhören

Während das Zuhören als passive Gesprächshaltung empfunden wird, erfordert das aktive Zuhören die Anwendung verschiedener Gesprächstechniken, die sich auf das Feedback im Gespräch beziehen. Mit Hilfe des aktiven Zuhörens wird das Gespräch gesteuert, ohne dass der Sprecher dies erkennt. Der Gesprächspartner wird zum Weiterreden und Reflektieren angeregt.

Das aktive Zuhören kennzeichnet eine professionelle Gesprächsführung, die zu einer Atmosphäre des Vertrauens und der Verbundenheit führt (siehe Weisbach 1999). Das Konzept des aktiven Zuhörens verbindet drei Ansätze:

- die Gesprächspsychotherapie nach Carl R. Rogers,
- das Kommunikationsmodell nach Friedemann Schulz von Thun und
- die Gesprächsgrundsätze der Familienkonferenz nach Thomas Gordon.

Carl R. Rogers entwickelte nach einer systematischen Auswertung von Gesprächen in Beratungssituationen sein Konzept der nondirektiven, klientenzentrierten Gesprächspsychotherapie. Im Mittelpunkt erfolgreich verlaufender Gespräche steht die Verwirklichung von drei Kernvariablen:

Empathie bezeichnet das einfühlende Verstehen des Gesprächspartners. Die zuhörende Erzieherin versucht sich in die Lage der Eltern hineinzuversetzen. Die eigene Perspektive des Zuhörers bleibt unberücksichtigt. Gefühle sind häufig irrational und widersprüchlich, so dass viele Menschen Angst haben, sie anderen mitzuteilen.

Carl R. Rogers

Durch das Verbalisieren von emotionalen Erlebnisinhalten unterstützt die Erzieherin den Prozess der Gefühlsklärung. Die Eltern erfahren im Gespräch, dass sie ihre Gefühle nicht hinter Sachaussagen verbergen müssen, sondern offen über ihre emotionale Betroffenheit berichten können. Die zuhörende Erzieherin sollte im Gespräch auch auf gut gemeinte Ratschläge verzichten („Ratschläge sind auch Schläge"), da sie dem anderen die eigenen Wertvorstellungen und Lösungsmöglichkeiten als die vermeintlich beste Lösung anbieten, ohne die spezifische Situation der Eltern angemessen zu berücksichtigen.

Kongruenz (Echtheit) in den Äußerungen des Zuhörenden signalisiert den Eltern eine umfassende Anteilnahme und Akzeptanz des Gesprächspartners. Die zuhörende Erzieherin versteckt sich nicht hinter einer Fassade (zum Beispiel Gesprächstechnik), sondern sie wendet sich aufrichtig und in den Äußerungen ehrlich den Eltern als Gesprächspartnern zu. Kongruenz bzw. Echtheit zeigt sich im Gespräch durch unmittelbare, direkte, spontane Stellungnahmen zum Gehörten; es werden dabei keine Gesprächstechniken (zum Beispiel bewusstes Verdrehen bzw. Verändern von Aussagen) angewandt, um weitere Informationen aus den Eltern herauszukitzeln. Der Zuhörende reagiert frei und verzichtet etwa auf ein schablonenhaftes „hmm", um seine Aufmerksamkeit und Anteilnahme zu signalisieren. Echtheit wird im Gespräch auch dann deutlich, wenn die Erzieherin weiterhin ein Interesse am Anliegen der Eltern erkennen lässt. Verbale und nonverbale Botschaften müssen übereinstimmen, d. h. stimmig sein.

Wertschätzung beinhaltet das uneingeschränkte Akzeptieren des Gesprächspartners. Dies kommt im Gespräch sowohl verbal (zum Beispiel Zustimmung, Bestätigung) als auch nonverbal zum Ausdruck (Tonfall, Mimik, Gestik, Blickkontakt). Wertschätzung zeigt sich durch Toleranz, Achtung, Höflichkeit, Ermutigung, Freude und Zuwendung.

Die Erzieherin als Zuhörende geht vorurteilsfrei auf die Äußerungen der Eltern ein, indem sie sich bemüht, die Eltern in ihren Vorstellungen und Gefühlen zu verstehen. Die Zuhörende gibt dem Gesprächspartner ein ehrliches Feed-back, in dem zum Ausdruck kommt, wie die Äußerungen der Eltern auf die Erzieherin wirken und von ihr verstanden werden. Diese Form des Zuhörens, das bewusst auf Ratschläge, Schuldzuweisungen, Vorwürfe, Unterstellungen oder Kritik verzichtet, löst bei den Eltern zahlreiche positive Reaktionen aus: Sie fühlen sich verstanden und akzeptiert; sie erfahren, dass ihr Anliegen ernst genommen wird. Die Eltern entwickeln dabei selbst Lösungsmöglichkeiten, um problematische Situationen zu bewältigen.

Das Kommunikationsmodell von Schulz von Thun, das auf den Überlegungen von Reinhard Tausch und Paul Watzlawick aufbaut, analysiert die Botschaften, die zwischen dem Sprechenden und dem Zuhörenden übermittelt werden. Schulz von Thun stellt dabei vier Seiten einer Botschaft heraus:

Friedemann Schulz von Thun

Sachinhalt: Worüber wird informiert?
Selbstoffenbarung: Was teile ich von mir selbst mit?
Beziehung: Wie stehen die Kommunikationspartner zueinander? Was hält der Sprechende vom Zuhörenden?
Appell: Wozu soll der Zuhörer veranlasst werden?

Eine Erzieherin in einer Kindertagesstätte sagt zur Mutter der vierjährigen Maria: „Maria kann sich immer noch nicht alleine anziehen." Diese Aussage der Erzieherin kann – bezogen auf die vier Seiten einer Botschaft – von der Mutter wie folgt verstanden werden:

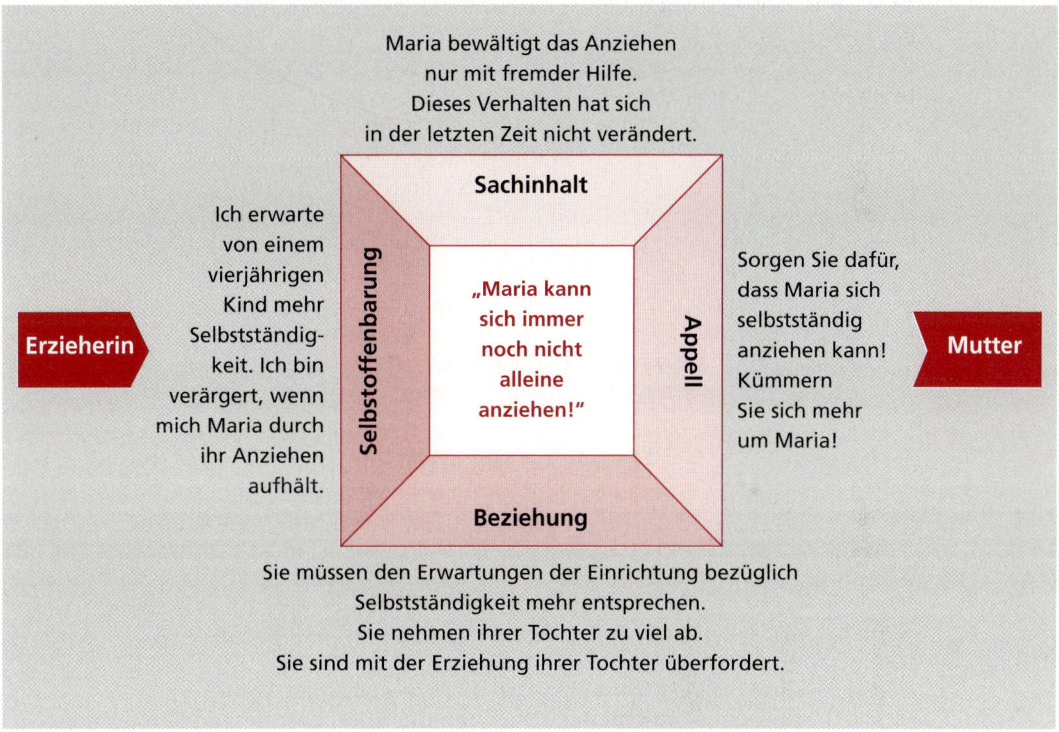

Schulz von Thun unterscheidet entsprechend den vier Seiten einer Botschaft zwischen vier Ohren, mit denen diese Botschaft wahrgenommen werden kann. Dieser Wahrnehmungs- und Interpretationsvorgang bestimmt, wie die Mutter auf das Gesagte reagieren wird. Nimmt die Mutter mit dem „Sachohr" wahr, dann könnte sie zum Beispiel darauf verweisen, dass Maria in der letzten Zeit durchaus Entwicklungsfortschritte gemacht hat und den Anorak selbstständig anziehen und mit dem Reißverschluss verschließen kann. Bestimmt das „Selbstoffenbarungsohr" ihre Reaktion, dann könnte sie beispielsweise auf andere vierjährige Kinder verweisen, die vergleichbare Probleme haben. Steht das „Beziehungsohr" im Mittelpunkt, es könnte die Mutter u. U. ungehalten emotional reagieren, wenn sie sich als erziehungsunfähig bewertet sieht. Das „Appellohr" löst in der Regel die Versicherung aus, dass man diesen Sachverhalt schnell verändern und mit Maria gezielt das Aus- und Anziehen üben werde.

Aber auch in der Erzieherin spielen sich in der Kommunikation mit den Eltern Interpretationen auf den vier Seiten von Botschaften ab. Im nachfolgenden Beispiel wird die Erzieherin im Hort von der Mutter des siebenjährigen Jürgen angesprochen: „Jürgen hat ja seine neue Hose zerrissen!“

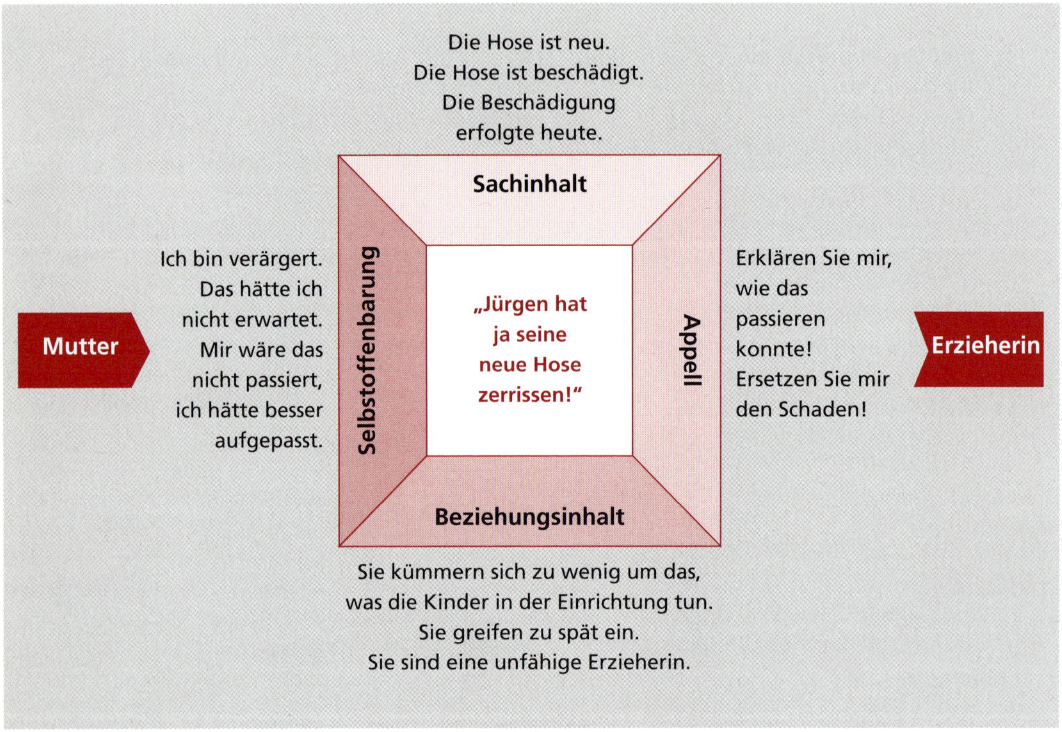

Im Hinblick auf dieses Kommunikationsmodell stellen sich für die Erzieher in der Kommunikation mit den Eltern folgende Fragen, die selbstkritisch zu beantworten sind:

- Auf welchem Ohr nehme ich die Elternaussagen wahr?
- Unterscheidet sich das „Ohr“ abhängig von bestimmten Elterngruppen?
- Bei welchen Personen fühle ich mich schnell angegriffen?
- Was wurde wirklich gesagt und wie habe ich das Gesagte interpretiert?
- Wie haben andere Personen das Gesagte verstanden?

Das aktive Zuhören konzentriert sich auf die Selbstoffenbarungsseite der Eltern. Die zuhörende Erzieherin setzt sich mit den Empfindungen und Bewertungen der Eltern auseinander.

Das aktive Zuhören wird von Thomas Gordon in seinem Buch „Familienkonferenz“ (1989) erläutert. Gordon überträgt das therapeutisch angelegte Konzept von Carl R. Rogers in der Familienkonferenz auf die pädagogische Praxis. Das von Gordon vertretene Konzept stellt eine Grundhaltung dar, die sich in allen Kommunikationssituationen positiv auf den Kommunikationsprozess auswirken kann. Gordon versteht sein Konzept des aktiven Zuhörens aber nicht als mechanistisches Konzept, das als Kommunikationswerkzeug (Gesprächstechniken) je nach Situation zeitlich befristet und situationsabhängig zum Tragen kommt, sondern versteht das aktive Zuhören als kommunikativen Ausdruck einer positiven Grundhaltung und Einstellung zum Mitmenschen.

Bezogen auf das zuvor dargestellte Kommunikationsmodell nach Schulz von Thun setzt sich das aktive Zuhören vor allem mit dem Aspekt der Selbstoffenbarung auseinander, indem sich die zuhörende Erzieherin auf die inneren Vorgänge der Eltern konzentriert. Welche Gefühle kommen in den Elternaussagen zum Ausdruck, welche Bewertungen, Einschätzungen und Einstellungen stehen dahinter? Die zuhörende Erzieherin stellt die eigenen Gefühle, Gedanken und Bewertungen zurück und versucht, sich in den Gesprächspartner hineinzuversetzen. Sie wird zur aktiven Zuhörerin, indem sie den Eltern zurückmeldet, wie die Aussagen von ihr verstanden werden.

Die zuvor beschriebene Situation mit der Mutter des siebenjährigen Jürgen, dessen Hose zerrissen ist, könnte zu folgendem Dialog zwischen der Mutter und der Erzieherin führen:

> *„Jürgen hat ja seine neue Hose zerrissen!"*
>
> *„Leider hält sich Jürgen nicht an unsere Regeln, wenn wird im Außengelände spielen. Obwohl das Klettern auf Bäumen verboten ist, ist Jürgen auf den Kastanienbaum geklettert und hat sich dabei die Hose zerrissen."*
>
> *„Zu Hause haben wir mit Jürgen keine Probleme, dort hält er sich an Vereinbarungen. Sie sollten mit Jürgen strenger und konsequenter umgehen."*
>
> *„Wir legen hier im Hort Wert darauf, dass die Kinder selbstständig werden und verantwortungsvoll die Regeln beachten. Zudem sind wir darauf bedacht, einen Ausgleich zur Schule zu bieten und dazu gehört auch das Austoben und Energie loswerden."*
>
> *„Wissen Sie, wie lange ich arbeiten muss, um Jürgen eine neue Hose kaufen zu können?"*
>
> *„Ich weiß, wie teuer Kinderkleidung ist. Ich selbst habe ein Mädchen in diesem Alter. Sie sollten Jürgen auch mit älterer Kleidung in den Hort schicken, damit er sich ungezwungener im Außengelände abreagieren kann."*

Dieser Gesprächsverlauf ist unerfreulich und beinhaltet gegenseitige Vorhaltungen und Vorwürfe sowie einem Ratschlag zur Problemlösung durch die Erzieherin. Die Gesprächspartner werden das Gespräch emotional geladen und verärgert beenden. Die Erzieherin fühlt sich zu Unrecht angegriffen und sieht die Verantwortung bei der Mutter und Jürgen. Über die Art und Weise, wie die Mutter mit ihr gesprochen hat, ist sie noch lange Zeit nach dem Gespräch erbost. Die Mutter ärgert sich über die unfähige Erzieherin, die es nicht einmal schafft, ihren „pflegeleichten" Sohn zu beaufsichtigen. Wenn sie an die Kosten für die neue Hose denkt, würde sie sich am liebsten bei der Leiterin des Horts beschweren und eine Kostenerstattung fordern.

Folgender Gesprächsverlauf könnte sich mit Hilfe des aktiven Zuhörens entwickeln:

„Jürgen hat ja seine neue Hose zerrissen!"

„Sie sind jetzt ganz schön verärgert."

„Ja wissen Sie, wie teuer die neue Hose war?"

„Es ist ihnen wichtig, dass Jürgen immer gut gekleidet in die Schule und den Hort geht."

„Ich möchte nicht, dass die anderen denken, ich kümmere mich zu wenig um Jürgen."

„Manchmal haben Sie ein schlechtes Gewissen."

„Neulich warf uns die Schwiegermutter vor, dass wir unser ganzes Geld für Autos und Urlaub verwenden und Jürgen zu kurz kommt. Da bin ich aber geplatzt."

„Dieser Vorwurf hat Sie sehr getroffen."

„Wissen Sie, vor einem Jahr ist mein Schwiegervater gestorben und seit dieser Zeit wohnt sie bei uns im Haus ..."

Die Erzieherin setzt sich mit den Beweggründen für die Aussage der Mutter auseinander und kommt so zum eigentlichen Problem, das die Mutter beschäftigt. Die Mutter erfährt im Gespräch, dass die Erzieherin ihr Verständnis, Wertschätzung und Akzeptanz entgegenbringt. Aus der zunächst auf Konfrontation angelegten Auseinandersetzung mit der Erzieherin hat sich ein Gespräch entwickelt, das die tiefer liegende Problematik der Mutter verdeutlicht.

Das aktive Zuhören bewirkt bei den Eltern:

- Stärkung der Vertrauensbasis
- Verminderung von Ängsten
- Größere Offenheit
- Perspektivenwechsel bei der Problemanalyse
- Anregung zur eigenständigen Problembearbeitung
- Erhöhte Kompromissbereitschaft
- Differenzierte Selbstreflexion

Andererseits führt aktives Zuhören bei den Erzieherinnen zu folgenden Veränderungen:

- Vertieftes Verständnis für die Situation der Eltern,
- Entwicklung einer partnerschaftlichen, dialogischen Grundhaltung.

Zur Verwirklichung des aktiven Zuhörens müssen verschiedee **Voraussetzungen** erfüllt sein: Die zuhörende Erzieherin muss ihre ganze Aufmerksamkeit auf die Eltern richten und sich aktiv mit dem Gehörten auseinander setzen, indem sie das Gehörte versucht zu verstehen, die eigenen Wahrnehmungen kritisch hinterfragt und den Eltern als Gesprächspartnern ein geeignetes Feed-back gibt. In dieser Rückmeldung wird das Gehörte wertfrei gespiegelt, die eigene Wahrnehmung mitgeteilt und durch vorsichtige Interpretationen werden die Aussagen näher beleuchtet. Die im Gespräch zum Ausdruck kommende wohlwollende Grundhaltung verstärkt das Gefühl des Verstandenwerdens und ermöglicht ein offenes Ansprechen auch unangenehmer Erfahrungen. Diese Gesprächshaltung ist anstrengend und selbst von trainierten Zuhörern nur begrenzt (ca. 30 bis 45 Minuten) durchzuhalten.

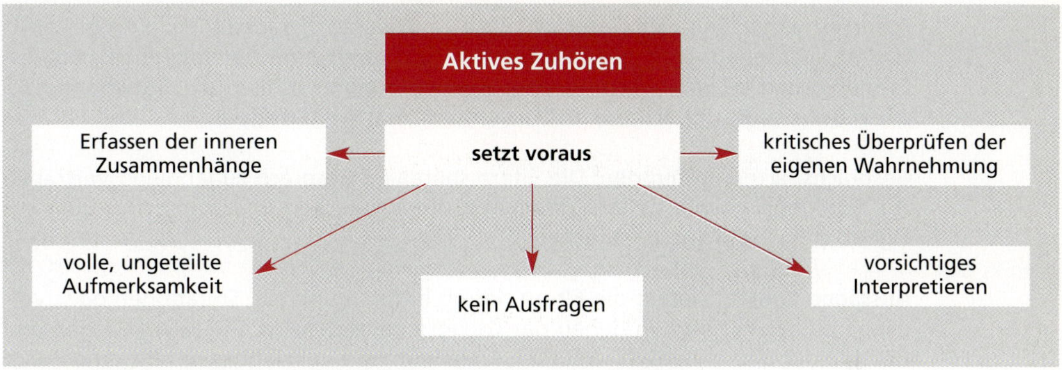

Voraussetzungen des aktiven Zuhörens (in Anlehnung an Crisand 1982)

Das aktive Zuhören erfolgt auf der verbalen und nonverbalen Ebene, die kongruent (deckungsgleich) sein sollten. Differenzen zwischen beiden Ebenen signalisieren mangelnde Echtheit bzw. innere Spannungen.

Die nonverbalen Signale wirken vorwiegend unbewusst und beeinflussen den Gesprächsverlauf indirekt. Folgende nonverbalen Signale sind von besonderer Bedeutung:

Blickkontakt: Er sollte nicht starr, sondern locker gehalten werden; mit Hilfe des Blickkontakts kann man sich der Aufmerksamkeit des Zuhörenden vergewissern.

Freundlicher Gesichtsausdruck: Der offene, freundliche Gesichtsausdruck signalisiert eine positive, zugewandte Haltung und entspannt die Gesprächssituation.

Zugewandte Körperhaltung: Die körperliche Zuwendung, unterstützt durch Nicken, verdeutlicht die Bereitschaft, zuzuhören und sich auf den Gesprächspartner zu konzentrieren.

Auf der verbalen Ebene kann das Gespräch positiv beeinflusst werden, wenn folgende Hinweise beachtet werden (vgl. Wolters 2000):

Feed-back geben: Den Eltern umgehend rückmelden, wie das Gesagte verstanden wurde. Gefühle verbalisieren, die mit der Aussage verbunden sind. Dabei auch negative Gefühle ansprechen und im Gespräch zulassen. Auf inhaltsleere Rückmeldungen („Ich kann sie gut verstehen.") verzichten, sondern möglichst kurz, prägnant und inhaltsbezogen rückmelden, wie die Aussagen wirken („Der Vorwurf hat Sie gekränkt.")

Feed-back differenzieren: bei der Rückmeldung unterscheiden:

Wahrnehmung	→	„Ich habe Sie so verstanden, dass ...", „Ich erlebe Sie ..."
Vermutung	→	„Ich vermute ...", „Ich kann mir vorstellen ..."
Gefühl	→	„Ich empfinde ..."

Positives verstärken: im Gespräch positive Aspekte herausstellen. Erfolge, Fortschritte, Veränderungen bewusst machen, um somit eine dominierende negative Grundhaltung zu verändern. Positive Rückmeldungen stärken die Beziehung zwischen den Gesprächspartnern und ermuntern zum Weiterreden.

Gesprächspartner ermutigen: Die Eltern sollten im Gespräch zunehmend Vertrauen zur Erzieherin gewinnen und dadurch ermutigt werden, offen und frei über die eigentlichen Probleme zu sprechen.

Aussagen konkretisieren: die Eltern darum bitten, Beispiele, Situationen oder Vorgänge zu beschreiben, in denen das Gesagte deutlich wird. Die Bewertungen und Gefühle der Eltern werden so für die Erzieherin nachvollziehbar. Die Situation wird wieder aktualisiert und die Betroffenheit der Eltern erhöht sich.

Situationen strukturieren: Die Erzieherin sollte im Gesprächsverlauf Strukturierungen vornehmen, indem sie den Gesprächsstand zusammenfasst und wesentliche Erkenntnis bewusst macht. Mit Hilfe der Strukturierung wird das Klären problematischer Situationen erleichtert, so dass die Eltern Zusammenhänge erkennen, neu bewerten und neue Einsichten gewinnen können.

Pausen ermöglichen: im Gespräch Pausen angemessen einsetzen. Es gilt zu beachten: Zu lange Pausen erhöhen den Druck des Sprechenden, sich zu äußern, um die unangenehme Situation (Stille, Leere) zu beenden; fehlende Pausen erhöhen die Gesprächsgeschwindigkeit und die Zeit für einen Reflexion des Gesagten entfällt.

Lösungen entwickeln lassen: im Gespräch auf Bewertungen verzichten und sich nicht zu Hilfen oder Lösungen drängen lassen. Als Zuhörerin sollte man beachten: „Wer das Problem hat, der hat auch den Schlüssel zur Lösung." Der Betroffene kennt die Situation und die beteiligten Personen am besten und kann die Wirkung von Lösungsansätzen recht gut einschätzen.

Gefühle zulassen: auf massive Gefühlsreaktionen nicht mit Beschwichtigungen und Trostspenden reagieren. Gefühlsausbrüche im erträglichen Maß zulassen.

Zuwendung signalisieren: Mit den Eltern sollte respektvoll und freundlich umgegangen werden. Im Gespräch darauf achten, dass die nonverbale Zuwendung auch verbal unterstützt wird. Floskeln (zum Beispiel „Therapeuten-„Hmmm") wirken störend.

Unabhängigkeit steigern: Im Verlauf der Gesprächskontakte ist darauf zu achten, dass die Eltern immer selbstständiger mit dem Problem umgehen können und die beratende Erzieherin für die Bereinigung ungeklärter Situationen an Bedeutung verliert.

Von zentraler Bedeutung für den Gesprächsverlauf ist die Frage- und Impulstechnik (zum Beispiel kurze Aussagen, nonverbale Signale, offene Fragen) der Erzieherin, da sie den Sprechenden zu weiteren Ausführungen anregen. Decker (1997) weist dabei auf **„Killerphrasen"** hin, die einen Rückzug des Gesprächspartners bewirken, und auf **„Türöffner"**, die zu größerer Offenheit ermutigen.

„Killerphrasen"	**„Türöffner"**
Kennzeichen: **Killerphrasen ...** ... unterstellen den Eltern mangelnde Kompetenzen; ... betonen die Überlegenheit und Macht der Erzieherin; ... setzen den Gesprächspartner herab, geben ihn der Lächerlichkeit preis, machen ihn unglaubwürdig; ... führen zu einem Rückzug der Eltern.	**Kennzeichen:** **Türöffner ...** ... aktivieren die Kompetenzen und Erfahrungen der Eltern; ... akzeptieren ggf. den Informationsvorsprung des Gesprächspartners; ... beinhalten eine partnerschaftliche, akzeptierende Grundhaltung; ... aktivieren die Eltern und ermutigen sie zum Sprechen.

Der erfolgreiche Einsatz von Türöffnern setzt eine gute Beherrschung der Frage- und Impulstechnik voraus. Die Eltern werden im Gespräch vor allem dann aktiviert, wenn die Fragen möglichst offen und weit formuliert werden, damit die Eltern ein breites Antwortspektrum haben (nicht: „Waren Sie mit dem gestrigen Elternabend zufrieden?", sondern „Wie haben Sie den gestrigen Elternabend erlebt?"). Hinter den Fragen sollte ein echtes Interesse stehen. Im Gesprächsverlauf ist darauf zu achten, dass die Erzieherin keine Kettenfragen stellt (mehrere Fragen auf einmal, ohne den Eltern die Möglichkeit zu geben, auf jede Frage einzugehen).

Eine weitere Technik des aktiven Zuhörens stellt der Einsatz von **Ich-Botschaften** dar. Diese Botschaften werden vor allem dann gesendet, wenn die Erzieherin ein Problem mit den Eltern hat und sie eine geeignete Gesprächsform sucht, um diese ungeklärte Situation zu bereinigen. Werden Problemsituationen von der Erzieherin in das Gespräch eingebracht, dann besteht die Gefahr, dass Beschuldigungen, Vorwürfe oder Angriffe vorgebracht werden, die bei den Eltern Widerstände auslösen. Sie geraten in eine Verteidigungsposition, die häufig zu starken emotionalen Spannungen führen und eine sachliche Auseinandersetzung mit der ungeklärten Situation erschweren. Aus diesem Dilemma führt das Formulieren von Ich-Botschaften, die verdeutlichen, was die Erzieherin bewegt. Die Ich-Botschaften gehen auf die Selbstoffenbarungsseite ein.

Bei Ich-Botschaften werden drei Komponenten unterschieden:

Komponenten der ICH-Botschaft		Erläuterung	Beispiel
1	Darstellung des Sachverhalts	Eine möglichst objektive, sachliche Darlegung der ungeklärten Situation.	Mir ist aufgefallen, dass Sara trotz einer starken Erkältung mit Fieber im Kindergarten war.
2	Ausgelöste Gefühle	Darstellung der eigenen Betroffenheit, indem die ausgelösten Gefühle ohne Übertreibung formuliert werden.	Ich kann mich in der Gruppe nicht angemessen um kranke Kinder kümmern. Sara hat mit Leid getan.
3	Konsequenzen aus der ungeklärten Situation	Die Konsequenzen, die sich aus dem Problemverhalten ergeben, möglichst sachlich und konkret aufzeigen.	Zudem besteht die Gefahr, dass die gesunden Kinder und Erzieherinnen infiziert und ebenfalls krank werden.

Ich-Botschaften verdeutlichen die Wirkung der ungeklärten Situation auf die Erzieherin und fordern die Eltern indirekt auf, etwas zu unternehmen, um die Situation zu bereinigen. Diese Absicht wird aber nur dann erfolgreich sein, wenn zwischen der Erzieherin und den Eltern bereits eine gute, vertrauensvolle Beziehung besteht. Die positive Beziehung wird durch das aktive Zuhören aufgebaut und intensiviert. Erst dann wird die Ich-Botschaft der Erzieherin von den Eltern als Hilferuf verstanden und Betroffenheit auslösen. Die Eltern werden nicht angegriffen, verletzt oder beschämt reagieren, sondern sich aufgefordert fühlen, zur Bereinigung der ungeklärten Situation beizutragen.

4.1.1.2 Mediation

In der Bearbeitung von Konflikten hat sich im sozialpädagogischen Bereich neben der Konfliktmoderation (siehe Redlich 1997) die **Mediation** (wörtlich übersetzt: „Vermittlung“) durchgesetzt, ein in den USA entwickeltes Verfahren zur konstruktiven, eigenverantwortlichen und selbstbestimmten Konfliktlösung (siehe Faller 1998). Ausgehend von der beidseitigen Bereitschaft zu einer einvernehmlichen Konfliktlösung wird im Rahmen der Mediation nach einer fairen Lösung gesucht, die keinen Konfliktpartner übervorteilt. Die geschulte Mediatorin als unparteiische Vermittlerin bemüht sich um eine außergerichtliche, in der Regel schriftliche Vereinbarung, die ggf. auch juristisch abgesichert werden kann. Dieses zunächst in Trennungs- und Scheidungssituationen bewährte Verfahren wird inzwischen in unterschiedlichen Konfliktsituationen angewandt. Die Mediation wird erfolgreich im schulischen Bereich (Schüler als Streitschlichter) und zunehmend auch in sozialpädagogischen Einrichtungen praktiziert, um eine konstruktive Konfliktkultur zu entwickeln. Die Erzieherin übernimmt dann nicht die Rolle der Richterin oder Polizistin, sondern entwickelt mit den Betroffenen eine tragfähige Lösung und nutzt dabei die Kompetenzen der Konfliktparteien.

Die Mediation ist besonders schwierig, wenn sich die Konfliktparteien bereits in einem Rechtsstreit befinden. Im Allgemeinen kann eine Mediation nur dann erfolgreich verlaufen,

- wenn während des Mediationsprozesses kein gerichtliches Verfahren läuft,
- wenn die Beteiligten alle erforderlichen Informationen einbringen und
- wenn die Inhalte nicht außerhalb der Mediation (zum Beispiel in einem Gerichtsverfahren) verwendet werden.

Werden diese Regeln eingehalten, kann die Mediatorin den Klärungsprozess erfolgreich steuern.

Mecke und Weinmann-Lutz (1999) formulieren verschiedene Regeln, die das Verhalten der Mediatorin bestimmen: Sie versteht sich als Prozessverantwortliche, die nicht für die Inhalte der Auseinandersetzung Verantwortung trägt. Sie befindet nicht darüber, wer Recht hat. Im Mediationsprozess achtet die Mediatorin darauf, dass zwischen den Kontrahenten (zum Beispiel Elternteile, Eltern – Erzieher) eine Balance besteht, keiner dominiert und die Grundsätze eines fairen Umgangs miteinander eingehalten werden.

Die Mediation umfasst sieben Phasen:

1.) Einleitung: Die Mediatorin erläutert das Verfahren: Sie informiert über den Ablauf, entwickelt mit den Betroffenen gemeinsam Regeln (zum Beispiel zuhören ohne zu unterbrechen, keine Vorwürfe, keine Schuldzuweisungen, Beleidigungen oder Angriffe) und erläutert ihre Rolle im Mediationsprozess. Danach wird die Entscheidung getroffen, ob die Mediation zur Konfliktlösung in Frage kommt.

2.) Problembestimmung: Die Konfliktparteien nehmen den Konflikt unterschiedlich wahr und gelangen im Verlauf ihrer individuellen Konfliktverarbeitung unbewusst zu recht unterschiedlichen Sichtweisen des Problems, da Informationen selektiv aufgenommen und die Erfahrungen subjektiv und zumeist interessensgeleitet verarbeitet werden (zum Beispiel Unterstellungen, Vermutungen). Die Mediatorin hat die Aufgabe, die Betroffenen von ihrer einseitigen, festgefahrenen Sichtweise der Problemwahrnehmung weg und zu einem gemeinsamen Problemverständnis hin zu führen. Ein Problembereich steht im Mittelpunkt, andere Problemfelder werden zunächst ausgeklammert.

Phasen der Mediation

1. Einleitung
2. Problembestimmung
3. Problemdarsterllung beider Seiten
4. Konfliktbearbeitung/ Konflikterhellung
5. Entwicklung von Problemlösungsalternativen
6. Entscheidung für die beste Lösung/Vereinbarung
7. Effektivitätsüberprüfung der Lösung

3.) Problemdarstellung beider Seiten: Die Standpunkte der Konfliktparteien werden vorgetragen. Die Positionen der Kontrahenten und die zugrunde liegenden Interessen werden deutlich. Die Mediatorin achtet darauf, inwieweit neue Gesichtspunkte und Argumente eingebracht werden. Durch aktives Zuhören oder Nachfragen können verschiedene Aspekte vertieft werden. Am Ende dieser Phase fasst die Mediatorin die Standpunkte zusammen und stellt Gemeinsamkeiten bzw. neue Aspekte heraus. Die Konfliktparteien können diese Darstellung ggf. ergänzen oder korrigieren. Der Konflikt wird als gemeinsames Problem akzeptiert. In dieser Phase bringt die Mediatorin den Konflikt in ein Format, in dem der Konflikt für die Betroffenen lösbar wird.

4.) Konfliktbearbeitung/Konflikterhellung: In dieser Phase wird mit Hilfe des aktiven Zuhörens der Konflikthintergrund beleuchtet. Die unterschiedlichen Konfliktebenen (Beziehungs-, Sachkonflikt) spricht die Mediatorin an. Emotionale Reaktionen (Wut, Ärger, Enttäuschungen, Ängste, verletzte Gefühle) werden dabei aufgegriffen. Die Mediatorin nähert sich der eigentlichen Konfliktursache und beachtet die zahlreichen Nebenkriegsschauplätze nicht. Die emotionale Betroffenheit der Konfliktparteien und die Konfliktursachen werden am Ende dieser Phase deutlich. Um ein Zurückfallen in frühere Phasen (zum Beispiel Problemverschiebung, Vorhaltungen, Unterstellungen) zu vermeiden, empfiehlt es sich, die Ergebnisse im Mediationsprozess am Flip-Chart schriftlich festzuhalten. Ein Verweis auf das Erreichte und Vereinbarte führt wieder zum aktuellen Entwicklungsstand zurück.

5.) Problemlösung: Die Konfliktparteien entwickeln mit Unterstützung der Mediatorin möglicht viele und unterschiedliche Alternativen für eine zukunftsorientierte Lösung des gemeinsamen Problems. Nach einer Phase der Sammlung alternativer Lösungen werden die Vorschläge beispielsweise hinsichtlich Vor- und Nachteilen, kurz- und langfristige Wirkung, Umsetzbarkeit gemeinsam bewertet. Von den Kontrahenten werden oft unterschiedliche Lösungen bevorzugt, die ihren persönlichen Interessen am besten entsprechen. Die Mediatorin hat die Aufgabe, gemeinsam mit den Betroffenen die Lösungsalternative zu finden, durch die eine Maximierung der Vorteile aller Konfliktbeteiligten gegeben ist. Die ausgewählte Lösung ist genau zu benennen, um unterschiedliche Interpretationen und damit neue Konflikte zu verhindern.

6.) Vereinbarung: Die Lösung wird, wie Prang (2002) herausstellt, in einem „sozialen Vertrag" in der Regel schriftlich festgehalten. In dieser Vereinbarung, die von den Konfliktparteien unterschrieben wird, werden die einzelnen Schritte zur Konfliktlösung sowie Kontrollmöglichkeiten geregelt. Die Vereinbarung muss klare Aussagen enthalten und auf weiche Formulierungen verzichten die unterschiedliche Auslegungen ermöglichen. Die rechtliche Durchsetzbarkeit der Regelung ist ggf. zu bedenken.

7.) Überprüfung: Die Konfliktparteien vereinbaren Termine für Nachbesprechungen, um die Wirksamkeit der getroffenen Vereinbarung zu überprüfen. Werden Korrekturen erforderlich, werden neue Verhandlungen mit einer überarbeiteten Vereinbarung erforderlich.

Die Mediation hat sich in der intensiven Elternarbeit bewährt (Prang 2002) und hat einen hohen präventiven Wert (siehe Mecke & Weinmann-Lutz 1999). Eltern können Prinzipien der Mediation erfolgreich auf die Konfliktbearbeitung mit ihren Kindern anwenden. So könnte die Mediation auch zum Gegenstand eines thematischen Elternabends oder -trainings werden.

Ein erfolgreiches Wirken als Mediatorin setzt Kompetenzen voraus, die sich die Erzieherin im Rahmen von Fortbildungen zur Mediatorin aneignen sollte.

4.1.1.3 Beratungstechniken

Eltern erwarten von den Erziehern in kritischen Situationen Hilfe und fordern deren **Beratungskompetenz** ein. Die Beratung umfasst das Erteilen von Auskünften, die Information sowie Ratschläge. In solchen Fällen sind die eigenen Möglichkeiten selbstkritisch zu bewerten. Gut gemeinte Ratschläge („Ratschläge sind auch Schläge") helfen oft nicht weiter bzw. verhindern die rechtzeitige Wahrnehmung qualifizierter Hilfe. Der Schwerpunkt sollte deshalb in der Vermittlung von problemgerechten Hilfsangeboten liegen. Dies setzt zum einen die genaue Kenntnis des Problems wie auch ein differenziertes Wissen über entsprechende Hilfsangebote in der Region voraus. Im Beratungsgespräch sollten die Eltern zu neue Einsichten gelangen und in die Lage versetzt werden, eigenständig Entscheidungen zu treffen sowie die Probleme selbstständig zu bewältigen.

Das Beratungsgespräch kann verschiedene Funktionen haben und von der Orientierungshilfe über die Planungshilfe bis hin zur Entscheidungshilfe reichen.

Das von Mutzeck (1993, Seite 203) entwickelte Konzept einer kooperativen Beratung umfasst folgende Schritte:

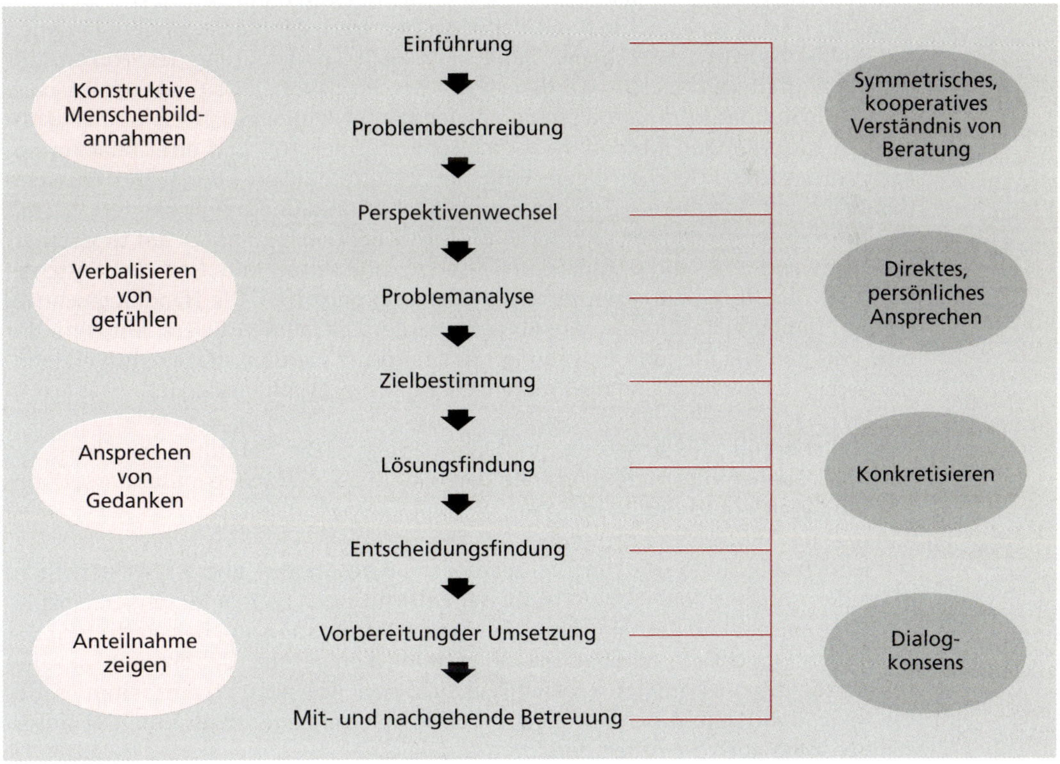

Die Beraterin geht davon aus, dass die ungeklärte Situation im Beratungsgespräch einvernehmlich zu bewältigen ist. Sie geht den Beratungsprozess zuversichtlich und lösungsorientiert an. Der Fokus liegt im Beratungsgespräch auf der Problembewältigung. Zwischen der Erzieherin als Beraterin und den Rat suchenden Eltern besteht eine kooperative Ebene, d. h. beide begegnen sich „auf Augenhöhe". Von den Eltern wird erwartet, dass sie ihre Situation kritisch reflektieren, Entscheidungen begründet treffen und Konsequenzen aus der Situation ableiten können. Hierarchien sind im Gespräch zu vermeiden, das verbindende gemeinsame Interesse steht im Vordergrund. Auf der Grundlage von Freiwilligkeit und Kooperationsbereitschaft erfolgt die Suche nach Hilfen und Lösungen. Die im Abschnitt „aktives Zuhören" beschriebenen Gesprächstechniken (wie auf die Gefühle eingehen, Empathie und Wertschätzung zeigen) sind auch im Beratungsgespräch zu verwirklichen.

Die **Einführungsphase** beeinflusst die Gesprächsatmosphäre und damit den weiteren Gesprächsverlauf. Die Erzieherin sollte diese Phase entspannt, störungsfrei und für die Gesprächsteilnehmer angenehm gestalten. Im Rahmen der **Problembeschreibung** wird das Geschehen bzw. die ungeklärte Situation näher beleuchtet und die Entwicklung der Problematik sowie der aktuelle Stand herausgearbeitet. Die Problemwahrnehmung durch die Rat suchenden Eltern steht zunächst im Vordergrund. Neue Einsichten können durch einen **Perspektivenwechsel** gewonnen werden, wenn sich die Eltern in die Situation anderer versetzen und aus deren Sicht die ungeklärte Situation beschreiben. Die Erzieherin kann in dieser Phase auch ein Rollenspiel einsetzen, in dem Situationen mit neuer Rollenverteilung gespielt und reflektiert werden. Die **Problemanalyse** geht über die Beschreibung der problematischen Situation hinaus und setzt sich mit den Ursachen bzw. den Bedingungen, in denen das Problem auftritt, auseinander. Dabei kann auch die Bedeutung des Problems für die Beteiligten verdeutlicht werden. Nach der Problembearbeitung erfolgt nach vorn gerichtet das Herausarbeiten von Zielen **(Zielbestimmung)**. Kurz- und langfristige Zielvorstellungen werden möglichst konkret, überprüf- und erreichbar formuliert. Nach einer kritischen Bewertung der Zielalternativen kommt die **Entscheidungsfindung**. Hieraus ergeben sich verschiedene Handlungsmöglichkeiten, die mit den Beteiligten gemeinsam entwickelt und anschließend im Hinblick auf Umsetzbarkeit, Aufwand oder Wirkungsgrad umfassend zu bewerten sind. Nach der Entscheidung werden **Vorbereitungen für die Umsetzung** getroffen. Die Handlungsschritte werden nunmehr festgelegt, der Ablauf und der Zeitrahmen fixiert. Mit Hilfe der **mit- und nachbereitenden Betreuung** soll überprüft werden, inwieweit die Handlungsschritte bewältigt und die Problemlösung verwirklicht wurden.

Wie Hillenbrand (1999) betont, stellt die **pädagogische Beratung** der Eltern ein wichtiges Element der Erziehungshilfe dar, wie sie beispielsweise im sonderpädagogischen Bereich gefordert wird.

Die Einrichtung sollte sich zum Ziel setzen, die Beratungsangebote systematisch zu erkunden und beispielsweise Vertreter der Einrichtungen zu Teamsitzungen einzuladen. Der persönliche Kontakt sowie die direkte Information von den Vertretern der jeweiligen Einrichtung erhöhen die **Vermittlungskompetenz**. Unabhängig von diesen persönlichen Kontakten empfiehlt es sich, eine Übersicht zu erarbeiten, in der die Hilfsmöglichkeiten den jeweiligen Problemfeldern zugeordnet sind. Die Adressenliste sollte auch die Ansprechpartner ausweisen.

Die Hinweise der Erzieher haben für die Eltern nur empfehlenden Charakter. Wenn die Eltern damit einverstanden sind, können Beobachtungen und Stellungnahmen der Einrichtung auch an Beratungsstellen weitergegeben werden. Als besonders hilfreich erweist sich die Zusammenarbeit von Eltern, Beratungsstellen und Erzieherinnen, wenn es um ein abgestimmtes Vorgehen bei der Vermindung von Auffälligkeiten des Kindes geht.

Die Beraterin sollte sich folgender Gefahren bewusst sein:

Gefahr der Manipulation: Der Rat Suchende übergibt gern einen Teil seiner Verantwortung an die Beraterin und nimmt oft bereitwillig den Rat der erfahrenen Erzieherin an. Die beratende Erzieherin gerät dabei – den Eltern mehr oder minder bewusst – in die Gefahr, den Entscheidungsprozess der Gesprächspartner zu beeinflussen, das Elternverhalten zu steuern und ggf. zu manipulieren.

Gefahr der Fehlleitung: Die Beraterin sollte sich bewusst sein, dass sie eventuell durch unvollständige, falsche oder nicht mehr aktuelle Informationen den Gesprächspartner zu Handlungen und Entscheidungen bewegt, die sich u. U. im Nachhinein als fragwürdig oder falsch erweisen.

Gefahr der Selbstüberschätzung: Die Rolle als Beraterin und „trouble-shooter" stärkt das Selbstwertgefühl und vermittelt ein vermeintliches Gefühl der Stärke gegenüber den Rat Suchenden. Die Beraterin sollte sich ihrer Grenzen bewusst sein und den Mut haben, eigene Kompetenzgrenzen gegenüber den Eltern zuzugeben und rechtzeitig an entsprechende Fachdienste zu verweisen.

Gefahr der eigenen Hilflosigkeit: Im Beratungsgespräch wird die Erzieherin teilweise über Sachverhalte informiert, die sie selbst erheblich betroffen machen. Einige Beraterinnen fühlen sich stark genug, die Probleme des Rat Suchenden zu bewältigen und stellen im Verlauf der Hilfebemühungen fest, dass sie selbst zu Betroffenen und Hilfebedürftigen werden. Die Beraterin muss den professionellen Abstand zwischen sich und den Rat suchenden Eltern wahren und sollte sich nicht in die Rolle der Krisenbewältigerin begeben, da die Gefahr besteht, selbst zum hilflosen Helfer zu werden.

Zusammenfassung

Die einzelpersonbezogene Elternarbeit erfordert Erzieherkompetenzen im Bereich der Gesprächstechniken um Aufnahme-, Beratungs- und Kritikgespräch professionell gestalten zu können.

Das **aktive Zuhören** beruht auf den Grundannahmen der Gesprächspsychotherapie nach Rogers. Die Erzieherin sollte den Eltern mit Empathie und Wertschätzung begegnen. Das Verhalten muss für die Eltern als aufrichtiges Verständnis und Akzeptanz erkennbar sein. Die Wirkung des Erzieherverhaltens kann nach Schulz von Thun auf der Sach-, Selbstoffenbarungs-, Beziehungs- und Appellebene analysiert werden. Aktives Zuhören, das zahlreiche Gesprächsprinzipien (zum Beispiel Feedbacktechniken, Verstärkung, Konkretisierung und Strukturierung) beinhaltet, wird durch nonverbale Signale wie Blickkontakt, Gestik und Körperhaltung unterstützt.

Die **Mediation** stellt ein neues Verfahren dar, bei dem die Eltern zu einer eigenverantwortlichen, selbstbestimmten Konfliktlösung geführt werden. Die Erzieherin unterstützt die gemeinsame Konfliktbewältigung. Im Rahmen ihrer Mediationsarbeit regt sie die Problembestimmung, Konfliktbearbeitung, Entwicklung von Lösungen und Überprüfung der Wirksamkeit von Lösungen an.

Häufig wird die Erzieherin auf **Beratungstechniken** zurückgreifen, die den verantwortungsvollen Umgang mit den Rat suchenden Eltern erleichtern. Das Beratungsgespräch umfasst verschiedene Phasen (Einführung, Problembeschreibung, Perspektivenwechsel, Problemanalyse, Entscheidungsfindung, Umsetzung, nachbereitende Betreuung), die unterschiedliche Gesprächstechniken und Vorgehensweisen erfordern.

In ihren Beratungsbemühungen sollte die Erzieherin selbstkritisch prüfen, inwieweit sie die ratsuchenden Eltern unterstützt hat. Die Gefahr der Manipulation der Elternentscheidung und das Problem einer wohlgemeinten, aber aus Unkenntnis fehlerhaften Beratung sollten der Erzieherin bewusst sein. Sie sollte zu den Problemen der Eltern einen professionellen Abstand bewahren, um nicht selbst zur hilflosen Helferin zu werden, die mit der Bearbeitung der Elternprobleme überfordert ist.

4.1.2 Raumgestaltung

Die räumlichen Bedingungen sind für das Gelingen der Elternarbeit von elementarer Bedeutung. Die verschiedenen Qualitätskonzepte (zum Beispiel Kronberger Kreis oder Kindergarten-Einschätz-Skalen) erfordern ein Raumkonzept, das den unterschiedlichen Formen der Elternarbeit gerecht wird und eine störungsfreie Kommunikation in Räumen ermöglicht, die möglichst nur für diesen Zweck genutzt werden.

Das Raumkonzept sollte zum einen der Anzahl der anwesenden Personen entsprechen und zum anderen die erforderliche soziale Distanz zwischen den Beteiligten berücksichtigen.

Im Hinblick auf die **Personenzahl** können in der Elternarbeit drei Abstufungen vorgenommen werden:

- **Einzelgespräche**
Bei Einzelgesprächen sind maximal vier Personen beteiligt. Es kommt zu einer intensiven Interaktion zwischen wenigen Personen, die schnell aufeinander reagieren (zum Beispiel Aufnahmegespräch, Beratungsgespräch).

- **Gruppenangebote**
Die Gruppenangebote richten sich an bestimmte Eltern, die sich als Gruppe verstehen (zum Beispiel Eltern einer Kindergruppe, Elterngesprächskreis), d. h. ein gemeinsames Ziel verfolgen und sich untereinander kennen. Im Rahmen von Gruppenangeboten werden bis zu vierzig Eltern angesprochen.

- **Einrichtungsaktivitäten**
An gruppenübergreifenden Einrichtungsangeboten nehmen bis zu hundert Eltern teil (zum Beispiel thematischer Elternabend mit Referenten). Neben den Eltern können ggf. weitere Interessierte einbezogen werden. Die Gesamtgruppe ist relativ anonym, was zum Beispiel die aktive Beteiligung von einigen Eltern an Diskussionen hemmen kann.

Die **soziale Distanz** zwischen den beteiligten Personen kommt in vier Abstandszonen zum Ausdruck (vgl. Kirsten & Müller-Schwarz 1976, sowie folgende Abbildung). Die Erzieherin sollte bei der Raumgestaltung die persönlichen Distanzzonen der Eltern beachten und in einem Perspektivenwechsel aus der Sicht der Eltern die vorgesehene Sitzanordnung auf sich wirken lassen.

Die **intime Distanz** (Abstand: bis 60 cm) signalisiert hohe Vertrautheit. Dringen fremde Personen in diese Zone ein (etwa im Fahrstuhl oder als Sitznachbar bei einem Vortrag), so fühlt sich die Person bedroht, die Situation führt zu Unbehagen. Berührungen sind oft unvermeidlich. Der unerwünschte Körperkontakte und die körperliche Nähe zu Fremden lösen Spannungen bis hin zu Stressreaktionen aus.

Die **persönliche Distanz** (Abstand: 60 bis 120 cm) weist auf eine gewisse Vertrautheit hin und ermöglicht eine Kommunikation ohne Körperkontakt (zum Beispiel Tür-und-Angel-Gespräche).

Die **gesellschaftliche Distanz** (Abstand: 120 bis 400 cm) kennzeichnet unpersönliche Kommunikationsabläufe (zum Beispiel Verkaufsgespräch an der Theke). In diesem Distanzbereich kann man anderen ausweichen, ohne unhöflich zu sein.

Die **öffentliche Distanz** (Abstand: über 400 cm) verhindert eine unmittelbare Kommunikation und ist häufig Ausdruck für ein Hierarchiegefälle zwischen den Kommunikationspartnern (zum Beispiel Referent bei einem thematischen Elternabend). Die Distanz kann durch ein Rednerpult, ein Podium, ein Podest oder eine Bühne verstärkt werden.

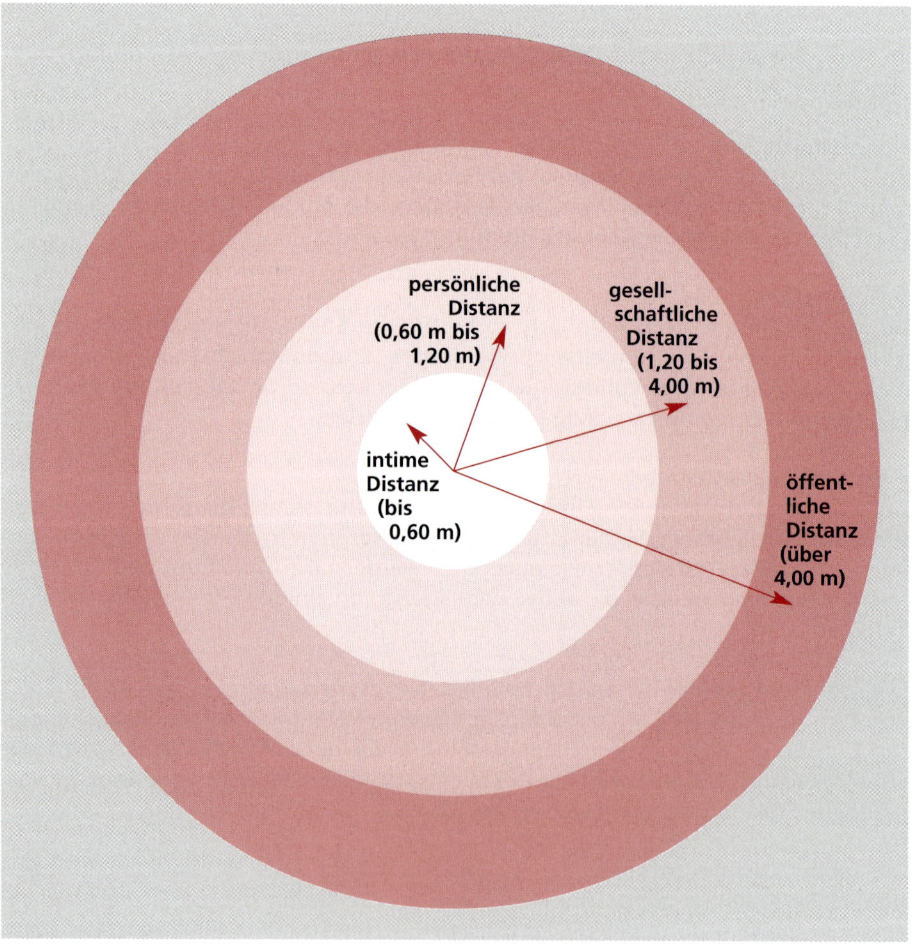

Soziale Distanzzonen

Die soziale Distanz spielt bei den unterschiedlichen Formen der Elternarbeit eine besondere Rolle.

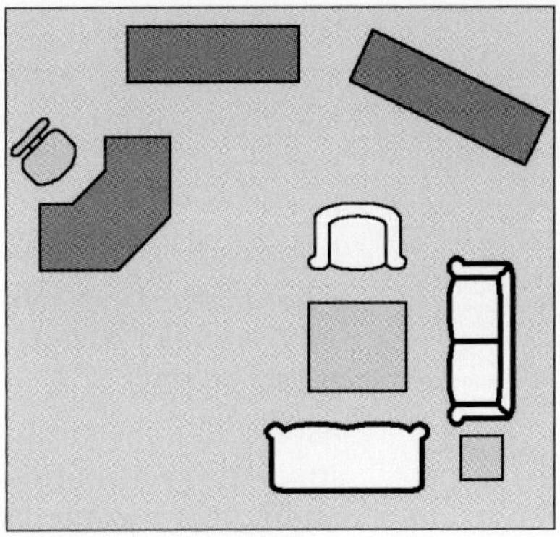
Besprechungssituation

• **Einzelgespräche**
Die Einzelgespräche spielen sich in der persönlichen Distanzzone ab. Soll das Gespräch erfolgreich verlaufen, müssen die entsprechenden Rahmenbedingungen von den Erzieherinnen geschaffen werden, die für den Gesprächspartner auch Wertschätzung und Akzeptanz signalisieren. Die Raumgestaltung bei Einzelgesprächen veranschaulicht die nachfolgende Abbildung, die sich auf die Situation im Büro der Leiterin bezieht.

Die Erzieherin sollte darauf achten, dass ein gewisser Abstand zwischen ihr und den Eltern bewahrt bleibt und sie ihnen nicht zu nah „auf die Pelle rückt". Den Eltern muss durch die Sitzordnung auch ein „Rückzug" (zum Beispiel Vermeidung von Blickkontakt) möglich sein. Die Gesprächspartner sollten am Besprechungstisch über Eck sitzen. Eine frontale Gegenübersituation ist ungünstig. Diese Position erhöht den Druck auf die Eltern, da der Blickkontakt nicht vermieden werden kann. Es ist ein Raum zu wählen, der nicht durch Telefonate, Besucher oder andere Einflüsse (zum Beispiel Geräuschquellen) gestört wird. Steht kein eigener Raum für solche Gespräche zur Verfügung, sollte ein Gesprächszeitpunkt gewählt werden, zu dem der Raum nicht von anderen genutzt wird (freier Gruppenraum am Nachmittag, Hausaufgabenraum der schulpflichtigen Kinder am Vormittag). Für andere sollte die Besprechungssituation durch ein Schild „Bitte nicht stören" oder für Kinder durch eindeutige Symbole (zum Beispiel rote Ampel) verdeutlicht werden. In Einzelgesprächen ist darauf zu achten, dass sich Erzieherin und Eltern auf „Augenhöhe" begegnen. Unterschiedliche Sitzhöhen oder die Situation hinter dem Schreibtisch signalisieren Statusunterschiede. Zu vermeiden sind Situationen, in denen die Erzieherin auf einem Erwachsenenstuhl und die Eltern auf Kinderstühlen sitzen und „ehrfürchtig" nach oben blicken müssen.

4.1.3 Formen der einzelpersonbezogenen Elternarbeit

4.1.3.1 Anmeldegespräch

Das Anmelde- und Aufnahmegespräch hat für die weitere Zusammenarbeit mit den Eltern eine Weichen stellende Wirkung. Aus der Perspektive der kundenorientierten Haltung kommt dem Erstgespräch eine hohe Bedeutung zu: Die Erzieherin bahnt mit dem Anmeldegespräch die Beziehung zwischen Eltern als Kunden und der Einrichtung als Anbieter einer sozialen Dienstleistung an. In Zeiten rückläufiger Anmeldezahlen und der drohenden Schließung von Kindergruppen ist die Bedeutung des Anmeldegesprächs nicht zu unterschätzen.

Der Aufbau einer gemeinsamen Plattform für Eltern und Erzieherinnen erfolgt auf unterschiedlichen Ebenen. Die Informationsvermittlung in schriftlicher und mündlicher Form spricht die **kognitive Ebene** an. Doch wichtiger als die niedergeschriebenen Visionen, Konzeptionen und Absichten ist die in der Einrichtung gelebte Einrichtungskultur, die sich beispielsweise in Normvorstellungen, im Umgang miteinander in den gemeinsam getragenen Werten oder in der Atmosphäre der Einrichtung (zum Beispiel Raumgestaltung) widerspiegelt. Auf der **emotionalen Ebene** fühlen sich die Eltern angesprochen und die Einrichtung wirkt sympathisch und einladend –

oder abstoßend und abweisend. Die Studien zur Personenwahrnehmung verdeutlichen die Wirkung auf der **sozialen Ebene**. Die Wirkungen auf der sozialen und emotionalen Ebene sind für das Wohlbefinden und die Entscheidung wichtiger als mehrfarbige Hochglanzbroschüren.

Untersuchungen zur Personenwahrnehmung haben gezeigt, dass der erste Eindruck einer Einrichtung samt ihrer Mitarbeiter noch lange nachwirkt. Dies gilt umgekehrt auch für die Erzieher, die im Anmeldegespräch einen ersten Eindruck von den Eltern und dem Kind gewinnen. Es ist wichtig, diesen ersten Kontakt nicht nur unter dem Aspekt der Vermittlung von Informationen und der Aufnahme von Daten zu sehen, sondern als Anbahnung einer tragfähigen Beziehung zwischen Erzieherinnen und Eltern. Das Verständnis der Einrichtung von einer Erziehungspartnerschaft mit den Eltern wird im Anmeldegespräch für die Eltern erfahrbar.

Eltern sind in dieser neuen Situation oft unsicher und fahren ihre Antennen aus, um sich möglichst schnell zu orientieren. Neben den räumlichen Gegebenheiten werden auch Stimmungen, die besondere Atmosphäre der Einrichtung sowie die Haltung der Erzieherinnen zu den Eltern sensibel wahrgenommen und interpretiert. Die Eltern sehen die Einrichtung unter der Perspektive: Wie wird es meinem Kind hier ergehen? Ist diese sozialpädagogische Einrichtung optimal für mein Kind? Inwieweit werde ich hier mit meinen Anliegen gehört?

Eltern agieren zunächst meist vorsichtig und zurückhaltend, da noch keine Vertrauensbasis vorhanden ist. Bei der Vermittlung von Informationen wird etwa bedacht: „Was wird aus meinen Ausführungen abgeleitet?“ bzw. „Welchen Eindruck haben die Erzieherinnen von mir?“

Legt man dem Anmeldegespräch das Kommunikationsmodell von Friedemann Schulz von Thun zugrunde, dann zeigt sich die Bedeutung des Gesprächs bezüglich der vier Seiten der Kommunikation:

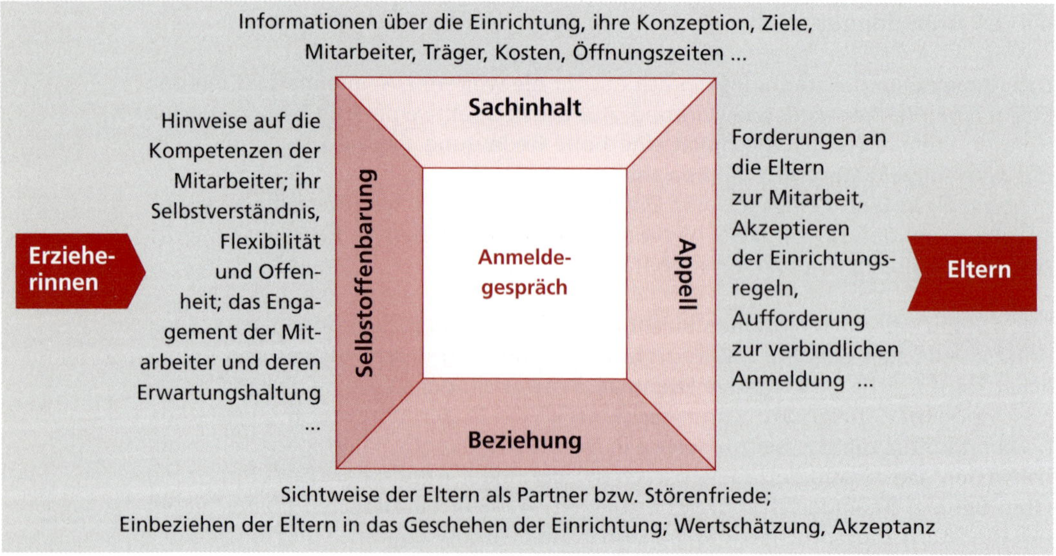

• Ziele und Inhalte

Im Anmelde- und Aufnahmegespräch werden die Grundlagen für eine partnerschaftliche Beziehung zwischen Elternhaus und Kindertagesstätte gelegt. Das Anmeldegespräch hat eine doppelte Funktion: Es dient dem Vertrautmachen der Eltern mit der Einrichtung und dem Vertrautwerden der Erzieherinnen mit den Eltern und dem aufzunehmenden Kind. Neben eher formalen Aspekten stehen deshalb vor allem auch vertrauensbildende Maßnahmen im Vordergrund. Folgende Aufgaben lassen sich ableiten:

- Anmeldedaten erfassen: Anmeldeformular ausfüllen, Karteikarte anlegen,
- Transparenz und Offenheit herstellen durch Informationen über Konzept, Tagesablauf und Besonderheiten der Einrichtung sowie die zukünftige Kindergruppe,
- Informationen über das Kind und die familiäre Situation sammeln als Basis für die Aufnahme der gemeinsamen Erziehungsarbeit,
- Eingewöhnungsphase des Kindes in die Gruppe gemeinsam planen,
- Erwartungen abklären und Absprachen treffen; soweit erforderlich ist das Einverständnis der Eltern für die Teilnahme des Kindes an kostenpflichtigen Angeboten, Abholung durch Nachbarn usw. einzuholen,
- eine offene und vertrauensvolle Atmosphäre schaffen zur Anbahnung einer partnerschaftlichen Beziehung zwischen Eltern und Erzieherinnen.

An diesem Gespräch sollten die Leiterin der Einrichtung, eine Erzieherin aus der zukünftigen Gruppe, möglichst beide Eltern sowie das Kind teilnehmen. Das Anmeldegespräch sollte unter folgenden Rahmenbedingungen erfolgen:

Für das Gespräch ist ein Termin zu vereinbaren und ein Zeitraum von etwa ein bis zwei Stunden einzuplanen. In das Gespräch sind alle wichtige Kooperationspartner bzw. Bezugspersonen einzubinden, d. h. in der Kindertagesstätte sind die Leiterin, die Eltern und das Kind beteiligt; im Heimbereich sollten neben der Heimleitung auch Psychologen oder Therapeuten am Anmeldegespräch teilnehmen. Um beim Gespräch nichts zu vergessen, sollte die Erzieherin eine Checkliste bzw. einen Fragekatalog erstellen.

Das Anmeldegespräch kann in folgenden Schritten verlaufen:

1 Warming-up-Phase

Begrüßung und Vorstellung der beteiligten Personen

Einführende Fragen: Was wissen die Eltern bereits über die Einrichtung? Von wem wurden sie informiert?

2 Informationsphase: Erzieherinnen / Eltern

Darstellung der Einrichtung

- Informationen zum Träger, zur Struktur und zu den Zielsetzungen
- Erläuterung des pädagogischen Konzepts
- Information über die zukünftige Kindergruppe (Zusammensetzung in Hinsicht auf Alter und Geschlecht, Besonderheiten etc.)
- Nachfragen seitens der Eltern

3 Informationsphase: Eltern / Erzieherinnen

Informationen über das aufzunehmende Kind:
- Hinweise beispielsweise zu Entwicklungsstand, Besonderheiten, Gewohnheiten, Ritualen, Vorlieben, Ängsten
- Informationen über die familiäre Situation

4 Formalitäten

Erfassen der Daten
- Personalkartei ausfüllen
- Aushändigen von Informationsmaterial
- ggf. Einholen einrichtungsspezifischer Einverständniserklärungen der Eltern

5 Rundgang

Kennenlernen der Einrichtung
- Vertrautmachen mit den Räumlichkeiten
- Vorstellen der anderen Mitarbeiterinnen und ihrer Funktionen

6 Feed-back

Rückmeldung über das Anmeldegespräch (Umfang, Verständlichkeit, Anschaulichkeit, inhaltliche Gestaltung, Atmosphäre)

Im Gespräch findet ein Klärungs- und Annäherungsprozess statt. Die jeweiligen Erwartungen und Vorstellungen werden ausgetauscht und einander angepasst. Vermittelt wird zwischen folgenden Punkten:

Einrichtung		Eltern
Betreuungsangebot Vollzeit-, Teilzeitgruppen, integrative Gruppen, Familiengruppen, Öffnungszeiten	⟷	**Betreuungsbedarf** Berufstätigkeit der Eltern, allein Erziehende, besonderer Förderbedarf für das Kind
Pädagogische Konzeption Arbeitsweise, Ziele, Schwerpunkte, Selbstverständnis der Einrichtung	⟷	**Erziehungsverständnis** Einsatz von Erziehungsmitteln, Maßnahmen der Betreuung und Förderangebote
Erwartungen an die Elternmitarbeit Mitwirkung bei Veranstaltungen, Übernahme von Ämtern	⟷	**Bereitschaft zur Elternmitarbeit** Kompetenzen der Eltern, Möglichkeiten und Grenzen der Mitwirkung

Dieser Vorgang der gegenseitigen Anpassung bewirkt eine Klärung der Standpunkte und sollte am Ende zu einem Kompromiss mit klaren Absprachen führen, der sowohl den Bedürfnissen der Eltern als auch den Möglichkeiten der Einrichtung gerecht wird.

Jansen und Wenzel (2000) nennen aus der Sicht einer kundenorientierten Grundhaltung gegenüber den Eltern zehn wesentliche Elemente für das Aufnahmegespräch:

Gepflegtes Äußeres und Freundlichkeit: Dies sind Kennzeichen einer wertschätzenden Kundenorientierung. Sie signalisieren den Eltern Aufgeschlossenheit und wekken Sympathie.

Blickkontakt und namentliche Anrede: Der persönliche und individuelle Umgang mit den Eltern unterstützt den Aufbau einer vertrauensvollen Atmosphäre.

Ungeteilte Aufmerksamkeit: Beim Aufnahmegespräch stehen die Eltern und ihr Anliegen im Mittelpunkt. Für diese Zeit ist alles andere nachrangig.

Verständlichkeit: Den Eltern müssen Fachbegriffe wie offene Gruppen, Stuhlkreis, Freispiel erläutert, veranschaulicht und in ihrer Bedeutung für die Arbeit der Einrichtung verdeutlicht werden.

Angebot für das Kind: Das Kind sollte beim Aufnahmegespräch anwesend sein. Ihm wird die Möglichkeit geschaffen, im Raum mit vorbereiteten Materialien zu spielen bzw. mit den Kindern der zukünftigen Gruppe Kontakt aufzunehmen.

Keine Wartezeiten: Zur Wahrnehmung des Gesprächstermins müssen die Eltern sich den erforderlichen Freiraum organisieren, sich zum Beispiel frei nehmen, ihre anderen Kinder versorgen. Nicht zuletzt aus diesem Grund dürfen ihnen keine Wartezeiten zugemutet werden, die überdies eine geringe Wertschätzung signalisieren.

Gastlichkeit: Die Eltern sollen sich wohl fühlen und in einer gastlichen Atmosphäre mit einem Angebot an Getränken und Gebäck die Wertschätzung der Einrichtung erfahren.

Rundgang: Um den Eltern einen Gesamteindruck der Einrichtung zu vermitteln, sollten sie auf einem Rundgang mit den Räumlichkeiten vertraut gemacht werden.

Diskrete Gesprächsatmosphäre: Da im Gespräch auch auf sehr persönliche Bereiche eingegangen wird (zum Beispiel Regelungen bei Scheidung), ist eine vertrauensbildende Umgebung (ungestörter Rahmen mit wenigen Personen) wichtig.

Bestätigungen: Den Eltern ist eine schriftliche Bestätigung (zum Beispiel Kopie) über die Anmeldung auszuhändigen.

Feed-back: Am Ende des Aufnahmegesprächs sollten die Eltern um eine Rückmeldung über das Gespräch gebeten werden.

Ungünstig wirken sich beim Aufnahmegespräch folgende Verhaltensweisen aus:

Abklären eines Fragenkatalogs: Werden fast ausschließlich Fragen gestellt (Wann ist ihr Kind geboren? Ist es getauft? Welche Impfungen liegen vor? Wer ist der Kinderarzt?), geraten die Eltern schnell in die Defensive. Zwischen ihnen und den Erzieherinnen entsteht ein hierarchisches Gefälle, denn: Wer fragt, der führt. Besser ist es, das partnerschaftliche Gespräch zu suchen, den Eltern Möglichkeiten zum Erzählen zu geben und sie zu Fragen zu ermutigen. Nur so kann eine Balance zwischen den Gesprächspartnern entstehen.

Überforderung der Eltern: Zu viele Informationen führen schnell zu einer Überforderung. Eltern, die ruhig zuhören und keine Fragen stellen, sind in der Regel nicht desinteressiert, sondern vielmehr überfordert, weil sie die Informationsmenge in der kurzen Zeit gar nicht bewältigen können. Auch dies lässt sich zum einen durch ein dialogisches Vorgehen vermeiden. Zum anderen kann man den Eltern bereits vor dem Gesprächstermin Informationsmaterial anbieten, wie etwa Elternmappe, Merkblätter, Konzeption, Aufnahmeantrag, letzten Elternbrief. Sie können sich dann gezielt auf das Gespräch vorbereiten und bei Unklarheiten nachfragen.

Zu hohe Erwartungen: Die anmeldenden Eltern erwarten durch die Betreuung in der sozialpädagogischen Einrichtung eine deutliche persönliche Entlastung. Deshalb schrecken sie eher zurück, wenn sie sich bereits beim Aufnahmegespräch mit zu hohen Erwartungen an ihre Mitarbeit und ihren persönlichen Einsatz konfrontiert sehen. Hier ist ein behutsames Vorgehen seitens der Erzieherinnen erforderlich, wodurch einerseits signalisiert wird, dass in der Einrichtung die Mitarbeit und Kompetenz von Eltern sehr geschätzt wird, dass ihnen aber die Wahl gelassen wird, in welcher Art und in welchem Umfang sie sich einbringen wollen.

Nach der Anmeldung sollte die Einrichtung den Kontakt zu den Eltern aufrecht halten. Bis zum ersten Kindergartentag des Kindes können die Eltern zu Besuchen, Hospitationen mit dem Kind oder zu Veranstaltungen eingeladen werden.

Ein gelungener Einstieg bildet den Ausgangspunkt für eine partnerschaftliche Beziehung, die durch weitere Angebote der Elternarbeit weiterzuentwickeln und zu vertiefen ist.

Die dargelegte hohe Bedeutung des Anmeldegesprächs und seine lang andauernde Wirkung erfordern von der Erzieherin eine sorgfältige Planung und eine gute Gesprächsführung, die den Eltern Wertschätzung und Akzeptanz signalisieren.

4.1.3.2 Tür-und-Angel-Gespräche

Bei dieser Form der Elternarbeit handelt es sich um alltägliche Gelegenheitsgespräche, wie sie zum Beispiel beim Bringen oder Abholen der Kinder geführt werden.

- **Ziele und Inhalte**

Tür-und-Angel-Gespräche ermöglichen den schnellen, unkomplizierten Austausch vieler Informationen zwischen Eltern und Erziehern, unterstützen in der Anfangsphase den Kennenlernprozess und bilden eine wichtige Grundlage für die Entwicklung einer vertrauensvollen Kooperation mit dem Elternhaus. Diese kurzen Gesprächskontakte sind Ausdruck einer lebendigen Kommunikationskultur, da sie die gegenseitige Wertschätzung und die Erziehungspartnerschaft kennzeichnen. Die Hinweise im Tür-Angel-Gespräch erleichtern das Arbeiten in der Übergabesituation Familie – Einrichtung – Familie. Die Stimmungen und Verhaltensweisen der Kinder werden verständlicher, wenn Informationen zwischen Elternhaus und Einrichtung weitergegeben werden.

In diesen alltäglichen Interaktionen zwischen Eltern und Erzieherinnen wird beispielsweise über ein besonderes Vorkommnis oder einen neuen Entwicklungsschritt berichtet. Die Erzieherin kann die Erfahrungen der Eltern mit ihrem Kind ansprechen, um Verhaltensweisen des Kindes besser zu verstehen. Ebenso kann auf Fragen der Eltern zur Entwicklung ihres Kindes oder zu Angeboten der Einrichtung kurz eingegangen werden. In Notfällen können Hinweise auf Hilfsmöglichkeiten (zum Beispiel Beratungseinrichtungen) gegeben werden. Tür-und-Angel-Gespräche sind besonders bei Eltern neu aufgenommener Kinder sehr wichtig, da sie in dieser Phase der Unsicherheit noch viele Fragen haben, um das Geschehen in der Einrichtung besser verstehen und unterstützen zu können.

• **Voraussetzungen**

Um Tür-und-Angel-Gespräche erfolgreich führen zu können, sollte die Erzieherin, die den Eltern wertschätzend, freundlich und aufmerksam gegenübertritt, folgende Voraussetzungen beachten (vgl. Jansen & Wenzel 2000, Seite 66):

- Den Eltern soll *ausreichend Zeit* gegeben werden, um sich mitzuteilen.
- *Hemmschwellen* müssen vermieden werden, wie zum Beispiel auf die Uhr schauen, Hektik oder verschlossene Türen. Den Eltern sollte signalisiert werden, dass ein Interesse am Gespräch besteht.
- Tür-und-Angel-Gespräche mit Eltern dürfen nicht durch andere Erzieherinnen gestört werden. Gegenüber Gesprächen mit anderen Erzieherinnen haben *Elterngespräche Vorrang*.
- Die Gesprächsinhalte sind aus der *Perspektive der Eltern* zu betrachten, um ihre Anliegen besser verstehen und nachvollziehen zu können.
- Maßgeblich ist das *Gesprächstempo der Eltern* und nicht das der Erzieherin. Geduld gehört zur Professionalität.
- Beschwerden, Rügen und Vorwürfe von Eltern sind Ausdruck ihrer Unzufriedenheit. Als solche sollten sie ernst genommen und nicht gleich mit Kritik oder Gegenangriffen pariert werden.
- Den Eltern sollte mit Interesse begegnet werden. Dies kann durch Anknüpfungen an bereits geführte Gespräche oder (Nach-)Fragen zum Ausdruck gebracht werden. Hilfreich sind hier kurze schriftliche Aufzeichnungen, die festhalten, was die einzelnen Eltern beschäftigt oder interessiert.
- Gespräche mit Eltern dürfen nicht von Sympathie oder Antipathie abhängig sein. Alle Eltern haben ein Recht, mit Erzieherinnen Gespräche über die Belange des Kindergartenalltags zu führen. Professionelles Arbeiten zeichnet sich dadurch aus, dass die Eltern so akzeptiert werden, wie sie sind. Wenn eine Erzieherin mit einem Elternteil nun einmal gar nicht „kann", sollte im Team oder in der Supervision dafür eine Lösung gefunden werden, die der Erzieherin einen neuen Weg eröffnet, den Elternteil aber in keinem Fall vor den Kopf stößt.

Das Hauptproblem von Tür-und-Angel-Gesprächen besteht darin, dass sie über Gebühr zu Lasten der Kinderbetreuung ausgedehnt werden. In diesem Fall ist es sinnvoll, eine klare Grenze zu ziehen, den Eltern aber eine geeignete Gesprächsalternative anzubieten. Das kann ein Beratungsgespräch sein, der Hinweis auf den Elternstammtisch oder – ein wenig informeller – die Elternsprechstunde , die im Folgenden vorgestellt wird.

4.1.3.3 Elternsprechstunde

Die Einrichtung einer Elternsprechstunde, die etwa vierzig Prozent der Kindertagesstätten anbieten, wird in der Praxis kontrovers diskutiert. Von einigen Einrichtungen wird diese Form der Elternarbeit abgelehnt, da sie zu unflexibel sei und bei den Eltern auf geringes Interesse stoße. Andere sehen in der Elternsprechstunde eine Möglichkeit, dem Beratungs- und Informationsbedürfnis der Eltern besser gerecht zu werden und dieses auch zeitlich zu steuern.

• **Ziele und Inhalte**
Eine Elternsprechstunde dient der gegenseitigen Information und dem Austausch zwischen Erziehern und Eltern, auch wenn keine aktuellen bzw. konkreten Probleme vorliegen. Für dieses Gesprächsangebot wird ein bestimmter Tag in der Woche mit verbindlichem Zeitrahmen festgelegt. In der Regel dauert die Elternsprechstunde eine bis zwei Stunden und sie sollte zeitlich so liegen, dass auch berufstätige Eltern die Möglichkeit haben, dieses Angebot zu nutzen: zum Beispiel mittwochs von 15 Uhr bis 17 Uhr. Zu dieser Zeit ist eine Erzieherin in einem festgelegten Besprechungsraum in der Einrichtung ansprechbereit. Eine Alternative dazu ist die Elternsprechstunde nach Vereinbarung.

Das Angebot einer Elternsprechstunde kanalisiert die Elternanfragen im Gegensatz zu Tür-und-Angel-Gesprächen auf einen überschaubaren Zeitraum und signalisiert den Eltern, dass sich die Erzieherinnen gezielt für ihre Anliegen Zeit nehmen und bewusst einen Rahmen für ein ungestörtes Gespräch anbieten.

Die Elternsprechstunde darf nicht mit dem Beratungsgespräch verwechselt werden. Da die Sprechstunde in der Regel spontan genutzt wird, können sich die Erzieher nicht gezielt vorbereiten, so dass es im Wesentlichen um den gegenseitigen Informations- und Erfahrungsaustausch geht. Daraus können sich jedoch weitere Aktivitäten ergeben, etwa ein Beratungsgespräch zu einem bestimmten Thema wie die Schulfähigkeit eines Kindes, die Weiterleitung an spezielle Beratungseinsrichtungen oder eine Hospitation in der Einrichtung.

Die Elternsprechstunde hat deshalb vor allem eine Steuerungsfunktion. Wird die Elternsprechstunde nach Vereinbarung angeboten, dann hat sie den Charakter eines Beratungsgesprächs.

Eine intensive Nutzung der Elternsprechstunde führt bisweilen zu ärgerlichen Wartezeiten. Wird mit einem Anmeldeverfahren gearbeitet, dann lässt sich die Sprechstunde besser nutzen. Aufgrund der Anmeldungen wissen die Eltern, wie viele sich für den angegebenen Sprechstundentermin eingetragen haben. Mit Hilfe eines Zeitplans sollte dann ein verbindlicher Gesprächszeitpunkt festgelegt und den Eltern rückgemeldet werden.

Erzieher beklagen bisweilen, dass die Elternsprechstunde zu wenig genutzt wird. Die Nachfrage lässt sich deutlich erhöhen, wenn die Sprechstunde als festes Angebot in der Konzeption verankert und im Rahmen der Öffentlichkeitsarbeit (zum Beispiel durch Hinweise im Faltblatt der Einrichtung) immer wieder ins Bewusstsein der Eltern gerufen wird.

4.1.3.4 Elternberatung

Beratungsanlässe begleiten die Elternarbeit in nahezu allen Phasen, in denen das Kind in der Einrichtung betreut wird. Die Elternberatung beginnt teilweise bereits mit der Aufnahme des Kindes in die Einrichtung und setzt sich in Ansätzen in den mehr informellen und kurzen Tür-und-Angel-Gesprächen und in der Elternsprechstunde fort. In Ausnahmefällen kann die Beratung auch im Rahmen eines **Hausbesuchs** erfolgen, der mit den Eltern zu vereinbaren ist.

• Ziele und Inhalte
Die Eltern haben in der Einrichtung Vertrauen zu den Erziehern gewonnen und schätzen sie als kompetente, einfühlsame Gesprächspartnerinnen. So wenden sich die Eltern in recht unterschiedlichen Lebenssituationen an die Erzieherinnen (zum Beispiel in einer Scheidungssituation, bei familiären Problemen oder in Entscheidungssituationen). Die Erzieherin muss abwägen, inwieweit sie sich in familiäre Probleme einmischt und die Rolle als Lebensberaterin annimmt.

Wenn die Eltern dagegen vor pädagogischen Entscheidungen stehen und den Rat der Erzieher einholen, sollten sie ausreichend Zeit für ein differenziertes **Beratungsgespräch** einplanen. So kann es im Gespräch um Hilfen bei der Verminderung von Verhaltensauffälligkeiten, beim Übergang in eine Schule oder um Aussagen über den Entwicklungsstand des Kindes gehen. Bei solchen Gesprächen sollten Einschätzungen von Kindern im Vorfeld sorgsam bedacht werden. Eltern nehmen Aussagen über ihre Kinder sehr sensibel wahr. Sie identifizieren sich mit ihren Kindern und erleben kritische Aussagen mitunter als persönlichen Angriff.

Geht es um einen allgemeinen Austausch über Erziehungsfragen, kann die Erzieherin das Beratungsbedürfnis der Eltern als Ausgangspunkt für einen thematischen Elternabend nehmen. In diesem Rahmen können Eltern ihre Erfahrungen untereinander austauschen oder – bei der Mitwirkung eines Referenten – ihre Fragen dort aufwerfen.

Die Erzieherin muss sich in der Elternberatung ihrer Grenzen bewusst sein. Wie Bekker-Textor (1992, Seite 40) herausstellt, können Erzieherinnen weiterhelfen und weitervermitteln, aber nicht „therapieren". Das Hauptaugenmerk liegt deshalb auf der Vermittlung von Hilfsangeboten (siehe Abschnitt 4.1.3.10).

• Methodische Hinweise
Zur Vorbereitung eines Beratungsgespräches ist es zunächst wichtig, Inhalte und Ziele festzulegen. Im zweiten Schritt sollte man sich die persönlichen Empfindungen bewusst machen, die man mit dem Gespräch oder dem Thema verbindet. Denn diese können ein Gespräch unnötig belasten oder in eine Richtung lenken, die mit dem

eigentlichen Inhalt gar nichts mehr zu tun hat. Im Zweifelsfall kann man sich darüber mit einer Kollegin oder im Team verständigen, um damit möglichen Irritationen vorzubeugen.

Zur Vorbereitung eines Beratungsgesprächs gehört auch, zu überlegen wie man in das Thema einsteigt und unter welchen Rahmenbedingungen es stattfinden soll.

Für den Gesprächsverlauf hat sich die „Klientenzentrierte Gesprächsführung" nach C. R. Rogers bewährt. Dabei sind drei Kriterien zu berücksichtigen.

Echtheit und Kongruenz: Die Erzieherin wird im Gespräch dann als echt erlebt, wenn ihre Äußerungen mit dem übereinstimmen, was sie tatsächlich denkt und fühlt. Sie schirmt sich nicht durch methodische Tricks vom Gesprächpartner ab, sondern bringt auch ihre eigenen Gefühle offen ein.

Akzeptanz: Die Erzieherin nimmt die Eltern so an, wie sie sind, ohne ihr Verhalten oder ihre Person zu bewerten. Diese Wertschätzung darf aber nicht damit verwechselt werden, alles gutzuheißen, was die Eltern tun. Eine emotional warme und unterstützende Atmosphäre hilft einem Gesprächspartner, sich zu öffnen und mitzuteilen. Diese für das Gegenüber angenehme Situation darf nicht von irgendwelchen Konzessionen abhängig gemacht werden. Das heißt, die Erzieherin sollte versuchen, die Eltern in ihrer persönlichen Situation anzunehmen und zu verstehen. Eine persönliche Wertung darf sie nicht vornehmen. Unter diesen Voraussetzungen werden die Eltern mehr Bereitschaft zeigen, sich offen auf eine Diskussion einzulassen.

Empathie: Hierbei handelt es sich um ein einfühlendes Verständnis. Die Erzieherin fühlt sich in die Thematik und Situation der Eltern ein, nimmt ihre verbalen und nonverbalen Äußerungen auf und verbalisiert sie. Auf diese Weise kann der Gesprächspartner ein tieferes Verständnis für seine Situation gewinnen.

Wärme: Sehr wichtig bei Beratungsgesprächen ist auch, dass die Erzieher den Eltern ganz deutlich signalisieren, dass alle Informationen absolut vertraulich gehandhabt werden.

• Hilfen, Vorteile und Risiken

Erzieher können in Beratungsgesprächen an ihre Grenzen gelangen – hinsichtlich ihrer Fachkompetenz und ihrer psychischen Belastbarkeit. Solche Situationen müssen rechtzeitig erkannt und den Eltern eindeutig vermittelt werden. Den Eltern können dann professionelle Hilfsangebote, gemacht werden, psychosoziale Dienste etwa.

Manchmal scheitern Gespräche mit Eltern, weil die Beteiligten zu unterschiedliche oder auch zu ähnliche Persönlichkeitsstrukturen aufweisen. Die Gespräche werden dann von emotionalen Spannungen bestimmt, durch die kein gegenseitiges Verstehen und damit auch kein Vertrauensverhältnis zustande kommt. Sollte sich durch Selbstreflexion, Gespräche mit Kolleginnen oder am besten durch Supervision keine positive Einstellungsänderung ergeben, so ist es ratsam, die Aufgabe an eine Kollegin abzugeben. Auch kann von Seiten der Eltern eine Einstellungsänderung nicht erzwungen werden. In besonders gravierenden Fällen kann auch die Verlegung des Kindes in eine andere Gruppe in Betracht gezogen werden.

Auch unterschwellige oder offen ausgetragene Machtkämpfe gefährden jede Form des Beratungsgesprächs. Deshalb sollte sich die Erzieherin nicht darauf einlassen. In solchen Fällen sollten die Ursachen hinterfragt und der Versuch einer Einstellungsänderung unternommen werden. Gespräche mit Kolleginnen und die Inanspruchnahme von Supervision kann ebenfalls Hilfe verschaffen.
In der Zusammenarbeit zwischen Erzieherin und Eltern hat das Beratungsgespräch eine zentrale Bedeutung. Sowohl für die Erzieherin als auch für die Eltern ist es oft angstbesetzt. So können Eltern unsicher sein, ob ihre bisherige Erziehung angemessen war. Sie fürchten sich dann davor, bloßgestellt und als „schlechte" Eltern entlarvt zu werden. Für sie ist es deshalb wichtig, das Gespräche mit der Erzieherin nicht nach außen getragen werden.

4.1.3.5 Elternbegleitung in Krisensituationen

Schwierig gestaltet sich für Erzieher die Unterstützung der Eltern in Krisensituationen. Vertrauensvoll wenden sich die Eltern an die Erzieherinnen und suchen einen Gesprächspartner, mit dem sie ihre Situation reflektieren und ihr Vorgehen besprechen können. Die Verarbeitung von Krisen verläuft in unterschiedlichen Phasen, in denen von der Erzieherin recht unterschiedliche Hilfen zu geben sind. Eine wirksame Unterstützung durch die Erzieherin setzt umfassende Kenntnisse über den Stand im Verarbeitungsprozess voraus. Die Erzieherin sollte sich kritisch fragen, inwieweit sie den Erfordernissen einer professionellen Unterstützung gewachsen ist und ob sie ggf. auf Fachdienste verweisen sollte, die in der Begleitung über umfangreiche Erfahrung verfügen.

Spiralmodell der Krisenverarbeitung nach Erika Schuchardt

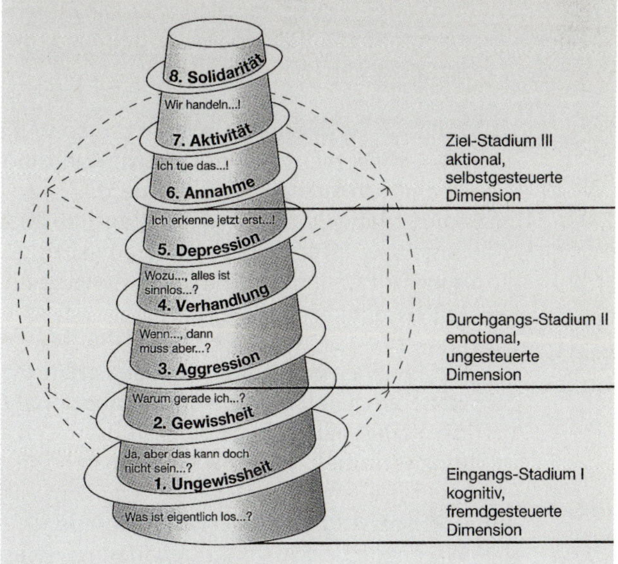

• **Ziele und Inhalte**
Die Elternbegleitung zielt auf eine Stabilisierung der Eltern-Kind-Beziehung ab, die gerade in Krisenzeiten erhöhten Belastungen ausgesetzt ist. Krisenzeiten sind für das Kind Belastungssituationen, in denen seine Entwicklung gestört werden kann und verstärkt Verhaltensauffälligkeiten auftreten können. Gelingt es, die Eltern angemessen zu unterstützen, können drohende Beeinträchtigungen vermindert werden.
Krisensituationen beziehen sich sowohl auf den familiären Bereich (zum Beispiel Tod einer Bezugsperson, Scheidung der Eltern, Überforderung der Eltern) als auch auf das Kind selbst (zum Beispiel Behinderung, Ablösungsprozesse in der Pubertät, massive Verhaltensauffälligkeiten). Die Erzieherin sollte sich nur dann enga-

gieren, wenn es um das Wohl des Kindes geht, und es vermeiden, als Lebensberaterin für alle Lebenskrisen der Eltern bereit zu stehen.

• **Verlauf der Krisenverarbeitung**
Die Inhalte und der Umfang der Elternbegleitung sind davon abhängig, in welcher Phase der Krisenverarbeitung sich die Eltern befinden.

Wie Schuchardt (1994) darstellt, verläuft die Verarbeitung von Krisen in unterschiedlichen Phasen. In ihrem Spiralmodell der Krisenverarbeitung verdeutlicht sie dies am Beispiel einer Familie, die mit der Behinderung ihres Kindes konfrontiert wird. Das Modell einer Spirale symbolisiert das Durchdringen der Krise in einem nach vorn gerichteten bohrenden Prozess, wobei die Überlagerungen verschiedener Windungen, auf wiederkehrende Phasen hinweisen, die auf höherer Ebene verarbeitet werden.

1. Phase: Ungewissheit („Was ist eigentlich los?")
Die Krise wird durch einen Schock ausgelöst, der die Planungen, Hoffnungen und Erwartungen zunichte macht. Schuchardt unterscheidet in dieser Phase zwischen drei Abschnitten: ***Unwissenheit*** („Was soll das schon bedeuten ...?"; der Krisenauslöser wird bagatellisiert) – ***Unsicherheit*** (*„Hat das doch etwas zu bedeuten ... ?"*; übersensibel werden die nicht mehr übersehbaren Anzeichen registriert) – ***Unannehmbarkeit*** („Das muss doch ein Irrtum sein ...!"; die Gewissheit wird mit Abwehrmechanismen unterdrückt, indem positive Aspekte verstärkt wahrgenommen und negative Hinweise negiert werden.

Es tritt eine Vergewisserungssucht („Sie meinen doch auch, dass ...") auf mit dem verzweifelten Versuch, der Wahrheitsgewissheit zu entfliehen.

Die Möglichkeiten der *unterstützenden Begleitung* der Eltern durch die Erzieher in dieser Phase der Ungewissheit bestehen in einem langsamen Vertrautmachen mit der Endgültigkeit der Diagnose. Die Erzieherinnen dürfen keine falsche Hoffnungen wecken und Erwartungen aufgebauen, die das Überwinden der ersten Phase unnötig verzögern.

2. Phase: Gewissheit („Ja, aber das kann doch nicht sein!")
Die Einschränkungen der Entwicklungsmöglichkeiten des beeinträchtigten Kindes sind nicht mehr zu leugnen und die Eltern nehmen die Wahrheit rational an. Aber emotional wird die Gewissheit noch nicht akzeptiert und Hoffnungen auf einen Irrtum bzw. Fehldiagnose wird aufrecht gehalten. Die Eltern erleben einen Spannungszustand, der von dem vernunftgeleiteten JA und dem emotional gesteuerten NEIN ausgelöst wird.

Die Erzieher in der Rolle der begleitenden Helferin muss auf diesen Spannungszustand eingehen und die Eltern emotional behutsam auf das gefühlsmäßige Akzeptieren der realen Situation hinführen. Das aktive Zuhören, das Empathie und Akzeptanz vermittelt, hilft, die emotionalen Widerstände zu verstehen.

3. Phase: Aggression („Warum gerade ich ...?")
Waren die beiden vorausgegangenen Phasen vorwiegend verstandesmäßig geleitet und fremd gesteuert, so ist diese Phase der Aggression stark emotional und unge-

steuert; es kommt zu unkontrollierten Gefühlsausbrüchen, die sich gegen sich selbst und andere richten. Der Auslöser der Beeinträchtigung und damit der Krise, in der sich die Betroffenen befinden, ist oftmals nicht exakt bestimmbar. Bei der Suche nach einem Sündenbock richten sich die Aggressionen auch gegen Ersatzobjekte. Die starke emotionale Ausprägung birgt die Gefahr der apathischen Resignation, der selbst gewählten Isolation und dem nicht Bewältigenkönnen der Aggressionen.

Die Begleitung in dieser emotionalen Phase gestaltet sich schwierig. Die helfende Erzieherin selbst kann zur Zielscheibe der Aggressionen werden. In der Phase der Aggression ist es wichtig, dass die Eltern die Emotionen zulassen und ihre Schuldgefühle verbalisieren, um sie gemeinsam mit dem Helfer zu verarbeiten.

4. Phase: Verhandlung („Wenn ..., dann muss aber ...!")
Die Eltern verwenden die aus den emotionalen Prozessen freigesetzten Energien für ihr Handeln. Sie suchen nach Wundern und klammern sich an jede Möglichkeit. Abhängig von den finanziellen Möglichkeiten und der Werthaltung der Betroffenen werden Wunderheiler aufgesucht. Veröffentlichungen zu neuen Therapiemöglichkeiten führen zur Kontaktaufnahme mit dem Ziel, die letzte Möglichkeit für eine Heilung zu nutzen. Verzweifelt und Hilfe suchend wenden sich andere an kirchliche oder humanitäre Einrichtungen; sie legen Gelübden ab, beteiligen sich an Wallfahrten oder spenden Geld. Für viele geht diese Phase mit hohen materiellen Einbußen und zahlreichen Enttäuschungen einher.

Die Erzieherinnen sollten in dieser Phase der Verhandlung die Eltern in ihrem blinden Eifer bremsen und das Laufen von Arzt zu Arzt, („medical shopping") kritisch thematisieren und die unrealistischen Erwartungen dämpfen. Gleichwohl kann das Engagement in religiösen und humanitären Organisationen durchaus eine positive Wirkung haben.

5. Phase: Depression („Wozu, alles ist sinnlos!?")
Sind die Versuche der Verhandlung gescheitert, ist der Gewissheit der Beeinträchtigung nicht mehr auszuweichen. Hoffnungen haben sich nicht erfüllt und die Eltern reagieren mit Verzweiflung und Resignation. In dieser Phase beginnt die so genannte **Trauerarbeit**, die auf die Annahme des Schicksals vorbereitet.

In der Phase der Depression sind Verständnis und Anteilnahme wichtig. Die Hilfe sollte sowohl auf der emotionalen Ebene Wertschätzung und Mitgefühl beinhalten als auch auf der kognitiven Ebene die realistische Auseinandersetzung mit der Lebenssituation umfassen. Die gemeinsame Suche nach Maßnahmen und Hilfen, die für das beeinträchtigte Kind eine positive Entwicklung eröffnen, entwickelt eine Zukunftsperspektive und richtet damit den Blick nach vorn.

6. Phase: Annahme („Ich erkenne jetzt erst ...!")
Sind die Widerstandskräfte erschöpft, die gegen die Annahme der Beeinträchtigung mobilisiert wurden, und ist die erforderliche Trauerarbeit abgeschlossen, reagieren viele Eltern erlöst und befreit. Es kommt zu einem grundlegenden Wandel in der Einstellung zur Beeinträchtigung, die nun akzeptiert wird. Wie Schuchardt betont, leben die Eltern nicht mehr *gegen* sondern *mit* der Beeinträchtigung ihres Kindes. Sie sind bereit, mit der Beeinträchtigung positiv umzugehen.

Die Hilfe sollte den von der Familie gefundenen Weg unterstützen und nicht versuchen, den Betroffenen die eigenen Idealvorstellungen aufzudrängen. Die Eltern sind in dieser Phase zu stabilisieren, um einen drohenden Rückfall in frühere Phasen zu vermeiden.

7. Phase: Aktivität („Ich tue das ...!")
Waren in früheren Phasen die Kräfte eher gegen das Drohende gerichtet, so werden die Energien nun aktiv in der Gestaltung des Möglichen eingesetzt. Das individuelle Normen- und Wertesystem wird neu strukturiert und gewichtet. Daraus ergibt sich eine Offenheit für neue Handlungsmöglichkeiten und neue Zukunftsperspektiven.

Die Betroffenen sind in dieser Phase zwar weniger auf Hilfen angewiesen, aber die Begleitung in der Phase der Annahme kann durch eine positive Verstärkung den Prozess festigen. Hilfen sind bei der Realisierung der Handlungsalternativen bis zur kritischen Reflexion der Aktivitäten gefragt. Das Interesse an den Aktivitäten unterstützt die Betroffenen und führt zu Anerkennung.

8. Phase: Solidarität („Wir handeln, wir ergreifen Initiativen ...!")
In dieser Phase erweitert sich der Handlungshorizont: Stand bislang das beeinträchtigte Kind im Mittelpunkt, erhält das Handeln nun eine gesellschaftliche Dimension. Die Betroffenen solidarisieren sich mit Gleichgesinnten und treten in der Gesellschaft für die Belange der Beeinträchtigten ein. Eine Unterstützung ist in dieser Phase der Solidarität nicht mehr nötig.

Dieses exemplarisch dargestellte Modell beschreibt den zeitlichen Ablauf als Verarbeitungsprozess sehr differenziert. Wie Klauß und Wertz-Schönhagen (1993) herausstellen, ist die Krisenbewältigung ein nie abgeschlossener Prozess. Die Bewältigung ist nicht auf die Familie begrenzt, sondern immer im gesellschaftlichen Kontext zu sehen.

4.1.3.6 Eltern-Kind-Beobachtung mit Video (Video-Home-Training)

Bei dieser Form der Elternarbeit werden die Interaktionen zwischen Eltern und Kindern mit Video gefilmt und können anschließend anhand den Aufzeichnungen zusammen mit Fachkräften besprochen werden. Eltern können dadurch auf Verhaltensmuster aufmerksam gemacht werden, die sich zum Beispiel auf die Beziehung zu ihrem Kind negativ auswirken. Sie können ihr eigenes Verhalten beobachten und somit selbst mögliche Fehlhaltungen erkennen. Eigene problematische Umgangsweisen auf dem Bildschirm selbst ansehen zu können, vermittelt tief gehende Einsichten. Diese können bei Elterngesprächen oft nicht erreicht werden.

• Ziele, Inhalte und Formen
Diese Form erfordert viel Zeit und eine intensive Auswertung. Für die Auswertung sollte in der Regel die doppelte Zeit eingeplant werden wie für die Beobachtung. Die Gestaltung des Raumes sollte so aussehen, dass Eltern und ihr Kind über ein ausgewähltes Spiel in Kontakt kommen können. Folglich sollten Spielangebote aus verschiedenen Bereichen, ein Tisch mit Stühlen und eine Kuschelecke vorhanden sein. Bei der Durchführung gibt es in Anlehnung an Dusolt (2001) mehrere Möglichkeiten:

- Die Einrichtung verfügt über einen Raum mit einer Einwegscheibe. Eine solche Scheibe ist nur von einer Seite durchschaubar. Die Eltern mit ihrem Kind können mit der Kamera vom benachbarten Raum aus gefilmt werden, ohne dass sie im Beobachtungszimmer diesen Vorgang sehen können. Im Beobachtungsraum muss ein Mikrofon vorhanden sein, um auch die Gespräche aufnehmen zu können. Für die Eltern und ihr Kind ist die Videokamera also völlig unsichtbar, so dass sie sich nicht beobachtet und gestört fühlen.
- Die Videokamera ist im Beobachtungsraum fest installiert. Die Kamera lässt sich hier nicht bedienen. Die Interaktionen zwischen Eltern und Kind können deshalb nicht immer optimal aufgenommen werden, wenn zum Beispiel wichtige Verhaltensweisen durch Personen verdeckt sind. Auch ist ein Einsatz des Zooms nicht möglich, um wichtige Geschehnisse oder Gesichtsausdrücke hervorzuheben.
- Die direkte Videobeobachtung ist die technisch einfachste Lösung. Das Interaktionsgeschehen wird im Beobachtungsraum konkret von einem Kameramann gefilmt und aufgenommen. Dadurch können sich jedoch die Eltern mit ihrem Kind beobachtet und gestört fühlen. Um diese Beeinträchtigung so gering wie möglich zu halten, sollte die Kamera im Hintergrund postiert und ihre Bedienung leise und somit kaum störend ausgeführt werden.

Die Intention dieser Form der Elternarbeit besteht somit zunächst darin, durch die Möglichkeit der objektiven Beobachtung die Eltern auf die Art und Weise ihres Verhaltens hinzuweisen. Daraufhin wird ihnen die Möglichkeit eröffnet, ihr eigenes Verhalten distanziert und in aller Ruhe vor dem Monitor zu beobachten. Haben Eltern die Einsicht gewonnen, dass sie sich in bestimmten Situationen gegenüber ihrem Kind anders verhalten wollen, so können sie ihre alternativen Verhaltensweisen vor der Kamera anwenden. Auf dem Bildschirm können sie es dann wieder anschauen und mit der Erzieherin erörtern. Mit Hilfe dieser Eltern-Kind-Beobachtung wird besonders die Einsicht in das eigene Verhalten gefördert. Dieses und die Dynamik der Interaktion ist eine grundlegende Voraussetzung, Probleme verstehen zu lernen.

• **Hilfen und methodische Hinweise**

Die folgenden Tipps sollten beachtet werden, um den betroffenen Personen menschlich und fachlich gerecht werden zu können:

- Die Erzieherin sollte davon ausgehen, dass diese Form der Elternarbeit bei einigen Eltern mit Ängsten behaftet und eine gewisse Barriere vorhanden ist. Wer lässt sich schon gerne von Fremden in einer Institution mit dem Hintergrundwissen filmen, dass Probleme und Fehlverhalten dokumentiert werden? Die Beziehung zwischen Eltern und Kind ist ein intimer Bereich, der durch das Medium aus der Sicht der Eltern unzensiert öffentlich gemacht wird.
- Dem Wunsch der Eltern, die Aufnahmen nach der Auswertung zu löschen, sie keinen weiteren Personen zu zeigen oder sie nicht für andere Zwecke zu verwenden, sollte unbedingt entsprochen werden. Anderenfalls würde das erforderliche Vertrauen zwischen Eltern und Erzieherinnen gravierend gestört werden.

- Grundlegend ist es für die Erzieherin auch wichtig, dass sie ihren eigenen Beobachtungsspielraum nicht von vorneherein einschränkt und die Einstellung der selbsterfüllenden Prophezeiung einnimmt, indem für sie zum Beispiel im Voraus bereits das Ergebnis weitgehend feststeht. Folglich sollte sie sich offen und aufgeschlossen auf diese Form der Elternarbeit einlassen.
- Während der Beobachtung einer Interaktion müssen die Bedürfnisse des Kindes berücksichtigt werden. Es ist darauf zu achten, dass es nicht zum bloßen Objekt wird. Das Kind kann zum Beispiel durch aufmunternde Worte und die Erklärung der Situation motiviert werden. Auf gekünsteltes oder gehemmtes Verhalten des Kindes vor der Kamera sollte nicht verstärkend eingegangen werden, da es sonst ausgeweitet wird oder sogar eskalieren kann.
- Bei der Auswertung sollte sich die Erzieherin zunächst zurückhalten, da selbst erkanntes falsches pädagogisches Verhalten größere Chancen auf Verhaltensänderung hat. Damit Eltern nicht ihr Selbstbild als verantwortliche Menschen verlieren, sind positive Rückmeldungen der Erzieherin sehr wichtig. Anderenfalls können die Eltern eine zu negative Sichtweise von sich bekommen und sich als Versager fühlen.
- Für die Eltern ist diese Form der Elternarbeit sehr anstrengend und intensiv. Bringt die Erzieherin Kommentare oder eigene Beobachtungen ein, so sollte sie auf die Aufnahmebereitschaft der Eltern achten.
- Grundsätzlich muss den Eltern nach dem Anschauen der Aufzeichnungen genügend Raum und Zeit zur Verfügung stehen, dass sie ihre Gefühle artikulieren, ihr Verhalten reflektieren und wenn möglich konstruktive Ansätze zur Verhaltensänderung finden können. Dies ist nicht ganz unproblematisch. So können die aufkommenden Gefühle der Eltern außer Kontrolle geraten. Es werden dann Emotionen frei, die anschließend nur noch schwerlich wieder integriert werden können. In diesem Fall fühlen die Eltern hilflos und alleine gelassen.

Die Eltern-Kind-Interaktionsbeobachtung mit Video ist im Gegensatz zu anderen Formen der Elternarbeit aufwendig. Sie erfordert viel Zeit und gewisse technische Kompetenzen. Kleinere Einrichtungen haben nicht immer die entsprechenden Möglichkeiten. Allerdings kann in Zusammenarbeit mit sozialpädiatrischen Zentren oder Frühförderstellen die Möglichkeit der Umsetzung gesucht werden. Mit viel Engagement und Geschick können kleinere Einrichtungen zumindest die technisch einfachste Form der Videobeobachtung durchführen.

4.1.3.7 Hausbesuche

Diese Form der Elternarbeit stellt die Ausnahme dar. Wie noch an anderer Stelle ausgeführt werden wird, ist es ratsam, einen Hausbesuch zu zweit durchzuführen.

- **Ziele und Inhalte**

Die Ziele bei Hausbesuchen sind umfangreich und von der jeweiligen Situation abhängig. Grundsätzlich kann durch den Hausbesuch die psychische Situation des Kindes fachlich besser nachvollzogen werden. Dadurch können seine Schwierigkeiten deutlicher verstanden und vielfältigere Hilfestellungen gegeben werden. Es gibt einige Situationen, in denen ein Hausbesuch sinnvoll sein kann.

Dies kann zum Beispiel dann erforderlich sein, wenn Eltern nicht oder nur ganz selten in die Kindertagesstätte kommen. Hier kommen sozial schwache und sehr schüchterne Eltern in Frage, da sie in ihrer gewohnten Umgebung aufgeschlossener sind. Besonders Randgruppenklientel haben gegenüber Einrichtungen Vorurteile oder starke Hemmungen und möchten oft nicht, dass andere Eltern von ihren eingeschränkten Lebensverhältnissen Kenntnis bekommen (siehe: Probleme der Elternarbeit).

Das gilt auch, wenn Kinder grundsätzlich von den Großeltern oder den Nachbarn zur Einrichtung gebracht und von dort abgeholt werden. Auch allein erziehende oder berufstätige Eltern können wegen ihrer stressigen Lebensumstände die Einrichtung oft nicht aufsuchen. Durch die Form des Hausbesuchs kann die Erzieherin sich einen differenzierten Einblick in die Wohn- und Familienverhältnisse des betreffenden Kindes und der Familie machen.

Gesprächsinhalte können zum Beispiel die Entwicklung und Erziehung des Kindes sein, die Erziehungseinstellungen der Eltern, Probleme des Kindes oder Belastungen der Eltern und deren Auswirkungen auf ihr Kind. Wichtig ist es dabei zu berücksichtigen, dass das Wohl des Kindes im Zentrum steht und insbesondere lehrerhaftes Ausfragen, Tratsch und Klatsch umgangen werden.

- **Gefahren und Vorteile**

Hausbesuche haben gegenüber anderen Formen der Elternarbeit Vorteile, aber auch Risiken. Hier kann auf folgende Aspekte verwiesen werden (vgl. Dusolt 2001, Seite 34/35).

- Es sollte so weit wie möglich darauf geachtet werden, dass nicht über das Kind, sondern mit ihm geredet wird. Denn Eltern tendieren oft dazu, ausführlich über die Missetaten und die Probleme ihres Kindes in aller Ausführlichkeit sprechen zu wollen, die beinahe Horrorgeschichten gleichen.
- Weiterhin muss mit dem Versuch der Eltern gerechnet werden, das Gespräch für ihre eigene Problematik zu nutzen und die Interessen des Kindes in den Hintergrund zu drängen. Bei einem Hausbesuch sollte jedoch keine psychotherapeutische Behandlungseinheit durchgeführt und die Interessen des Kindes nicht vernachlässigt werden.
- Weiterhin ist darauf zu achten, dass die bei einem Hausbesuch größere persönliche Nähe nicht zum Verlust der für die Arbeit der Erzieherin erforderliche professionellen Distanz führt. So können ausführliche Gespräche über das Privatleben der Erzieherin, persönliche Einladungen oder gemeinsame private Aktivitäten die objektive Betrachtung der Situation des Kindes massiv erschweren. Es kann sogar zu einer zukünftigen Bevorzugung des Kindes in der Gruppe führen, was ein weiteres Problemfeld mit den anderen Eltern aufwirft.
- Neben den pädagogischen Risiken können auch physische Gefahren bestehen. Es kann nicht ausgeschlossen werden, dass in der Familie ein zur Gewalttätigkeit neigender Mensch lebt. Sollte dieser auch noch nega-

tiv auf die Kindertagesstätte eingestellt sein, so stellt sich die Frage nach dem Verzicht des Besuches.
- Andererseits haben Hausbesuche den Vorteil, dass sie eine besondere Respektierung und Achtung des Kindes und der Eltern bedeuten. Es wird sich für jemand Zeit genommen.
- Erzieherinnen haben die Chance, die Eltern außerhalb des institutionellen Rahmen und von einer persönlichen Seite kennen zu lernen.
- Durch den Hausbesuch kann ein Teil des sozialen und räumlichen Umfeldes des Kindes erlebt werden. Dadurch wird es der Erzieherin erleichtert, ihr Verständnis für die besondere Situation des Kindes zu ergänzen.

Abschließend ist vor der Durchführung eines Besuches zu berücksichtigen, dass während dieser Zeit für eine längere Dauer zwei Fachkräfte nicht in der Einrichtung sein können. Den Kindern fehlen somit zwei Pädagoginnen, deren Ausfall von anderen kompensiert werden muss. Deshalb muss die Entscheidung über einen Hausbesuch verantwortlich abgewogen werden. So muss danach gefragt werden, ob die Intention, die damit verbunden ist, nicht auch über eine nicht so aufwendige Form der Elternarbeit erreicht werden kann. Ist dies der Fall, so sollte logischerweise auf einen Besuch bei den Eltern verzichtet werden.

4.1.3.8 Hospitation/Schnupperbesuch

Wie bereits erwähnt, ist die Grundlage einer erfolgreichen und zufrieden stellenden Elternarbeit eine solide Vertrauensbasis zwischen Erzieherinnen und Eltern.

• Ziele und Inhalte
Hospitationen und Schnupperbesuche der Eltern in der Einrichtung können hierfür einen substanziellen Beitrag leisten. Je nach Situation können die Eltern bei Hospitationen mehrere Stunden oder den ganzen Tag in der Einrichtungen verbringen und so als aktive Teilnehmer in das Geschehen einbezogen werden. Hospitationen oder Schnupperbesuche – auch von Eltern, die ihr Kind noch nicht angemeldet haben – sind überdies eine wichtige Form der Öffentlichkeitsarbeit.

In Anlehnung an Textor (2000, Seite 47/48) hat diese Form der Elternarbeit viele Vorteile:
- Die Eltern erhalten einen differenzierten Einblick in den Alltag der Kindertagesstätte und wichtige Anregungen für den Umgang und das Spiel mit ihrem Kind für zu Hause. Die Erzieher können dadurch Modellcharakter für die Familienerziehung bekommen, wenn Eltern zum Beispiel beobachten können, wie sie sich in Konfliktsituationen verhalten.
- Die Eltern erleben ihr Kind in der Gruppe. Dadurch können sie neue Seiten an ihm erkennen und es mit gleichaltrigen Kindern vergleichen.
- Eltern können die schwierige und anspruchsvolle Arbeit der Erzieherinnen verfolgen. Dadurch können sie die Rolle der Erzieherin von einem anderen Standpunkt aus betrachten, etwa erkennen: Erzieherinnen basteln und spielen doch nicht nur mit den Kindern. Somit wird die Arbeit der Erzieherinnen transparenter und die Eltern begegnen ihnen mit mehr Achtung und Respekt.

- Bei Hospitationen können Eltern eine Entlastung für die Erzieher sein. Sie können zum Beispiel vorübergehend mit einer kleinen Gruppe von Kindern im Flurbereich oder Nebenraum spielen. Je nach Situation und Einrichtung sollte vorher die rechtliche Zulässigkeit abgeklärt werden. Besondere Fähigkeiten der Eltern können auch zum Einsatz gebracht werden. So können sie etwa ein Musikinstrument vorstellen oder Basteltechniken einführen.

- **Voraussetzungen**

Vor der Einführung von Hospitationen in den Gruppen sollte dies eingehend im Team erörtert werden. Diese Form der Elternarbeit sollte in allen Gruppen der Kindertagesstätte möglich sein, da sonst eine positive Wirkung nach außen nicht gegeben ist.

Mit den Kindern sollte der Sachverhalt besprochen und die Hintergründe erklärt werden. Sie sollten darauf hingewiesen werden, dass Eltern die Einrichtung kennen lernen möchten.

Für die Besuche der Eltern sind eindeutige Regeln festzulegen. So ist zum Beispiel zu klären: Können Eltern ohne oder nur nach vorheriger Anmeldung in der Kindertagesstätte hospitieren?

Den Eltern muss auch vorher das von den Erziehern erwartete Verhalten genau mitgeteilt werden. In der Regel sollen Eltern nicht die Rolle des Besserwissers, des Hilfserziehers oder des stillen Beobachters, sondern die des Spielpartners der Kinder einnehmen.

Das gesamte Konzept der Hospitationen und Schnupperbesuche, deren Regeln und die damit verbundenen Erwartungen an die Eltern müssen transparent sein. Es kann zum Beispiel bei einem Elternabend, durch einen Aushang oder in einem Elternbrief vorgestellt werden.

Wer den Eltern Hospitationen oder Schnupperbesuche anbietet, lässt sich sozusagen in die Karten schauen. Da pädagogische Fachkräfte wie andere Menschen nicht perfekt oder fehlerlos sein können, bestehen hier und da Besorgnisse gegenüber dieser Form der Elternarbeit. Diesen nachvollziehbaren Ängste können die aufgezeigten Vorteile gegenüber gestellt werden und somit als Hilfe dienen, sie nicht überzubewerten und Schritt für Schritt zu überwinden.

4.1.3.9 Telefonkontakte

Im Gegensatz zu Elternbriefen oder schriftlichen Kurzinformationen ist durch ein Telefongespräch ein direkterer Kontakt zu den Eltern gegeben.

- **Ziele und Inhalte**

Auf der Ebene einer solchen direkten Kommunikationsmöglichkeit können durch ein Telefonat Missverständnisse behoben, eilige Informationen sofort weitergeleitet oder Fragen direkt beantwortet werden. Zeitaufwendige Gespräche in der Einrichtung sind dann oft nicht mehr nötig. Mitunter ist diese Form der Elternarbeit die einzige Möglichkeit, mit Eltern zu sprechen. Dies ist zum Beispiel der Fall bei weit entfernten Einrichtungen, Buskindern oder bei Kindern, die immer von den Großeltern in die Kindertagesstätte gebracht und wieder abgeholt werden (siehe: Probleme der Elternarbeit).

Telefonkontakte sind etwa zu Beginn des Kindergartenjahres eine ökonomische Alternative zu aufwendigen Gesprächen vor Ort. So kann die Pädagogin die Eltern vor der Aufnahme des Kindes zum Beispiel wegen folgender Aspekte telefonisch kontaktieren:

- Letzte Informationen über das Kind können erfragt werden.
- Der Wunsch zur Zusammenarbeit und zukünftigen Mitwirkung der Eltern kann geäußert werden.
- Die Erzieherin teilt den Eltern mit, dass sie sich über die Entwicklung des Kindes zu Hause und über aktuelle Ereignisse im Laufe des Jahres informieren möchte und sie deshalb hin und wieder zu Hause anrufen werde.

Durch solche Maßnahmen werden Telefonkontakte zwischen der Pädagogin und den Eltern zu einem normalen und alltäglichen Geschehen. Somit steigt auch die Wahrscheinlichkeit, dass Eltern die Erzieherinnen von sich aus bei Fragen oder bestimmten Themen anrufen.

- **Standards für Telefonkontakte**

Damit die Eltern die Möglichkeit des telefonischen Informationsaustausches auch nutzen, sind in Anlehnung an Jansen und Wenzel folgende Standards zu berücksichtigen (vgl. Jansen & Wenzel 2000, Seite 64).

- Grundsätzlich sollte die Einrichtung während der Öffnungszeiten telefonisch erreichbar sein.
- Der Telefondienst ist ständig durch entsprechender Personaleinsatz gewährleistet.
- Das Telefon sollte nicht mehr als viermal läuten.
- Es ist darauf zu achten, dass niemand wegen der ein und derselben Angelegenheit zweimal telefonisch Kontakt aufnehmen muss.
- Wenn erforderlich, werden Rückrufe immer angekündigt.
- Außerhalb der Öffnungszeiten ist der Einsatz einer Haustelefonanlage oder eines Anrufbeantworters einzusetzen.
- Wenn keine Person in der Kindertagesstätte in einer bestimmten Angelegenheit dem Anrufenden weiterhelfen kann, so werden Ansprechpartner vermittelt.

Wie bereits erwähnt, haben Telefonkontakte in der Zusammenarbeit mit den Eltern wichtige Funktionen. Allerdings können sie letztendlich das direkte persönliche Gespräch (von Angesicht zu Angesicht) zwischen Pädagogin und Eltern nicht ersetzen.

4.1.3.10 Vermittlung von Hilfsangeboten

• Ziele und Inhalte

Im Rahmen einer professionellen Elternberatung sind Pädagoginnen in ihren Einrichtungen darauf angewiesen, Hilfsangebote vermitteln zu können. Dies kann in vielen Situationen erforderlich sein:

- Familien sind einer besonders massiven Belastung ausgesetzt. Ein Elternteil ist schwer krank oder stirbt.
- Eltern haben mit der Erziehung ihrer Kinder große Probleme. Zwischen Vater und Sohn bestehen unüberbrückbare Beziehungsstörungen, die sich auf die Entwicklung des Kindes sehr nachhaltig auswirken.
- Kinder weisen Sprachauffälligkeiten, Entwicklungsrückstände oder Verhaltensauffälligkeiten auf.

Je nach Problematik und Situation können spezielle Dienste und Einrichtungen empfohlen werden. Die detaillierte Beschreibung aller zur Verfügung stehenden Hilfsangebote würde den Rahmen des vorliegenden Handbuches sprengen. Wir möchten deshalb auf Textor (2000, Seite 90–95) verweisen, der die folgenden Angebote differenziert beschrieben hat:

> *Erziehungs-, Jugend- und Familienberatungsstellen, Frühförderstellen, Jugendämter, Jugendarbeit, Kinderärzte, Ärzte, freipraktizierende Egotherapeuten und Logopäden, freipraktizierende Psychotherapeuten und Psychologen, ambulante sonder-/heilpädagogische Dienste, Schulvorbereitende Einrichtungen, Heilpädagogische Tagesstätten, Ehe-, Familien- und Lebensberatungsstellen, Dienste für Beratung von Schwangeren, Psychosoziale Beratungsstellen, Sozialpsychiatrische Dienste, Schuldnerberatungsstelle, Rechtsberatung, Sozialberatungsstelle, Beratungsstellen für Aussiedler, Beratungsstellen für Ernährung und Hauswirtschaft, Verbraucherberatungsstellen, Jugendberatungsstellen, Schulberatung, Telefonseelsorge, Notrufgruppen, Frauenhäuser, Mutter-Kind-Einrichtungen, Gleichstellungsstellen, Gesundheitsämter, Sozialämter, Wohnungsämter, Arbeitsämter, Familienbildungseinrichtungen, Mütterzentren, Müttergenesung, Mutter-Kind-Kuren, Familienerholungsangebote, Kinder- und Jugenderholung, Haushaltshilfe, Häusliche Krankenpflege, Sozialpflegerische Dienste, Selbsthilfegruppen, Verbände und Vereine.*

Aus dieser Vielfalt von Angeboten können je nach Einrichtung und Situation Hilfen vermittelt werden. Eine Möglichkeit ist die Erstellung einer Adressenübersicht, die beispielsweise nach Problemfeldern strukturiert ist und die Anschriften der jeweiligen Beratungsinstitutionen enthält.

• Funktion in der Früherkennung

Bei der Vermittlung von Hilfsangeboten hat die Früherkennung eine wichtige Bedeutung.

Die meisten Fachkräfte sind aufgrund ihrer pädagogisch-psychologischen Kompetenzen und ihrer praktischen Erfahrungen im Elementarbereich eine wichtige Säule in der Früherkennung von Entwicklungsrückständen, Behinderungen oder sonstiger Auffälligkeiten bei Kindern.

Wegen den zeitlich oft begrenzten Vorsorgeuntersuchungen durch Ärzte kann die Gefahr bestehen, dass versteckte oder sich anbahnende Auffälligkeiten nicht erkannt werden. Wie den Eltern fehlt auch den Ärzten oft die Möglichkeit der längeren Beobachtung in der Gruppe und der Vergleich mit Gleichaltrigen. Auch muss davon ausgegangen werden, dass einige Eltern die Vorsorgeuntersuchungen ihrer Kinder nicht in Anspruch nehmen. Gegenüber den Eltern hat die Erzieherin zudem die erforderliche Distanz, um mit möglichen Entwicklungsrückständen von Kindern professioneller umzugehen. Manche Eltern neigen anfangs dazu, drohende Behinderungen oder Auffälligkeiten ihrer Kinder nicht wahrnehmen zu wollen oder zu bagatellisieren.

Problemfeld	Hilfsangebote für Eltern
Behindertes Kind	• Förderschulen • Frühförderstellen • Selbsthilfegruppen
Entwicklungs-Verzögerungen	• Kinderärzte • Frühförderstellen • Heilpädagogische Kindertagesstätten
Fehlernährung	• Beratungsstellen für Ernährung und Hauswirtschaft • Kureinrichtungen
Finanzielle Notlagen	• Schuldnerberatungsstellen
Kinderbetreuung am Abend	• Babysitterdienst (zum Beispiel des Kinderschutzbundes)
Kindesmisshandlung/sexueller Missbrauch	• Jugendamt • Deutscher Kinderschutzbund
Konflikte zwischen Eltern	• Ehe-/Familienberatungsstellen
Motorische Auffälligkeiten	• Ärzte • Frühförderstellen • Beschäftigungstherapeuten
Schulfähigkeit	• Schulpsychologischer Dienst • Erziehungsberatungsstellen • Schulvorbereitende Einrichtungen
Sprachauffälligkeiten	• Fachärzte • freipraktizierende Logopäden
Trennung, Scheidung	• Ehe-/Familienberatungsstellen • Jugendamt
Überforderung der Eltern	• Jugendamt
Verhaltensauffälligkeiten	• Fachärzte/Kliniken • Erziehungsberatungsstellen • freipraktizierende Diplom-Psychologen

Die wichtige Rolle der Erzieherinnen bei der Früherkennung im Elementarbereich lässt sich auch aus gesetzlichen Grundlagen ableiten. Nach § 124 Abs. 2 BSHG besteht für die Erzieherin bei Behinderungen eines Kindes eine Meldepflicht unter der Voraussetzung, dass sie die Eltern mehrmals darauf hingewiesen und diese keinen Arzt oder das Gesundheitsamt in Anspruch genommen haben.

Können Auffälligkeiten nicht exakt erfasst werden oder sind ihre Ursachen nicht nachvollziehbar, so ist die Vermittlung des Kindes und der Eltern an den psychosozialen Dienst erforderlich. Die Eltern können sich bei dieser Einrichtung beraten lassen, ihr Kind untersuchen oder therapieren lassen. In solchen Fällen ist jedoch zu berücksichtigen, dass die Erzieherin nur Empfehlungen abgeben kann. Nach Art. 6 Abs. 2 GG (Grundgesetz) haben die Eltern das Sorgerecht. Somit liegt es in der Hand der Eltern, ob sie die Vermittlung eines Hilfsangebotes annehmen. Fachkräfte müssen in solchen Angelegenheiten sehr umsichtig und sensibel agieren. Bereits das Gespräch der Erzieherin mit Fachkräften zum Beispiel einer Frühförderstelle in dem der Namen des betreffenden Kindes genannt wird, verstößt nach Textor (2000, Seite 86) gegen die Elternrechte und die Datenschutzbestimmungen. Für solche Kontakte muss sich die Pädagogin also die Einwilligung der Eltern einholen.

- **Methodische Hinweise**

Die Vermittlung eines Hilfsangebotes bei Auffälligkeiten, Behinderungen oder Entwicklungsrückständen des Kindes kann für die Pädagogin je nach Situation eine schwierige Aufgabe sein. Selbst bei einer guten Beziehung reagieren manche Eltern nicht mehr logisch nachvollziehbar oder sogar aggressiv. Wie noch im Kapitel „Probleme der Elternarbeit" differenziert dargestellt wird, sind solche Verhaltensweisen der betroffenen Eltern als ein Teil ihres Verarbeitungsprozesses zu interpretieren. Wichtig ist es für die Erzieherin, die professionelle Distanz zu wahren und solche Reaktionen nicht persönlich auf sich zu beziehen. Ein solches unangenehmes Verhalten der Eltern kann durch entsprechendes Setting und Verhalten der Erzieherin teilweise vermieden oder zumindest entschärft werden. Textor (2000, Seite 87 f.) macht hierfür folgende Vorschläge:

- Grundsätzlich ist es wichtig, für eine **entspannte Atmosphäre** zu sorgen und ausreichend Zeit für das Gespräch einzuplanen. Trotz Trubel und Lärm in einer Einrichtung sollte darauf geachtet werden, dass es an einem ruhigen Ort und möglichst in einer Sitzecke geführt wird. Wie bereits dargelegt ist es bei mehreren Teilnehmern sinnvoll, die Sitzgelegenheiten kreisförmig anzuordnen. Durch solche Rahmenbedingungen erhöht sich die Chance, dass Eltern sich aufgeschlossener auf für sie problematische Gespräche einlassen können.
- Die **Wertschätzung** und Zuneigung gegenüber dem Kind und seine positiven Seiten sind zu Beginn des Gesprächs darzulegen. Dadurch interpretieren die Eltern Äußerungen der Fachkräfte nicht nur als Ablehnung oder Kritik.
- Die bisherigen **erzieherischen Leistungen** der Eltern sollen positiv gewürdigt werden, um ihnen nicht den üblen Nachgeschmack des Versagens zu vermitteln.
- Den Sachverhalt der Gemeinsamkeit gilt es deutlich hervorzuheben, dass sowohl die Familie als auch die Einrichtung **für das Kind das Beste** wollen. Somit erleben Eltern die Pädagogin nicht konfrontativ als Konkurrenten und Ankläger.

- Von den Eltern interpretierende Angriffe kann man vermeiden, wenn man die Beobachtungen über das Kind in der **Ich-Form** vorträgt, wie zum Beispiel: „Beim Spielen in der Gruppe mit anderen erlebe ich Ihr Kind so und so. Dann habe ich mit ihm die Schwierigkeiten und verhalte mich dann so." Dadurch wird keine Behauptung aufgestellt. Darüber, wie bestimmte Situationen erlebt werden, kann man konstruktiv diskutieren.
- Die Eltern sollten motiviert werden, Ihre **eigenen Beobachtungen** zu schildern und sie zu erklären. Fachkräfte können dadurch weitere aufschlussreiche Informationen erhalten und zugleich fühlen sich die Eltern ernst genommen. Ihre Meinung ist gefragt.
- Die Erzieherin sollte versuchen, sich in die Situation der Eltern hineinzuversetzen und somit auf ihre Gefühle eingehen, diese reflektieren und so weit möglich akzeptieren. Dies ist oft ein schwieriges Unterfangen, da problematische Situationen dies erschweren und Pädagoginnen in ihrer oft stressigen Arbeit nicht immer die erforderliche innere Ruhe hierfür finden. Durch **aktives Zuhören** fühlen sich allerdings Eltern besser verstanden und die Gefahr des Abdriften in eine Verteidigungshaltung ist weniger gegeben.
- Nicht nur eine wertschätzende Einstellung gegenüber dem Kind ist wichtig, sondern auch grundsätzlich den Eltern gegenüber.
- Besonderes, wenn Eltern eine resignierende Haltung einnehmen, ist es wichtig, ihre Erziehungsverantwortung zu achten und dabei gleichzeitig auch die **Gemeinsamkeiten** herauszuheben, wie etwa: „Frau Meyer, glauben Sie mir, wir wollen beide das Heilsamste und Förderlichste für Jakob."
- Außerdem ist es wichtig, sich nicht auf die Beziehungsebene herunterziehen lassen, wenn die Eltern im Gespräch aggressiv oder verärgert reagieren. Auch wenn es schwer fällt, darf von der Pädagogin die **Sachebene** nicht verlassen werden. Hier ist die professionelle Distanz gefragt. Ohne zu provozieren oder von oben herab zu wirken ist es wichtig, sich immer sachlich, freundlich, geduldig und hilfsbereit zu zeigen. Sicherlich gibt es Grenzfälle, in denen der Abbruch eines Gespräches erwägt werden muss.

Leider kann das von der Pädagogin gewünschte Ergebnis in einem Gespräch nicht immer erreicht werden. Deshalb muss mit einem langen Atem und nach dem Motto „Schritt für Schritt" vorgegangen werden. Es ist jedoch darauf zu achten, dass das Gespräch mit einer konkreten Entscheidung endet, etwa so:

- *Die Eltern suchen mit ihrem Kind einen Logopäden auf.*
- *Ein Mitarbeiter der Außenstelle eines sozialpädiatrisches Zentrum wird eingeladen, der das Kind in der Gruppe beobachtet und diagnostiziert. Darauf aufbauend können weitere Hilfsmaßnahmen vorgenommen werden.*
- *Können sich die Eltern noch nicht durchringen die Vermittlung eines Hilfsangebotes anzunehmen, sollte konkret ein weiteres Gespräch vereinbart werden.*
- *Stellt es sich heraus, dass die Eltern grundsätzlich keine Hilfe annehmen wollen, so sind ihnen die negativen Auswirkungen ihres Verhaltens auf ihr Kind deutlich darzustellen, wie zum Beispiel: Konsequenzen der Sprachstörung auf das soziale Leben des Kindes in der Gruppe (Auslachen, Nachahmen) und die Folgen für die weitere Entwicklung.*

- *Auch kann sich die Situation ergeben, dass das betreffende Kind aufgrund seines Verhaltens oder des erforderlichen Betreuungsausmaßes für die Einrichtung nicht mehr zumutbar ist. Somit ist für die Pädagogin die schwierige Fragestellung zu erörtern, ob zum Beispiel der Kindergartenplatz in Absprache mit dem Träger aufzuheben ist.*

Abschließend ist zu beachten, dass bei dieser Form der Elternarbeit nicht nur die Professionalität und Fachlichkeit der Pädagogin gefragt sind, sondern auch ein breiter Erfahrungsreichtum. So kommt es auch hin und wieder vor, dass ein zufriedenstellendes Ergebnis nicht erreicht werden kann. Dies darf jedoch nicht zu einer resignierenden Einstellung für die Vermittlung von Hilfsangeboten führen.

4.1.3.11 Eingewöhnungstraining mit Eltern

Abschließend soll noch kurz auf die Form des Eingewöhnungstrainings hingewiesen werden. Je nach Einrichtung und Situation wird dies unterschiedlich praktiziert. In Kindertagesstätten wird dieses Training zwischenzeitlich auch angeboten.

• Ziele und Inhalte
Besuchen Kinder nach der Aufnahme zum ersten Male die Kindertagesstätte, so ist dies für sie eine schwierige Übergangsphase. Durch die Konfrontation mit ihnen unbekannten Erwachsenen, Regeln, Tagesabläufen, Räumen, Spielangeboten und anderen Kindern sind sie oft frustriert, aggressiv und verängstigt. Auch für die Eltern ist dies eine problematische Phase. Sie übergeben ihr Kind nach drei Jahren familiärer Erziehung fremden Menschen und einer öffentlichen Einrichtung. Deshalb ist es sinnvoll, auch im Rahmen dieser Eingewöhnungszeit der Kinder, Hospitationen anzubieten.

- Eine Möglichkeit der Hospitationsform besteht darin, dass die Eltern während der Eingewöhnungszeit ein bis drei Wochen in der Gruppe des Kindes anwesend sein dürfen. Dabei kann der Aufenthalt der Mutter mehr und mehr verkürzt werden, so dass das Kind zunehmend lernt, ohne die Mutter in der Gruppe bleiben zu können.
- Ein andere Möglichkeit kann darin bestehen, dass die Mutter des neu aufgenommenen Kindes nicht in der Gruppe, jedoch in einem anderen Raum der Kindertagesstätte bleibt. Das Kind hat dann die Sicherheit, dass die Mutter in der Nähe ist und es sie aufsuchen und sich von ihr trösten lassen kann, wenn es ihm schlecht geht.

Diese Form der Elternarbeit schafft wie die Hospitation Vertrauen und Transparenz. Pädagogische Fachkräfte haben dabei auch die Möglichkeit, Einblicke in ihre Arbeit zu geben und ihre fachliche Kompetenz zu zeigen.

Zusammenfassung

Die Formen der einzelpersonbezogenen Elternarbeit weisen sich dadurch aus, das die Pädagogin mit der Mutter, dem Vater oder auch beiden Elternteilen eines Kindes partnerschaftlich zusammenarbeitet. Diese einzelpersonbezogene Zusammenarbeit findet bei folgenden Formen statt: Anmeldegespräch, Tür-undAngel-Gespräch, Elternsprechstunde, Beratungsgespräch, Elternbegleitung in Krisensituationen, Eltern-Kind-Beobachtung mit Video, Hausbesuch, Hospitation, Telefonkontakt, Vermittlung von Hilfsangeboten und Eingewöhnungstraining.

Die Pädagogin bahnt mit dem **Anmeldegespräch** die Beziehung zwischen Eltern als Kunden und der Einrichtung als Anbieter einer sozialen Dienstleistung an. Das Anmelde- und Aufnahmegespräch hat für die weitere Zusammenarbeit mit den Eltern eine weichenstellende Wirkung. Aus der Perspektive der kundenorientierten Haltung kommt dem Erstgespräch eine hohe Bedeutung zu.

Bei **Tür-und-Angel-Gesprächen** handelt es sich um alltägliche Gelegenheitsgespräche zwischen Eltern und Erziehern, zum Beispiel beim Bringen oder Abholen der Kinder. Sie ermöglichen den unkomplizierten Austausch vieler Informationen zwischen Eltern und Erzieherinnen, unterstützen in der Anfangsphase den Kennenlernprozess und bilden eine wichtige Grundlage für die Entwicklung der Beziehungs- und Vertrauensebene. In diesen alltäglichen Interaktionen kann etwa über ein besonderes Vorkommnis oder einen neuen Entwicklungsschritt berichtet werden. Die Erzieherin kann etwas zum familiären Hintergrund nachfragen, um eine Verhaltensweise eines Kindes besser nachvollziehen können. Ebenso kann auf Fragen der Eltern zur Entwicklung ihres Kindes oder zur Kindertagesstättenarbeit eingegangen werden. Tür-und-Angel-Gespräche sind besonders bei den Eltern neu aufgenommener Kinder sehr wichtig, da sie in dieser Phase oft Fragen haben und hier die Grundlage für die zukünftige Zusammenarbeit gelegt wird.

Eine **Elternsprechstunde** dient der gegenseitigen Information und dem Austausch zwischen Erzieherinnen und Eltern, auch wenn keine aktuellen bzw. konkreten Probleme vorliegen. Für dieses Gesprächsangebot wird ein bestimmter Tag in der Woche mit verbindlichem Zeitrahmen festgelegt. In der Regel dauert die Elternsprechstunde eine bis zwei Stunden und sollte zeitlich so liegen, dass auch berufstätige Eltern die Möglichkeit haben, dieses Angebot zu nutzen: zum Beispiel mittwochs von 15 Uhr bis 17 Uhr. Zu dieser Zeit ist dann eine Erzieherin in einem festgelegten Besprechungsraum in der Einrichtung ansprechbereit. Eine Alternative dazu ist die Elternsprechstunde nach Vereinbarung.

Im **Beratungsgespräch** erfolgt der gegenseitige individuelle Austausch von Informationen zwischen Eltern und Erzieherin. So möchten Eltern zum Beispiel den Rat der Erzieherinnen vor pädagogischen Entscheidungen einholen oder die Erzieherin benötigt differenzierte Informationen über den familiären, sozialen und psychischen Hindergrund eines Kindes, damit sie professionell arbeiten und auf die individuelle Situation des Kindes eingehen kann.

Die **Elternbegleitung in Krisensituationen** zielt auf eine Stabilisierung der Eltern-Kind-Beziehung ab, die gerade in Krisenzeiten erhöhter Belastungen ausgesetzt ist. Krisenzeiten sind für das Kind Belastungssituationen, in denen seine Entwicklung gestört werden kann und verstärkt Verhaltensauffälligkeiten auftreten können. Gelingt es, die Eltern angemessen zu unterstützen, können drohende Beeinträchtigungen vermindert werden.

Krisensituationen beziehen sich sowohl auf den familiären Bereich (zum Beispiel Tod einer Bezugsperson, Scheidung der Eltern, Überforderung der Eltern) als auch auf das Kind selbst (zum Beispiel Behinderung, Ablösungsprozesse in der Pubertät, massive Verhaltensauffälligkeiten). Die Erzieherin sollte sich nur dann engagieren, wenn es um das Wohl des Kindes geht und es vermeiden, als Lebensberaterin für alle Lebenskrisen der Eltern bereit zu stehen.

Bei der **Eltern-Kind-Beobachtung mit Video** werden die Interaktionen zwischen Eltern und Kindern gefilmt und können anschließend mit Fachkräften besprochen werden. Eltern können dadurch auf Verhaltensmuster aufmerksam gemacht werden, die sich zum Beispiel auf die Beziehung zu ihrem Kind negativ auswirken. Sie können ihr eigenes Verhalten beobachten und somit selbst mögliche Fehlhaltungen erkennen. Eigene problematische Umgangsweisen auf dem Bildschirm selbst ansehen zu können, vermittelt tief gehende Einsichten.

Hausbesuche können zum Beispiel erforderlich sein, wenn Eltern nicht oder nur ganz selten in die Einrichtung kommen und wegen der Situation ihres Kindes ein Gespräch nötig ist. Durch einen Hausbesuch kann die psychische Situation des Kindes fachlich besser nachvollzogen werden. Dadurch können seine Schwierigkeiten umfassender verstanden und vielfältigere Hilfestellungen angeboten werden.

Je nach Situation können die Eltern bei **Hospitationen** mehrere Stunden oder den ganzen Tag in der Einrichtungen verbringen und so als aktive Teilnehmer in das Geschehen einbezogen werden. Hospitationen oder Schnupperbesuche – auch von Eltern, die ihr Kind noch nicht angemeldet haben – sind überdies eine wichtige Form der Öffentlichkeitsarbeit. Die Eltern erhalten dadurch einen differenzierten Einblick in den Alltag der Kindertagesstätte und wichtige Anregungen für den Umgang und das Spiel mit ihrem Kind für zu Hause. Dadurch kann diese Form der Elternarbeit einen wichtigen Beitrag für eine solide Vertrauensbasis zwischen Erzieherinnen und Eltern leisten.

Durch ein **Telefongespräch** ist ein direkter Kontakt zu den Eltern gegeben. Auf der Ebene einer solchen direkten Kommunikationsmöglichkeit können Missverständnisse behoben, eilige Informationen sofort weitergeleitet oder Fragen direkt beantwortet werden. Zeitaufwendige Gespräche in der Einrichtung sind dadurch oft nicht mehr nötig. Oft ist diese Form der Elternarbeit die einzige Möglichkeit, mit Eltern zu sprechen. Dies ist zum Beispiel der Fall bei weit entfernten Einrichtungen, Buskindern oder bei Kindern, die immer von den Großeltern in die Kindertagesstätte gebracht und wieder von ihnen abgeholt werden.

Im Rahmen einer professionellen Elternberatung sind Pädagoginnen in ihren Einrichtungen darauf angewiesen, **Hilfsangebote vermitteln** zu können. Dies kann etwa erforderlich sein, wenn Familien einer besonders massiven Belastung ausgesetzt sind. Ein Elternteil ist schwer krank oder stirbt. Eltern haben mit der Erziehung ihrer Kinder große Probleme. Zwischen Vater und Sohn bestehen unüberbrückbare Beziehungsstörungen, die sich auf die Entwicklung des Kindes sehr nachhaltig auswirken. Kinder weisen Sprachauffälligkeiten, Entwicklungsrückstände oder Verhaltensauffälligkeiten auf. Je nach Problematik und Situation können spezielle Dienste und Einrichtungen empfohlen werden.

Das **Eingewöhnungstraining mit Eltern** wird nach Einrichtung und Situation unterschiedlich praktiziert. In Kindertagesstätten wird es zwischenzeitlich auch angeboten. Eine Möglichkeit besteht darin, dass die Eltern zum Beispiel während der Eingewöhnungszeit ein bis drei Wochen in der Gruppe des Kindes anwesend sein dürfen. Dabei kann der Aufenthalt der Mutter mehr und mehr verkürzt werden, so dass das Kind zunehmend lernt, ohne die Mutter in der Gruppe bleiben zu können. Denn besuchen Kinder nach der Aufnahme zum ersten Male die Kindertagesstätte, so ist dies für sie eine schwierige und problematische Übergangsphase. Durch die Konfrontation mit ihnen unbekannten Erwachsenen, Regeln, Tagesabläufen, Räumen, Spielangeboten und anderen Kindern sind sie oft frustriert, aggressiv und verängstigt.

4.1.4 Probleme der einzelpersonbezogenen Elternarbeit

4.1.4.1 Negative Einstellungen

Definition

Ein Vorurteil ist ein unangemessenes Urteil über einen Menschen oder eine Sache, das auf unzureichenden Informationen oder auf einer bestimmten Auswahl von Daten beruht. Man spricht bei Vorurteilen auch von Voreingenommenheiten, Klischees oder Alltagstheorien. Jeder Mensch hat mehr oder weniger Vorurteile.

Auch Eltern und Erzieherinnen tragen solche unvollständigen Bilder in ihren Köpfen. Klischees, Voreingenommenheiten oder Alltagstheorien führen zu negativen Einstellungen und beeinträchtigen somit die Zusammenarbeit zwischen Eltern und Erzieherinnen erheblich. Je nach Situation und Persönlichkeit besteht eine Vielzahl von positiven und negativen Vorurteilen.

*Mögliche **Vorurteile bei den Eltern**:*

- *Erzieherinnen sind „Basteltanten".*
- *Sie haben es einfach, da sie den ganzen Tag spielen.*
- *Da ihnen die Arbeit Freude bereitet, ist es eigentlich keine richtige Arbeit.*
- *Sie sitzen im Garten, können dabei Kaffee trinken und miteinander reden.*
- *Kindertagesstätten arbeiten der Schule nur zu und haben somit einen untergeordneten Wert.*
- *Erzieherinnen führen die Familienerziehung nur fort. Sie brauchen deshalb eigentlich keine besondere Ausbildung.*

- *Vom tatsächlichen Leben in der Familie wissen sie nicht viel.*
- *Damit sie in der Erziehung mitreden können, sollen sie erst selbst Kinder bekommen.*
- *Erzieherinnen sind immer zufrieden und unterstützen zu jeder Zeit die Eltern.*
- *Sie haben gelernt, wie man Kinder erzieht und deswegen auf jede Frage eine passende Antwort.*
- *Die eigentlichen Bedürfnisse des Kindes verstehen sie nicht.*
- *Erzieherinnen haben kaum Interesse an den Eltern.*

Mögliche Vorurteile bei den Erzieherinnen:

- *Den Eltern sind ihre Kinder unwichtig, sonst würden sie mehr mit ihnen unternehmen.*
- *Sie verdrängen oder verleugnen die Probleme ihrer Kinder.*
- *Den Eltern kann man es sowieso nicht recht machen, da sie immer nur kritisieren und ständig herumnörgeln.*
- *Sie stellen zu viele Forderungen.*
- *Sie wollen ihre Ruhe haben. Deshalb wollen sie lange Öffnungszeiten.*
- *Berufstätige Mütter vernachlässigen ihre Kinder.*
- *Erziehung des Kindes und Berufstätigkeit der Mutter sind unvereinbar.*
- *Eltern sind Rabeneltern, da sie ihre Kinder einfach abschieben.*
- *Eltern sind nicht in der Lage, sich selbst mit Ihren Kindern zu beschäftigen.*
- *Hausfrauenmütter neigen dazu, ihre Kinder zu massiv zu behüten. Sie können Kinder nicht loslassen.*
- *Eltern sollen zufrieden sein, wenn sie überhaupt einen Kindergartenplatz bekommen.*
- *Von der pädagogischen Arbeit der Erzieherinnen verstehen sie nicht viel. In der Kindererziehung machen sie sehr viel falsch, da sie es nicht gelernt haben, Kinder zu erziehen.*
- *Der Qualitätsstandard einer Kindestagesstätte ist Erzieherinnensache. Eltern können dabei nicht mitbestimmen.*
- *Der Elternbeirat ist nur eine Hilfe für Feste und Aktivitäten.*
- *Elternarbeit ist eine Art Nebensache.*

Es gibt sicherlich noch mehr solcher Voreingenommenheiten und Klischees, die Erzieherinnen und Eltern in ihren Köpfen herum tragen. Mit solchen Vorurteilen kann man jedoch nicht mehr offen und unvoreingenommen auf den anderen zugehen. Aufgrund erster Informationen zum Beispiel Aussehen, Verhalten, Personaldaten) wird der Gesprächspartner in eine gewisse Schublade im Kopf einsortiert. Für die Elternarbeit haben solche gegenseitigen Vorurteile äußerst negative Auswirkungen. Um professionell sowohl mit den eigenen als auch mit den Vorurteilen der Eltern umgehen zu können, ist es für die Erzieherin wichtig zu wissen, wie Einstellungen aufgebaut werden.

- **Ursachen**

Jeder Mensch ist ein Individuum, Einzelwesen. Somit nimmt der Mensch die auf ihn einströmenden Dinge individuell ‚aus der persönlichen Eigenart entspringend' wahr. Jeder Mensch lebt in seiner subjektiven, auf sein Ich bezogenen Welt, die von seinen persönlichen Erfahrungen und Wahrnehmungen geprägt ist. Folglich wird eine bestimmte Situation von mehreren Menschen ganz unterschiedlich erlebt, da jeder Mensch über einen anderen Erfahrungshintergrund verfügt. Dies verdeutlicht das nachfolgende Beispiel:

- *Die Elternarbeit mit einem autoritär wirkenden und allein erziehenden Vater gestaltet sich für die Erzieherin, Frau Meinrad, sehr problematisch, während die zweite Gruppenerzieherin, Frau Roth, ungezwungen mit dem Vater umgeht. Die unterschiedlichen Reaktionen können auf den negativen Erfahrungen mit Autoritäten beruhen. Zu Hause ging es in der Familie Meinrad streng her. Obwohl der Vater sich in der Erziehung und im Haushalt nicht einbrachte, durfte ihm und anderen Erwachsenen nicht widersprochen werden. Frau Roth hatte dagegen zum Beispiel in ihrer Kindheit einen Vater erlebt, der sich in der Erziehung engagiert hat. Dem widersprochen werden konnte, ohne die Gefahr abgelehnt zu werden. Während Frau Meinrad den allein erziehenden Valter als negativ autoritär betrachtet, sieht Frau Roth in ihm einen engagierten Vater, mit dem man gut reden kann. Sie sieht in ihm eine willkommene Abwechslung, nicht nur immer mit Mütter zusammenzuarbeiten.*

Von jeder Erzieherin wird die Angelegenheit unterschiedlich bewertet. Dies beruht im Bereich der Personenwahrnehmung auf unterschiedlichen Filtern, mit denen jeder subjektiv das soziale Umfeld wahrnimmt. In den zwischenmenschlichen Beziehungen sind Überzeugungen, Einstellungen, Wünsche, Beschreibungen oder Absichten bedeutsam, die jedoch nicht objektiv erfassbar, sondern subjektiv unterschiedlich wirksam sind.

• **Hilfen**

Wie können Vorurteile vermindert und abgebaut werden?

- Es ist wichtig zu wissen, wie Vorurteile durch entsprechende Wahrnehmung und Interpretation entstehen können.
- Meinungen, Ansichten oder Absichten und das daraus sich resultierende Verhalten sollten immer wieder kritisch reflektiert werden.
- Man sollte beweglich, offen und lernbereit bleiben, aktuelle Diskussionen verfolgen, Fortbildungen besuchen und Fachzeitschriften und Fachbücher lesen.

Zum Beispiel das Klischee, dass man es den Eltern sowieso nicht Recht machen kann, weil sie alles kritisieren und ständig nörgeln, könnte so bearbeitet werden:

- *Es ist in der Tat so, dass es Eltern gibt, die viel kritisieren. Was können die Gründe für ihr Verhalten sein?*
- *Eltern sind keine homogene Gruppe. Solche Verhaltensweisen der Eltern sind überall in der Gesellschaft beobachtbar. Folglich ist es kein speziell auf die Erzieherin ausgerichtetes Verhalten.*
- *Nicht alle Eltern verhalten sich so. Es gibt zahlreiche Eltern, die zufrieden sind, aber ihre Zufriedenheit nicht äußern.*
- *Menschen reagieren stärker auf negative Rückmeldungen und nehmen positives Feed-back weniger wahr.*
- *Konsequenzen: Diese Reflexion kann auf die Erzieherin entlastend wirken und sie die Situation neu bewerten lassen.*

4.1.4.2 Elternarbeit bei auffälligen/beeinträchtigten Kindern

Verhaltensauffälligkeiten und Beeinträchtigungen bei Kindern sind eine zweifache Herausforderung für die Einrichtung. Die Erzieherinnen sind durch den ihnen vorgegebenen Tagesablauf oft bis an ihre Grenzen belastet. Zu diesem enormen Arbeitspensum kommen dann weitere Belastungen und Störungen hinzu. Man kann es sich bildlich vorstellen: Zwei Kräfte versuchen eine heterogene Gruppe von etwa fünfundzwanzig bis dreißig Kindern im Alter von drei bis sieben Jahren, pädagogisch sinnvoll zu beschäftigen. Während der Beschäftigung platzt die Leiterin oder eine Mutter herein, mit der etwas sofort abgeklärt werden muss. Dabei kümmern sich die Kräfte um zwei auffällige Kinder oder gehen in besonderer Weise auf ein beeinträchtigtes Kind ein.

Die zweite Herausforderung für die Erzieherin ist das erforderliche Gespräch mit den Eltern über das auffällige Verhalten des Kindes. Hier stellt sich jedoch das Problem, ab wann ein Kind auffällig und beeinträchtigt ist. Es besteht die Gefahr der Etikettierung. Das Kind wird vielleicht ungerecht in eine Ecke gestellt und die Eltern sind unnötig in Sorge gebracht worden.

Die Erzieherin trägt in einer solchen Situation eine große Verantwortung, der sie sich nicht entziehen kann. Das Ausweichen und Vermeiden eines erforderlichen Elterngespräches hätten auf der anderen Seite ebenfalls negative Folgen. Mögliche und nötige Hilfen kommen dem Kind nicht oder zu spät zugute. Obwohl dem Kind geholfen werden könnte, bliebe ihm wegen unprofessionellen Verhaltens einer pädagogischen Fachkraft die Hilfe versagt. Solch ein möglicher später Vorwurf eines Vaters oder einer Mutter stellt die sozialpädagogische Kompetenz der Erzieherin und der Einrichtung in der Tat in Frage.

Das professionelle Verhalten einer Erzieherin ist also davon geprägt, abzuklären, ob das Kind wirklich beeinträchtigt oder verhaltensauffällig ist. Hierzu können allgemeine und differenzierte Beobachtungen des Kindes in den verschiedensten Situationen hilfreich sein. Weiterhin sind so weit vorhanden Informationen hinsichtlich der Entwicklung, des Elternhauses und des Umfeldes heranzuziehen. Das Gespräch mit anderen Kolleginnen und im Team über die Situation des Kindes ist eine weitere erforderliche Abklärungsmöglichkeit. Ebenso sollte die Erzieherin über ihre eigene Person reflektieren: Habe ich gegen das betreffende Kind und deren Bezugspersonen eine besondere Sympathie oder Antipathie, die mein Verhalten vielleicht unangemessen steuert? Befinde ich mich derzeit in einer massiv angespannten Situation, die mich veranlasst, das Verhalten von anderen zu überinterpretieren?

- **Ursachen**

Darüber hinaus muss sich die Erzieherin eingehend mit den Formen und Ursachen von Verhaltensauffälligkeiten beschäftigen. Dusolt (2001) verweist auf Auffälligkeiten und ihre Ursachen bei Kindern.

Daran orientierend stellen sich die folgenden Formen der Auffälligkeiten dar:

Entwicklungsrückstand,
zum Beispiel: Im Verhältnis zu den anderen Kindern gleichen Alters hat das Kind erkennbare Defizite. Es entspricht in allen oder mehreren Bereichen nicht dem Altersniveau der anderen Kinder.

Defizite im Sozialverhalten,
zum Beispiel: Gruppenverweigerung, Verhalten, das überverhältnismäßig zurückgezogen ist, gegenüber Erwachsenen und anderen Kindern praktiziertes aggressives Verhalten.

Defizite im Leistungsbereich,
zum Beispiel: erhebliche Einschränkungen der Ausdauer, auftretende Konzentrationsstörungen.

Teilleistungsschwächen,
Zum Beispiel: Rechenschwäche (Dyskalkulie), Lese-Rechtschreib-Probleme (Legasthenie).

Defizite im Sprachbereich,
zum Beispiel: fehlerhafte Grammatik (Dysgrammatismus), Falschaussprache einzelner Buchstaben (Dyslalie), Stottern, Entwicklungsrückstand der Sprachentwicklung.

Defizite im motorischen Bereich,
zum Beispiel: Hyperaktivität, Unsicherheit beim Gehen von Treppen, Körperkoordinationsprobleme, Schwierigkeiten bei feinmotorischen Tätigkeiten.

Auffälligkeiten im psychischen Bereich,
zum Beispiel: massiv ausgeprägtes Geltungsbedürfnis, bei größeren Kinder unangemessenes kleinkindhaftes Verhalten, dem Entwicklungsstand unangemessene Ängste, gegenüber Gegenständen oder Personen praktiziertes aggressives Verhalten.

Auffälligkeiten im psychosomatischen Bereich,
zum Beispiel: immer wieder auftretende Bauchschmerzen ohne organischen Ursachen und Befund, Einkoten und Einnässen, Tics (unangemessen).

Wie an anderer Stelle erwähnt, sollte sich die Erzieherin auch mit den Ursachen der Auffälligkeiten beschäftigen, die nach Dusolt auf folgende Ursachen zurückgeführt werden können:

- **Betreuungs- und Versorgungsprobleme,** zum Beispiel: Verwahrlosung, erlebter Hospitalismus.
- **Problematische familiäre Bedingungen,** zum Beispiel: Störungen im psychischen Bereich beider oder eines Elterteils, schwierige Geschwisterbeziehung, Konflikte und Probleme zwischen den Eltern.
- **Unangemessenes Erziehungsverhalten** durch die Eltern, zum Beispiel: Verhalten unberechenbar, Schläge als Erziehungsmittel, Misshandlungen.
- **Genetische Gründe,** zum Beispiel: Linkshändigkeit (vererbte Eigenschaften), Morbus Down (spontan aufgetretene Erbgutveränderungen).

- **Geburtskomplikationen,** zum Beispiel: eingetretener Sauerstoffmangel, Alkoholmissbrauch während der Schwangerschaft, Krankheiten in Verbindung mit Klinikaufenthalt.
- **Gesundheitliche und körperliche Defizite,** zum Beispiel: erlebter Unfall, durchlebte schwere Erkrankung, erlittene Vergiftung.
- **Hirnorganische Defizite** aufgrund nicht bekannter Entstehung, zum Beispiel: vorhandene MCD (Minimale Cerebrale Dysfunktion).
- **Traumen im psychischen Bereich,** zum Beispiel: Erfahrung als Säugling, über einen längeren Zeitraum sich alleine überlassen worden zu sein.

Verhaltensauffälligkeiten	
Form bei:	**Ursachen bei:**
Entwicklungsbereich	Betreuung und Versorgung
Sozialverhalten	Familiäre Bedingungen
Leistungsbereich	Erziehungsverhalten
Sprache	Genetik
Psyche	Geburtskomplikationen
Motorik	Gesundheitliche Folgen
Psychosomatik	Hirnorganische Störungen
Teilleistungsstörungen	Psychische Traumen

- **Hilfen**

Ist das Kind auffällig? Bei der Klärung dieser Frage hilft der Erzieherin nach Dusolt weiterhin die Unterscheidung von primärer und sekundärer Auffälligkeit. Besteht zwischen dem Verhalten des Kindes und der Ursache eine unmittelbare Beziehung, handelt es sich um eine primäre (ursprüngliche) Auffälligkeit. Das ausgeprägte Geltungsbedürfnis des Kindes resultiert direkt aus dem fragwürdigen Erziehungsstil der Eltern. Von einer sekundären (nachgeordneten) Auffälligkeit bei einem Kind ist dann auszugehen, wenn die Ursache des Defizits oder der Auffälligkeit durch eine dahinter liegende Ursache bedingt ist. Oft handelt es sich dabei um eine organisch bedingte Ursache. Dies trifft dann zu, wenn ein stotterndes Kind wegen seiner Beeinträchtigung immer wieder ausgelacht wird. Daraus entwickeln sich beispielsweise sekundär starke Rückzugstendenzen und die Vermeidung sozialer Beziehungen.

Eine endgültige Zuordnung einer bestimmten Auffälligkeit zu einer bestimmten Ursache ist oft unmöglich. Eine Auffälligkeit kann viele Ursachen und eine Ursache kann wiederum mehrere Auffälligkeiten zur Folge haben. (Vgl. Dusolt, Seite 86 bis 89.)

Kommt nun die Erzieherin zu dem Ergebnis, dass das betreffende Kind auffällig ist, ist das Elterngespräch unumgänglich. Es ist sicherlich kein leichtes Unterfangen, die Eltern damit zu konfrontieren und dies mit ihnen zu erörtern. Allerdings hat die Erzieherin durch ihr professionelles Vorgehen an Sicherheit gewonnen. Sie ist sich ihrer Position sicher. Dies wird im erforderlichen Elterngespräch hilfreich sein. Auf konkrete Gesprächstechniken und Methoden wird an dieser Stelle noch nicht eingegangen. Hier sollen zunächst nur die Voraussetzungen behandelt werden, die die Erzieherin vor der Durchführung des Elterngespräches berücksichtigen sollte.

Eine wichtige Voraussetzung für ein solches Gespräch ist die Auseinandersetzung mit der Situation der Gesprächspartner. Soweit es möglich ist, sollte sich die Erzieherin in die Rolle der Eltern hineinversetzen, um deren Denken und Fühlen nachzuvollziehen und zu verstehen.

Die außergewöhnliche Situation von Eltern behinderter Kinder

Eltern von beeinträchtigten und besonders von behinderten Kinder befinden sich nach Fröhlich (1999) in einer besonderen Situation, die nicht außer Acht gelassen werden darf:

In der konkreten Zusammenarbeit mit Eltern von behinderten Kinder wird von Fachkräften immer wieder von einem logisch nicht mehr nachvollziehbaren Verhalten berichtet. Nach Fröhlich liegt dies in der besonderen Situation von Eltern behinderter Kinder begründet.

Die Mutter-Kind-Beziehung

Zur Vorbereitung des Elterngesprächs muss die Erzieherin sich die Lage der Mutter eines behinderten Kindes bewusst machen. Die Mutter-Kind-Beziehung ist oft nicht so wie bei einem nicht behinderten Kind.

Um die Situation der Mutter zu verstehen, muss erst die Mutter-Kind-Beziehung bei einem nicht behinderten Kind beleuchtet werden. Das neu geborene Kind signalisiert der Umwelt und der Mutter ausgeprägte Hilflosigkeit. Die Mutter reagiert auf diese Signale und wendet sich ihrem Kind intensiv zu. Sie versorgt und pflegt es. Das Kind belohnt daraufhin seine Mutter mit sozialer Verstärkung. Es lächelt die Mutter an und schlummert in ihren Armen. Das Baby blickt die Mutter aufmerksam an, wenn diese mit ihm spricht. Durch das Verhalten des Kindes wird die Mutter zu neuen Aktivitäten motiviert. Die Mutter wird auch für Sorgen und Anstrengungen belohnt. Zwischen der Mutter und ihrem Kind besteht ein beständiges Geben und Nehmen. Zudem wird in der Regel die Rolle der Mutter eines nicht behinderten Kindes von den sie umgebenden Sozialsystemen unterstützt. Von Seiten des Ehepartners, der Geschwister, der Eltern, der Verwandten, der Bekannten oder der Nachbarschaft erfährt die Mutter eine Stärkung ihrer Position. Im Allgemeinen wird die Mutterschaft positiv bewertet. Die Mutter kann ihr Kind mit Stolz und Freude der

Umwelt präsentieren. Die Mutter eines nicht behinderten Kindes wird also in ihrer Mutterrolle im Familien- und Sozialsystem positiv getragen und unterstützt.

Bei der Mutter-Kind-Beziehung eines Behinderten ergibt sich oft ein anderer Kreislauf. Die natürliche Hilflosigkeit des Säuglings wird bei einem behinderten Kind noch ausgeprägter, das Neugeborene wird verstärkt als ein armes, bedauernswertes Kind wahrgenommen. Folglich wird die Mutter ihre Hingabe und Zuwendung bis hin zur Aufopferung steigern. Diesem erhöhten Einsatz folgt jedoch keine Belohnung. Es ist oft sogar so, dass sich das behinderte Kind steif macht und die Nahrung nicht annimmt. Scheinbar vermittelt es seiner Mutter: In deinen Armen kann ich mich nicht entspannen, oder deine Milch will ich nicht. Das Kind scheint auf das beschriebene positive Wechselspiel nicht einzugehen. Aus der Sicht der Mutter reagiert das behinderte Kind nicht auf sie. Ihre Angebote werden scheinbar abgelehnt. Für Außenstehende stehen für das Verhalten des Kindes ganz bestimmte pathologische Erklärungsmuster zur Verfügung. Durch die Mutter werden die Signale des Kindes als Ablehnung interpretiert. Dadurch wird sie enorm verunsichert. Alle Mechanismen, die zu einer positiven Mutter-Kind-Beziehung erforderlich sind, greifen nicht.

Für die Erzieherin ist es wichtig zu wissen, dass die Mutter eines behinderten Kindes physisch und psychisch stark beansprucht ist. Der Umgang mit einem behinderten Kind ist sehr viel anstrengender als mit einem nicht behinderten. Es muss weitaus mehr an Kraft und Energie investiert werden. Ferner bleibt der erhöhte Einsatz einseitig und für die Mutter unbelohnt. Es ergibt sich kein Wechselspiel von Geben und nehmen. Die erhoffte Verstärkung für die großen Anstrengungen bleibt aus.

Grundgefühle von Wut, Angst und Schmerz und die daraus resultierende Dynamik
Nach Fröhlich ergeben sich daraus für die Mutter eines behinderten Kindes die drei Grundgefühle von Wut, Angst und Schmerz.

Der Verlust einer glücklichen Mutterschaft ist schmerzlich. Die Mutter hat Angst vor der Zukunft und vor der Ungewissheit, ob das behinderte Kind unter Umständen sterben muss. Wütend ist sie darauf, dass sie nicht gefragt wurde, ob sie ein solches Kind haben will. Auch richtet sie ihre Wut auf das behinderte Kind selbst. Es verändert ihr Leben negativ und droht sie aus allen bisherigen Bezügen herauszureißen.

In der Regel ist es nun so, dass die Mutter diesen Gefühlen nicht nachgeben darf. Sie kann sie nicht ausleben und findet oft niemanden, der in der Lage ist, sich mit ihren Gefühlen zu beschäftigen. Denn die Familie, Verwandte oder Fachkräfte erwarten von ihr, dass sie diese Gefühle kontrollieret. Die drei Grundgefühle von Wut, Angst und Schmerz stehen untereinander in einer sich aufschaukelnden Wechselbeziehung. Aus psychologischer Sicht bringt die Dynamik von Gefühlen jedoch mit sich, dass sie nicht dauerhaft unterdrückt und kontrolliert werden können. Sie führen ihr Eigenleben und steuern letztendlich das Verhalten, besonders die Wut auf die zunehmend problematischer werdende Situation. Da das behinderte Kind der Auslöser ist, wendet sich die Wut auch verstärkt auf das Kind. Allerdings darf eine Mutter wegen der ihr vermittelten und eingenommenen Werthaltung keine Wut auf ihr Kind haben. Im Gegenteil muss ein behindertes Kind besonders umsorgt und geliebt werden. Sie interpretiert sich als eine Rabenmutter und gelangt in eine innere Zerrissenheit und Spannung, aus der es scheinbar kein Entrinnen gibt. Nach Beobachtungen und den bekannten Regeln der psychosomatischen Medizin führen andauernde Unterdrückungen dieser dynamischen Grundgefühlen zu körperlichen Erkrankungen. Fröhlich berichtet von vielen Müttern mit behinderten Kindern, die psychosomatische Erkrankungen entwickelten.

Die negativen Anteile der unterdrückten Grundgefühle dringen letztendlich nach Außen. Dies geschieht häufig in wiederkehrenden Stresssituationen. Damit werden Familie, Verwandte und Fachkräfte überrascht, da das Verhalten der Mutter nicht mehr logisch nachvollziehbar scheint. Ihr Verhalten entspricht dann nicht mehr dem Bild einer Mutter, die sich für ihr behindertes Kind aufzuopfern hat. Fachleute führen bestimmte Formen selektiver Vernachlässigung, den plötzlichen Abbruch therapeutischer Maßnahmen und die eingetretene mangelnde Kooperationsbereitschaft auf diesen Prozess zurück.

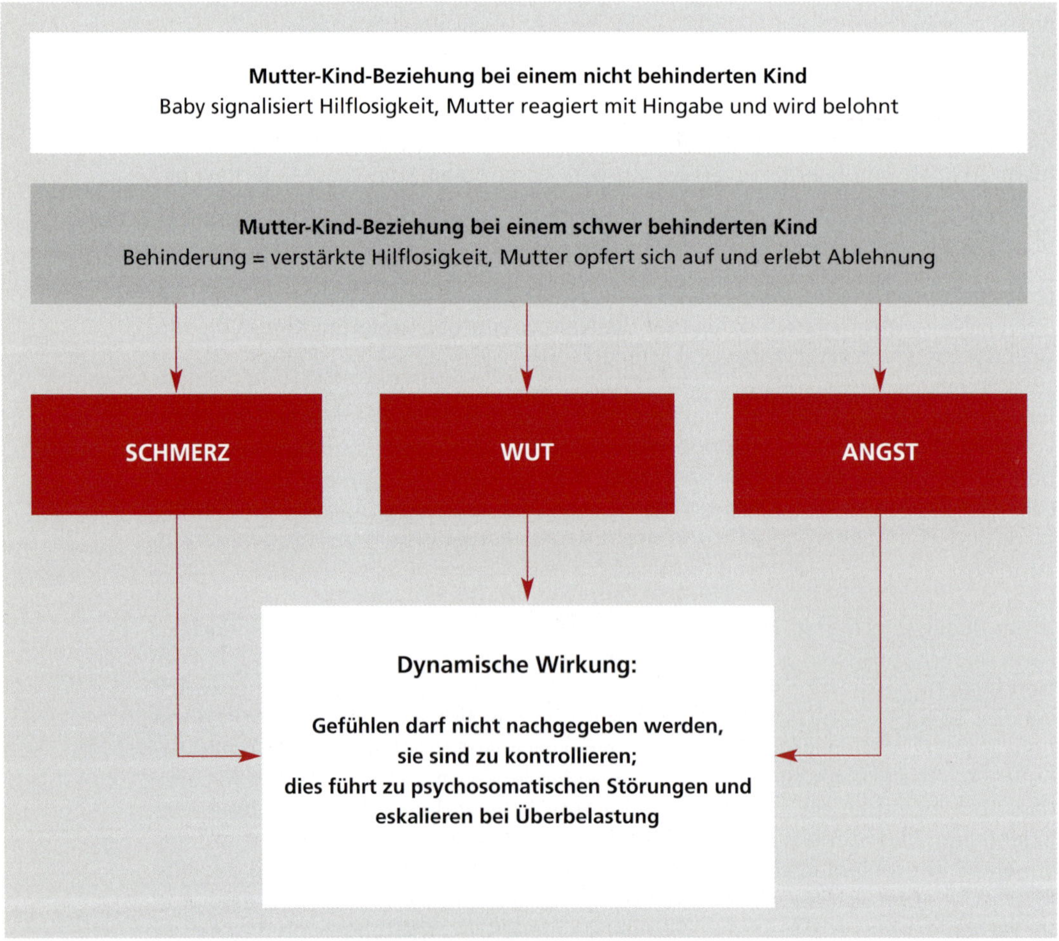

Situation der Mutter eines schwer behinderten Kindes

Die Beziehung der Eltern untereinander und die Situation des Vaters
Das erforderliche Elterngespräch sollte die Erzieherin nicht nur mit der Mutter führen. Wichtig ist es, auch den Vater des Kindes mit einzubeziehen. Deshalb sollte sich die Erzieherin für die Vorbereitung des Elterngesprächs auch Überlegungen zur Beziehung der Eltern untereinander und zum Vater machen. Die bereits dargestellte Dynamik wirkt sich stark auf die Beziehung der Eltern des behinderten Kindes aus. Häufig wird eine Trennungsdynamik beobachtet. Das in der Regel oft noch klassisch aufgeteilte Elternkonzept in einen väterlichen und mütterlichen Teil ist auf die Beziehung zum behinderten Kind nur begrenzt anwendbar. So ist bei einem nicht behinderten Kind ab einem Jahr ein deutliches Zusammenkommen des Elternkonzeptes erkennbar. Das behinderte Kind mit seinen Bedürfnissen bleibt jedoch mehr der mütterlichen Zuständigkeit überlassen. Die Chance des Vaters, seinen Beziehungsanteil zu verwirklichen, bleibt oft aussichtslos. Er wird sozialpsychologisch gesehen eigentlich nicht Vater und bleibt folglich alleine. Durch die Überbelastung der Mutter erfährt er zusätzlich die Entfernung seiner Partnerin.

Auch Väter können ihre von der Gesellschaft übernommenen tradierten Vorstellungen vom Vatersein nicht umsetzen. So können sie zum Beispiel wegen der Behinderung ihres Kindes mit ihm nicht entsprechend Fußball oder mit der Eisenbahn spielen.

Auswirkungen auf die Beziehung der Eltern:	• **Elternkonzept greift nicht,** • **Entfremdung durch Rollenverteilung,** • **Mutter wird Dauerpflegekraft**
Die konkrete Situation des Vaters:	• **kann keinen Bezug zum Kind aufbauen,** • **Rollenreduktion des Vaters auf materielle Leistungen,** • **mangelnde Beziehung zur Partnerin, psychosomatische Symptome**
Erforderliche Kompetenzen des Fachpersonals:	• **Keine Richterin sein und nicht verurteilen,** • **Einfühlungsvermögen, Reflexionsfähigkeit, Offenheit, Flexibilität,** • **methodische Fertigkeiten**

Auswirkungen und Konsequenzen eines behinderten Kindes

Viele Väter sehen sich für die externe Hausarbeit zuständig. Sie übernehmen eine Vielfalt von außen anliegenden Aufgaben. So wird beobachtet, dass Familien mit behinderten Kindern auch entgegen ihren finanziellen Möglichkeiten ein Haus bauen oder kaufen. So müssen die Väter viel Energie und Zeit in dieses Projekt investieren. Die Mutter dagegen versorgt und pflegt das behinderte Kind. Obwohl sie beide für sich und für die Familie viel Kraft aufwenden müssen, verlieren sich immer mehr die Berührungspunkte zueinander. Sie entwickeln das Gefühl, dass der eine sich nicht mehr um den anderen bemüht und ihn nicht entsprechend wahrnimmt. Es setzt eine zunehmende Entfremdung ein. So wird nach Fröhlich eine tragische

Reduktion der Rollen in der Familie beobachtet. Der Vater reduziert seine Rolle wesentlich auf den Erhalt des familiären Rahmes und auf materielle Leistungen, während die Mutter die Rolle einer Dauerpflegekraft für das behinderte Kind wahrnimmt.

Die den Vätern von behinderten Kindern vorgeworfenen Fluchttendenzen müssen unter diesen Gesichtspunkten neu überdacht werden. Scheinbar ist es eine innere Leere, die Väter von ihrem Kind weg treibt. Wie die Mütter sind auch Väter von der Enttäuschung und Entfremdung betroffen. Die Folge sind überdurchschnittlich viele psychosomatische Erkrankungen. So werden auch von den Vätern große Opfer verlangt. Wie die Mütter kommen sie unvorbereitet in diese Situation. Auch der Vater eines behinderten Kindes hat unter einer tiefen emotionalen Kränkung und einem Verlustgefühl zu leiden. Kontakte der Familie werden verstärkt von den Müttern wahrgenommen. Die besondere Belastungssituation des Vaters bleibt unberücksichtigt. So wird er von seinem Umfeld und auch von Fachkräften dem versteckten Vorwurf ausgesetzt, sich zu wenig mit seinem Kind zu beschäftigen und seine Familie nicht entsprechend zu organisieren. Fachkräfte unterliegen oft dem Fehler, dass sie als Vergleich den Vater eines nicht behinderten Kindes heranziehen und die Familie mit dem behinderten Kind meist mit den Augen der Mutter betrachten. Daraus resultieren unreflektierte Identifikationen, mit denen sie für die Familie ein zusätzliches Spannungspotenzial schaffen. Ferner entwickeln Familien mit einem behinderten Kind das Gefühl, ihre persönliche Autonomie zu verlieren, da sie ihrem Erziehungsauftrag nur unter Anleitung von Fachkräften, Therapeuten oder Ärzten gerecht werden können. Die mögliche Sensibilität von Eltern eines behinderten Kindes darf nicht falsch interpretiert werden (vgl. Fröhlich 1994, Seite 26 bis 30.)

Hilfen

Gehen die Erzieherinnen von der besonderen Situation von Eltern eines behinderten Kindes aus, verringert sich die Gefahr, Vorurteilen zu erliegen und unangemessene Schlüsse zu ziehen. Sie können den Eltern offen vermitteln, dass sie sich zu mindestens bedingt in ihre Situation hineinversetzen können. Eltern von behinderten Kindern sind hierfür besonders empfänglich, da sie im Alltag das Gegenteil erleben. Damit kann das Elterngespräch in einer offenen und guten Atmosphäre geführt werden.

Die Professionalität der Erzieherin

Im Gegensatz zu den Eltern sind Erzieher besser in der Lage, Verhaltensauffälligkeiten und Beeinträchtigungen des Kindes zu erkennen. Eltern fehlt in der Regel die kontinuierliche Beobachtung in der Gruppe mit Gleichaltrigen und die erforderliche fachliche Kompetenz für die Einordnung von Beobachtungen. Sie sind intensiv mit der Situation verstrickt und betroffen. Mögliche Verhaltensauffälligkeiten und Beeinträchtigungen werden bagatellisiert oder verdrängt. Für Eltern ist es sehr schwer zuzugeben, dass das eigene Kind verhaltensauffällig oder beeinträchtigt ist. Schuldgefühle und Abwehrmechanismen sind im Spiel: Ich habe als Mutter oder als Vater bei meinem Kind doch nichts falsch gemacht?

Die Erzieherin hat im Gegensatz zu den Eltern mehr Distanz zu dem betreffenden Kind. Sie kann die Situation objektiver betrachten. Sie verfügt auch über die Vergleichsmöglichkeiten in der Gruppe der Gleichaltrigen und hat die erforderliche Kompetenz, ihre Beobachtungen angemessen zu interpretieren.

Für das darauf folgende Elterngespräch sollte die Erzieherin Hilfsangebote für die Eltern bereithalten. Tipps und Hilfen für die Durchführung eines Elterngespräches sind im Kapitel 4.1 Formen der Elternarbeit (siehe besonders: Beratungstechniken) zu finden.

4.1.4.3 Elternarbeit in Scheidungssituationen

Es ist davon auszugehen, dass jede dritte Ehe geschieden wird. Schätzungen nach Dusolt zufolge wird in Großstädten sogar fast jede zweite Ehe durch Scheidung beendet. Daraus folgt für viele Eltern ein aggressives Ringen um ihr Kind. Es kommt oft zu einer gegenseitigen Hetze gegenüber dem ehemaligen Partner. In diesem emotionsbeladenen Kampf halten die Eltern nach Verbündeten Ausschau. Dabei spielt die Erzieherin eine wichtige Rolle. Das Kind hat eine Beziehung zu ihr und sie kennt das Kind gut. Eltern in Scheidungssituationen leiten daraus ab, dass die Erzieherin als Außenstehende bestens den guten vom schlechten Elternteil unterscheiden kann. Auch kann ihre Meinung notfalls vor Gericht wichtig sein.

Die Erzieherin muss darauf achten, nicht bewusst oder unbewusst Partei für einen Elternteil zu ergreifen. Sie darf sich nicht in das Ringen der Eltern hineinziehen lassen und für die Mutter oder den Vater Partei ergreifen. Die Zusammenarbeit mit dem anderer Partner wäre unnötig belastet. Folglich würde das Spannungsfeld des Kindes zwischen den Eltern auf die Einrichtung übertragen. Eine zusätzliche psychische Belastung für das Kind wäre gegeben. Deshalb sollte die Erzieherin besonders darauf achten, den Kontakt zu beiden Elternteilen aufrecht zu halten. Sie sollte sich bewusst machen, dass Eltern in Scheidungssituationen oft emotional verletzt sind. Dadurch können sie nicht mehr klar zwischen ihren Interessen und den Bedürfnissen des Kindes unterscheiden.

- **Hilfen**

Eltern sind in solchen Situationen oft für Hinweise und Hilfen dankbar, die die Bedürfnisse des Kindes berücksichtigen. Auf die Scheidung der Eltern reagieren Kinder zeitweise mit Verhaltensauffälligkeiten. Diese können zum Anlass genommen werden, im Elterngespräch die Auswirkungen der Trennung auf das Kind zu problematisieren und auf die große psychische Belastung des Kindes hinzuweisen. Viele Eltern verdrängen die Wirkung der Trennung auf das Kind. Für das Kind sind die Prozesse nicht rational erfassbar. Sie fühlen sich am Streit der Eltern schuldig und entwickeln Ängste, den Vater bzw. die Mutter oder beide zu verlieren. Die Kinder wünschen sich oft, das alles wie früher wird. Es ist wichtig, die Kinder aus dem Beziehungsringen soweit wie möglich heraus zu halten. Aber häufig konzentriert sich der Elternkampf auf das Sorgerecht und die Umgangsregelungen. Den Kindern muss vermittelt werden, dass es sich um Erwachsenenprobleme handelt. Ihnen muss das falsche Schuldgefühl genommen werden, das sie wegen der Trennung der Eltern haben. Die Erzieherin kann den Eltern aufzeigen, wie sich die Scheidungssituation auf ihr Kind auswirkt. Danach sollte gemeinsam darüber gesprochen werden, was die Eltern beitragen können, um die Entwicklung ihres Kindes nicht weiterhin zu beeinträchtigen. Da ein solches Gespräch eine unkalkulierbare Dynamik besitzt, ist es vorteilhaft, eine weitere Kollegin heranzuziehen. Damit wird die Gefahr vermindert, trotz guter Vorsätze doch in das Ringen der Eltern hineingezogen zu werden und die Bedürfnisse des Kindes aus dem Blick zu verlieren.

Eltern verweisen immer wieder vorwurfsvoll darauf, dass sich ihr Kind nach dem Aufenthalt beim anderen Elternteil anders verhält. Diese Verhaltensänderung wird äußerst negativ interpretiert. Damit werden weitere Spannungen erzeugt, die das Kind zusätzlich belasten. Hierbei kann die Erzieherin aufklärend wirken und dem jeweiligen Elternteil vermitteln, dass eine solche Verhaltensänderung des Kindes nicht grundsätzlich ein Indiz für die pädagogische Unfähigkeit des anderen Elternteils sein muss. Dies sind oft Anpassungsreaktionen von Kindern, die durch die kurzfristige Veränderung ihres Umfeldes zustande kommen. Eine Hilfe für das Kind wäre eine pädagogisch sinnvolle Einigung der Eltern über die Umgangsregelung. Damit verbessern sich die Chancen, dass sich die Anpassungsreaktionen wieder vermindern.

Weitere Hilfen bieten unterschiedliche Organisationen an (zum Beispiel Kinderschutzbund). Hilfreich ist die Weitergabe bzw. sind Hinweise auf:

- Anschriften von Scheidungs- und Trennungsberatungsstellen,
- Möglichkeiten der Besuchs- und Umgangsregelungen,
- Beratungsstellen mit Paar- oder Familientherapie,
- Mediationsangebote (zum Beispiel Kinderschutzbund).

Mediation ist eine Methode der Konfliktlösung, die in den letzten Jahren im sozialpädagogischen Bereich an Bedeutung gewonnen hat. Auf Mediation als Methode wurde bereits an anderer Stelle eingegangen (siehe Kapitel 4.1.2: Einzelpersonenbezogene Formen der Elternarbeit).

4.1.4.4 Allein Erziehende

- **Problemlage und Ursachen**

Die Vielzahl von Trennungen und Scheidungen führt dazu, dass die Zahl der allein Erziehenden deutlich gestiegen ist. Die Erzieherin wird in der Elternarbeit somit zunehmend mehr mit allein erziehenden Elternteilen, deren schwierige Lebenslage zu berücksichtigen ist, kooperieren. Viele allein Erziehende haben wenig soziale Kontakte und verfügen über geringe finanzielle Spielräume. Die Ehegattenunterstützung erfolgt bisweilen unzulänglich und ist nicht ausreichend, so dass der erziehende Elternteil Sozialhilfe bezieht oder berufstätig werden muss. Darunter leidet die Erziehung der Kinder, für die zu wenig Zeit bleibt. Die Probleme, die Trennung und Scheidung mit sich bringen, können dann kaum aufgearbeitet werden. Versagens- und Schuldgefühle treten bei Problemen des Kindes schnell auf. Oft möchte der allein erziehende Elternteil zugleich Mutter und Vater sein. Dies führt in der Erziehung zur Überforderung. Die Kinder sind verstärkt auf den allein erziehenden Elternteil angewiesen. Psychisch sind sie somit mehr von dessen Stimmungen, Eigenheiten und Befindlichkeiten abhängig.

- **Hilfen**

Bereits bei der Aufnahme des Kindes sollte bei gemeinsamer elterlicher Sorge nach Dusolt die Weitergabe von Informationen genau geklärt werden. Um Klarheit in den getroffenen Regelungen (zum Beispiel Informationsweitergabe, Entscheidungskompetenzen) zu erlangen, sollten – soweit die Eltern dazu bereit sind – die Elterngespräche zum Wohle des Kindes mit beiden Eltern gemeinsam geführt werden. Wenn ein betreuender Elternteil die alleinige elterliche Sorge hat, muss dieser Elternteil ausdrücklich sein Einverständnis geben, wenn der andere Elternteil informiert werden will. Sinnvoll wäre die Weitergabe von Informationen an den nicht betreuenden Elternteil, wenn das Kind mit dem anderen Elternteil in Kontakt steht und sich daraus Probleme ergeben, die in der Kindertagesstätte sichtbar werden. Dann könnten in gemeinsamen Gesprächen mit dem Vater und der Mutter die Störungen thematisiert und Hilfsmöglichkeiten erörtert werden.

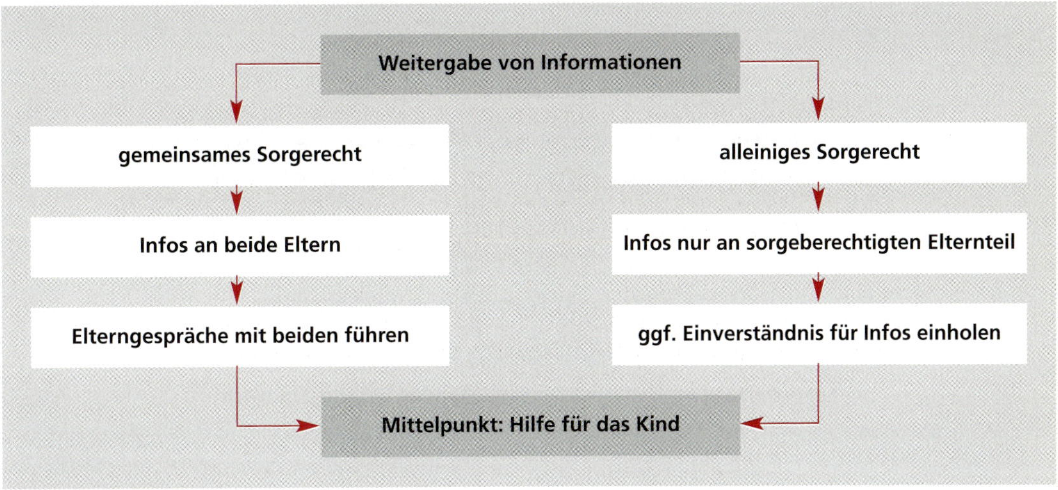

Umgang mit Informationen

Allein Erziehende suchen bisweilen in der Erzieherin einen kompetenten Ansprechpartner, da sie wenig Möglichkeiten haben, in einer angenehmen Gesprächsatmosphäre über sich und ihr Kind zu sprechen. Daher sollte für ein solches Elterngespräch die erforderliche Zeit zur Verfügung stehen. Die Erzieherin kann dabei hilfreiche Informationen und Hinweise weitergeben, wie etwa über finanzielle Hilfen, Selbsthilfegruppen oder Beratungsstellen.

Um den Kontakt des Kindes mit dem anderen Elternteil zu verhindern, wird er dem Kind gegenüber negativ geschildert oder gar in seiner Existenz geleugnet. Diese herabsetzende Darstellung des Elternteils belastet Kinder und löst u. U. Schuldgefühle aus. In der Folge können Verhaltensauffälligkeiten auftreten. Diese Zusammenhänge sollten allein Erziehenden in einem Elterngespräch verständlich gemacht werden. Ferner kann auch darauf aufmerksam gemacht werden, dass sich die allein erziehende Mutter zum Beispiel bei der Verleugnung der Existenz des Vaters einer problematischen Situation aussetzt. So zeigen Erfahrungen, dass Kinder früher oder später mit dem anderen Elternteil Verbindung aufnehmen möchten. Die Beziehung des Kindes zur allein erziehenden Mutter kann dann stark beeinträchtigt werden, wenn das Kind später den Eindruck hat, dass die Mutter es hintergangen habe. In einem Elterngespräch kann die Erzieherin mit der allein erziehenden Mutter Möglichkeiten besprechen, um später eine solche Beziehungsstörung zum Kind zu vermeiden.

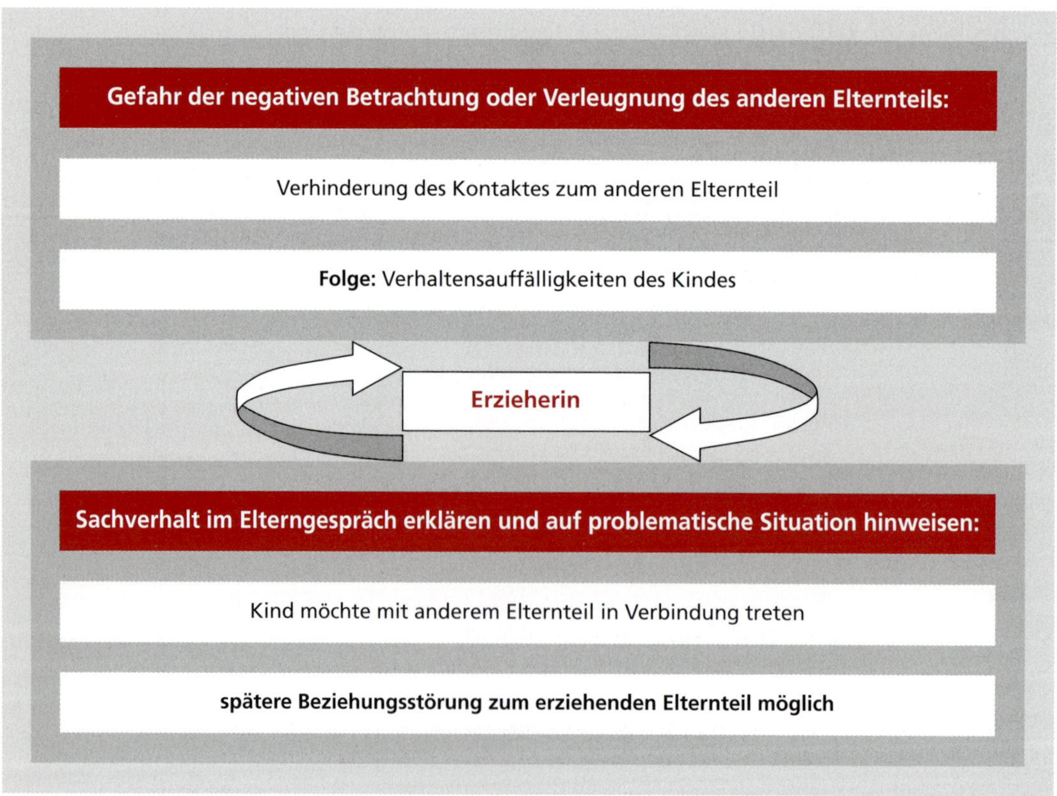

Verleugnung oder negative Betrachtung des anderen Elternteils

4.1.4.5 Großeltern als Elternersatz

• Problemlage und Ursachen

Bedingt durch die gesellschaftlichen Entwicklungen werden die Großeltern verstärkt an der Erziehung des Enkelkindes beteiligt. Für das Gelingen der pädagogischen Zusammenarbeit zwischen Eltern und Großeltern müssen die folgenden Voraussetzungen gegeben sein (vgl. Dusolt 2001, Seite 131f.):

- keine Kompetenzverlagerung der Erziehungsverantwortung auf die Großeltern,
- Übereinstimmung bei den Erziehungszielen,
- konstruktives Konfliktmanagement und
- tragfähige Beziehung zwischen Eltern und Großeltern.

Sind diese Voraussetzungen erfüllt, ergeben sich für die Eltern, das Kind und die Großeltern verschiedene Vorteile:

- Entlastung der Eltern,
- weitere wichtige Bezugsperson für das Kind und
- neuer Lebensinhalt für die Großeltern.

Oft überwiegen jedoch die Nachteile für die beteiligten Personen, da die Voraussetzungen nur teilweise oder gar nicht vorhanden sind. Dies kann in den folgenden Situationen zutreffen: Einige Großeltern versuchen, ihre Ansichten und Werthaltungen so dominant in die Erziehung des Kindes einzubringen, dass sich daraus ständig nervenaufreibende Konflikte ergeben. Die Erziehung des Kindes erfolgt wesentlich durch einen Großelternteil. Dies wird dann der Fall sein, wenn zum Beispiel die Mutter berufstätig ist und bei den Großeltern wohnt. Es ist bisher von Seiten der Mutter noch keine zufrieden stellende Ablösung vom Elternhaus erfolgt.

• Hilfen

Die Erzieherin muss dieser Situation Beachtung schenken, da sich daraus Verhaltensauffälligkeiten und Beeinträchtigungen des Kindes ergeben können. So wird es immer wieder in die sich zwischen Eltern und Großeltern ergebenden Konflikte hineingezogen. Da das Kind Großmutter und Mutter gleichermaßen gern hat, gerät es unweigerlich in Loyalitätskonflikte.

In der Elternarbeit sollten von der Erzieherin neben den Eltern des Kindes auch die Großeltern als Gesprächspartner akzeptiert werden. Die grundsätzliche Verantwortung für die Erziehung des Kindes liegt jedoch bei den Eltern. Darauf sollte in gemeinsamen Gesprächen hingewiesen werden. Bei stark konfliktbelasteten Beziehungen zwischen Eltern und Großeltern sollte es vermieden werden, für eine Seite Partei zu ergreifen.

4.1.4.6 Kindesmisshandlung durch Eltern

Die Erzieherin wird in ihrer Arbeit auch mit dem Problem der Gewalt gegenüber Kindern und des sexuellen Missbrauchs konfrontiert. Eltern treten ihr dann als Täter gegenüber, wenn sie das Kind selbst misshandeln. Sind andere Personen die Täter, muss die Erzieherin bei einem begründeten Verdacht mit den Eltern ins Gespräch kommen und mit Ihnen Handlungsstrategien erarbeiten.

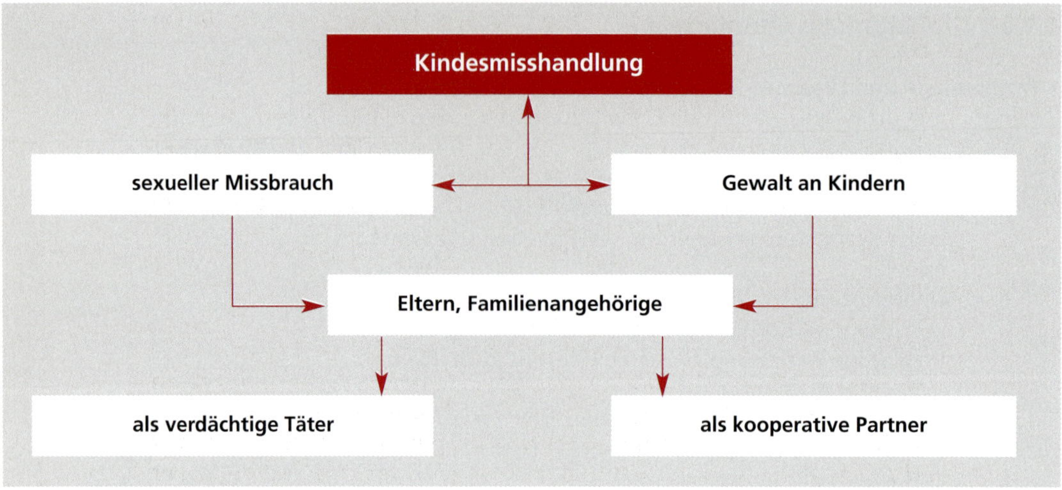

Rollen der Eltern bei Kindesmisshandlung

- **Sexueller Missbrauch**

Hintergründe

Nach Unverzagt (1998, Seite 1) werden in Deutschland jährlich ca. 14.000 bis 16.000 Fälle angezeigt. Von kompetenten Fachleuten wird die Zahl der nicht gemeldeten Fälle jedoch bis auf etwa 160.000 Fälle geschätzt. Zur Anzeige kommen eher die Missbäuche an Kindern außerhalb der Familie und Verwandtschaft. Unter sexuellem Missbrauch wird verstanden:

Definition

- *Er ist die Ausnutzung eines Kindes für die sexuellen Belange eines Erwachsenen.*
- *Wegen der Überlegenheit der Erwachsenen ist er zugleich ein Machtmissbrauch.*
- *Er erstreckt sich von versteckten Versuchen, ein Kind sexuell zu berühren, bis zur sexuellen Ausbeutung. Dies kann mit unterschiedlichen Schweregraden und unterschiedlicher Dauer geschehen.*
- *Kinder werden unter Zwang nackt fotografiert. Sie müssen mehrdeutige Anspielungen ertragen, sich begutachten und anfassen lassen.*
- *Sie werden zum Anschauen pornographischer Bildergezwungen und aufgefordert, den Erwachsenen mit dem Mund oder der Hand zu befriedigen. Dies erstreckt sich dann bis zur Vergewaltigung und zum vaginalen, analen oder oralen Geschlechtsverkehr mit dem Opfer.*

Hilfen

Für die Arbeit der Erzieherin ist es wichtig zu wissen, dass ca. 3/4 der Opfer Mädchen sind. Täter sind meistens Männer oder männliche Jugendliche. Jedoch zeigen Erfahrungen, dass auch sexuelle Übergriffe von Frauen ausgehen. Die Täter kommen meistens aus dem Familien-, Verwandtschafts- oder Bekanntenkreis des Kindes. Seltener ist es der Unbekannte auf der Straße oder der Fremde, der das Kind in sein Auto lockt.

Meistens ist die Diagnose eines sexuellen Missbrauchs nur durch dafür ausgebildete Fachleute möglich. Es gibt keine zweifelsfreie, eindeutige psychische Symptome für den Missbrauch. Wenn sich ein Kind auf einmal anders verhält, kann es allerdings sein, dass es damit Kummer zum Ausdruck bringt. Wichtig ist dann eine differenzierte Beobachtung. Verhaltensauffälligkeiten können ein Hinweis auf einen sexuellen Missbrauch sein, dürfen aber nicht vorschnell fehlinterpretiert werden. Hinweise können folgende Beobachtung geben:

- *Ein sonst aufgewecktes Kind ist oft müde, blass und bedrückt. Es klagt über Schmerzen unterschiedlicher Art und wird nachts immer wieder wach. Am morgen in der Kindertagesstätte klammert es sich weinend an der Mutter fest, weil es nicht von ihr alleine gelassen werden will.*
- *Ein bisher ruhig und ausgeglichenes Kind reagiert seit kurzem aggressiv und patzig. Ist jedoch auch oft überempfindlich und weinerlich. In der Nacht nässt es zusätzlich ein.*
- *Ein plötzliches Zurückziehen aus dem Freundschaftskreis ohne ersichtliche Gründe.*
- *Eine auftretende körperliche Distanzlosigkeit gegenüber jedem Erwachsenen.*

Ein misshandeltes Kind kann beispielsweise mit Schlafstörungen, Angstzuständen, depressivem oder aggressivem Verhalten signalisieren, dass es Hilfe braucht, weil es sich in einer Notlage befindet, aus der es sich selbst nicht befreien kann.

Beim Verdacht auf sexuellen Missbrauch sollte die Erzieherin wegen der weit reichenden Konsequenzen für das Opfer und den Täter überlegt und nicht vorschnell handeln. Sie muss Beobachtungen selbstkritisch bewerten, da sie eine fachliche diagnostische Abklärung nicht leisten kann. Im weiteren Vorgehen ist zu beachten, ob der verdächtige Täter ein Familienangehöriger oder ein Fremder ist.

Besonders schwierig ist es für die Erzieherin, wenn der Verdacht auf ein Mitglied der Familie fällt. Dann können die folgenden Handlungsstrategien in Betracht kommen:

- Austausch im Team und Besprechung der Hinzuziehung von entsprechenden Fachstellen (Jugendamt, Deutscher Kinderschutzbund, Kinderschutzzentren, Selbsthilfeorganisationen, Allgemeiner Sozialdienst oder Beratungsstellen).
- Einberufung einer Helferkonferenz (verschiedene Institutionen sind koordinierend tätig, wie Beratungsstelle, Jugendamt und Kindertagesstätte).

Bei den Fachstellen kann die betroffene Familie anonym vorgestellt werden. Dadurch wird eine evtl. nicht gerechtfertigte strafrechtliche Verfolgung und die daraus resultierende soziale Diskriminierung vermieden.

Ein Berater der Helferkonferenz wird beim Verdacht auf ein männliches Mitglied der Familie mit der Mutter in Kontakt treten und die weiteren Maßnahmen planen.

Richtet sich der Verdacht der Erzieherin auf eine Person, die nicht zur Familie gehört, so sollte so vorgegangen werden:

- Den Eltern in einem Gespräch die Beobachtungen und die Einschätzung der Situation mitteilen.
- Die Eltern anregen, mit geeigneten Fachleuten zusammen zu arbeiten (Kriminalpolizei, Jugendamt, Allgemeiner Sozialdienst oder Beratungsstellen) mit der Intension,
- wirksamen und unverzüglichen Schutz für das Kind herzustellen.

Sexueller Missbrauch	
Täter ein Familienmitglied	Täter kein Familienmitglied
• Austausch im Team	• Einschätzung der Situation
• Einbeziehung von Fachleuten	• Anregung zur Kooperation mit Fachleuten
• Einberufung einer Helferkonferenz	• Schutz für das Kind erreichen

Verhalten bei sexuellem Missbrauch

- **Gewalt durch die Eltern**

Hintergründe

Auch die Ausübung von Gewalt gegenüber Kindern ist Misshandlung. Es gibt viele Formen von körperlicher Gewalt, wie das Schlagen mit einem Gegenstand oder mit der Hand. Gestoßen, geschüttelt oder sogar geworfen werden oft kleine Kinder. Verbrennungen oder Verbrühungen sind auch Formen der Gewalt. Die Ausübung von Gewalt gegenüber Kindern wird leider immer noch von einigen Eltern als ein erlaubtes Erziehungsmittel angesehen:

> *„Wenn gar nichts mehr geht, dann kann nur noch eine Ohrfeige oder eine ordentliche Tracht Prügel helfen."*

Eine solche Haltung verstößt nicht nur gegen das Bürgerliche Gesetzbuch, sondern auch gegen die UN-Kinderrechtskonvention (Auszug § 19):

> „Die Vertragsstaaten treffen ... Maßnahmen, um das Kind vor jeder Form körperlicher oder geistiger Gewaltanwendung, Schadenzufügung oder Misshandlung, vor Verwahrlosung oder Vernachlässigung, vor schlechter Behandlung oder Ausbeutung einschließlich sexuellen Missbrauchs zu schützen, solange es sich in der Obhut der Eltern oder eines Elternteils, eines Vormunds oder anderer gesetzlicher Vertreter oder einer anderen Person befindet, die das Kind betreut."

Gewalt gegenüber Kindern hat physische und psychische Auswirkungen. Das Kind erleidet körperliche Verletzungen, wie zum Bespiel Hämatome, Striemen, Blutergüsse, Knochenbrüche oder Verstauchungen. Ferner sind misshandelte Kinder in ihrer kognitiven Entwicklung oft rückständig und sie haben Verhaltensauffälligkeiten. Dies können sein:

- Sie haben unterschiedliche Formen von Angst, etwa davor, ihre Angst zu zeigen. In einem solchen Fall sind die Kinder besonders anpassungsbereit und stellen sich furchtlos dar. Auch versuchen sie sich grundlos gegen Schläge zu schützen, obwohl keine erfolgen.
- Die Kinder haben ein massives Schuldgefühl in dem Sinne, dass sie sich als besonders negativ betrachten. Ferner ist die Tendenz zur Selbstbestrafung festzustellen.
- Sie haben Kontaktstörungen dahingehend, dass sie große Probleme haben, vertrauensvolle Beziehungen zu anderen Menschen zu gestalten.
- Neigung zu Depression, Abhängigkeit und aggressivem Verhalten, Sprachstörungen, Bewegungskoordinationsstörungen, Unterentwicklung und Unterernährung sind weitere Auffälligkeiten, die bei misshandelten Kindern auftreten können.

Hilfen
Dusolt verweist darauf, dass die physischen und psychischen Schäden eines Kindes nicht ausschließlich auf eine Misshandlung schließen lassen. Auch andere Ursachen können in Betracht kommen. Von einem konkreten Verdacht kann die Erzieherin deshalb erst dann ausgehen, wenn:
- zu den physischen Schäden
- auch psychische Auffälligkeiten hinzukommen und
- die psychologischen und sozialen Umstände des Falles mitberücksichtigt sind.

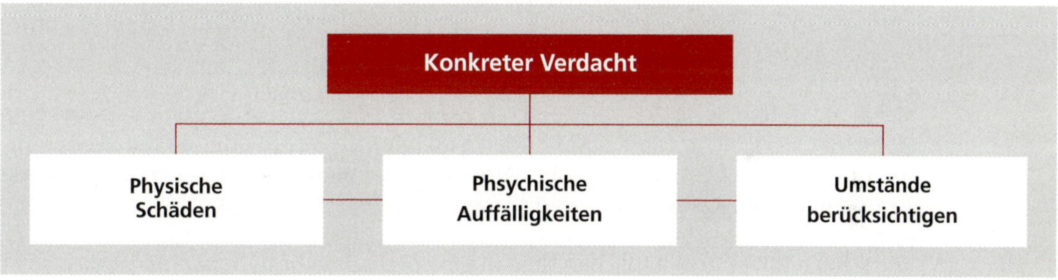

Grundlagen eines Verdachtes

4.1.4.7 Elternbeschwerden

Eine Beschwerde wird vielfach als persönlicher Angriff und Kritik wahrgenommen. Die meisten Menschen haben nicht gelernt, konstruktiv damit umzugehen. Folglich wird Kritik als etwas Bedrohliches erlebt und massive Angst stellt sich ein. Besonders bei Erzieherinnen mit geringer Praxiserfahrung „schrillen die Alarmglocken", wenn sich Eltern beschweren. Körperliche Symptome wie Schwitzen, rot Anlaufen oder Beschleunigung des Pulses treten auf.

Elternbeschwerden lösen bei diesen Erzieherinnen unangemessene Reaktionen aus, die sich wie folgt zeigen:
- Sich persönlich angegriffen fühlen,
- den objektiven Sachverhaltes verleugnen,
- Verantwortung auf andere abschieben,

- unangemessene Gegenangriffe starten,
- Rachegelüste entwickeln,
- Schuldgefühle entwickeln
- an sich selbst zweifeln oder
- sich verletzt zurückziehen.

- **Ursachen**

Die Ursachen für ein solche Überreaktion bei Elternbeschwerden sind oft auf die Kindheit zurückzuführen. Das Kind ist existentiell auf die zentralen Bezugspersonen, Mutter oder Vater angewiesen. Es nimmt mehr oder weniger bewusst wahr, dass es ohne die Bezugspersonen nicht leben kann. Werden Kinder zu häufig oder unangemessen von den Eltern kritisiert, wird dies als Ablehnung ihrer Person verstanden. Kinder sehen sich dann der Gefahr ausgesetzt, die Unterstützung und Liebe der Eltern zu verlieren. Auf die Kritik der Eltern folgt oft die Bestrafung oder die Vermittlung von Schuldgefühlen. Diese Erfahrung begründet die negative Einstellung gegenüber Kritik auch im Erwachsenenalter.

- **Hilfen**

Für die Erzieherin ist es wichtig zu wissen, warum Menschen kritisieren. Merkle (2000) nennt hierfür zwei Gründe:

Kritik als Machtmittel: Menschen wollen anderen durch Kritik Schaden zufügen. Sie hat dann das Ziel, dem Kritisierten Angst und Schuldgefühle sowie Unbehagen zu vermitteln. So gelingt es dem Kritisierenden besser, seinen Willen und seine Forderungen durchzusetzen.

Kritik als Hilfe: Die vorgebrachte Kritik wird als Hilfe verstanden und verfolgt eine konstruktive Absicht. Die Kritisierenden sind am Kritisierten oder an der Weiterentwicklung der Sache interessiert. Es wird auf Dinge hingewiesen, damit eine Verbesserung eintreten kann.

Die Schwierigkeit im alltäglichen Umgang mit Menschen besteht nun darin, dass nicht immer eindeutig unterschieden werden kann, ob es sich um konstruktive oder um destruktive Kritik handelt. Vielfach wird die Kritik vorschnell als destruktiv bewertet. Wenn das so ist, muss die Erzieherin lernen ihre negative Einstellung zu ändern und mit Elternbeschwerden professionell umzugehen. Beschwerden weisen auf Sachverhalte, Verhaltensweisen und Prozesse hin, die aus der Sicht des anderen fehlerhaft sind. Mit der Einstellung „aus Fehlern lernen" wird die Kritik zur Chance zur Verbesserung und Optimierung und ist damit ein wichtiger Beitrag zur Weiterentwicklung.

Formen	destruktive Kritik	konstruktive Kritik
Ansätze	Vermittlung von Schuldgefühlen und Ängsten	positives Interesse an der Person oder der Sache
Ziel	Durchsetzung eigener Interessen	Verbesserung der Situation
Probleme	Unterscheidung der Kritikformen oft schwierig	
Folge	Einstellungsänderung zu eigenen Fehlern und Schwächen	

Beschwerden von Eltern gehören zum Alltag in einer Kindertageseinrichtung und sind nichts Außergewöhnliches. In einer Einrichtung gibt es viele und unterschiedliche Eltern mit vielfältigen, unterschiedlichen Einstellungen, Haltungen und Ansichten. Eltern haben ein Recht, ihre Ansichten über bestimmte Dinge zu äußern.

Wenn Eltern sich nicht beschweren, so ist dies nicht unbedingt ein Hinweis, dass sie mit der Arbeit der Erzieherinnen zufrieden sind:

- Einige Eltern trauen sich nicht, sich zu beschweren. Sie haben Hemmungen oder Angst, dass ihre Haltung negative Auswirkungen auf ihr Kind hat. „Ich halte lieber meinen Mund, sonst wird es mir über mein Kind zurückgezahlt."
- Manche Eltern unterstellen, dass sie nicht ernst genommen werden und ihre Beschwerden keine Beachtung finden. „Das bringt doch nichts – die machen sowieso was sie wollen."

Für die Erzieher können Beschwerden ein wichtiger Gradmesser für die Zufriedenheit der Eltern sein. Damit kann die Einrichtung weiterentwickelt und verbessert werden. Die ehrlichen Anliegen und Wünsche der Eltern sind bekannt. Dabei ist es entscheidend, Beschwerden nicht mit Kränkungen oder Schuldzuweisungen in Zusammenhang zu bringen.

- Beschwerden dürfen nicht mit der Abwertung des professionellen Handelns gleichgesetzt werden.
- Mit Hilfe von Beschwerden kann die Beziehung zu den Eltern verbessert werden.
- Auf den Sachinhalt der Beschwerde kommt es an. Es ist ratsamer, sich nicht auf die Art und Weise zu konzentrieren, wie die Beschwerde vorgetragen wird.

Es kann auch ein Beschwerdesystem für die jeweilige Einrichtung entwickelt werden. Das bietet den Eltern die Gelegenheit, ihre Verbesserungsvorschläge, Anregungen, Wünsche und Anliegen darzulegen. Dazu sollten den Eltern mehrere Möglichkeiten eröffnet werden:

- regelmäßige „Beschwerdeabende", bei denen die Anregungen und Wünsche der Eltern im Mittelpunkt stehen,
- mit Hilfe von Beschwerdekästen die Wünsche anonym und schriftlich erfassen,
- durch schriftliche Befragungen die Zufriedenheit und das Engagement der Eltern ermitteln.
- Über Hotlines können Eltern zu bestimmten Zeiten die Einrichtung immer erreichen und ihre Wünsche und Kritik übermitteln. „Rufen Sie uns einfach an, wenn Sie ein Anliegen haben. Zwischen 16:15 Uhr und 17:00 Uhr sind wir für sie da."
- Durch regelmäßige Gespräche mit der Elternvertretung kann der „Gerüchteküche" entgegengewirkt werden, um Spannungen und Probleme rechtzeitig zu entschärfen.

Beschwerden von Eltern und Kritik darf die Erzieherin nicht persönlich auf sich beziehen oder als einen Angriff auf ihre Arbeit betrachten. Sie muss vielmehr die dargelegten positiven Aspekte erkennen. Dies ist sicher nicht einfach und bedeutet eine ständige Herausforderung. Als ungünstige Alternative bleiben nur Abwehrmechanismen wie Verdrängung, Vermeidung oder Verleugnung. Eine solche Haltung verhindert jedoch die Weiterentwicklung der fachlichen und vor allem der persönlichen Kompetenz der Erzieherin. Letztendlich führt ein solches unprofessionelles Verhalten zur Unzufriedenheit und unter Umständen zum Burn-out-Syndrom.

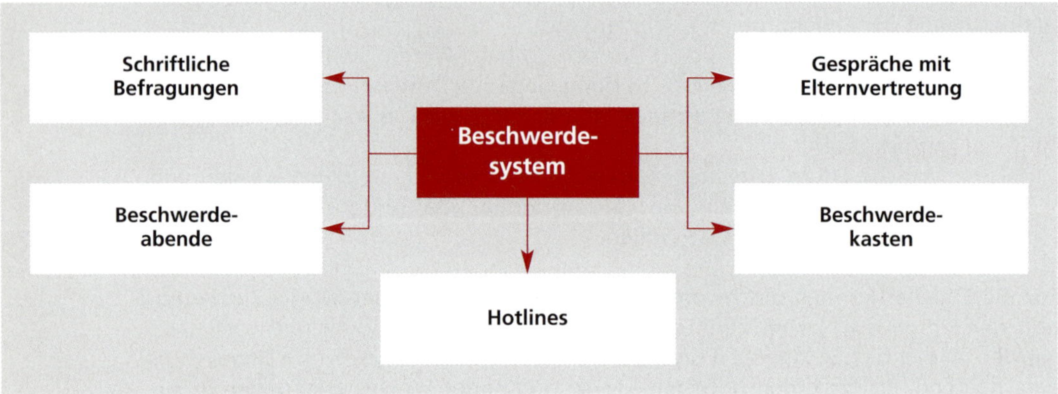

Beispiele für ein Beschwerdesystem

4.1.4.8 Eltern stehen unangemeldet im Raum

Einrichtungen im Elementarbereich sind offene Institutionen. In Kindergärten und Kindertagesstätten können Eltern in der Regel ein- und ausgehen. Dies führt nicht selten dazu, dass Eltern unangemeldet im Gruppenraum stehen. Die betreffenden Erzieher befinden sich dann in einem Dilemma: Zum einen sollen sie sich verantwortlich mit den Kindern beschäftigen und zum anderen wollen sie sich zugleich um die Anliegen einer Mutter oder eines Vaters kümmern. Diesen Anspruch zu erfüllen ist problematisch, auch unter Berücksichtigung der Aufsichtspflicht gegenüber den Kindern.

- **Ursachen**

Um den Kindern und Eltern gerecht zu werden, benötigt die Erzieherin Fingerspitzengefühl. Diese Art Überfallgespräche ist nicht mit den Tür-und-Angel-Gesprächen zu verwechseln, die mehr die Kontakterhaltung und die kurze Information zum Ziel haben (siehe: Tür-und-Angel-Gespräche). Für das Hereinplatzen der Eltern in den Gruppenraum gibt es mehrere Gründe. Je nach Anliegen der Eltern bieten sich unterschiedliche Verhaltensstrategien für die Erzieherinnen an.

Wenn das Büro nicht besetzt ist, betreten immer wieder Eltern den Raum, um ihr in der Regel zeitaufwendiges Anliegen vorzubringen (zum Beispiel Anmeldung ihres Kindes). Grundsätzlich sollte sich die Erzieherin nicht widerwillig zu einer Anliegensabklärung und Problembearbeitung zwischen Tür und Angel nötigen lassen. Die für die Eltern wahrnehmbaren nonverbalen Signale würden Ablehnung erkennen lassen und die zukünftige Elternarbeit belasten. Dem Elternteil kann in einem solchen Fall zunächst Verständnis entgegengebracht werden. Danach sollte darauf verwiesen werden, dass für das Anliegen (wie ein Aufnahmegespräch) viel Zeit und Ruhe nötig ist. Dann sollte einen Termin für ein ausführliches Gespräch vereinbart und Informationsmaterial mitgegeben werden.

Oft handelt es sich dabei um die erste Begegnung zwischen den Eltern und den Erziehern. Die Art des Umgangs miteinander prägt die weitere Zusammenarbeit. Die Erzieherin sollte deswegen ihre Interessen in einer freundlichen und verständnisvollen Art und Weise durchsetzen.

Ein weiterer Grund für das unangemeldete Betreten des Gruppenraums der Eltern ist das Bedürfnis nach Klärung und Information. Oft beginnen Eltern das Gespräch mit den Sätzen:

> *„Haben Sie einmal kurz Zeit." „Wofür ich mich schon länger interessiere."*
> *„Wenn ich Sie einmal fragen dürfte, ..."*

Klärung und Informationsbedarf sind berechtigte Anliegen. Allerdings muss es zur richtigen Zeit und in einem angemessenen Rahmen bearbeitet werden. Die Planung und die Bedürfnisse der Erzieherin sind dabei zu beachten. Lässt sich eine Erzieherin auf diese Art von Überfallgesprächen ein, begibt sie sich in eine prekäre Situation. Sie lässt sich auf das Gespräch ein und wird für eine gewisse Zeit – wenn sie mit Wertschätzung, Ich-Botschaften und Verständnis auf den Gesprächspartner eingeht – aus dem Gruppengeschehen herausgenommen. Der Elternteil agiert und die Erzieherin reagiert. Das ist eine psychologisch sehr unbefriedigende Situation. Im Kopf der Erzieherin kreisen Gedanken: „Wie kann ich helfen? Was ist zu veranlassen? Was geschieht in der Gruppe?" Es kann sich um eine diskrete Information oder auch um Kritik und Vorwürfe handeln. Durch den Überraschungseffekt gerät die Erzieherin grundsätzlich zunächst in die Defensive. Sie ist auf sich alleine gestellt und unvorbereitet. Sie kann auch keine Kollegin heranziehen. Oft ist der Kopf für ein solches Gespräch nicht frei.

- **Hilfen**

Deshalb sollte sich die Erzieherin auf ein solches Überfallgespräch nicht einlassen und die Mutter oder den Vater bitten, ihr Anliegen kurz zu benennen. Die Erzieherin übernimmt dadurch den aktiven Part im Gespräch. Sie kann jetzt selbst die Initiative ergreifen und situationsabhängig über das weitere Vorgehen entscheiden. Wenn es erforderlich ist, kann sie einen günstigeren Zeitpunkt vorschlagen und sich auf das Anliegen der Eltern vorbereiten.

Problematisch ist die Situation, wenn die Eltern frustriert und aggressiv unangemeldet im Raum stehen. Sie sind wütend und wollen sofort Dampf ablassen.

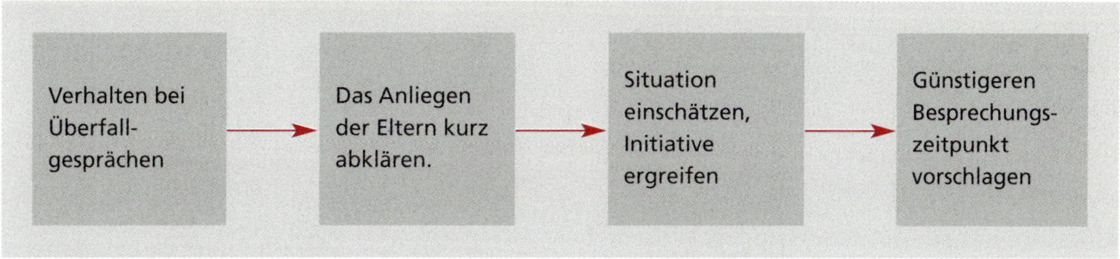

Verhalten bei Überfallgesprächen

So möchte zum Beispiel eine Mutter die Erzieherin damit konfrontieren, dass ihre Tochter ständig von einem Jungen geärgert und heimlich geschlagen wird. Da sich dies bereits über einen längeren Zeitraum ereignet, hat sich bei der Mutter ein gewisses Wutpotenzial angestaut. Gestern Nachmittag kam ihre Tochter mit einem aufgeschürften Knie und mit blauen Flecke nach Hause. Jetzt ist das Maß für die Mutter voll. Sie kann lange nicht einschlafen und stellt sich vor, wie sie denen morgen in der Kindertagesstätte einmal ordentlich die Meinung sagt. Am darauffolgenden Morgen steht dann die Mutter vor einer Erzieherin im Gruppenraum und möchte ihr Wut ablassen.

Die Erzieherin ist auf diese Situation nicht vorbereitet. Ihre Verhaltensstrategie muss zwei Aspekte berücksichtigen. Sie darf sich zunächst nicht auf dieses Gespräch mit der Mutter einlassen. Lässt sie sich nämlich darauf ein, ist sie der Gefahr ausgesetzt, sozusagen „kalt erwischt" zu werden. Sie muss dann mit emotionalen und kaum sachlich begründeten Vorwürfen, Beschuldigungen und Beleidigungen rechnen.

Andererseits sollte die Mutter mit ihrem Anliegen ernst genommen werden und ihr sofort ein späterer Gesprächstermin angeboten werden. Dies ist nicht einfach, da sich Menschen in einer emotional angespannten Situation nicht gerne vertrösten lassen. diese Situation könnte zum Beispiel nach Weber-Röger so angegangen werden:

Frau Y.: „Ich möchte Sie schnell einmal sprechen."

Erzieherin: „Bitte Frau Y, um was geht es?"

Wütend Frau Y.: „Rebecca wird ständig vom Jonas geschlagen. Gestern kam sie sogar mit einem aufgeschürften Knie und blauen Flecken nach Hause."

Erzieherin: „Das ist ein Problem, um das wir uns kümmern müssen. Es ist sicherlich besser dies nicht hier in der Hektik zu besprechen, sondern mit Ihnen in aller Ruhe auf die Situation einzugehen. Gerade führe ich in der Gruppe eine Übung durch. Heute nachmittag hätte ich für sie Zeit."

Erstaunt Frau Y.: „Ja gerne."

In der Regel erwartet die Mutter auf ihren Angriff eine Gegenwehr. Die erwartete Reaktion tritt jedoch nicht ein. Ihr werden Verständnis und Wertschätzung entgegen gebracht. Ein Teil der aufgestauten Aggressionen verpufft. Sicher, eine gewisse Wut ist immer noch vorhanden. Mit diesem Rest lässt es sich jedoch besser umgehen und die Erzieherin ist am Nachmittag darauf vorbereitet. Damit ist eine bessere Basis für eine konstruktive Problemlösung gegeben.

Situation und Verhalten bei wütenden Eltern

Mit einer solchen Strategie werden mehrere Ziele erreicht. Die Erzieherin kann sich in der Zwischenzeit mit der Problematik beschäftigen. Die Mutter und ihr Anliegen werden ernst genommen. Das Problem ist aus der Sicht der Mutter so bedeutsam, dass es ohne Zeitdruck und in aller Ruhe besprochen wird. Eine auch für Eltern wichtige Grundeinstellung ist erkennbar: dass Kinder wichtig sind und sich die Erzieherinnen für die Problemlösung ausreichend Zeit nehmen.

Wie bei den Formen der Elternarbeit noch differenzierter dargestellt, ist das Ernstnehmen der Eltern vor allem für die Beziehungsebene wichtig. Die angemessene Reaktion der Erzieherin:

> *„Ich empfinde, sie beschäftigen sich sehr damit und möchten gerne darüber sprechen."*

Wie verhält man sich aber, wenn sich die Mutter im geschilderten Beispiel nicht vertrösten und ihrer Wut freien Lauf lässt, um ihre Vorwürfe auf die betreffende Erzieherin abzuladen? Die Erzieherin muss in einem solchen Fall selbstbewusst auftreten und die Situation angemessen entschärfen. Um von der emotionalen auf eine sachlichere Ebene zu gelangen, könnte sie die Mutter bitten, den Vorfall möglichst genau zu beschreiben. Im zweiten Schritt erst sollte sie auf die Situationsbewertung der Mutter eingehen. Ist die Mutter weiterhin aufgebracht, so sollte ihr rückgemeldet werden, wie ihr Verhalten auf die Erzieherin wirkt. Gegebenfalls sollte die Erzieherin das Gespräch abbrechen und der Mutter signalisieren:

> *„In dieser Form möchte ich diese Angelegenheit mit ihnen hier nicht besprechen! Wenn Sie an einem sachlichen Gespräch interessiert sind, dann stehe ich ihnen gern zur Verfügung."*

Auch die Erzieherin hat ein Recht darauf, dass ihr mit Wertschätzung und Achtung begegnet wird. Die Eltern können nicht einfach über die Planung und Zeit von Erzieherinnen verfügen und ihnen ein Gespräch in einem unzumutbaren Rahmen aufdrängen. Besonders Erzieherinnen mit wenig Praxiserfahrung müssen mehr und mehr verinnerlichen, ohne Schuldgefühle nein sagen zu dürfen und es nicht allen Menschen Recht machen zu können (siehe auch Weber-Röger 2001, Seite 61 bis 69.)

4.1.4.9 Eltern aus pädagogischen Berufen

Erzieher treffen in der Elternschaft auch auf engagierte Eltern aus pädagogischen Berufen wie Professoren, Lehrer, Sozialpädagogen, Heilpädagogen oder Erzieher, die ihre pädagogische Kompetenz in den Erziehungsalltag einbringen. Die Zusammenarbeit mit Eltern aus pädagogischen Berufen ist von einer besonderen Dynamik charakterisiert, die zu Machtkämpfen eskalieren kann. Solche Machtkämpfe sind für die Erzieherin äußerst unangenehm. Sie kosten viel Zeit, Kraft und Nerven. Ferner wird das Kind mit hineingezogen.

- **Ursachen**

Wie können solche Machtkämpfe entstehen und welche Handlungsmöglichkeiten hat die Erzieherin, dem entgegen zu wirken? Zunächst muss in dieser Dynamik die Situation der Eltern mit pädagogischer Berufen analysiert werden:

- Im Gegensatz zu anderen Eltern haben sie durchdachte oder auch andere Erziehungskonzepte.
- Sie halten sich für kompetent, substanziell auf die Einrichtung einzuwirken.
- Hinsichtlich ihres pädagogischen Fachwissens betrachten sie die Arbeit der Erzieherinnen oft sehr kritisch.

In dieser Auseinandersetzung gelangt die Erzieherin schnell in eine schwierige Situation, in der sie mit vielfältigen Angriffen zu rechnen hat:

Verunsicherung: Sie fühlt sich in ihrer fachlichen Kompetenz (Sach- und Fachautorität) angegriffen. Das dominante Auftreten von vermeintlich pädagogisch besser qualifizierten Eltern verunsichert die Erzieherin, die sich von Titeln und Funktionen dieser Eltern beeindrucken lässt.

Kritik: Die Vielfalt und Unterschiedlichkeit der zurzeit praktizierten pädagogischen Konzepte führt dazu, dass aus der Sicht der anderen Konzepte die in der Einrichtung verwirklichten Erziehungsvorstellungen immer kritisiert werden können.

Konzeptionslosigkeit: In den Einrichtungen wird in der Regel nicht exakt nach einem theoretisch vorgegebenen Erziehungskonzept (zum Beispiel Freinet-Pädagogik, Montessori-Pädagogik) gehandelt. Aufgrund der Tradition der Einrichtung und des pädagogischen Selbstverständnisses der Erzieherinnen wird eine pädagogische Konzeption entwickelt, die der Situation der Kinder, des Umfeldes und der pädagogischen Ausrichtung der Erzieherinnen gerecht wird.

Fehler: Fehler im fachlichen und persönlichen Bereich sind nicht vermeidbar. Eltern aus pädagogischen Berufen sind auf diesem Feld besonders sensibilisiert und neigen schnell zur Kritik.

Ängste: Die ständige Angst, einen Fehler nachgewiesen zu bekommen, verunsichert die Erzieherinnen und provoziert damit Fehler (Sich-selbst-erfüllende-Prophezeiung). Verschärft wird die Situation der Erzieherin noch, wenn sie Probleme im Umgang mit Autoritäten oder ein schwach ausgeprägtes Selbstwertgefühl hat.

Als Folge davon werden Konkurrenz- und Rivalitätsgefühle ausgelöst, die zu Machtkämpfen führen. Die Erzieherin möchte dem Anspruch dieser Eltern nicht nachgeben, Einfluss auf ihre konkrete pädagogische Arbeit nehmen zu können. Auch möchte sie nicht ständig ihr Handeln begründen müssen.

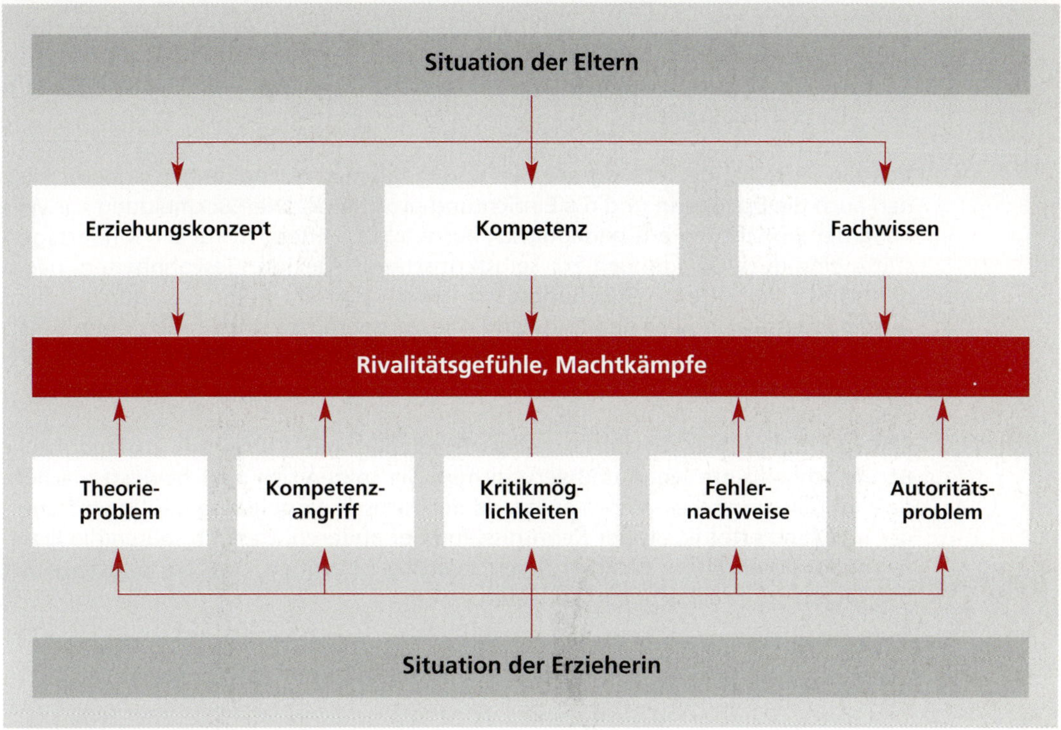

Ursachen von Machtkämpfen und Rivalität

- **Hilfen**

Nicht immer lassen sich solche Machtkämpfe verhindern. Ein von sich überzeugter Pädagogikprofessor, ein über den Dingen stehender Lehrer oder eine alles beobachtende und beurteilende Erziehermutter sind grundsätzlich für die Fachkräfte der Einrichtung eine pädagogische Herausforderung. Allerdings lässt sich der Umgang mit diesem schwierigen Personenkreis zumindest entschärfen, wenn von den Erzieherinnen folgende Handlungsmöglichkeiten und Verhaltensstrategien verfolgt werden:

- Die Angst, Fehler zu machen, muss abgebaut werden. Es gehört zum Menschsein, Fehler machen zu dürfen. Aus Fehlern zu lernen signalisiert persönliche Stärke.
- Durch diese Einstellungsveränderung kann die Erzieherin dem Personenkreis offener und selbstbewusster entgegentreten.
- Den Eltern zuhören und ihre Anliegen verstehen ist eine wichtige Voraussetzung.
- Die Anregungen und Anliegen der Eltern sollten dahin gehend überprüft werden, inwieweit sie übernommen werden können und die Eltern sind in die Pflicht zu nehmen, bei der Umsetzung ihrer Vorstellungen verantwortlich mitzuwirken.
- Persönliche Angriffe gegenüber ihrer Person von den Eltern sollte die Erzieherin sofort und klar thematisieren (Sachebene) uns sich nicht auf die Ebene der persönlichen Auseinandersetzungen und Anfeindungen herunterziehen lassen (Beziehungsebene).

- Im Team sollte man sich mit den pädagogischen Anregungen der Eltern auseinander setzen, um danach zu einer verbindlichen, eindeutigen Bewertung der Vorschläge zu gelangen, die von allen Teammitgliedern vertreten wird.

Von der Auseinandersetzung mit den pädagogischen Vorstellungen anderer können auch die Erzieherin und die Einrichtung profitieren. Die Rückmeldung zur Wirkung der Einrichtung auf pädagogisch ausgebildete Eltern ist für die Kindertagesstätte eine gute Gelegenheit zur selbstkritischen Reflexion. Gewohnheiten, pädagogisches Verhalten, Erziehungsziele und -mittel kommen durch diese Auseinandersetzung auf den Prüfstand. Die vorgebrachte Kritik, auch wenn sie als überzogen erlebt wird, gibt bisweilen Hinweise auf Problemfelder, für die man bislang blind war.

Erzieher fühlen sich in der Auseinandersetzung mit Vertretern pädagogischer Berufe schnell unterlegen und verunsichert. Sie sollten sich aber bewusst machen, dass ihr pädagogisches Wissen aufgrund der Fachschulausbildung häufig umfassender und fundierter ist als der Kenntnisstand der anderen. Deshalb sollten die Erzieherinnen diesen Eltern nicht in Demutshaltung begegnen, sondern selbstbewusst und engagiert ihre Positionen vertreten.

4.1.4.10 Fehlhaltungen

Eltern als Kinder behandeln: Einige Erzieher setzen Methoden, die sie in der Kindergruppe erfolgreich praktizieren, auch in der Arbeit mit Erwachsenen ein. Wie Erfahrungen in Elternveranstaltungen zeigen, löst dies bei einigen Eltern massive Widerstände aus, da sie ihre Erwachsenenrolle nicht aufgeben und sich in der Kindrolle begeben wollen. Die Erzieherin sollte bei der Auswahl der Methoden erwachsenengerechte Verfahren auswählen und die Eltern nicht mit ungewohnten Situationen (zum Beispiel Rollenspiel mit Eltern als Einstieg) überfordern.

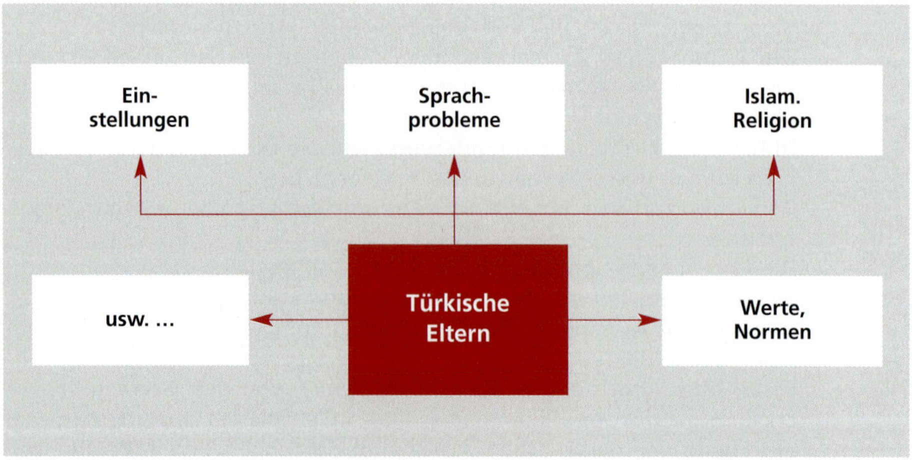

Hof-/Halo-Effekt

Wahrnehmungsfehler: Zahlreiche, unbewusst wirkende Fehler beeinträchtigen eine objektive Wahrnehmung und damit den Umgang mit den Eltern. Exemplarisch sei auf einige Wahrnehmungsfehler hingewiesen. Der ***Hof- oder Halo-Effekt*** zeigt, wie durch wenige auffällige Merkmale ein Bild von den Eltern entsteht, das sich zunächst aus Erwartungen und Vorurteilen zusammensetzt. Hinweisreize wie Beruf, Nationalität, Wohngebiet, Familienstand, Aussehen lösen unbewusst Erwartungen und ein „scheinbares" Kennen des anderen aus. Der ***Filter-Effekt*** verdeutlicht, wie durch Erwartungen die Wahrnehmungsprozesse beeinflusst werden. Die Filter lassen nur solche Informationen über den anderen ins Bewusstsein dringen, die den Erwartungen entsprechen. Widersprechende Informationen werden unbewusst ausgeblendet. Durch das Herausfiltern von unerwarteten Informationen werden die bestehenden Einstellungen bestätigt und verfestigt. Die ***Sich-selbst-erfüllende-Prophezeiung*** besagt, dass die Erzieherin von ihren Erwartungen so stark gesteuert wird, dass sie bei den Eltern genau das Verhalten provoziert, das sie erwartet. Beim ersten Kontakt mit Eltern kommt der ***erste Eindruck*** als Wahrnehmungsfehler zum Tragen. Da beim ersten Kontakt nur wenige Informationen über die Eltern vorliegen, hinterlassen erste, oft äußerliche Hinweisreize (zum Beispiel Aussehen, Sprachverhalten) eine besonders intensive, lang nachwirkenden Wirkung.

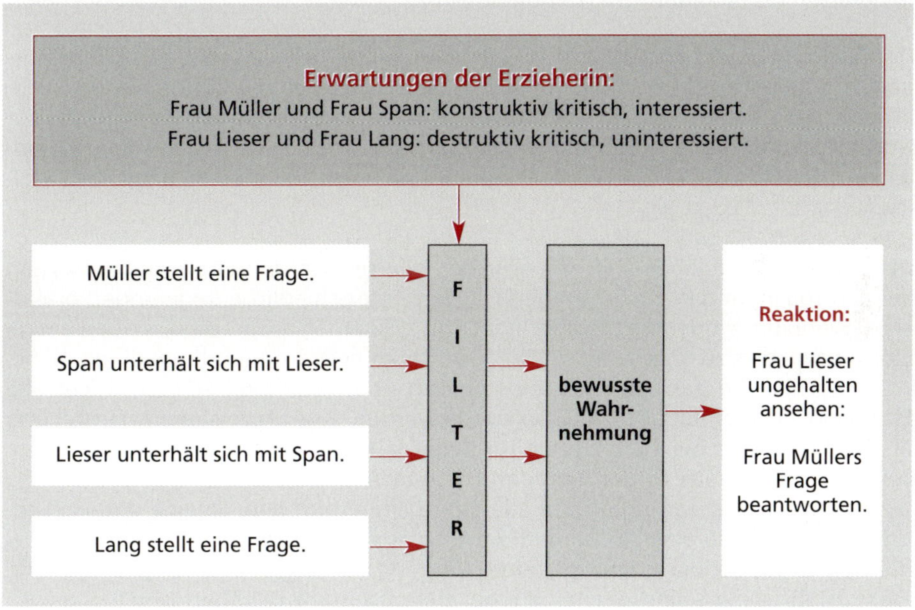

Filter-Effekt

Mittelschichtorientierung: Die Erzieher gehen von den Wertvorstellungen und Normen der Mittelschicht aus und erwarten von den Eltern ein entsprechendes Verhalten (Sprache, Umgangsformen). Dieser Erwartungshaltung können einige Eltern nicht gerecht werden. Sie fühlen sich dann unverstanden, unwohl und diskriminiert. In der Elternarbeit müssen Formen entwickelt werden, die alle Eltern gleichermaßen anspricht (vgl. Kapitel 4.2.4.3: Heterogenität der Elternschaft).

Zeitprobleme: Signalisiert die Erzieherin den Eltern ausgeprägt kundenorientiert „Ich habe immer für Sie Zeit", dann nehmen die Eltern dieses Angebot gerne wahr und erwarten, dass ihr Anliegen tatsächlich zu jeder Zeit erörtert werden kann. In der Folge müssen sich die Erzieherinnen mit den Eltern als unberechenbare „Zeitfresser" auseinander setzen. Das Problem „Eltern stehen unangemeldet im Raum" wird in Kapitel 4.1.4.8 analysiert.

Erzieherrollen: Die Wahrnehmung der ***Problemlöser-Rolle*** durch engagierte Erzieherinnen führt schnell zu Überforderungen. Einige Erzieherinnen sehen die Notlage der Eltern und leiten die Aufgabe für sich daraus ab, als Retter die Probleme der Eltern zu lösen. Die Erfahrung zeigt jedoch, dass der vermeintliche Helfer sich persönlich mit den Problemen der Eltern identifiziert und den erforderlichen professionellen Abstand zu den Hilfsbedürftigen verliert. Ein Scheitern der Hilfsbemühungen wird dann als persönliches Versagen empfunden. Die Erzieherin benötigt letztendlich selbst Hilfe, um ihre Situation angemessen zu verarbeiten.

In Problemsituationen der Eltern wird die Erzieherin in der ***Richter-Rolle*** in den Konflikt einbezogen. Doch eine Parteinahme für einen Elternteil beeinträchtigt die erforderliche Zusammenarbeit mit beiden Elternteilen. Hier ist die Rolle der Mediatorin (siehe Kapitel 4.1.1) angebracht.

Dominanz: In einer partnerschaftlich gestalteten Elternarbeit sind beide Gesprächspartner gleichberechtigt und weisen in verschiedenen Bereichen unterschiedliche Kompetenzen aus. Eine Dominanz eines Interaktionspartners führt zur Unterdrückung des anderen und verhindert damit ein konstruktives Zusammenwirken. So ist es die Aufgabe der Erzieher eine entsprechende Balance herzustellen.

Distanz: Einige Erzieher sind sich unsicher, wie sie von den Eltern angesprochen werden sollen. In den Einrichtungen werden unterschiedliche Regelungen praktiziert. Wenn die Kinder die Erzieherinnen mit Vornamen ansprechen, neigen einige Eltern dazu, dies zu übernehmen. Ein „Du" klingt vertrauter und signalisiert Nähe, während manche das „Sie" als unpersönlich und distanziert erleben. Nicht alle Eltern wollen aber mit „Du" angesprochen werden. Eine professionelle Einstellung in der Elternarbeit beinhaltet einen für beide Seiten erforderlichen Abstand. Diese Distanz kommt auch in der Anredeform zum Ausdruck. Die in der Einrichtung praktizierte Anredeform sollte für alle Eltern einheitlich sein, da eine unterschiedlichen Anredeform eine Aufteilung der Elternschaft signalisiert. Offenbar gibt es dann eine Gruppe, die einen vertrauten Umgang mit den Erzieherinnen pflegt und mehr erfährt, sowie eine zweite Gruppe, die auf Distanz gehalten wird.

Umgang mit Kritik: Die Kritik von Eltern wird von vielen zunächst als persönlicher Angriff (fehl)interpretiert. Sie reagieren emotional betroffen, fühlen sich verletzt, missverstanden und sind für die eigentliche Botschaft, die mit der Kritik verbunden ist, nicht mehr offen. In ihrer Verärgerung wollen sie sich wehren und würden am liebsten zurückschlagen. Hier ist eine Einstellungsänderung erforderlich, die sich mit den positiven Funktionen der Kritik (siehe folgende Abbildung) auseinandersetzt. Kritik ist erforderlich, um eine Weiterentwicklung der Einrichtung, des

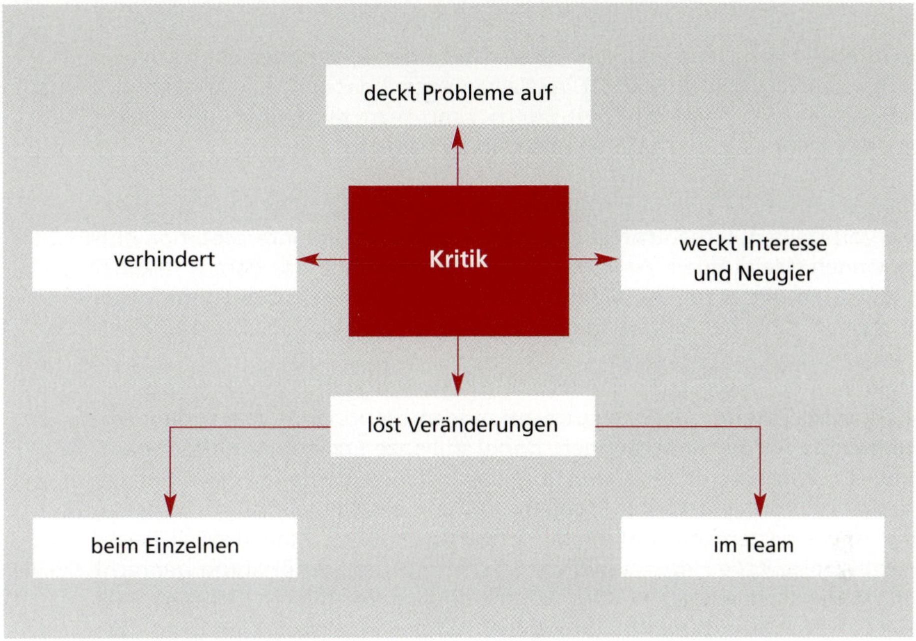

Positive Funktionen von Kritik (in Anlehnung an Berkel 1995)

Teams und der Erzieherinnen zu initiieren. Fehlende kritische Äußerungen („Friedhofsruhe") signalisieren mehr verdeckte und ungeklärte Probleme als der offene und kritische Umgang miteinander (siehe Kapitel 4.1.4.7 Umgang mit Elternbeschwerden).

Zusammenfassung

Die auftretenden Probleme bei der einzelpersonbezogenen Elternarbeit können sehr vielfältig sein. Einzelne Schwierigkeiten lassen sich nicht immer ganz exakt der einzelpersonbezogenen, gruppenbezogenen oder einrichtungsunterstützenden Form der Elternarbeit zuordnen. Überschneidungen sind möglich. Bei der einzelpersonenbezogenen Elternarbeit ist mit folgenden Problemen und Schwierigkeiten zu rechnen: negative Einstellungen, auffällige bzw. beeinträchtigte Kinder, Scheidungssituationen, Kindesmisshandlung, Eltern stehen unangemeldet im Raum, Eltern aus pädagogischen Berufen, Großeltern als Elternersatz, allein Erziehende und Fehlhaltungen.

Klischees, Voreingenommenheiten oder Alltagstheorien führen zu **negativen Einstellungen** und können die Zusammenarbeit zwischen Pädagoginnen und Eltern erheblich beeinträchtigen. Negative Einstellungen treten in der Praxis oft als Vorurteil auf. Solche Vorurteile sind zum Beispiel: Erzieherinnen haben es einfach, da sie den ganzen Tag spielen und oft im Garten sitzen, dabei Kaffee trinken und miteinander plaudern können. Den Eltern kann man es sowieso nicht recht machen, da sie immer nur kritisieren und ständig herumnörgeln.

Wie können Vorurteile vermindert und abgebaut werden? Es ist wichtig zu wissen, wie Vorurteile durch entsprechende Wahrnehmung und Interpretation entstehen können. Meinungen, Ansichten oder Absichten und das daraus resultierende Verhalten gilt es immer wieder kritisch zu reflektieren, beweglich, offen und lernbereit zubleiben. Aktuelle Diskussionen, Fortbildungen, Fachzeitschriften und Fachbücher helfen weiter.

Verhaltensauffälligkeiten und Beeinträchtigungen bei Kindern sind große Herausforderungen für die Einrichtungen. Dabei steht die Erzieherin in der Verantwortung, ein Gespräch mit den Eltern über das auffällige Verhalten des Kindes zu führen. Hier stellt sich jedoch das Problem, ab wann ein Kind auffällig und beeinträchtigt ist. Es besteht die Gefahr der Etikettierung. Das Kind wird vielleicht ungerecht in eine Ecke gestellt und die Eltern sind unnötig in Sorge gebracht worden. Weicht sie dem Gespräch aus, könnte das auf der anderen Seite ebenfalls negative Folgen haben. Mögliche und nötige Hilfen kämen dem Kind nicht oder zu spät zugute. Obwohl dem entsprechenden Kind geholfen werden könnte, bliebe ihm Hilfe wegen eines unprofessionellen Verhaltens einer pädagogischen Fachkraft versagt.

Deshalb muss sich die Erzieherin zunächst mit den Formen und Ursachen von Verhaltensauffälligkeiten auseinandersetzen. Besonders in der Zusammenarbeit mit Eltern von behinderten Kindern ist es für die Pädagogin entscheidend, von deren besonderen Situation auszugehen. Dadurch verringert sich die Gefahr, Vorurteilen zu erliegen und unangemessene Schlüsse zu ziehen.

Die **Scheidung** mündet für einige Eltern in ein aggressives Ringen um ihre Kinder. In diesem emotionsbeladenen Kampf halten die Eltern nach Verbündeten Ausschau – dabei spielt die Pädagogin eine wichtige Rolle. Das Kind hat eine Beziehung zu ihr und sie kennt das Kind gut. Eltern in Scheidungssituationen leiten daraus ab, dass die Erzieherin als Außenstehende bestens den ‚guten' vom ‚schlechten' Elternteil unterscheiden kann.

Die Pädagogin kann den Eltern aufzeigen, wie sich die Scheidungssituation auf ihr Kind auswirkt. Danach sollte gemeinsam darüber gesprochen werden, was die Eltern beitragen können, um die Entwicklung ihres Kindes nicht weiterhin zu beeinträchtigen. Neben diesen Hilfen kann auch auf unterschiedliche Organisationen hingewiesen werden, wie zum Beispiel Kinderschutzbund, Beratungsstellen oder Mediationsangebote.

Die Pädagogin kann in ihrer Arbeit auch mit **Kindesmisshandlung** konfrontiert werden. Sie steht dann dem Problem der Gewalt gegen Kinder und dem sexuellen Missbrauch von Kindern gegenüber. Eltern treten dann als Täter auf, wenn diese das Kind selbst misshandeln. Sind andere Personen die Täter, muss die Erzieherin bei einem begründeten Verdacht mit den Eltern ins Gespräch kommen und mit Ihnen Handlungsstrategien erarbeiten.

Berücksichtigt werden muss, dass die physischen und psychischen Schäden eines Kindes nicht ausschließlich nur auf eine Misshandlung schließen lassen. Auch andere Ursachen können in Betracht kommen. Von einem konkreten Verdacht kann die Erzieherin deshalb erst dann ausgehen, wenn zu den physischen Schäden auch psychische Auffälligkeiten hinzukommen und die psychologischen und sozialen Umstände des Falles mitberücksichtigt sind.

Beschwerden von Eltern gehören zum Alltag in einer Einrichtung und sind nichts Außergewöhnliches. In einer Institution gibt es viele und unterschiedliche Eltern, d. h. Einstellungen, Haltungen und Ansichten. Eltern haben ein Recht, ihre Ansichten über bestimmte Dinge zu äußern. Trotzdem wird eine Beschwerde vielfach als persönlichen Angriff und Kritik wahrgenommen. Die meisten Menschen haben nicht gelernt, mit Kritik konstruktiv umzugehen. Folglich wird Kritik als etwas Bedrohliches erlebt und massive Angst stellt sich ein.

Für die Erzieherin ist es wichtig zu wissen, warum Menschen kritisieren. Merkle (2000) nennt hierfür zwei Gründe, nämlich Kritik als Machtmittel und Kritik als Hilfe. Für die Erzieherinnen können Beschwerden auch ein wichtiger Gradmesser für die Zufriedenheit der Eltern sein. Damit kann die Einrichtung weiter entwikkelt und verbessert werden.

Es kann auch ein Beschwerdesystem für die jeweilige Einrichtung entwickelt werden. Es bietet den Eltern die Gelegenheit ihre Verbesserungsvorschläge, Anregungen und Wünsche darzulegen.

In vielen Einrichtungen können Eltern in der Regel ein- und ausgehen. Dies führt nicht selten dazu, dass **Eltern unangemeldet im Gruppenraum stehen**. Die Erzieherinnen befinden sich dann in einem Dilemma: Zum einen sollen sie sich verantwortlich mit den Kindern beschäftigen und zum anderen wollen sie sich um die Anliegen einer Mutter oder eines Vaters kümmern. Um Kindern und Eltern gerecht zu werden, benötigt die Erzieherin Fingerspitzengefühl.

Auf Überfallgespräche sollte sich die Erzieherin nicht einlassen und die Mutter oder den Vater bitten, das Anliegen kurz zu benennen. Auf diese Weise übernimmt sie den aktiven Part im Gespräch und kann jetzt Selbst die Initiative ergreifen um situationsabhängig über das weitere Vorgehen zu entscheiden. Wenn nötig, kann sie zum Beispiel einen günstigeren Zeitpunkt vorschlagen und sich auf das Anliegen der Eltern vorbereiten.

Erzieher treffen in der Elternschaft auch auf engagierte **Eltern aus pädagogischen Berufen** wie Professoren, Lehrer, Sozialpädagogen, Heilpädagogen oder Erzieher, die ihre pädagogische Kompetenz in den Erziehungsalltag einbringen. In der Auseinandersetzung mit den pädagogischen Vorstellungen anderer kann auch die Erzieherin und die Einrichtung profitieren. Rückmeldung zur Wirkung der Einrichtung auf pädagogisch ausgebildete Eltern ist für die Kindertagesstätte eine gute Gelegenheit zur selbstkritischen Reflexion. Gewohnheiten, pädagogisches Verhalten, Erziehungsziele und -mittel kommen durch die Auseinandersetzung auf den Prüfstand.

Die Zusammenarbeit hat jedoch oftmals eine besondere Dynamik, die bis hin zu Machtkämpfen eskalieren kann. Solche Machtkämpfe sind für die Erzieherin äußerst unangenehm, da sie viel Zeit, Kraft und Nerven kosten, auch das Kind wird mit hineingezogen. Nicht immer lassen sich solche Machtkämpfe verhindern. Allerdings lässt sich der Umgang mit diesem Personenkreis zumindest entschärfen, wenn von den Erzieherinnen entsprechende Handlungsmöglichkeiten und Verhaltensstrategien verfolgt werden, wie zum Beispiel:

Die Angst, Fehler zu machen, abzubauen. Den Eltern zuhören und ihre Anliegen verstehen. Die Anregungen und Anliegen der Eltern dahingehend überprüfen, inwieweit sie übernommen werden können und die Eltern in die Pflicht nehmen, bei der Umsetzung ihrer Vorstellungen verantwortlich mitzuwirken. Persönliche Angriffe gegenüber ihrer Person von den Eltern sofort und klar thematisieren (Sachebene). Im Team sich mit den pädagogischen Anregungen der Eltern auseinandersetzen. Nach der Auseinandersetzung mit den Vorschlägen zu einer verbindlichen, eindeutigen Bewertung der Vorschläge gelangen, die von allen Teammitgliedern vertreten wird.

Großeltern werden zunehmend an der Erziehung des Enkelkindes beteiligt: **Großeltern als Elternersatz**. In der Elternarbeit sollten von der Erzieherin neben den Eltern des Kindes auch die Großeltern als Gesprächspartner akzeptiert werden. Die grundsätzliche Verantwortung für die Erziehung des Kindes liegt jedoch bei den Eltern. Darauf sollte in gemeinsamen Gesprächen hingewiesen werden.

Die Erzieherin wird in der Elternarbeit auch mit **allein erziehenden Elternteilen** kooperieren, deren schwierige Lebenslage zu berücksichtigen ist. Einige Alleinerziehende haben wenig soziale Kontakte und verfügen über geringe finanzielle Spielräume. Bereits bei der Aufnahme des Kindes sollte bei gemeinsamer elterlicher Sorge die Frage der Informationsweitergabe und der Entscheidungskompetenzen genau geklärt werden (vgl. Dusolt 2001, Seite 114). Wenn ein Elternteil die alleinige elterliche Sorge hat, muss dieser Elternteil ausdrücklich sein Einverständnis geben, wenn der andere Elternteil informiert werden will.

Einige Alleinerziehende suchen bisweilen in der Erzieherin einen kompetenten Ansprechpartnerin, um in einer angenehmen Gesprächatmosphäre über sich und über ihr Kind zu sprechen. Für ein solches Elterngespräch sollte genügend Zeit zur Verfügung stehen. Die Erzieherin kann dabei hilfreiche Hinweise geben, wie zum Beispiel über finanzielle Hilfen und Selbsthilfegruppen oder Beratungsstellen.

4.2 Gruppenbezogene Formen der Elternarbeit

4.2.1 Erzieherkompetenzen und Methoden

Der erfolgreiche Umgang mit Elterngruppen erfordert Selbstbewusstsein, das aus der fachlichen Kompetenz, der Beherrschung gruppenspezifischer Methoden, den persönlichen Stärken und den sozialen Fähigkeiten resultiert.

4.2.1.1 Steuerung von Gruppenprozessen

Bei der Arbeit mit Elterngruppen sind die typischen Gruppenprozesse, wie sie Lowy und Bernstein beschreiben, zu beobachten. Die Erzieherin hat die Aufgabe, im Rahmen ihrer Moderationsfunktion auch den Gruppenprozess zu steuern. Folgende Aufgaben sind in den verschiedenen Entwicklungsphasen des Gruppenprozesses wahrzunehmen:

1. Phase: Voranschluss/Orientierung
In dieser Anfangsphase sind sich die Eltern noch fremd und das Verhalten gegenüber den anderen ist zum einen durch Neugierde und freudige Erwartung und zum anderen durch Unsicherheit, Angst und Vorsicht geprägt. Die Eltern beobachten sich, sie suchen nach Orientierung und Strukturierung in der unklaren Gruppensituation.

2. Phase: Machtkampf/Kontrolle
Wenn sich die Eltern gegenseitig besser kennen und einschätzen können, entstehen deutlich erkennbare Ab- und Zuneigungen zwischen den Einzelnen. Es kommt bisweilen zu Machtkämpfen, die den zukünftigen Status der Gruppenmitglieder, ihren Einfluss auf die Gruppe bestimmen. In dieser Phase bilden sich auch Untergruppen, Freundschaften, und gezielte Aktionen gegen einzelne Gruppenmitglieder können beobachtet werden. Durch die gemeinsamen Erfahrungen in der Gruppe entwickel sich Regeln und Normen sowie erste Rollenfestschreibungen.

3. Phase: Vertrautheit/Intimität
Die persönlichen Beziehungen zwischen den Eltern werden intensiver und die Interaktionen nehmen deutlich zu (z. T. auch außerhalb der Einrichtung auf privater Ebene). Die Eltern kennen die Stärken und Schwächen der anderen und haben gelernt, damit umzugehen. Die Eltern identifizieren sich mit der Gruppe und das Zusammengehörigkeitsgefühl nimmt deutlich zu. Einzelne Eltern sind bereit, für die Gruppe freiwillig Aufgaben zu übernehmen und sich zeitintensiv für die Belange der Gruppe zu engagieren. Die Offenheit in der Kommunikation ermöglicht Vertrautheit und steigert das Bedürfnis nach Nähe. Die Aufnahme von neuen Gruppenmitgliedern wird bisweilen heftig und kontrovers diskutiert, da sie die gewonnene Stabilität der Gruppe gefährden.

4. Phase: Differenzierung
Die Gruppe ist inzwischen so stabil, dass die Unterschiedlichkeit zwischen den einzelnen Eltern als Gruppenmitglieder akzeptiert und durchaus als bereicherndes Element erlebt wird. Eine einengende Rollenfestlegung wird aufgegeben und die Gruppenmitglieder können sich flexibel auch in neuen Erfahrungsbereichen erproben. Die Bewertung von Leistungen erfolgt in der Gruppe realistisch.

5. Phase: Trennung/Auflösung
Am Ende des Gruppenprozesses steht die Auflösung des bestehenden Gruppenverbandes. Dies kann sich aus dem Erreichen des Gruppenziels (zum Beispiel Abschluss eines Elternprojekts), aus organisatorischen Gründen (zum Beispiel Schulkinder verlassen die Kindergartengruppe) oder aus privaten Gründen (zum Beispiel Interessenwechsel, Wechsel des Wohnorts) ergeben. Der Auslösungsprozess bedeutet für

einige eine schmerzliche Erfahrung, da man sich von Personen, die man schätzt oder denen man freundschaftlich verbunden ist, trennen muss.

Nach dieser Phase kann die Gruppe auf frühere Entwicklungsphasen zurückgeworfen werden und es treten zum Beispiel erneut Machtkämpfe auf, die in der Orientierungsphase typisch sind.

Für die Arbeit mit Gruppen werden zahlreiche gruppendynamische Übungen angeboten, die den verschiedenen Gruppenphasen zugeordnet werden können. Der Einsatz dieser Übungen erweist sich im Alltag aber nicht als unproblematisch. Zum einen weigern sich Eltern, sich an „Psychospielen" zu beteiligen, die bisweilen sehr persönliche Erfahrungen thematisieren, zum anderen werden durch zahlreiche Übungen gruppendynamische Prozesse ausgelöst, die nur von erfahrenen Trainern zu beherrschen sind. Die von der Erzieherin ausgewählten Verfahren sollten als Methode den arbeitsbezogenen Gruppenprozess unterstützen und sich nicht zu einem Selbsterfahrungskurs mit ungewissem Ausgang verselbstständigen.

	Phase 1: Voranschluss/ Orientierung	**Phase 2: Machtkampf/ Kontrolle**	**Phase 3: Vertrautheit/ Intimität**	**Phase 4: Differenzierung**	**Phase 5: Trennung/ Auflösung**
Kennzeichen	Kennen lernen der anderen Eltern; Eltern schwanken zwischen: Distanz ⟷ Nähe sowie Neugierde ⟷ Angst.	Position und Status der Einzelnen in der Gruppe festlegen; erste Rollenfestschreibungen; Gruppennormen entwickeln sich.	Zusammengehörigkeitsgefühl verstärkt sich; offener Umgang der Eltern untereinander.	Unterschiede zwischen den Gruppenmitgliedern werden akzeptiert; „Vielfalt in der Einheit"; starke Identifikation mit der Gruppe.	Die Gruppe löst sich auf; Ablösungsprozesse finden statt; die Gruppenmitglieder erleben „Trennungsschmerz".
Gefahren	Angst vor Zurückweisung und Bloßstellung; geringe Bereitschaft zur Kontaktaufnahme; einige Eltern kapseln sich von den anderen ab bzw. bleiben den Angeboten fern.	Häufig Streit und frustrierte Gruppenmitglieder; unzufriedene Eltern verlassen die Gruppe; einige Gruppenmitglieder „testen" die Gruppenleiterin (Machtkämpfe).	Deutlicher Anpassungsdruck auf die Gruppenmitglieder; Abgrenzung gegen andere Gruppen; Aufnahme neuer Eltern in die Gruppe stößt z. T. auf Widerstände.	Negative Gewohnheiten (zum Beispiel Unpünktlichkeit, Unzuverlässigkeit) treten bei einigen Gruppenmitgliedern stärker auf.	Aufrechthalten der Gruppe ohne Perspektive; der Gruppe fehlt es an Elan und neuen Ideen; Schuldgefühle bei einzelnen Gruppenmitgliedern.

	Phase 1: Voranschluss/ Orientierung	Phase 2: Machtkampf/ Kontrolle	Phase 3: Vertrautheit/ Intimität	Phase 4: Differenzierung	Phase 5: Trennung/ Auflösung
Chancen	Kennen lernen von neuen Ideen, Meinungen; Entdecken von Gemeinsamkeiten; vorsichtiger Aufbau von neuen Bindungen.	Z. T. Orientierung der Gruppenmitglieder an der Gruppenleiterin; schneller Aufbau eines Beziehungsnetzes zwischen den Eltern.	Gegenseitige Akzeptanz und große Hilfsbereitschaft; Verständnis für den anderen; Gruppe plant gemeinsam und Einzelne übernehmen flexibel Verantwortung für die Gruppe.	Guter Zusammenhalt und gegenseitige Unterstützung; Entwicklung von Traditionen; Kontakte zu anderen Personen und Gruppen werden aufgenommen.	Zukunftsperspektiven tun sich auf und können genutzt werden.
Aufgaben der Erzieherin	Zum gegenseitigen Erkunden und zur Kontaktaufnahme ermuntern; offene, ungezwungene Atmosphäre schaffen; Rückzugsmöglichkeiten zulassen.	Gruppenauseinandersetzungen zulassen; Regeln für Auseinandersetzungen und Umgang miteinander vereinbaren bzw. Grenzen stecken; Unterlegene bzw. Schwächere stützen.	Überforderung einzelner Eltern, die zu viele Aufgaben übernehmen, sind zu verhindern; Gemeinschaftsaufgaben, bei denen alle gefordert sind, entwickeln; Außenseiter integrieren; Untergruppen wieder mit der Gesamtgruppe zusammenführen.	Sich überflüssig machen, sich zurückhalten; die Eigenständigkeit der Gruppe stärken; Kontakt zu anderen Gruppen anbahnen; Klärungshilfe bei Auseinandersetzungen anbieten.	Abschied angemessen gestalten; ausgeschiedene Eltern als „Ehemalige" für die Interessen der Einrichtung nutzen (zum Beispiel Förderverein); Organisation von „Ehemaligentreffen".
Angebote/ Programm	Kennenlernspiele; sachorientierte Angebote, bei denen sich die Eltern näher kennen lernen; Angebote, die schnell zu einem Erfolgserlebnis führen anbieten; Angebote, bei denen kein Elternteil einen besonderen Wissensvorsprung einbringen kann.	Sachorientierte Angebote, bei denen alle teilnehmen und erfolgreich sein können, einbringen; gemeinsames Erstellen von Gruppenregeln; Angebote mit wechselnder Zusammensetzung der Untergruppen.	Verschiedene Angebote, bei denen die unterschiedlichen Stärken der Gruppenmitglieder zum Tragen kommen; Angebote, die gefühlsbezogen sind und ein Kennenlernen des anderen in ungewohnten Situationen ermöglicht.	Gruppen entwickelt eigenständig Aufgaben und organisiert selbstständig die Aufgabenbearbeitung; Treffen mit anderen Elterngruppen organisieren.	Abschiedsfest mit Rückblick, Erfahrungsaustausch und Ausblick in die Zukunft; Gestaltung einer Abschlussarbeit (zum Beispiel Dokumentation, Fotoalbum, Erinnerungsgegenstand für den Gruppenraum); Gruppenbild.

4.2.1.2 Moderationstechniken

Definition

Unter Moderation werden alle Vorgehensweisen gefasst, die dazu dienen, Informations-, Problemlösungs- und Entscheidungsprozesse in Gruppen zu unterstützen. Die Moderatorin nimmt dabei eine besondere Grundhaltung des Zuhörens, Vermittelns und Steuern ein, wendet verschiedene Moderationstechniken an und setzt spezielle Materialien und Hilfsmittel ein. Mit Hilfe der Moderation werden das Wissen und die Erfahrungen der Teilnehmer für die Gruppe nutzbar gemacht.

Vor allem bei Gruppenaktivitäten sind **Moderations- und Visualisierungstechniken** gefragt, um die Gruppenprozesse effizienter zu gestalten. Als Moderatorin hat die Erzieherin die Aufgabe, den Gruppenprozess zu steuern und die Gruppe mit Hilfe verschiedener Moderationstechniken, die leicht lernbar sind, arbeitsfähig zu halten. Die Moderatorin gibt keine Entscheidungen vor, sondern bezieht die Gruppenteilnehmer in Entscheidungsprozesse ein. Doppler und Lauterburg (2002, 10. Aufl.) fassen die Aufgaben der Moderatorin wie folgt zusammen:

- Hintergründe erhellen, Zusammenhänge aufzeigen,
- Problembewusstsein erzeugen, Probleme auffächern,
- Kommunikations- und Interaktionsprozesse steuern,
- weitere Vorgehensweisen vereinbaren,
- Teilnehmer zur aktiven Mitarbeit anregen,
- Betroffenheit der Teilnehmer herstellen („sensitivity"),
- Inhalte visualisieren,
- Wesentliches herausstellen,
- Teil- und Endergebnisse festhalten, strukturieren und sichern,
- Ablauf der Diskussion und Präsentation vorbereiten,
- Störungen (Konflikte, Meinungsdifferenzen) aufgreifen und beseitigen,
- Teamprozesse thematisieren,
- Gruppenmitgliedern und Team Feed-back geben,
- Emotionen verbalisieren,
- Konsens bei Entscheidungen herstellen („commitment"),
- Organisatorischen Rahmen (Vereinbarungen, Zeiten, Pausen) abstimmen und die Einhaltung der Regelungen sicherstellen,
- Reflexionsphase („Manöverkritik") durchführen.

Die Moderatorin trägt keine Verantwortung für den Inhalt bzw. das Ergebnis der Gruppe, sie ist lediglich Prozessbegleiterin.

Die Moderation umfasst in der Regel sechs Phasen (siehe auch Stürmer), die Seifert (1995, 2. Aufl.) als **Moderationszyklus** bezeichnet:

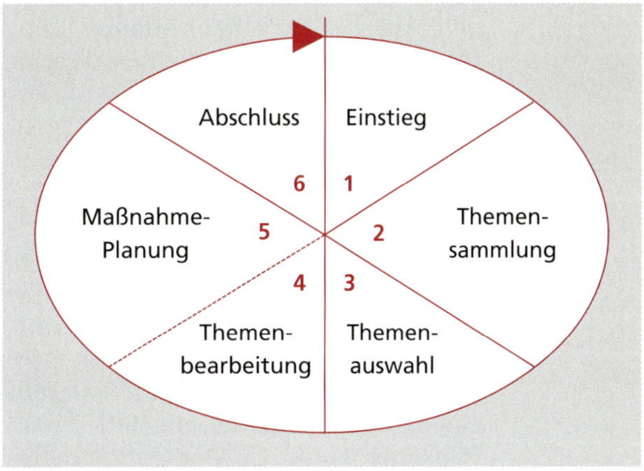

Moderationszyklus nach Seifert (1995)

1. Einstieg
Den Gruppenprozess starten und ein positives Arbeitsklima schaffen; Erwartungen, erfragen, Ziele entwickeln und Rahmenbedingungen (Zeit, Ressourcen) abklären; die Vorgehensweise festlegen (Aspekt: **Sensibilisierung**). ***Moderationswerkzeuge:*** Kennenlernspiele, Erwartungsabfrage, Steckbrief, Paar-Interview.

2. Ideen- bzw. Themensammlung
Brainstorming mit einer zunächst möglichst breit angelegten Sammlung von Vorschlägen, die etwa an der Pinwand visualisiert oder mittels Kartenabfrage erfasst und strukturiert werden können (Aspekt: **Breite**). ***Moderationswerkzeuge:*** Brainstorming, Kartenabfrage, Abfrage auf Zuruf.

3. Bewertung und Auswahl
In dieser Phase geht es um die Eingrenzung der Ideen- und Themensammlung (Aspekt: **Eingrenzung**). Die Themen werden nach Kriterien, die in der Gruppe festgelegt werden, bewertet und gewichtet; danach erfolgt die Auswahl des Themas, das zunächst bearbeitet wird. ***Moderationswerkzeuge:*** Ein- oder Mehr-Punkt-Abfragen, Entscheidungsmatrix.

4. Themenbearbeitung
Die Bearbeitung beabsichtigt die vertiefte Auseinandersetzung mit dem ausgewählten Thema (Aspekt: **Tiefe**). Die Gruppe bearbeitet das Thema zum Beispiel arbeitsteilig, indem Untergruppen gebildet werden; Ergebnisse, die von allen mitgetragen werden, sind zu notieren. ***Moderationswerkzeuge:*** Mehr-Felder-Tafeln zur Strukturierung von Aufgaben, Problem-Analyse-Schema, Ablaufplan.

5. Maßnahmeplanung
Aus den Gruppenergebnissen werden ggf. Maßnahmen abgeleitet; es ist festzulegen, wer für die Umsetzung der Maßnahme verantwortlich ist und bis wann sie abgeschlossen sein sollte; ein Maßnahmeplan, der von allen mitgetragen wird, sollte erstellt werden (Aspekt: **Umsetzung**). ***Moderationswerkzeuge:*** Maßnahmeplan, Vereinbarungen.

6. Abschluss und Reflexion
Zum Abschluss wird überprüft, inwieweit die Erwartungen der Eltern erfüllt wurden, wie sie den Verlauf erlebten und wie zufrieden sie mit den Ergebnissen sind (Aspekt: **Ausklang**). ***Moderationswerkzeuge:*** Stimmungsbarometer, Bewertungsmatrix, Fragebogen.

- **Moderationsmaterialien**

Ein wichtiger Bestandteil für den Erfolg der Moderation ist die Visualisierung des Moderationsprozesses. Mit Hilfe von Plakaten oder Pinwänden sind die Gruppenergebnisse zu dokumentieren und für die Gruppe sichtbar im Raum zu platzieren. Die Eltern können sich so Zwischenergebnisse und den Fortschritt bewusst machen. Gerade die visuelle Darstellung erleichtert die Speicherung der Ergebnisse. Zur Visualisierung sollten die erforderlichen Moderationsmaterialien bereitgehalten werden, wie sie beispielsweise in Moderatorenkoffern/-sets zusammengestellt sind. Für einen Elternabend, der mit Hilfe der Moderationstechnik durchgeführt wird, sollte folgender Bedarf an Moderationsmaterialien eingeplant werden (siehe auch Suter 1999, Seite 390):

Pinwände	3 pro 20 Teilnehmer
Packpapier	1 Bogen pro Teilnehmer
Verschiedenfarbige Karten	20 pro Teilnehmer
Kreisförmige und ovale Scheiben	1 pro Teilnehmer
Überschriftstreifen	1 pro Teilnehmer
Filzschreiber schwarz, dünn, farbig, dünn, schwarz, dick	1 pro Teilnehmer 2 pro 10 Teilnehmer 1 pro 10 Teilnehmer
Klebestifte	0,25 pro Teilnehmer
Papierscheren	1 pro 10 Teilnehmer
Klebeband	1 Rolle für 20 Teilnehmer
Markierungsnadeln	50 pro 10 Teilnehmer

Seifert (1995, 8. Aufl.) empfiehlt für jede Veranstaltung einen Moderationsplan. Die nachfolgende Übersicht verdeutlicht einen Plan für die Moderation einer Besprechung mit einer Elterngruppe zur Neugestaltung des Außengeländes:

Zeit	Moderations-schritt	Inhalte	Moderations-methode	Hilfsmittel
Ca. 3 Std.	**Gesamt-planung**	Konzept zur Neugestaltung des Außengeländes erstellen.		Pinwände, Flip-Charts, Moderationskoffer/-set
15 Min.	**1. Einstieg**	Thema verdeutlichen, Ziele definieren, Ablauf strukturieren, gutes Arbeitsklima herstellen.	Erwartungsabfrage, Visualisierung des Themas, der Zielsetzung und Arbeitsschritte an Flip-Chart.	Vorbereitetes Plakat: *Arbeitsschritte, Erwartungen.*
20 Min.	**2. Ideen-sammlung**	Gestaltungselemente des Außengeländes auflisten.	Kartenabfrage oder Ideenspeicher an dem Flip-Chart auf Zuruf.	Flip-Chart.
15 Min.	**3. Bewertung/ Auswahl**	Gesamtkonzept mit Gestaltungselementen festlegen.	Mehr-Punkt-Abfrage.	vorbereitetes Plakat: *Ideenspeicher zu den Gestaltungselementen.*
75 Min.	**4. Themen-bearbeitung**	Gestaltungselemente konkretisieren, Lösungsalternativen entwickeln, Lösungen im Plenum präsentieren, Entscheidungen treffen.	Untergruppen bilden, Problemanalysen (Zeitaufwand, Kostenermittlung), Mehr-Punkt-Abfrage als Entscheidungsgrundlage.	vorbereitetes Plakat: *Arbeitsschritte* Plakate zur Präsentation der Gruppenergebnisse.
45 Min.	**5. Maßnahme-planung**	Maßnahmekatalog erstellen.	Maßnahmeplan	vorbereitetes Plakat: *Maßnahmeplan.*
10 Min.	**6. Ab-schluss/ Reflexion**	Reflexion im Hinblick auf Zielerreichung, Erwartungen, Gruppenprozess, Gesamtzufriedenheit.	Blitzlicht oder Stimmungsbarometer.	vorbereitetes Plakat: *Stimmungsbarometer.*

In der fünften Phase der Moderation, die sich eng an die Themenbearbeitung anschließt, kommt es zur Konkretisierung der Überlegungen, die in einem Maßnahmeplan festgehalten werden. Der Maßnahmeplan legt Verantwortliche sowie Zeiträume bis zur Erledigung von Aktivitäten fest. Dieser Plan (siehe folgende Abbildung) kann bei den nachfolgenden Besprechungen wieder aufgegriffen werden, um abgeschlossenen Arbeiten zu kennzeichnen und ggf. weitere Maßnahmen einzufügen.

<table>
<tr><th colspan="6">Maßnahmen</th></tr>
<tr><th>Nr.</th><th>was?</th><th>wozu?</th><th>wer?</th><th>wann?</th><th>Rückmeldung</th></tr>
<tr><td>1</td><td>Pflanzen/Steine entfernen</td><td>Außengelände vorbereiten</td><td>Fr. Müller
Hr. Hiss
Fr. Sturm</td><td>KW 12</td><td>Info. an Hr. Meier</td></tr>
<tr><td>2</td><td>Muttererde besorgen und einbauen</td><td>Boden verbessern</td><td>Hr. Meier</td><td>KW 14</td><td rowspan="2">Info nächste Sitzung</td></tr>
<tr><td>3</td><td>Pflanzen und Torf kaufen</td><td></td><td>Hr. Meier
Fr. Sturm</td><td>KW 14</td></tr>
<tr><td>4</td><td>Außenanlage bepflanzen</td><td></td><td>Fr. Müller
Fr. Sturm
Hr. Link
Hr. Mainitz</td><td>KW 16</td><td></td></tr>
</table>

Maßnahmeplan

4.2.1.3 Meta-Plan-Technik

Die Meta-Plan-Technik oder Kartenabfrage ist eine grundlegende Methode, um Ideen, Themen, Fragen zu sammeln und zu strukturieren. Dieses Verfahren ist für eine Gruppengröße von bis zu 30 Teilnehmern geeignet.

Die Methode der Kartenabfrage bietet sich für folgende Aufgabenstellungen an:

- Abklärung von Teilnehmererwartungen,
- Meinungsabklärung,
- Themenspeicher,
- Erfahrungsaustausch,
- Informationssammlung.

Der Moderator benötigt für die Kartenabfrage für alle Teilnehmer: Packpapier, farbige, helle Moderationskarten (Größe 21 x 10 cm), verschiedenfarbige Filzstifte in unterschiedlicher Stärke, Pinwände, Klebepunkte sowie Stecknadeln, Scheren, Klebstifte, Klebeband.

• **Vorgehen**
Die Teilnehmer erhalten folgende Anweisung, auf eine Karte jeweils einen Gedanken zur Aufgabenstellung zu formulieren. Die Fragestellung muss allen klar sein und sollte auf der Pinwand nochmals notiert werden. Die Teilnehmer erhalten Moderationskarten und Filzstifte, um ihre Ideen zu notieren. Sie sollten ihre Ideen in Druckbuchstaben in möglicht großer, deutlicher Schrift auf die Karten schreiben. Die Gedanken sind kurz, schlagwortartig zu kennzeichnen. Zur optischen Gliederung und Strukturierung kann der Moderator verschiedene Formen (zum Beispiel für Überschriften) und Farben (zum Beispiel verschiedene Gesichtspunkte) einsetzen. Bei großen Gruppen sollte die Zahl der ausgegebenen Karten begrenzt werden, da die Gefahr besteht, dass die Auswertung sonst sehr zeitaufwendig und schnell unübersichtlich wird.

Eine Kartenabfrage dauert in der Regel eine Stunde. Für die verschiedenen Phasen ist folgender Zeitaufwand einzuplanen:

- Erklärung des Verfahrens: ca. 5 Min.,
- Karten schreiben: ca. 10 bis 15 Min.,
- Karten besprechen und sortieren: ca. 20 – 40 Min.,
- Ergebnis bewerten: ca. 10 Min.

• **Auswertung**
Die Auswertung erfolgt an der Pinwand. Dabei werden die Karten inhaltlich strukturiert und zusammenhängende Bereiche werden von oben nach unten säulenartig angeheftet. Die Kärtchen werden nicht inhaltlich bewertet! Jeder Beitrag ist gleich wichtig und sollte nicht durch Kommentare auf- oder abgewertet werden. Inhaltsgleiche Karten werden übereinander gepinnt. Die Auswertung sollte rasch erfolgen, um Langeweile und Ermüdungseffekte zu vermeiden.

Zur Auswertung bieten sich zwei Varianten an:

Anonyme Auswertung: Der Moderator sammelt die ausgefüllten Karten der Teilnehmer verdeckt ein. Sind mehrere Moderatoren eingesetzt, ist folgende Aufgabenverteilung abgebracht: Nachdem der eine Moderator die Karte mit der Gruppe besprochen hat, pinnt der zweite Moderator das Kärtchen an die Pinwand. Der Moderator liest das Kärtchen vor und ordnet die Kärtchen mit Hilfe der Gruppe nach Gemeinsamkeiten oder Ähnlichkeiten. Sinngleiche Kärtchen werden übereinander angepinnt.

Offene Auswertung: Bei einer kleinen Teilnehmergruppe (bis zu zehn Personen), ist auch eine offene Auswertung möglich. Die Teilnehmer stehen mit ihren Kärtchen im Halbkreis vor der Pinwand. Jeder Teilnehmer erläutert kurz das Kärtchen und geht auf Anregungen der anderen ein, bevor er es anpinnt.

• **Dokumentation**
Die Ergebnisse werden an der Pinwand festgehalten. Wenn dort als Unterlage ein Bogen Packpapier angebracht wird, können die Karten festgeklebt und damit das Ergebnis gesichert werden. Zudem können auf dem Packpapierbogen erläuternde Texte, Symbole wie Pfeile hinzugefügt werden. Das Ergebnis der Kartenabfrage sollte im Raum befestigt werden, so dass der Gruppe das Ergebnis präsent bleibt. Alternativ können die Ergebnisse der Kartenabfrage abfotografiert und später dem Ergebnisprotokoll beigefügt werden.

• **Bewertung der Meta-Plan-Technik**
Die Meta-Plan-Technik ist ein effektives Verfahren, mit der in relativ kurzer Zeit Gruppenergebnisse gewonnen und ausgewertet werden können. Alle Teilnehmer sind aktiv in die Arbeit eingebunden und erfahren, dass jede Nennung für die Gruppe bedeutsam ist. Dies wirkt motivierend auf die Gruppe. Ängste, beispielsweise vor der Gruppe sprechen zu müssen, entfallen bei der anonymen Auswertung. Die Möglichkeit, das Gruppenergebnis als Plakat im Raum zu platzieren, verdeutlicht allen Teilnehmern den Arbeitsprozess und die Arbeitsergebnisse. Jeder erhält einen schnellen Überblick über den bisherigen Stand der Arbeit.

Bei großen Gruppen besteht die Gefahr, dass die Auswertung zu langwierig und die Besprechung der Ergebnisse zu zeitaufwändig wird. Ungeübte Teilnehmer haben bisweilen Schwierigkeiten, ihre Anregungen prägnant in wenigen Stichwörtern zusammenzufassen.

4.2.1.4 Punkt-/Mehr-Punkt-Abfrage

Punktabfragen werden in der Moderation eingesetzt, um Transparenz herzustellen oder um Entscheidungen herbeizuführen.

Transparenz kann beispielsweise geschaffen werden, wenn die Teilnehmer am Ende der Veranstaltung ihre Zufriedenheit rückmelden. Sind in der Gruppe Entscheidungen zu fällen, zum Beispiel welche Themen weiterbearbeitet werden sollen oder wie weiter vorzugehen ist, so kann mit Hilfe der Punktabfrage recht schnell ein klares Meinungsbild als Entscheidungsgrundlage erstellt werden.

Vorgehen
Die Moderatorin bereitet eine Punktabfrage vor, indem sie die Frage und die

Wahlmöglichkeiten an der Pinwand oder auf dem Flip-Chart visualisiert. Jedes Gruppenmitglied erhält einen Klebepunkt, mit dem es sein Votum abgeben kann.

Stehen mehrere Alternativen zur Auswahl (zum Beispiel Themen für die nächsten Elternabende), dann kann auf die Mehr-Punkt-Abfrage zurückgegriffen werden. Die Anzahl der Punkte pro Teilnehmer richtet sich nach der Anzahl der Alternativen; es wird empfohlen, dass die Anzahl der Klebepunkte maximal der Hälfte der zur Wahl stehenden Alternativen entsprechen sollte. So sollten bei sieben Wahlmöglichkeiten jedes Gruppenmitglied drei Punkte vergeben können. Die maximale Punktzahl, die man für eine Alternative einsetzen darf, ist zu begrenzen. In der Regel sollten die Teilnehmer für jede Wahlmöglichkeit maximal zwei Punkte vergeben können.

Themenvorschläge

Hausaufgaben	• • • • • •	3
Aggressivität	• •	6
Konzentration	• • • • • • • •	1
Hyperaktivität	• • • • •	4
Ferienprogramm	•	7
Prüfungsangst	• • • •	5
Null-Bock-Haltung	• • • • • • •	2

Auswertung
Die Moderatorin bespricht mit der Gruppe das Ergebnis. Seifert (1995, 8. Aufl.) bietet zwei weitere Auswertungsmöglichkeiten an: Die Gruppe kommentiert das Ergebnis bzw. jeder Teilnehmer erläutert kurz sein Votum.

Bewertung
Die Punktabfragen stellen ein ökonomisches Verfahren dar, um mit geringem Aufwand in kurzer Zeit zu einem klaren Meinungsbild zu gelangen. Sie ist in allen Phasen des Moderationsprozesses einsetzbar.

4.2.1.5 Mehrfelder-Tafeln

Das Zwei- und Mehrfelder-Schema kommen bei der Auseinandersetzung mit einem Thema zum Einsatz. Das Thema wird mit den Eltern unter verschiedenen Blickwinkeln (pro – contra, Vor-/Nachteile ...) differenziert analysiert, so dass Entscheidungsprozesse vorbereitet und Lösungsansätze deutlich werden.

Das vorgegebene Fadenkreuz ermöglicht eine schnelle Orientierung und fördert das systematische Vorgehen.

Fremdsprachenangebot in unserer Kita

Was spricht dafür?	Was spricht dagegen?
• leichterer Erwerb • Förderung des Sprachgefühls • Angstabbau • Motivation	• Überforderung • Vermischung der Sprachen • Vermittlung von Fehlern
Was ist noch unklar?	**Wie gehen wir vor?**
• Kosten • Zeitrahmen • Erfahrungen anderer Kitas	• Experten einladen • andere Kitas besuchen • Literatur analysieren

Vorgehen
Die Moderatorin erläutert die Zielsetzung, die mit der Einteilung der Mehrfeldertafel verbunden ist, und verdeutlicht die Fragestellungen der verschiedenen Felder. Es muss sichergestellt sein, dass die Fragestellung von allen Teilnehmern in gleicher Weise verstanden wird. Sie bearbeiten die Mehrfeldertafel in Gruppen. Dabei sollten möglichst konkrete Aussagen formuliert werden.

Auswertung
Im Plenum werden die Ergebnisse der Gruppen ausgewertet. Jede Fragestellung wird getrennt bearbeitet. Durch Zuruf werden die Ergebnisse von einem der Moderatoren auf dem Plakat festgehalten. Nach der Dokumentationsphase werden die Gruppenergebnisse im Plenum reflektiert und das weitere Vorgehen wird festgelegt.

Bewertung
Die Mehrfelder-Tafeln sind besonders für Kleingruppenarbeit geeignet. Die Gruppen setzen sich in kurzer Zeit strukturiert mit einer neuen Thematik auseinander. Die vorgegebene Struktur erleichtert die Auswertung der Gruppenergebnisse, da alle an der gleichen Fragestellung arbeiten. Entscheidend für die Qualität der Ergebnisse und die Effizienz der Gruppenarbeit ist die Auswahl und die Formulierung der ausgewählten Aspekte, die den verschiedenen Feldern zugeordnet sind.

4.2.1.6 Mind-Mapping

Definition

Das Mind-Mapping baut auf den Ergebnissen der Gehirnforschung auf und stellt eine Methode dar, um die Informationsmenge zu strukturieren und damit dem menschlichen Gehirn die schnelle Aufnahme und Verarbeitung von Informationen zu ermöglichen.

Während die linke Hirnhälfte vorwiegend Sprache, logische Beziehungen, Analysen, Details verarbeitet, stehen für die rechte Hirnhälfte vor allem Bilder, kreative Prozesse und emotionale Vorgänge im Mittelpunkt.

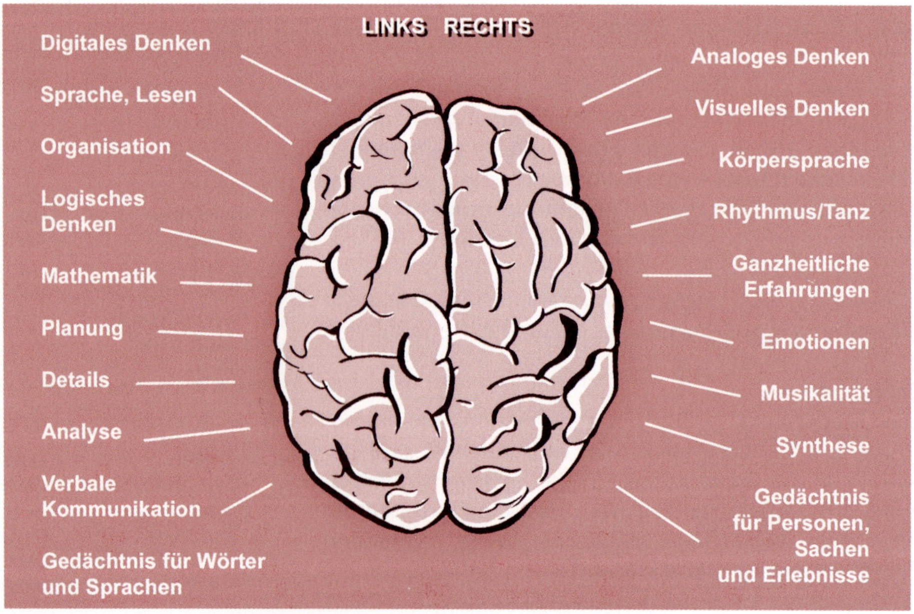

Kirckhoff (1991, Seite 104): Bedeutung der beiden Hirnhälften

Die Ergebnisse der Gehirnforschung belegen, dass die beiden Hirnhälften unterschiedliche Funktionen wahrnehmen. Die beiden Großhirnzentren arbeiten voneinander unabhängig und sind über einen Nervenstrang miteinander verbunden, so dass beispielsweise das aufgenommene Wissen (linke Hirnhälfte) mit Gefühlen und Bildern (rechte Hirnhälfte) verknüpft wird. Die Ausprägung und Dominanz der beiden Hirnhälften wird von der individuellen Sozialisation (Erziehung, Schule, Berufstätigkeiten) bestimmt und kann sich im Verlauf des Lebens auch ändern. Mind-Mapping aktiviert beide Hirnhälften, da sprachliche Inhalte bildhaft darzustellen sind. Die Gehirnpotenziale werden somit umfassend genutzt.

Buzan (1999) charakterisiert die „mind-map" (Gedächtniskarte) durch vier Eigenschaften:

1. Im Mittelpunkt steht ein **Zentralbegriff** bzw. **Zentralbild**.
2. Vom Zentralbegriff **strahlen** Hauptthemen wie Äste aus.
3. Die Äste beinhalten **Schlüsselbegriffe**, die auf einer mit dem Zentralbegriff verbundenen Linie notiert werden. Äste haben Zweige mit untergeordneten Begriffen. Dabei können Haupt- und Nebenäste, Zweige und Unterzweige (Gliederungsebenen) abgeleitet werden.
4. Die Äste stellen ein Gefüge mit **verbundenen Knotenpunkten** dar. Ein Hauptast mit seinen Zweigen und Nebenzweigen wird **Komplex** genannt.

Die Technik des Mind-Mapping führt zu einem klar strukturierten Bild, das beliebig differenziert und durch Symbole zusätzlich visualisiert werden kann.

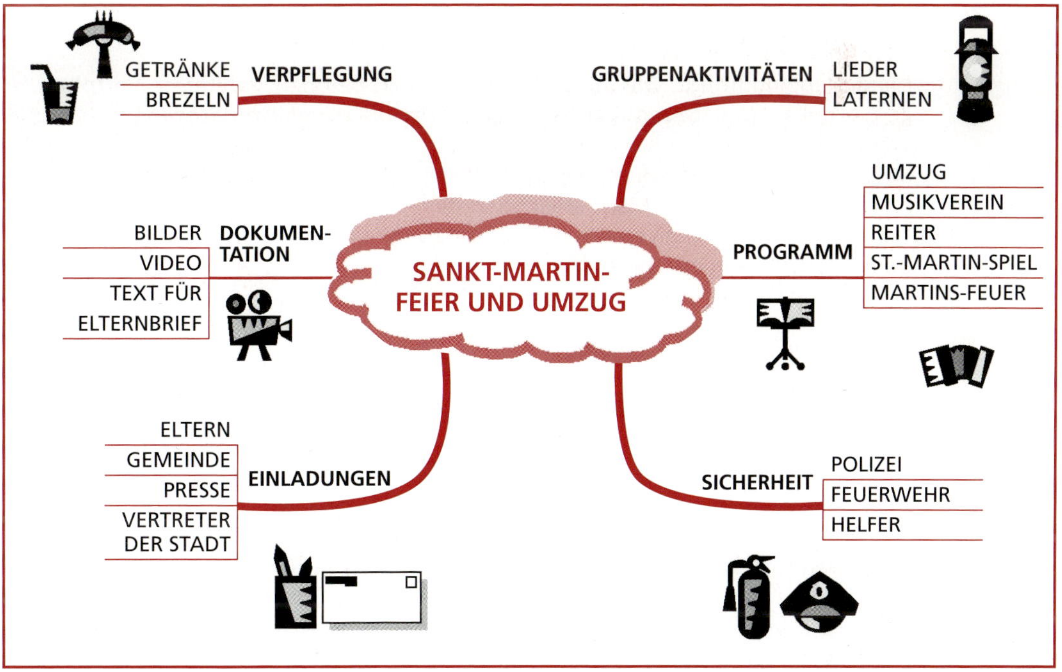

Folgende Grundregeln sind beim Mind-Mapping nach Kirckhoff (1991) zu beachten:

Substantive: Als Schlüsselwort sollten lediglich Substantive verwendet werden, die prägnant zum Wesentlichen führen.

Blockbuchstaben: Werden die Begriffe in Blockbuchstaben geschrieben, dann ist der Text für andere leichter lesbar. Die Größe der Schrift sollte der Bedeutung des Inhalts entsprechen.

Ausrüstung: Mind-Maps sollten auf unliniertem Papier in ausreichender Größe festgehalten werden; ggf. kann das Blatt durch Ankleben weiterer Blätter erweitert werden. Der Text sollte mit Bleistift geschrieben werden, um Korrekturen zu erleichtern. Zur Gestaltung bieten sich verschiedene Farben (mind. drei Farben) an, da dadurch bestimmte Schlüsselbegriffe gezielt betont werden können. Die Farbigkeit verhindert Langeweile und Eintönigkeit in der Darstellung.

Symbole/Bilder: Symbole (zum Beispiel Hinweissymbole) sollten farblich vom Text abweichen. Der Einsatz von Bildern und Symbolen weckt die Kreativität und spricht die rechte Hirnhälfte an, so dass beide Hirnhälften aktiviert werden. Die Bilder müssen klar erkennbar sein.

Für folgende Aufgaben können Mind-Maps genutzt werden:

- Erstellung einer Rede oder Begrüßung,
- Projektplanung (zum Beispiel Veranstaltungen, Umorganisation),
- Förderung der Kreativität in der Gruppenarbeit,
- Strukturierung der Gruppenarbeit,
- Darstellung von Gruppenergebnissen,
- Dokumentation von Besprechungsergebnissen.

Mind Mapping bringt, wie Buzan & Buzan (1999) betonen, zahlreiche Vorteile: Der Zeitvorteil beträgt gegenüber einer Mitschrift bis zu neunzig Prozent; dies ergibt sich sowohl beim Mitschreiben als auch beim Wiederholen der Inhalte anhand der Mind-Maps. Die Anwendung des Mind-Mapping erhöht die Konzentration des Mitschreibenden. Die Mind-Maps erleichtern dem Gehirn die Verarbeitung der Informationen, regen zur kreativen Auseinandersetzung mit den Inhalten an und verbessern deren Speicherung erheblich.

4.2.1.7 Präsentationstechniken

Definition

Unter einer Präsentation wird der mündliche Vortrag vor einer Gruppe verstanden, bei dem den Zuhörern unter Nutzung visueller Medien bestimmte Inhalte in einer strukturierten Form vermittelt werden.

In zahlreichen Situation ist es erforderlich, vor Elterngruppen zu präsentieren. Die Präsentation kann sowohl auf der Gruppenebene kleine alltägliche Gegebenheiten behandeln als auch in einem größeren Rahmen (Vortrag vor der gesamten Elternschaft) einen umfassenden, komplexeren Charakter haben.

Der Erfolg einer Präsentation wird von folgenden Faktoren bestimmt:

- Zielklarheit,
- Einschätzung der Zielgruppe,
- Präsentationsaufbau,
- Visualisierung,
- Präsentationsverhalten.

Im Folgenden werden die Erfolgsfaktoren der Präsentation kurz erläutert und auf das Beispiel „Wahl des Elternausschusses" bezogen.

- **Zielklarheit**

Zunächst muss sich die Erzieherin die Frage stellen „Welches Ziel will ich erreichen?"

Nach Seifert (1995, 8. Aufl.) können mit einer Präsentation verschiedene Ziele verfolgt werden:

- **Informieren** der Eltern über die Aufgaben des Elternausschusses, die Häufigkeit des Zusammentreffens, Wahlvorgang ... *(Informationspräsentation)*;
- **Überzeugen** der Eltern von der Wichtigkeit des Elternausschusses für die Arbeit der Einrichtung, für die Betreuung des Kindes in der Einrichtung ... *(Überzeugungspräsentation)*
- **Motivieren** der Eltern zur Mitwirkung im Elternausschuss und zur Bereitschaft, sich zur Wahl zu stellen.

Auf diesen Zielen basiert die Unterscheidung zwischen einer Informations- und Überzeugungspräsentation.

	Informationspräsentation	**Überzeugungspräsentation**
Ziele	Eltern sollen die Informationen speichern und verstehen.	Eltern sollen Ideen unterstützen, sich für die Einrichtung einsetzen und engagieren.
Beispiel	Bericht über die Arbeit des Elternausschusses; Information über rechtliche Grundlagen der Elternbeiratswahlen.	Wahlbereitschaft bei den Eltern wecken; die Eltern für die Mitwirkung im Elternausschuss begeistern.
Präsentationsstil	informativ, sachbezogen, objektiv.	emotional, begeisternd, mitreißend.
Anforderungen an die Präsentierende	Fach- und Detailwissen, Strukturierungsvermögen, Klarheit, Anschaulichkeit.	Sympathie und Vertrauen gewinnend, Glaubwürdigkeit, Echtheit, Begeisterungsfähigkeit, Engagement.

Präsentationsarten nach Amann u. a. (2001, Seite 10)

Nur wenn bei der präsentierenden Erzieherin Klarheit über ihre Ziele besteht, wird es ihr gelingen, überzeugend zu wirken, zu strukturieren und bei der Darstellung den roten Faden nicht zu verlieren.

Die Präsentation der Erzieherin vor den Eltern wirkt auf unterschiedlichen Ebenen (siehe Kaoitel ◆◆ Kommunikationsmodell nach Schulz von Thun).

Die Vortragende sollte sich darüber im Klaren sein,
- worin für die Eltern der **Informationsgewinn** liegen soll (Sachinhalt),
- welchen **Eindruck** die Eltern von der Erzieherin gewinnen sollen (Selbstoffenbarung),
- wie das **Verhältnis** zu den Eltern entwickelt werden soll (Beziehung) und
- zu welchen **Handlungen** die Eltern bewegt werden sollen (Appell).

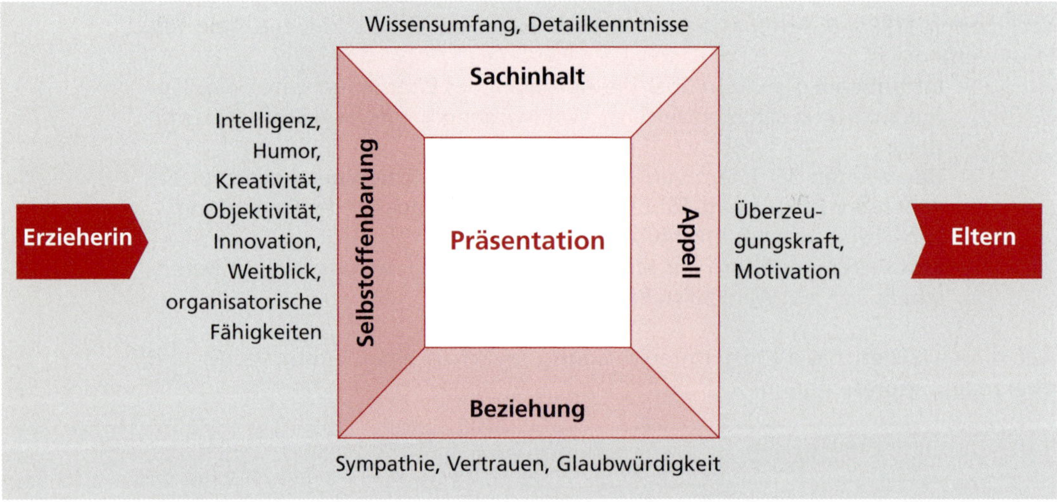

Bereits bei der Vorbereitung auf die Präsentation sollte die Erzieherin auch die beabsichtigte persönliche Wirkung auf die Eltern bedenken. Amann u. a. (2001) weisen auf folgende Wechselwirkung zwischen der beabsichtigten Wirkung auf die Eltern und den vorbereitenden Präsentationsaktivitäten hin:

Beabsichtigte Wirkung	Auswirkungen auf die Vorbereitung (Beispiele)
Sachkompetenz	Exakte Angaben (Namen, Daten); komplexe Sachverhalte verständlich darstellen; Einsatz von Spontanmedien wie Flip-Chart, Tafel, Plakat
Organisatorische Fähigkeiten	Raumvorbereitung, Ablaufplan zu Beginn des Vortrags, Namensschilder, Unterlagen für teilnehmende Eltern, funktionierende Medien
Objektivität/Glaubwürdigkeit	Ausgewogene Darstellung verschiedener Standpunkte; klare Trennung zwischen Information und Wertung bzw. Interpretation; exakte Angaben mit Hinweis auf die Quellen
Überzeugungskraft	Freier Vortrag, Aufbau der Argumentationskette, Fach-/Sachkompetenz, Eingehen auf Einwände, Körpersprache

Je genauer die Zielvorstellungen sind, umso besser und schneller wird es der Erzieherin gelingen, ihre Präsentation vorzubereiten, bei der Durchführung den roten Faden nicht zu verlieren und die beabsichtigte Präsentationswirkung auf die Eltern zu verwirklichen. Die Erzieherin muss in diesem Zusammenhang zwischen dem Ziel und der Thematik der Präsentation unterscheiden. Mit dem Thema „Kindesmisshandlung" können unterschiedliche Zielsetzungen verbunden sein: Sensibilisierung für Kindesmisshandlungen und Ermutigung, zum Wohle des misshandelten Kindes Maßnahmen zu ergreifen; Information über Hilfsmöglichkeiten in der Stadt.

- **Einschätzung der Zielgruppe**

Die Gestaltung der Präsentation wird von der jeweiligen Zielgruppe bestimmt. In ihrer Vorbereitung auf die Präsentation sollte die Erzieherin eine Zuhöreranalyse durchführen, die von folgenden Fragestellungen ausgeht:

- Welche Eltern sind meine Zuhörer?
  Zusammensetzung der Elternschaft, Sprachkompetenz der (fremdsprachlichen) Eltern, Einstellung zur Thematik.
- Über welche Vorkenntnisse verfügen die Zuhörer?
  Vorwissen, Erfahrungen der Eltern, Verbindung zu anderen Veranstaltungen.
- Was interessiert die Eltern?
  Interessen und Erwartungen der Eltern zur Thematik und zur präsentierenden Erzieherin.
- Welchen Nutzen haben die Zuhörer?
  Informationsgewinn, Handlungskompetenz.

Bei der Planung ist zudem die voraussichtliche Teilnehmerzahl (für die Auswahl der Methoden und Medien) zu berücksichtigen.

Die Erzieherin sollte bei ihrer Planung von der gemeinsamen Schnittmenge zwischen ihren Kompetenzen und den Erwartungen der Eltern ausgehen.

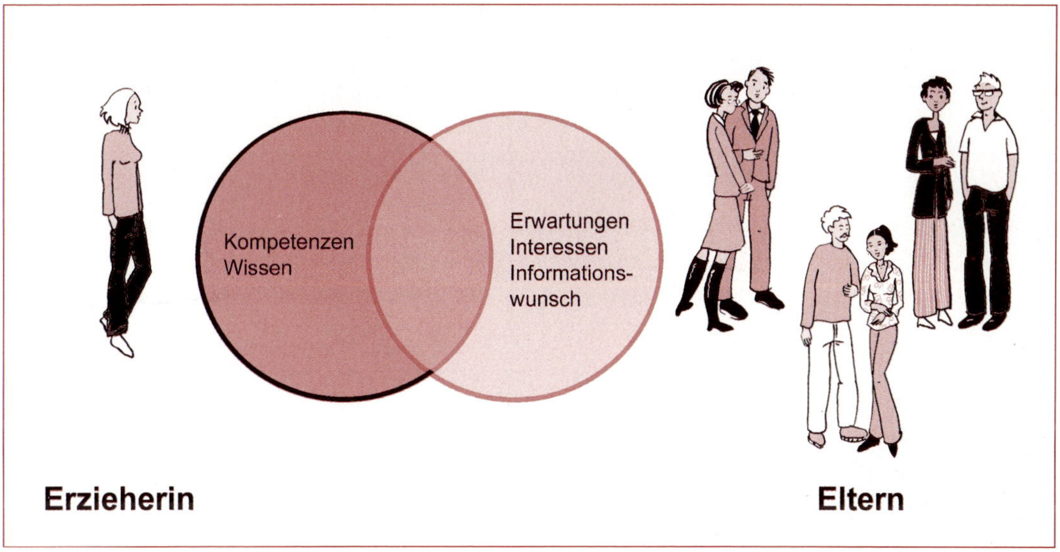

- **Präsentationsaufbau**

Zum Aufbau einer Präsentation gibt es zwar kein festes Schema, sie sollte aber die klassischen Bereiche Einleitung, Hauptteil und Schluss umfassen.

Während die Einleitung und der Schluss recht standardisiert ist, bestehen zur Gestaltung des Hauptteils, abhängig von der Thematik, recht unterschiedliche Vorgehensweisen. Diese allgemeine Struktur lässt sich wie folgt differenzieren (vgl. Amann u. a. 2001, Seite 26):

Zeitanteil	allgemeine Struktur	Inhalte	Präsentationshinweise
15 %	Einleitung	Begrüßung der Eltern	Blickkontakt, zugewandte, freundliche Haltung
		Vorstellung (Selbstvorstellung und bei Kleingruppen Vorstellung der Eltern)	Namen und Funktion nennen, Hinweis auf Kompetenz zur Thematik verdeutlichen
		Hinführung	Interesse wecken durch ein aktuelles Ereignis, Zitat, Statistik, Fallbeispiel, Eltern experimentieren lassen, Übung/Rollenspiel, als Frage formulierte Problemstellung
		Thema	Thema ansprechend formulieren
		Bedeutung der Thematik für die Zuhörer	Thema auf die Situation der Eltern beziehen; Bedeutung und Nutzen herausstellen
		Überblick/Ablaufplan	Inhaltliche Gliederung kurz kommentieren (zum Beispiel Plakat oder Transparent einsetzen), um den Eltern eine Orientierung zu geben
75 %	Hauptteil	Informationsteil	**alternative Gliederungsformen:** Ist – Soll – Weg – Darstellung Vergangenheit – Gegenwart – Zukunft These – Antithese – Synthese Problem – übliche Lösung – neuer Lösungsweg Behauptung – Argumente – Konsequenz
10 %	Schluss	Zusammenfassung	Kernaussagen prägnant formulieren; das Wesentliche herausstellen
		Aufforderung zum Handeln	Ausblick in die Zukunft – verbunden mit einem Appell zum konkreten Handeln
		Abrundung	Bezug zur Einleitung herstellen; Zitat
		Dank	Persönlichen Dank für Interesse der Teilnehmer sowie an Helfer, die zum Gelingen der Veranstaltung beigetragen haben
		Diskussion	Überleitung zur Diskussion

- **Visualisierung**

Mit Hilfe der Visualisierung werden die Zuhörer zu Zusehenden. Wie zahlreiche Studien zur Speicherung von Informationen belegen, werden über den visuellen Kanal neue Informationen am besten aufgenommen. Zusammenhänge werden mit Hilfe der Visualisierung leichter erkennbar, das Wesentliche kann deutlich herausgestellt und das Dargestellte kann dadurch besser behalten werden. Dennoch muss die Visualisierung gut überlegt werden.

Durch den Einsatz des Computers mit entsprechenden Grafikprogrammen werden zahlreiche Bilder, Skizzen, Karikaturen, Fotografien angeboten, die recht schnell zur Gestaltung von Folien genutzt werden können. Die Erzieherin sollte kritisch auswählen, da eine ungeschickte Visualisierung den Zuhörer eher verwirrt und vom Inhalt ablenkt.

Zur Visualisierung bieten sich vor allem folgende Arbeitsmittel an:

- Tageslichtprojektor,
- Beamer,
- Flip-Chart,
- Pinwand.

Deren Einsatzmöglichkeiten, Vor- und Nachteile verdeutlicht die folgende Übersicht, die sich auf Boneberg (1999, Seite 229 ff.) bezieht.

Arbeits-mittel	Vorteile	Nachteile	Einsatzhinweise	Einsatzbereich
Tages-licht-projek-tor	Leichte und schnelle Erstellbarkeit; Folien können einfach kopiert und als Informationsmaterial mitgegeben werden; Einsatz mit Hilfe tragbarer Geräte überall möglich; Nutzung von Kopierern und Druckern führt zu professioneller Darstellung; Bilder können auf Folien kopiert werden; erstellte Folien können archiviert und bei anderen Präsentationen wieder eingesetzt werden; Blickkontakt zu den Eltern bei der Präsentation möglich; Folie kann vor den Eltern (zum Beispiel Abdecktechnik, Hinzufügen von handschriftlichen Ergänzungen) entwickelt werden.	Folien sind empfindlich (Farben verbleichen, sind schmutzempfindlich) und müssen in speziellen Hüllen aufbewahrt werden; die Erstellung von Farbfolien ist aufwendig und relativ teuer; häufig sind Folien textlich überladen, im Schriftbild zu klein und deshalb schlecht entzifferbar; Blendwirkung der Projektionsfläche erschwert die Entzifferung des Texts; Raum darf nicht zu hell sein, sonst verblasst die Projektion.	wischfeste (permanente) Folienstifte verwenden; wichtige Folien für Eltern kopieren; unvollständige Folie vorbereiten und im Vortrag ergänzen; Ersatzlampe bereithalten; Lesbarkeit der Folie von den Zuhörerplätzen aus prüfen; Verzerrung/Unschärfe n durch Neigung der Projektionsfläche ausgleichen; bei der Präsentation die Projektion der Folie überprüfen; nicht mit dem Körper die Projektionsfläche verdecken; Folie nur zeigen, solange der Inhalt präsentiert wird – danach den Projektor abstellen; keine Reizüberflutung mit Folienfeuerwerk.	Präsentation vor einer großen Zuhörerschaft; visuelle Unterstützung (zum Beispiel Abbildungen, Fotos, Grafiken, Zeichnungen) eines vorbereiteten Vortrags; Folien zur Auflockerung (zum Beispiel Cartoon); Darstellung von Gruppenergebnissen.

Arbeitsmittel	Vorteile	Nachteile	Einsatzhinweise	Einsatzbereich
Beamer	Starke, professionelle visuelle Wirkung; leichte Speicherung und Wiedereinsatzbarkeit der erstellten Folien; Präsentationsdarstellungen können auch als Folie ausgedruckt und mit Tageslichtprojektor eingesetzt werden; schnelle Erstellung von Teilnehmerunterlagen möglich.	Aufwendige Erstellung der Folien setzt fundierte Kenntnisse der Programme voraus; aufwendige technische Voraussetzungen (PC, Beamer); Technisches Know-how beim Einsatz mit fremden Geräten zur Abstimmung der Geräte erforderlich; technische Anfälligkeit, die oft nur von Experten gemeistert werden kann; Umgang mit dem Arbeitsmittel Beamer sowie der entsprechenden Software erfordert intensive Übung.	Professionelle Präsentation, die – eine gute Beherrschung des Computers/ Notebooks, – gute Kenntnisse in den Präsentationsprogrammen sowie – einen sicherer Umgang mit technischen Geräten voraussetzt.	Präsentation vor einer großen Zuhörerschaft; Visuelle Unterstützung eines vorbereiteten Vortrags.
Flip-Chart	Darstellung kann vorbereitet werden; großflächige, übersichtliche Darstellung komplexer Sachverhalte; Wiederverwendung ist möglich; dynamisches Arbeitsmittel; d. h. vor den Augen der Eltern können Darstellungen spontan entwickelt werden; geringer Materialaufwand, leicht transportierbar.	Archivierung wegen der Größe aufwendig; wendet beim Schreiben den Eltern den Rücken zu; Schrift bisweilen zu klein bzw. unleserlich; Korrekturen nur begrenzt (zum Beispiel durch Überkleben) möglich.	Erstellte Plakate können im Raum sichtbar den Gruppenprozess, die Tagesordnung, Fortschritte, Ergebnisse dokumentieren; in Druckbuchstaben (mit Groß- und Kleinbuchstaben) schreiben.	Präsentation vor Gruppen bis ca. 50 Personen geeignet; als Spontanmedium zum Notieren von Diskussionsbeiträgen, Anregungen, Themenspeicher, Auflistung von Argumenten, Vor-/Nachteilen usw. nutzbar.
Pinwand	Vorbereitung (für Teilnehmer nicht sichtbar) möglich; große Gestaltungsfläche; Eltern können bei der Entwicklung der Darstellung eingebunden werden; dynamisches Arbeitsmedium, das spontane Darstellungen zulässt; geringer Platzbedarf und flexibler Einsatz (zerlegbare Pinwände).	Schrift bisweilen zu klein bzw. unleserlich; Archivierung und Dokumentation aufwendig (zum Beispiel als Fotoprotokoll).	Auf gute Lesbarkeit (Abstand: 7 m), klare Strukturierung und Übersichtlichkeit achten; in Druckbuchstaben (mit Groß- und Kleinbuchstaben) schreiben; die Darstellung nicht zu schnell entwickeln; den Eltern ausreichend Zeit lassen, um die Schritte nachzuvollziehen.	Ideensammlung, Visualisierung von Übersichten, Strukturen, Abläufen; Übersichten und Darstellungen, die vor den bzw. mit den Eltern entwickelt werden; Gegenüberstellung von Vor- und Nachteilen, pro und contra; Einbeziehung der Zuhörenden; Meinungsbildung.

Folgende Gestaltungselemente können beim Einsatz des Flip-Chart und der Pinwand genutzt werden:

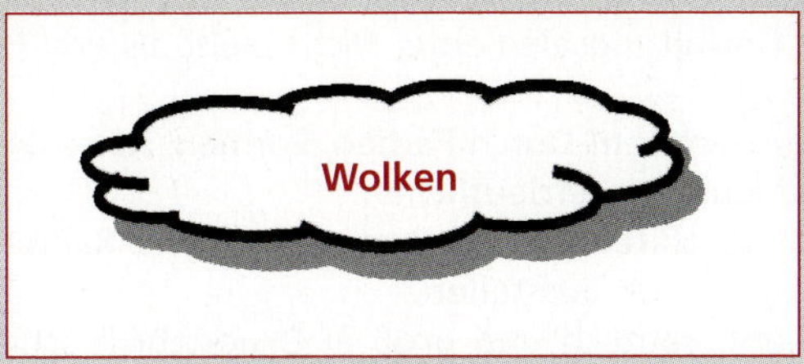

Wolken umrahmen das Thema bzw. die Fragestellung.

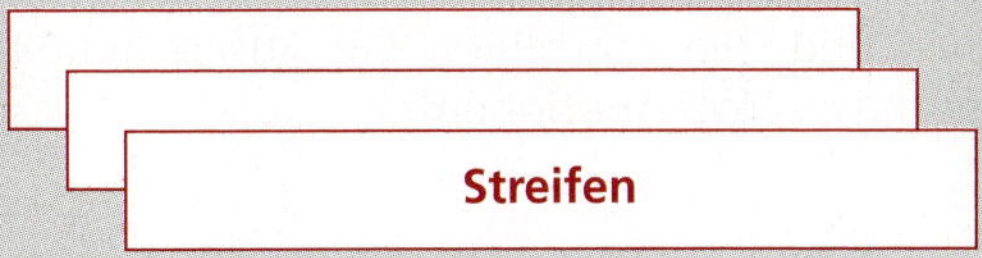

Streifen weisen auf Überschriften/ Ordnungsgesichtspunkte hin.

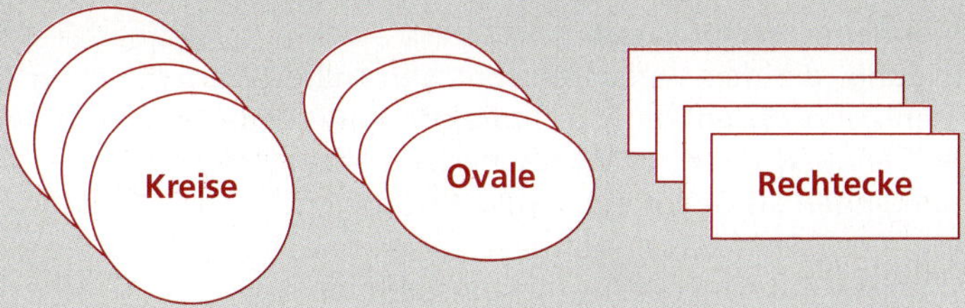

Karten werden von den Teilnehmern beschriftet; Formen und Farben können als optische Gliederungshilfe dienen (zum Beispiel blau = Vorteile; rot = Nachteile ...).

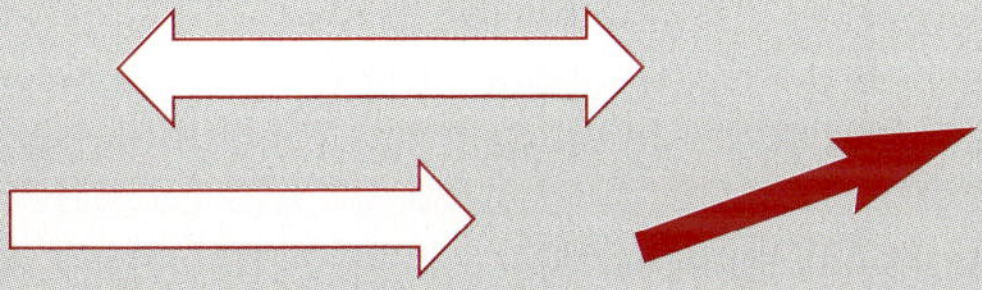

Pfeile verdeutlichen die Beziehungen und Wechselwirkungen der dargestellten Inhalte.

Rahmen stellen zentrale Gesichtspunkte heraus und kennzeichnen Überschriften

Symbole sprechen kreative Potenziale der Eltern an und verbessern die Speicherung der Information.

Zur Gestaltung sollten folgende Hinweise beachtet werden (siehe Seifert, 1995 8. Aufl., Seite 44):

- **Die Darstellung nicht überfrachten!** Weniger ist mehr. Zu viele Informationen erschweren die Orientierung und vermindern die Übersichtlichkeit. Freiflächen sind auch Gestaltungselemente. Nicht mehr als drei Farben verwenden.
- **Zusammengehörendes kennzeichnen!** Durch Farben, Formen, Nähe (zum Beispiel Blöcke) den Zusammenhang verdeutlichen.
- **Wichtiges hervorheben!** Mit Hilfe von Unterstreichungen, Rahmen, Schraffur das Wesentliche optisch herausstellen.
- **Verständlichkeit sicherstellen!** Deutlich und groß in Druckschrift schreiben; auf Abkürzungen verzichten; geläufige Begriffe verwenden, die prägnant das Wesentliche beschreiben.
- **Grafiken einsetzen!** Symbole und Bilder erhöhen die Aufmerksamkeit und erleichtern die Speicherung der Informationen.

- **Präsentationsverhalten**

Die nachfolgenden Hinweise zum Präsentationsverhalten (siehe auch Seifert 1995, 8. Aufl.) beziehen sich auf alle Phasen der Präsentation und geben Hinweise auf häufige Probleme (Lampenfieber, Versprecher).

- In der Kleidung, die dem Anlass entsprechen sollte (Wertschätzung gegenüber den Zuhörenden), muss sich die präsentierende Erzieherin wohl fühlen. Die Kleidung sollte zur Vortragenden passen (Echtheit).
- Pünktlich beginnen als Gebot der Höflichkeit gegenüber den pünktlichen Eltern.
- Sich selbst positiv auf die Präsentation einstimmen.
- Vor Beginn des Vortrags Blickkontakt zum Publikum aufnehmen. Während des Vortrags den Blickkontakt auf eine Person richten, die eine positive Ausstrahlung hat. So erhölt der Vortragende zunehmend Sicherheit. Ein nervöses Umherschweifen des Blicks signalisiert den Zuhörenden Unsicherheit und Unruhe.
- Laut, deutlich und nicht zu schnell sprechen. Eine klare Artikulation verbessert die Verständlichkeit. Die Stimme gezielt einsetzen, um den Inhalt zu unterstützen (zum Beispiel Anheben bei Fragen). Auf eine Variation der Stimme achten, um Monotonie zu vermeiden.
- Das Sprachniveau der Situation und Gruppe anpassen. Die Hochsprache wird nur von einer Minderheit genutzt. Verleugnet die Präsentierende ihren Dialekt, verliert sie ihre Echtheit, was zu Unsicherheiten beim Formulieren führen kann. Die Sprache wirkt gestelzt und unnatürlich. Die Präsentierende sollte ihr Sprachverhalten situations- und personengerecht auswählen. Bei der Verwendung der Hochsprache wird für einige Eltern eine starke Distanz aufgebaut und es entstehen Ängste, vom gewohnten Dialekt in die Hochsprache wechseln zu müssen.
- Fachbegriffe müssen erläutert werden und sollten sparsam eingesetzt werden. Verständlichkeit ist wichtiger als Fachchinesisch.
- Die Erzieherin sollte in der Regel frei sprechen und lediglich Spickzettel (zum Beispiel Karteikarten mit Stichwörtern) verwenden. Vom Blatt ablesen sollte sie nur in wenigen Ausnahmefällen: Ansprache in einem offiziellen Rahmen, Grußwort im Auftrag der Einrichtung, Tätigkeits- oder

Rechenschaftsbericht, der mit der schriftlichen Fassung übereinstimmen muss.
- In die Präsentation Fragen an die Zuhörer einbringen. Fragen aktivieren, motivieren und fördern die Auseinandersetzung mit dem Vortragsinhalt.
- Durch Beispiele und Vergleiche den Vortrag lebendig gestalten.
- Auf Einwände von Eltern offen reagieren und sie in den weiteren Vortrag einbeziehen. Nicht mit einem Elternteil streiten, sondern sich die Einwände in Ruhe anhören. Einwände können an die Gruppe zurückgegeben werden. Weiterhin erweist sich folgende Drei-Stufen-Strategie als erfolgreich:
  - Einwand zustimmen („Da gehen Sie auf einen wichtigen Aspekt ein ..."),
  - neuen Gesichtspunkt einbringen („Wenn man allerdings bedenkt, dass ..."),
  - gemeinsam abwägen („Wenn wir die verschiedenen Aspekte bedenken, ...").
- Gefühle zulassen und in den Äußerungen mit einbringen, da die Vortragende sonst unglaubwürdig wirkt.
- Die Gestik sollte nicht bewusst reduziert werden. Eine stark kontrollierte Körpersprache wirkt unnatürlich und verwirrend. Die Zuhörer spüren, wenn sich die Präsentierende verstellt.
- Die Gestik gezielt zur Unterstützung der Inhalte einsetzen, um Wichtiges zu betonen und die Aufmerksamkeit der Eltern zu gewinnen.
- Bei der abschließenden Diskussion nicht selbst die Diskussionsleitung übernehmen.
- Um einem trockenen Mund und Heiserkeit zu vermeiden, sollte ein Glas Wasser (ohne Kohlensäure) bereit stehen.

Problem: Lampenfieber

Lampenfieber ist eine normale Reaktion, die auftritt, wenn die Erzieherin als Vortragende im Blickfeld der Eltern steht und die Aufmerksamkeit vieler Menschen auf sich gerichtet spürt. Das Gefühl von Lampenfieber, das mehr oder weniger ausgeprägt jeder Vortragende bis hin zum erfahrenen Schauspieler verspürt, beruht vor allem auf der Angst zu versagen. Häufig nehmen die Zuhörenden das Lampenfieber weniger stark wahr als die Vortragende selbst. Lampenfieber im geringen Umfang wirkt sich durchaus Leistung steigernd aus. Die Vortragende ist hellwach, handlungsbereit und auf das Thema konzentriert.

Lampenfieber entspricht körperlich einer Stresssituation, auf die jeder in einer bestimmter, für ihn typischen Weise reagiert. Dem einen bleibt sprichwörtlich die Luft weg, es schnürt ihm die Kehle zu, dem anderen schlägt es auf den Magen, andere bekommen weiche Knie oder kalte Füße.

Lampenfieber zeigt sich auf drei Ebenen:

Ebenen	Reaktionen	Hilfen
körperlich	Herzklopfen, Hautreaktionen (Blässe – Errören), innere Hitze, flacher, schneller Atem, feuchte Hände, trockener Mund, belegte Stimme, Verspannungen, Vermeidung von Blickkontakt, innere Unruhe, unruhiges Umherlaufen, Völlegefühl, Harndrang, Appetitlosigkeit, Kopfschmerzen, Schlafstörungen	Ruhig, in aufrechter Haltung nach vorne gehen; vor Redebeginn ruhig durch die Nase ausatmen, leicht einatmen und dann langsam zu sprechen beginnen; einen festen Standort auswählen, von dem die Raumsituation gut kontrolliert werden kann (Weg zur Flip-Chart und zum Tageslicht-projektor, Projektionsfläche, Blickkontrakt zu den Eltern); körperliche Energie gezielt in eine unterstützende Gestik umsetzen.
kognitiv	Konzentrationsmangel (Versprecher), negative Selbstprogrammierung („Das schaffe ich nicht. Bestimmt geht etwas schief. Hoffentlich stellen die Eltern keine Fragen.")	Positive Einstimmung („Ich bin sicher, dass ich es schaffe. Ich bin optimal vorbereitet. Ich freue mich auf den Auftritt."); positive Formulierungen wählen; Perfektionismus vermeiden; Lampenfieber als normale Reaktion positiv bewerten; Hilfen vorbereiten (Spickzettel, vorbereitete Plakate, Gliederung auf einer Folie oderFlip-Chart).
emotional	Angst/Panik, Hilflosigkeit, Unsicherheit	Kleidung auswählen, in der man sich wohl fühlt; sich mit dem Raum vertraut machen (Ortsbesichti-gung); Einsatzbereitschaft der Medien überprüfen; die ersten Sätze vorbereiten und bewusst langsam, ruhig, deutlich sprechen, um Sicherheit zu gewinnen; die Präsentation zu Hause mehrmals proben.

Zusammenfassung

Der Umgang mit Elterngruppen setzt zum einen Techniken zur Steuerung von Gruppenprozessen und zum anderen die sichere Anwendung von Moderations- und Präsentationstechniken voraus.

Die in **Gruppenprozessen** typischen Phasen (Orientierung – Machtkampf – Vertrautheit – Differenzierung und Trennung) sind auch beim Ungang mit Elterngruppen zu beachten. Die Erzieherin hat in den verschiedenen Phasen unterschiedliche Aufgaben, um den Eltern mit ihren Bedürfnissen gerecht zu werden.

Mit Hilfe von **Moderationstechniken** kann die Erzieherin die Effizienz von Gruppenprozessen deutlich verbessern. Als Moderatorin ist die Erzieherin Prozessbegleiterin, die den Moderationszyklus (Einstieg – Ideen-/Themensammlung – Bewertung/Auswahl – Themenbearbeitung – Maßnahmeplanung – Abschluss/ Reflexion) steuert. Die Erzieherin setzt in den verschiedenen Phasen des Prozesses unterschiedliche Moderationsmethoden und -werkzeuge ein.

Zur Ideensammlung und -strukturierung eignet sich die **Meta-Plan-Technik**, die mit Hilfe von Karten- , Punktabfragen sowie Mehrfeldertafeln die Gruppenarbeit effizienter werden lässt.

Eine gehirngerechte Informationsverarbeitung stellt das **Mind-Mapping** dar. Diese Technik führt zu klar strukturierten Bildern, die abhängig von der Informationstiefe unterschiedlich stark ausdifferenziert werden kann.

Bei der Gestaltung von Vorträgen kann die Erzieherin ihre Wirkung mit Hilfe von **Präsentationstechniken** verstärken. Ausgehend von den Zielen des Vortrags und der Zielgruppe baut sich die Präsentation auf. Die Erzieherin sollte dabei vor allem auf eine gute Visualisierung der Inhalte achten. Abhängig von den Möglichkeiten der Einrichtung und dem technischen Verständnis bietet sich der Einsatz von Tageslichtprojektor, Beamer, Flip-Chart oder Pinwand an. Die persönliche Präsentationswirkung wird vom Präsentationsverhalten (Körpersprache, Sprachniveau, Selbstsicherheit, Überzeugungskraft, Offenheit) bestimmt. Zumeist muss die vortragende Erzieherin ihr Lampenfieber, unter dem nahezu alle Vortragenden leiden, in den Griff bekommen, indem sie das eigene Verhalten in sichere Bahnen lenkt, eine positive Einstimmung auf den Vortrag initiiert und Ängste gezielt abbaut.

4.2.2 Raumgestaltung

Der Raumbedarf bei Gruppenveranstaltungen ist sehr unterschiedlich und kann von einer Kleingruppe bis zur einer Großveranstaltung mit allen Eltern einer Einrichtung reichen. Während sich Kleingruppenveranstaltungen an bestimmte Eltern richten, die sich als Gruppe verstehen (zum Beispiel Eltern einer Kindergruppe, Elterngesprächskreis), d. h. ein gemeinsames Ziel verfolgen und sich untereinander kennen, ist der Personankreis bei Großgruppenveranstaltungen viel weiter gefasst und umfasst u. U. auch Gäste.

Die Raumgestaltung kann durchaus auch ein Bestandteil der Thematik und darauf ausgerichtet sein (zum Beispiel Dekoration, Plakate, Büchertisch). Die Gestaltung sollte den Vortrag unterstützen aber nicht vom Thema ablenken (zum Beispiel Eltern laufen während des Vortrags zum Büchertisch, konzentrieren ihre Aufmerksamkeit auf Plakate).

- **Kleingruppenangebote**

Die Gruppenangebote finden mit Personen, die sich mehr oder weniger vertraut sind (wie Eltern aus einer Kindergruppe), ebenfalls in der persönlichen Distanzzone statt; bei einigen Angeboten (zum Beispiel Referat) werden auch gesellschaftliche Distanzzonen deutlich. Der Abstand ist Ausdruck des persönlichen Bezugs zur Thematik: Beim Erfahrungsaustausch ist der Gesprächsabstand gering, während bei einem Bericht mit Dias über die Montessori-Pädagogik die gesellschaftliche Distanz zwischen Vortragenden und Zuhören besteht. Mit zunehmender Vertrautheit verringern sich auch die Abstandsbereiche. Die Erzieherin sollte bei Gruppenangeboten zum einen die Eltern bei der Sitzanordnung einbeziehen (etwa beim Umräumen stellen die Eltern die Stühle selbst und bestimmen somit auch selbst den Abstand zu den Sitznachbarn) bzw. durch Angebote wie Kennenlern-Spiele die Vertrautheit zwischen den Eltern erhöhen. Es bietet sich für die Gruppenangebote die Halb- und Vollkreisbestuhlung an. Sollen die Eltern mitschreiben, Kleingruppen bilden oder etwas gestalten (zum Beispiel Plakate) ist die Tischgruppenbestuhlung angebracht. Für die Moderationstechniken sind besonders quadratische Räume geeignet, die eine Halbkreis- bzw. U-förmige Anordnung erlauben. Die Erzieherin sollte bei der Bestuhlung drauf achten, dass die Tür nicht zu nah am Präsentationsbereich liegt, damit Zuspätkommende nicht stören und die Aufmerksamkeit der Eltern auf sich ziehen.

Die **Halbkreisbestuhlung** ermöglicht den Blickkontakt zwischen allen Teilnehmern und der Moderatorin. Die Vortragende hat eine hervorgehobene Position und kann sich optimal in Diskussionen einbringen. Diese kommunikationsfördernde Form der Bestuhlung ist jedoch sehr platzintensiv und deshalb nur bei kleineren Gruppen (bis etwa 20 Personen) zu verwirklichen.

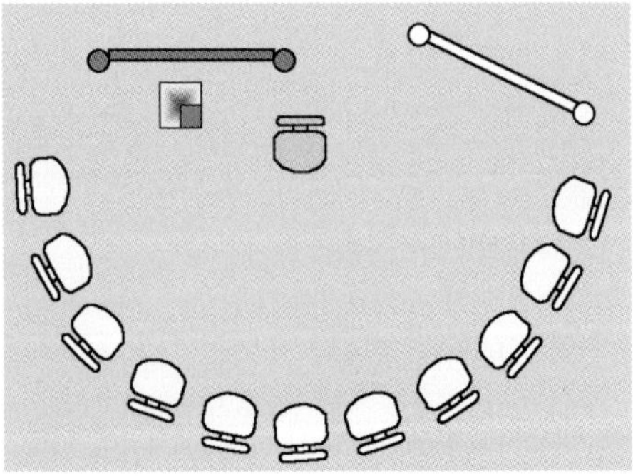

Halbkreis-Bestuhlung

Eine Alternative zur Halbkreis-Anordnung stellt die **Tischgruppen-Bestuhlung** dar. Die Eltern haben in der Gruppe untereinander und zur Referentin Blickkontakt. Arbeitsgruppen und Gesprächskreise können schnell gebildet werden.

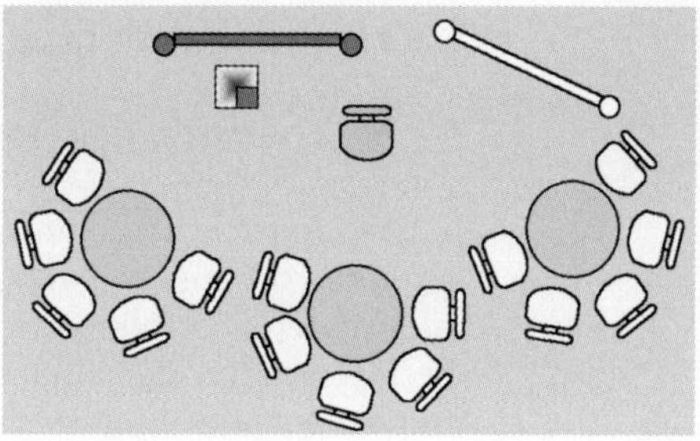

Tischgruppen-Bestuhlung

- **Großgruppenveranstaltungen**

Bei Veranstaltungen mit Großgruppen ist neben der Sitzordnung die Medienausstattung zu beachten, damit alle Teilnehmer den Sprechenden verstehen und das Präsentierte wahrnehmen können. Abhängig von der Raum- und Gruppengröße sollte ein Mikrophon mit Verstärkeranlage vorhanden sein. Als Medien bieten sich neben dem traditionellen Overheadprojektor mit entsprechender Projektionsfläche und Videoanlagen mit Fernsehgerät vor allem die Nutzung eines Beamers an, an den sowohl Videogeräte als auch Personalcomputer angeschlossen werden können. Mit zunehmender Technisierung werden technische Störungen jedoch immer wahrscheinlicher. Es sollte deshalb sichergestellt werden, dass während der Veranstaltung technisch versierte Personen anwesend sind, die sich mit den eingesetzten Geräten auskennen und Pannen beheben können.

Eine **V-** oder **U-förmige Bestuhlung** ermöglicht im eingeschränkten Maß den Blickkontakt zwischen den Zuhörern und ist damit nicht so unpersönlich wie die klassische Theaterbestuhlung. So können Kommunikationshemmnisse vermindert werden. Die Zuhörenden haben weniger das Gefühl, dass ihnen jemand „im Nacken" sitzt.

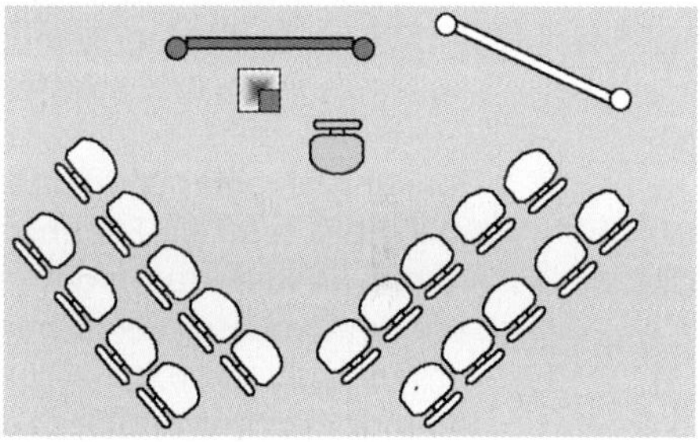

V-förmige-Bestuhlung

Die **Kino-** bzw. **Theaterbestuhlung** ermöglicht auf kleinem Raum eine große Anzahl von Teilnehmern unterzubringen, ist aber nicht kommunikationsfördernd. Die Zuhörenden sitzen in einer eher passiven, konsumierenden Haltung.

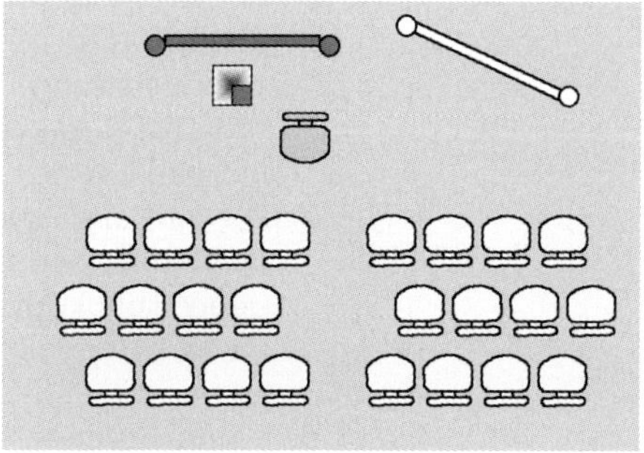

Kino-/Theater-Bestuhlung

4.2.3 Formen der gruppenbezogenen Elternarbeit

4.2.3.1 Thematischer Elternabend

Je nach Ausrichtung und Intention eines Elternabends kann der Schwerpunkt mehr auf der vorbereitend-erarbeitenden, der mitplanend-problemlösenden oder der informierend-fortbildenden Ebene liegen. Bei **thematischen Elternabenden** steht die Information der Eltern, die Kommunikation der Eltern untereinander und die Kontaktanbahnung zwischen Eltern und Erziehern im Vordergrund. Da in der Praxis immer weniger herkömmliche Elternabende angeboten werden, muss der Gesichtspunkt der Information im weiteren Sinne gesehen und hinsichtlich der Kompetenzerweiterung, besonders in Erziehungsfragen, ergänzt werden.

So ist der klassische Elternabend durch folgende Aspekte charakterisiert:

- Die Themen und der Ablauf sind häufig so stark strukturiert und geplant, dass kaum Spielraum für spontane Wünsche und Anliegen der Eltern bleibt.
- Die Referentin oder die Erzieherin befindet sich in der aktiven, vermittelnden Rolle, während die Eltern das dargebotene Wissen passiv konsumieren.
- Für die Erzieher steht der spannungs- und reibungslose Ablauf des Elternabends im Vordergrund und sie sind erleichtert, wenn der Abend ohne Probleme verlaufen ist.
- Häufig wird durch den Erzieherinnenvortrag eine methodisch ungünstige Frontalsituation geschaffen.
- Im Verlauf von mehreren Kindergartenjahren wiederholen sich die Themen und meistens sogar die methodische Vorgehensweise.

Im Rahmen einer zeitgemäßen Elternarbeit kann dem klassischen Elternabend nicht mehr die zentrale Funktion beigemessen werden. Andere Formen der Elternarbeit haben an Bedeutung gewonnen. So kommt beispielsweise den alltäglichen Kontakten mit den Eltern eine weitaus wichtigere Rolle zu. Sie scheinen in stärkerem Maße prägend zu sein, als die in oft großen Zeitintervallen durchzuführenden Elternabende. Trotz dieses Sachverhalts hat der Elternabend nach wie vor wichtige Funktionen im Rahmen der Elternarbeit:

- Eltern einer, mehrerer oder aller Kindergruppen kommen zu einer gemeinsamen Veranstaltung zusammen. Dadurch werden Kommunikationswege eröffnet und die Selbsthilfepotenziale der Eltern untereinander aktiviert.
- Die Gestaltung und der Stil eines Elternabends ist für die Erzieherinnen oftmals Ausgangspunkt für weitere Gespräche und die Zusammenarbeit mit den Eltern.
- Die Verhaltensweisen der Erzieher und die Art und Weise der Gestaltung des Elternabends prägt die Erwartungen und das zukünftige Verhalten gegenüber kommenden Elternabenden und anderen Formen der Zusammenarbeit.

Die in den Einrichtungen oft beklagte geringe Beteiligung an Elternabenden hat viele Gründe. Aus der Sicht der Eltern ist es sicherlich nachvollziehbar, wenn sie spätestens dem dritten Elternabend zum gleichen Thema fernbleiben. Verschärft wird diese Situation, wenn Eltern die Kindertagesstätte bereits durch ältere Geschwister kennen und vielleicht zum vierten oder fünften Mal ein Elternabend zu einem bekannten Thema angeboten wird. Deshalb ist es notwendig, bei der Durchführung von Elternabenden neue Wege zu gehen.

Es gibt alternative Formen der Elternabende, die mehr der partnerschaftlichen Kooperation und dem Interesse der Eltern gerecht werden. Aufgabe der Einrichtung ist es, ein innovatives Konzept der Elternabende zu entwickeln, das der Individualität der Einrichtung, dem Stil der Erzieherinnen und der besonderen Situation der Eltern gerecht wird. Somit müssen Einrichtungen mutig neue Formen und Methoden erproben.

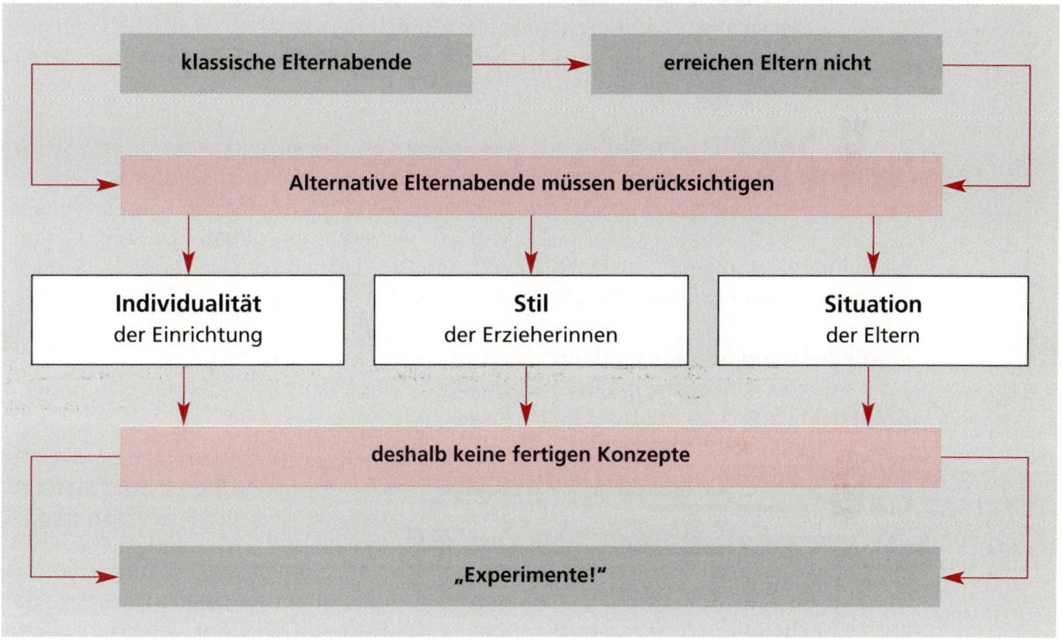

Situation der Elternabende in Einrichtungen

Die möglichen Themen können sich aus aktuellem Anlass ergeben oder beispielsweise aus den Bereichen Pädagogik, Psychologie, Medizin oder Ernährung abgeleitet werden. Folgende Themen bieten sich u. a. an:

- Grenzen setzen – aber wie?
- Geschwisterrivalität
- Was ist los? Mein Kind hat mich nicht mehr lieb!
- Starke Eltern – starke Kinder?
- Fordern und fördern
- Ich verliere ja immer, deshalb spiele ich nicht mehr mit!
- Aber Oma hat's erlaubt!
- Wenn Kinder alles alleine machen.

- Erziehung ohne Strafen?
- Lernen und fördern in der Kindertagesstätte!
- Fördert kreatives Tun die Intelligenz?
- Probleme und Schwierigkeiten bei Kindern gibt es nicht!
- Fernsehen – der (un)heimliche Erzieher
- Ist mein Kind schulfähig?
- Kinder wollen aktiv sein und nicht beschäftigt werden!
- Wie spreche ich mit meinem Kind?
- Die Motorik und ihre Bedeutung für die Entwicklung
- Das Bilderbuch – erste Schritte für das Lesen?
- Mein Kind spricht schlecht – Hilfen bei Sprachauffälligkeiten
- Im Kindergarten streiten: diese ewige Streiterei
- Typisch Junge – typisch Mädchen
- Lernspiele für Kinder
- Musikalische Früherziehung. Je früher, umso besser?
- Kinder begreifen die Welt: Kindliche Wahrnehmung
- Das Wissen der Kinder

Der Erfolg des Elternabends hängt wesentlich von der Verwirklichung alternativer Formen und Methoden ab. Dabei sollte man „Experimente" nicht scheuen, nämlich: weg von den üblichen zu einmal ganz anderen Veranstaltungen. Im Folgenden werden einige Beispiele vorgestellt, die Mutigen Anregungen geben können: „An der Hand ins Märchenland", „Lernen für die Schule – Lernen für das Leben", „Schwierige Kinder gibt es nicht" und „Strafen".

- **„An der Hand ins Märchenland"**

Eine interessante, in der Praxis erprobte Alternative ist nachfolgender Elternabend zum Thema Märchen. (vgl. Kudsi, in: kita 2/2001, Seite 32 bis 34).

Situation, Überlegungen und Vorbereitung
Dieser Elternabend sollte jedoch nicht von der klassischen Zielsetzung, wie zum Beispiel Information, Bildung und Mitarbeit geprägt sein. Vielmehr sollten die Eltern ein paar schöne Stunden erleben, ohne pädagogische Belehrung und Information. Es sollte ein Abend zum Lachen, Ausruhen und gemeinsamen Spielen werden, der auch manche Erinnerungen aus der eigenen Kindheit zurückbringt. Die Erfahrungen der Eltern mit der Märchenwelt knüpfen an das Erlebte ihrer Kinder an und können im familiären Rahmen weitergeführt und vertieft werden.

Im Kindergarten wurde seit mehreren Wochen gruppenübergreifend das Thema ‚Märchen' behandelt. Auch die Erzieher ließen sich von dieser Thematik ‚bezaubern'. So entstand die Idee, die Eltern ins Märchenland zu führen und dazu einen Elternabend zu veranstalten.

Folgende Einladung wurde verschickt:
„Es waren einmal zehn heitere Erzieherinnen, die nahmen eines Tages die ihnen anvertrauten Kinder an die Hand und machten sich mit ihnen auf den Weg ins Märchenland. Die Kinder staunten und ihre Freude war groß. Da fassten die Erzieherinnen den Entschluss: Lasst uns die Eltern auch einmal ins Märchenland mitnehmen. Sie schrieben in ihren großen Kalender:

Einladung ins Märchenland für alle Eltern am ... ‚Sie sollten viel Lust zum Schauen, Hören, Schmecken und Riechen mitbringen', sprach eine von den Erzieherinnen und die anderen nickten. ‚Und Lust zum Spielen' fügte eine andere hinzu. ‚Und ihre Ansprüche an pädagogische Erklärungen sollten sie zu Hause lassen!', ergänzte eine dritte. Eine weitere sprach: ‚Wir müssen unbedingt wissen, wie viele kommen', und sie schrieben folgenden Zettel, den die Eltern ausfüllen sollten:

- *Ich nehme die Einladung ins Märchenland an und komme mit .... Personen.*
- *Wir können leider nicht mit ins Märchenland kommen."*

Einladung zum Elternabend: kita 2/2002, Seite 32

Das Thema, die Zielsetzung und die Einladung sprachen viele Eltern an. Kudsi (kita 2/2001) berichtet, dass die dreifache Anzahl der erwarteten Eltern der Einladung folgte. Dies stellte weitere organisatorische Herausforderungen an das Team, die mit viel Fantasie und Geschick gemeistert wurden.

Durchführung
Der Elternabend war offen angelegt. Er hatte Experimentiercharakter und war hinsichtlich des Verhaltens der Eltern und der Angebote nicht bis ins Detail planbar. Der Abend hatte folgenden Ablauf:

- Zum Empfang der Eltern wurden zunächst Kardamonkaffee und Tee gereicht.
- Nach der Begrüßung wurden die Eltern gebeten, auf den vorbereiteten Kissen bequem Platz zu nehmen. Alle Anwesenden ließen sich von dem orientalischen Märchenerzähler Rafik Schami in eine Geschichte der ‚Erzähler der Nacht' ‚entführen'. Die Geschichte wurde vorgelesen.
- Daran anschließend wurde ein Raumwechsel vollzogen. Im ‚Abendland' wurden Memorykarten verteilt und so kleine Gruppen gebildet. Die Eltern tauschten ihre Erinnerungen mit Märchenbegegnungen aus ihrer Kindheit und Jugend aus: Von wem habe ich Märchengeschichten erzählt oder vorgelesen bekommen? Welches war mein Lieblingsmärchen, wer waren meine Helden? Wovor habe ich am meisten Angst gehabt?
- Im Anschluss daran stellten sich die Eltern einem Quiz: In welchem Märchen kommt ungespültes Besteck vor? Nennen Sie die drei Mordversuche bei Schneewittchen. Welches Gemüse trägt auch den Namen Rapunzel? Bei der Beantwortung tauschten die Eltern sich nicht aus. Der Gewinner erhielt einen ‚Prinz zum Vernaschen', nämlich eine Prinzenrolle.
- Während der Auswertung des Quiz durch einige Erzieherinnen kamen die anderen Kolleginnen mit den Eltern im leer geräumten Schlafraum zusammen. Dieser war als Märchentheaterbühne hergerichtet, wo eine Verkleidungskiste vorbereitet war. Den Eltern wurde ein Rollenspiel erklärt, das als Rahmengeschichte aufgeführt wurde. Es fanden sich sehr schnell Mitspielerinnen, die bereit waren, sich zu schminken und zu verkleiden. Alle Zuschauer wurden als Geräuschmacher in die Ge-

schichte einbezogen. Je nach Textstelle im Märchen kamen sie dem Bedarf der erzählenden Erzieherin nach und produzierten Wind, Pferdegetrappel oder sonstige ihnen zugewiesene Geräusche. Eltern und Erzieherinnen haben dabei viel gelacht.
- Der Abschluss des Abends fand im orientalischen Raum statt. Bei einer Tasse Tee und einer weiteren Geschichte von Rafik Schami wurde das Treffen gemütlich abgerundet und beendet.

Auswirkungen
Als Resümee konnte festgehalten werden, dass die Erzieherinnen die Eltern ganz anders als bisher erlebt hatten. Es kamen viele positive Kontakte zustande. Auf das Team und die Eltern hatten die entspannte und spielerische Atmosphäre, die interessante und spannungsvolle Gestaltung sowie vor allem das gemeinsame Erlebnis noch lange positive Auswirkungen. Mit einem solchen ganz anderen Elternabend machten alle Beteiligten gute Erfahrungen.

- **„Lernen für die Schule – Lernen für das Leben"**

Auch zu Alltagsproblemen – wie zum Bereich ‚Schule und Lernen' – können alternative und ganz andere Elternabende durchgeführt werden (vgl Becker-Textor 1998, Seite 41 bis 44).

Situation und Vorüberlegungen
Wunsch der Eltern war es, schulische Inhalte und Methoden in der Einrichtung zu vermitteln. Sie begründeten ihre Haltung damit, dass dies auch der Wille der Lehrer sei. Aus dieser Situation entstand die Idee für den Elternabend ‚Lernen für die Schule – Lernen für das Leben'. Zwar wurden auch die Lehrkräfte der benachbarten Grundschule eingeladen, doch Zielsetzung war es, den Eltern der kita-Kinder erfahrbar zu machen, wie sich das Lernen von Kindern vollzieht und welche Methoden in der Kindertagesstätte angewendet werden.

Vorbereitung und Durchführung
Um den weitgehend passiven Konsum von Wissen zu vermeiden, wurde auf ein klassisches Referat verzichtet. Stattdessen sollten in Gruppen handlungsbezogene Erfahrungen zum Lernen gesammelt werden. Zur Gruppenaufteilung zogen die Eltern bereits beim Betreten der Einrichtung Karten mit einem farbigen Punkt aus einem Säckchen:

- Im Raum der Eltern, die eine Karte mit einem roten Punkt gezogen haben, lagen Poster, Bilderbücher, Sachbücher usw. bereit.
- Die Gruppe mit den schwarzen Punkten hatte einen Korb voller Äpfel, Schraubgläser, Messer, Kochtöpfe und umfangreiches Geschirr zur Verfügung.
- Der Raum mit der „grünen Gruppe" war als ein Malatelier ausgestattet. Hier fanden sich Beschreibungen von Techniken, Stifte, Papier und Farben.
- Die Eltern der „blauen Gruppe" fanden Tischspiele, wie zum Beispiel Lotto, Memory, Quartett, Würfel- und Ratespiele vor.
- Den Eltern der „gelben Gruppe" standen Holzreste, alte Uhren, Schraubenzieher, Hämmer, Nägel, Sägen und sonstiges Werkzeug zur Verfügung.

Die Eltern in den jeweiligen Gruppen sollten sich die Materialien anschauen, ihre Einsatzmöglichkeiten erörtern und nach Themen Ausschau halten, die für Kinder interessant sind und aus den Inhalten abgeleitet werden können. Grundsätzlich stand für jede Elterngruppe eine Erzieherin als Ansprechpartnerin zur Verfügung, um sie bei der Aufgabenstellung moderierend zu begleiten. Da die Ergebnisse später allen Eltern zuteil werden sollten, mussten sie in den einzelnen Gruppen schriftlich festgehalten werden. Für das fertigte jede Gruppe ein kurzes Protokoll an.

Nach etwa einer Stunde wurden dann die Ergebnisse der Gesamtgruppe vorgestellt. Folgende Erfahrungen brachten die Eltern zur Sprache (vgl. Becker-Textor 1992, Seite 45):

- *„Wann habe ich schon Apfelsaft selbst gemacht? Jetzt kann ich begreifen, dass Kindern solche Aktivitäten Spaß macht."*
- *„Beim Malen habe ich mich heute so verhalten wie mein Kind. Ich schimpfe es aus, wenn es so herumschmiert. Für mich war es einfach toll!"*
- *„Als Erwachsene sind wir blind geworden für die Sichtweise unserer Kinder. Sie sehen ganz andere Dinge – und viel mehr. Warum wollen wir ihnen einfach unsere Sichtweise aufdrängen?"*
- *„Ich muss eingestehen: Wir in der Schule wissen leider viel zu wenig vom wirklichen Lernen und Leben im Kindergarten." (Lehrer)*
- *„Wenn wir Kindern so viele Spielräume wie hier geben, dann haben wir sie wirklich für die Schule fit gemacht. Wir sollten auf keinen Fall Schulmethoden bereits im Kindergarten praktizieren."*

Auswirkungen
Als Abschluss des Abends wurde eine von den Kindern ausgesuchte Gute-Nacht-Geschichte für alle Eltern vorgelesen. Dabei wurde der Raum abgedunkelt. So gab es nach wenigen Minuten aufmerksam zuhörende Eltern.
Solch ein ‚anderer' Elternabend kann zur Verbesserung der Kooperation mit den betreffenden Grundschulen führen. Es können mit den Lehrkräften Nachgespräche durchgeführt und gegenseitige Hospitationen vereinbart werden.

- **„Schwierige Kinder gibt es nicht"**

Heikle Themen von Elternabenden, bei denen bereits die Einladung für Wirbel sorgt, können nach Becker-Textor (1998, Seite 44) so angegangen werden:

> *Bei dem Thema „Schwierige Kinder gibt es nicht" konnte als Fachmann ein Kinderpsychiater gewonnen werden. Grundsätzlich war eine offene Fragestunde geplant. Jede Mutter und jeder Vater nahm nach der Begrüßung einen glänzenden Quarzstein aus einem Kästchen heraus. Die Leiterin verwies darauf, dass die Eltern ihn festhalten sollten, er sie ganz sicher machen würde und sie alles fragen könnten. Bereits nach einiger Zeit begannen die kleinen Quarzsteine zu wirken. So konnten kommunikative Barrieren mit Hilfe von Steinen abgebaut werden.*

- **„Strafen"**

Wie ein thematischer Elternabend nach Zielen, Inhalten und Methoden strukturiert werden kann, zeigt folgendes Beispiel zum Thema „Strafen" (Dusolt 2001, Seite 66 bis 69):

Dauer circa: 2 bis 3 Stunden

Anzahl der Eltern: 10 bis 30

Sitzordnung: Stuhlkreis, geschlossen

Material: Filzstifte, Plakatpapier und Informationsblatt zum Thema „Strafen"

Strafen		
Ziele	**Inhalte**	**Methoden**
Herbeiführung des Bewusstseins, dass jeder etwas zum Thema beitragen kann		Stühle in Form eines Kreises anordnen
Zum Thema hinführen	Die Bedeutung des Themas „Strafen"	Impulsvortrag (kurz!)
Erwartungshaltungen abklären, Bezug herstellen zwischen „Referenten" und Teilnehmern	Gemeinsame inhaltliche Strukturierung des Elternabends	Rückfrage an die Eltern nach weiteren oder anderen Erwartungen
Kognitive Ebene: Bezugsherstellung	„Welche Formen von Strafen kennen Sie?" Erstellung einer gemeinsamen Liste	Auf Plakatpapier Strukturierung und Sammlung
Persönliche Ebene: Bezugsherstellung	Persönliche Erfahrungen der Eltern mit „Strafe" in der Kindheit	Austausch in Kleingruppen, Strukturierung und Sammlung der Beiträge im Plenum
Transfer: „Kind-Ich" zum „Eltern-Ich"	Bedeutung der Kindheitserfahrungen für das väterliche oder mütterliche Erziehungsverhalten	Diskussionen zwischen Eltern und Erzieherinnen sowie zwischen Eltern untereinander
Orientierungshilfen für Eltern zu „Strafen"	Informierende Hinweise für die erzieherische Praxis	Verteilung von Informationsblatt, ggf. Besprechung, Diskussion
Abschluss	Ergebnisse zusammenfassen	Kurzer Vortrag
Rückmeldung, Reflexion für die Teilnehmer	Einschätzung des Elternabends, persönliche Zusammenfassung	Feed-back-Angebot

- **Problemlage**

Wie andere Formen der Elternarbeit haben auch Elternabende Vor- und Nachteile. Dabei ist zu beachten, dass die Vorteile so weit wie möglich zum Tragen kommen, die Grenzen jedoch beachtet und die Risiken vermieden werden:

Dauerredner: Immer wieder müssen Erzieher, insbesondere bei Diskussionen, mit Vätern oder Müttern rechnen, die gerne lange reden. Wenn Eltern Diskussionen als Forum zur Selbstdarstellung benutzen, werden die Interessen der anderen in den Hintergrund gedrängt. Bei vielen stößt ein solches unsoziales Verhalten auf Unverständnis. Sie ärgern sich darüber, haben jedoch oft nicht den Mut, diesen Eltern ihre Meinung und ihr Empfinden mitzuteilen. Diese Situation kann sich so negativ auswirken, dass der Erfolg eines Elternabends gefährdet ist. Deshalb ist es unerlässlich, dass die Erzieherinnen sich selbst darstellende Elternteile sofort höflich aber konsequent in die Schranken weisen. Um solche Probleme zu vermeiden sollte man zu Anfang Zeitgrenzen für Redebeiträge vereinbaren oder eine Diskussionszeit festlegen.

Begrenzte Wirksamkeit: An Elternabende darf nicht der Anspruch gestellt werden, dort Probleme mit einzelnen Eltern anzugehen oder zu lösen. So kann etwa der übermäßige Fernsehkonsum eines Kindes, der sich negativ auf seine Entwicklung und auf den Alltag in der Kindertagesstätte auswirkt, nicht durch einen Elternabend zum Thema „Fernsehen und Medien" korrigiert werden. Da Elternabende keine Pflichtveranstaltungen sind, ist die Teilnahme der betreffenden Eltern nicht gewährleistet. Solche Eltern bleiben dem Elternabend oft fern, da sie sich ihres Erziehungsverhalten nicht bewusst sind, grundsätzlich kein Interesse haben oder durch die Thematik die Gefahr sehen, am Elternabend vorgeführt zu werden.

Zu hohe Erwartungen: Von Seiten der Eltern werden an Elternabende oft zu hohe Erwartungen gestellt, die nicht erfüllt werden können. So können spezielle individuelle Themen und Probleme in der Regel nicht zufrieden stellend bearbeitet werden. Eltern sind dann enttäuscht und gehen mit dem Gefühl des Zu-kurz-gekommen-Seins oder des Nicht-ernst-genommen-worden-Seins nach Hause. Deshalb sollten die Erzieherinnen die Möglichkeiten und Grenzen des Elternabends deutlich machen und nicht der Gefahr erliegen, bewusst oder unbewusst zu hohe Erwartungen zu wecken, die nicht eingehalten werden können.

Selektive Wahrnehmung: Wie bereits dargelegt, wird dem Elternabend nicht mehr die zentrale Funktion in der Elternarbeit beigemessen. Erzieherinnen dürfen auch keine zu hohen Erwartungen an sie stellen. Besonders bei Elternabenden, die methodisch von Vorträgen geprägt sind, kann es passieren, dass wichtige Inhalte nicht wahrgenommen oder überhört werden, da sich die Eltern nicht persönlich angesprochen fühlen. Es besteht somit die Gefahr der selektiven Wahrnehmung dahingehend, dass nur bestimmte Inhalte oder Teile davon aufgenommen werden, welche die bisherige Haltung zum Erziehungsverhalten verstärken und bestätigen. So können Eltern, die ihre Kinder zu wenig loben und zu oft zurechtweisen, die daraus resultierenden negativen Auswirkungen für die Erziehung des Kindes verdrängen, nicht ernstnehmen oder überhören. Somit bleibt die erhoffte Änderung im Verhalten der Mutter oder des Vaters leider aus.

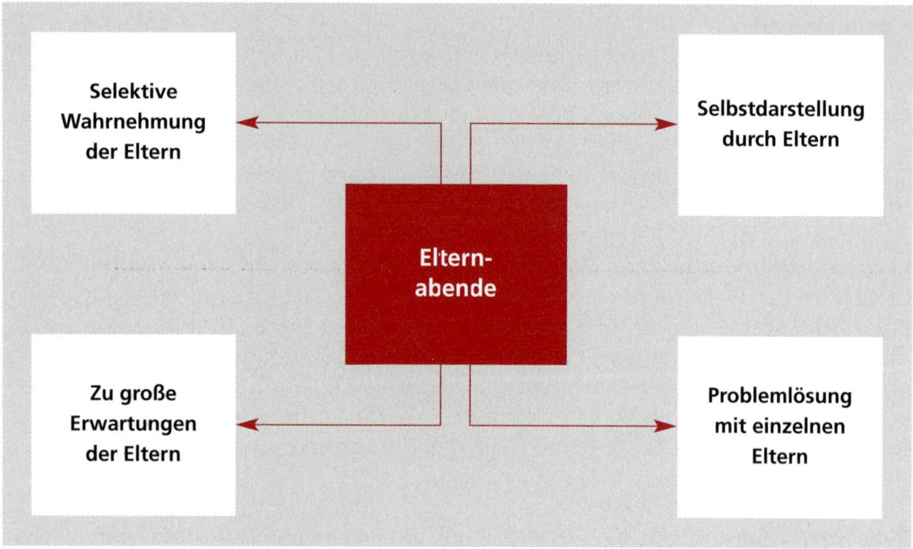

Grenzen und Risiken von Elternabende

Auf die Vorteile wurde bereits eingangs eingegangen. Im Kontext der Risiken und Grenzen sind die folgenden Vorteile zusammenfassend hervorzuheben:

- Im Verhältnis zu anderen Formen der Elternarbeit können mit verhältnismäßig geringem Zeitaufwand viele Eltern erreicht und angesprochen werden.
- Er ist ein kommunikatives Forum für das persönliche Kennenlernen und den inhaltlichen Austausch der Eltern untereinander und mit den Erzieherinnen. Die sich daraus ergebenden Impulse und Anregungen können sich positiv auf die pädagogische Arbeit der Kindertagesstätte auswirken.
- Grundsätzlich kann den Eltern und Erziehern die Möglichkeit eröffnet werden, sich über pädagogische oder aktuelle Themen zu informieren. Inwieweit eine persönliche Auseinandersetzung erfolgt, ist den Betroffenen jedoch selbst überlassen. Es ist also eine freiwillige, in gewisser Weise „unverbindliche" Form, die die Basis für andere Formen bilden kann.

- **Methoden**

Die aktivierende Gruppenarbeit ist eine grundlegende Methode sowohl des Elternabends als auch anderer Formen der Elternarbeit (siehe Elternnachmittage und Elterntraining). Im Gegensatz zu den bereits dargelegten Beispielen von Elternabenden wird im Folgenden auf die konkreten Methoden eingegangen.

Im Anschluss wird ein Überblick über den möglichen Ablauf eines Elternabends gegeben. Bei der Planung und Durchführung ist dieser Vorschlag im Hinblick auf folgende Aspekte zu variieren bzw. flexibel zu gestalten:

- Themenschwerpunkte,
- Zielvorstellungen,
- Zusammensetzung der Elternschaft.

Planung und Durchführung eines Elternabends

Planung:
Im Team sollten die Ziele festgelegt werden, die mit dem Elternabend erreicht werden sollen;
zur Themenfindung die Elternwünsche und Bedürfnisse abklären (Elternausschuss, Befragung der Eltern, Wunschlisten aushängen ...)
im Team sich auf einen Themenbereich einigen;
Gestaltungsrahmen für den Elternabend festlegen (Referent mit anschließender Diskussion, Erzieherinnen stellen Bereich dar, Gesprächskreis mit Erfahrungsaustausch unter Eltern ...); Methoden zur Durchführung festlegen;
Aufgabenverteilung im Team mit Zuständigkeiten für Einladung, Referentengewinnung, Moderation des Elternabends mit Ablaufplanung, Organisationsteam für Raumgestaltung und Verpflegungsorganisation.

Vorbereitung:
Einladungen an die Eltern verteilen; durch Plakate auf den Elternabend hinweisen, ggf. in der Presse ankündigen; Eltern persönlich ansprechen; liegt in der Einrichtung ein hoher Anteil fremdsprachlicher Eltern vor, sollten die Informationen mehrsprachig angefasst und beim Elternabend darauf geachtet werden, dass Eltern fremdsprachlicher Kinder als Dolmetscher eingesetzt werden können;
Raum vorbereiten; bei einem Gesprächskreis fördert eine Sitzordnung im Kreis ohne Tische die Kommunikationsbereitschaft; bei einem Vortrag könnten zunächst Stuhlreihen angebracht sein; sollten Arbeitsgruppen vorgesehen sein, dann auch Nebenräume richten;
Medien bereitstellen; dazu gehören u. U. Plakate, Stifte, Tageslichtprojektor, Leinwand, Videogeräte; einen Fotoapparat zur Dokumentation des Abends nicht vergessen.

Durchführung:

Begrüßung
den Elternabend eröffnen mit einer Begrüßung; den Themenschwerpunkt und seine Bedeutung kurz erläutern; den Zeitrahmen abstecken; die Beteiligten kurz vorstellen.

Hinführung zum Thema
Erwartungen zum Thema abklären; Zielvorstellungen gemeinsam festlegen und das Vorgehen mit den Eltern abstimmen.

Bearbeitung des Themas
An dieser Stelle könnte ein Impulsreferat eingeplant werden, das den Themenbereich nochmals verdeutlicht und aus unterschiedlichen Perspektiven beleuchtet; ein Informationsinput bringt begriffliche Klarheit und gewährleistet, dass die Anwesenden einen gemeinsamen Informationsstand haben, so dass man nicht aneinander vorbeiredet;
mit Hilfe von Moderationstechniken (zum Beispiel Kartenabfrage) können die Erwartungen und Einschätzungen schnell erfasst und visualisiert werden;

in Gruppenarbeit können Themenschwerpunkte intensiver bearbeitet und vor der Gesamtgruppe anschaulich präsentiert werden;
eine gute Visualisierung durch geeignete Materialien sicher stellen.

Konsequenzen aus der Themenbearbeitung
Aus den Ergebnissen mit den Eltern Maßnahmen (soweit erforderlich) für weitere Aktivitäten ableiten: zusätzliche Veranstaltungen, Informationsmaterial beschaffen, Gesprächskreis gründen, andere Personen oder Gruppen (zum Beispiel Parteien, Gemeinderat, Presbyterium) aktivieren.

Bewertung des Elternabends
Am Ende steht die Reflexion des Elternabends;
die Bewertung kann sowohl anonym mit Hilfe eines Fragebogens oder offen mit einem Auswertungsplakat erfolgen, in dem die Eltern ihre Einschätzungen unter „das hat mir gefallen" und „das sollte verändert werden" eintragen können; die offene Auswertung bietet den Vorteil, dass auch die anwesenden Eltern eine sofortige Rückmeldung erhalten.

Abschluss
Mit einem Dank an alle Beteiligten, den Eltern als Teilnehmern sowie einem kurzen Ausblick auf weitere Aktivitäten wird der Elternabend beendet.

Auswertung:
Im Team wird der Abend reflektiert; Erfolge und verbesserungswürdige Aspekte werden aufgelistet bzw. aus den Rückmeldungen der Eltern abgeleitet; die Auswertung sollte sich an Erfolgskriterien orientieren: Wurden die Ziele erreicht? Gelang es die Mehrzahl der Eltern zu aktivieren? Waren die Informationen verständlich, aktuell und entsprachen den Interessen der Eltern? Waren die eingesetzten Methoden sach- und erwachsenengerecht?

4.2.3.2 Elternnachmittage

An Elternnachmittagen nehmen in der Regel die Eltern, ihre Kinder und die Erzieher teil. Je nach Situation, Thema und Intention können Geschwisterkinder und weitere Familienmitglieder eingeladen werden. So lernen die Eltern die Ausstattung und Räumlichkeiten der Kindertagesstätte kennen, die anderen Eltern mit ihren Kindern und das eigene Kind im Zusammenspiel mit der Gruppe. Ferner können Eltern und Erzieher in einer lockeren Atmosphäre kommunizieren und sich somit näher kommen. Dies wird vor allem dann gelingen, wenn die Elternnachmittage gruppenintern angeboten werden.

Bei dieser Form der Veranstaltung gehen die Erzieherinnen näher auf die einzelnen Eltern ein und beobachten das gesamte Gruppengeschehen. Beide Aufgaben gleichzeitig wahrzunehmen, erfordert einen großen Konzentrationsaufwand. Deshalb erweist es sich als sinnvoll, die Aufsicht über die Kinder den Eltern zu übertragen. Darauf ist sowohl bei der Einladung als auch zu Beginn des Elternnachmittags deutlich hinzuweisen.

Im Rahmen der Elternmitarbeit sollten die Eltern durchaus in die Organisation und Durchführung des Nachmittags mit einbezogen werden. Sie können zum Beispiel die Beschaffung und Zubereitung von Speisen und Getränken oder die Gestaltung von Programmpunkten übernehmen. Die Erzieherinnen sollten jedoch die Federführung über die Gesamtorganisation nicht aus den Händen geben, da es letztendlich eine Veranstaltung der Kindertagesstätte ist und sie die Gesamtverantwortung tragen.

Der Termin sollte den Eltern frühzeitig mitgeteilt werden, um eine möglichst hohe Beteiligung zu erreichen. Kinder, deren Eltern nicht teilnehmen, fühlen sich häufig benachteiligt. Sie sind alleine und erleben ihre Freunde mit ihren Eltern. Um diese Situation zu vermeiden, sollte deutlich darauf hingewiesen werden, wie wichtig eine Teilnahme für ihr Kind in der Gesamtgruppe ist

- **Beispiele und Methoden**

Thematische Elternnachmittage haben für die Zusammenarbeit von Eltern und Erzieherinnen oft positive Auswirkungen.

Beispielhaft wird ein thematischer Nachmittag vorgestellt und die Rahmenbedingungen, der Ablauf, die Erfahrungen und Auswirkungen einer solchen Veranstaltung aufgezeigt.
Im Anschluss an die reguläre Betreuungszeit in der Einrichtung trafen sich die Eltern. Für die Kinderbetreuung war während des Elternnachmittags gesorgt. Der nachfolgend dargestellte Elternnachmittag wurde in einem Kinderhaus durchgeführt und von Eppel (1996) konzipiert.

Thema	„Was erwarten wir, Erzieherinnen und Eltern, jeweils voneinander?"
Anlass: Bedeutung	In der Einrichtung bestand eine spannungsgeladene Atmosphäre. So wurde Kritik oft nicht dem Betreffenden, sondern anderen Personen gegenüber geäußert. Zwischen den Erzieherinnen und Eltern war die Kommunikation auf das unbedingt Notwendige reduziert.
Rahmenbedingungen:	Da die Leiterin nicht direkt von dem Kommunikationsproblem der beteiligten Erzieherinnen und Eltern betroffen war, wurde von ihr die Gesprächsleitung übernommen. Der Elternnachmittag wurde im Team mit der Leiterin gemeinsam vorbereitet.
Methodisches Vorgehen: Aktivierung	Nach Begrüßung und kurzer Einführung zum Thema wurden kleine Gruppen von ca. 5 Personen gebildet. Die Phase der Gruppenbildung wurde locker und motivierend gestaltet. Berücksichtigt wurde bei der Gruppenbildung, dass ausländische Eltern mit anderen Eltern gleicher Muttersprache zusammenkommen konnten. Für die Gruppenphase waren überlebensgroße Umrisse von Packpapierfiguren vorbereitet. Diese Figuren waren überschrieben mit den Worten: „die ideale Mutter/der ideale Vater" und „die ideale Erzieherin". Um ein ungestörtes Arbeiten zu ermöglichen, wurden den Arbeitsgruppen verschiedene Räume zugeteilt. Die Erzieherinnen bildeten eine eigene Kleingruppe und hatten den Auftrag, die idealen Eltern zu charakterisieren. Die Elterngruppen sollten die idealen Erzieherinnen mit den folgenden Fragen beschreiben: – Welche Eigenschaften haben sie? – Was dürfen sie grundsätzlich nicht tun? Für die Bearbeitung dieser Aufgaben wurde den Gruppen 20 Minuten Zeit zur Verfügung gestellt. Auf Karteikarten waren die Ergebnisse kurz schriftlich festzuhalten.

Thema	„Was erwarten wir, Erzieherinnen und Eltern, jeweils voneinander?“
Auswertung: Strukturierung	Die Gesprächsleiterin sammelte die Karteikarten ein, las sie im Plenum laut vor und heftete sie den Figuren an. Dabei erläuterten die Gruppen ihre Aussagen. Schnell entwickelte sich eine interessante und muntere Diskussion. Es ergaben sich mehr übereinstimmende Meinungen als vorher angenommen. So wurden einige unrealistische Forderungen mancher Eltern an die Erzieherinnen von anderen Eltern korrigiert. Grundsätzliche pädagogische Überzeugungen wurden nicht von den Erzieherinnen an die Eltern, sondern von Eltern an Eltern übermittelt. Dies erleichterte die Akzeptanz. In diesem Prozess wurde deutlich, dass zwischen Erzieherinnen und Eltern ein offener Austausch möglich und eine geklärte Beziehung für eine konstruktive Zusammenarbeit erforderlich ist.
Perspektiven: Ergebnis-orientierung	Allerdings wurde auch deutlich, dass einige widersprüchliche Erwartungen weiterhin bestehen. So gingen zum Beispiel die Ansichten zum Förderangebot im kognitiven Bereich weit auseinander. Diese Meinungsdifferenzen wurden zum Anlass genommen, in der weiteren Zusammenarbeit (zum Beispiel im Rahmen von thematischen Elternabenden) auf diese Aspekte vertieft einzugehen.
Erfahrungen und Auswirkungen	Die Atmosphäre zwischen Eltern und Erzieherinnen hat sich durch den Elternnachmittag verbessert. Von Seiten der Eltern waren viele positive Rückmeldungen gekommen. Der Wunsch nach weiteren Veranstaltungen dieser Art wurde geäußert.

Elternnachmittage dienen auch der zwanglosen Kommunikation und dem heiteren, unbeschwerten Zusammensein. Bei einer solchen Zielsetzung sollten neben dem Angebot von Speisen und Getränken auch gemeinsame Spielaktionen oder kleine Beiträge von den Kindern eingeplant werden. Die Eltern sollten beim Aufführen von Spielen oder dem Vorsingen von Liedern einbezogen werden.

Wichtige Aspekte von Konzeption und Arbeitsweise der Kindertagesstätte werden den Eltern verdeutlicht. Sie haben bei einem Elternnachmittag Gelegenheit, sich eingehend über die Einrichtung zu informieren.

Es ist immer wieder schwierig, einen harmonischen und freundlichen Abschluss zu finden. Die Erzieher wollen mit dem Aufräumen beginnen und die Eltern sind noch engagiert ins Gespräch vertieft. Ein abruptes Ende käme einem Hinauswerfen gleich und würde eine negative Stimmung erzeugen. Dies kann durch die vorherige Ankündigung eines Endprogrammpunktes umgangen werden. So kann zum Beispiel den Eltern bei der Einführung mitgeteilt werden, dass nach dem Ende des Theaterstückes der Kinder der Elternnachmittag beendet ist. Damit ist der Schlusspunkt vorgegeben und jeder weiß, dass die Veranstaltung zu Ende ist. Wenn daraufhin einige Eltern noch miteinander kommunizieren, können die Erzieher ohne atmosphärische Schwierigkeiten mit anderen Eltern den Raum für das Gruppengeschehen des nächsten Tages wieder herrichten.

• **Problematik**
Besonders Elternnachmittage mit mehr geselligem Charakter haben ihre Risiken:

Selbstdarstellung: Wie bei Elternabenden besteht die Gefahr, dass einzelne Eltern die Veranstaltung zur Selbstdarstellung nutzen oder weitgehend die Regie an sich reißen. Die anderen Eltern fühlen sich dann zu wenig beachtet und werden ungehalten.

Autoritätsverlust: Die persönliche und fachliche Autorität der Erzieherinnen kann untergraben werden, wenn sie eine solch unangenehme Situation hinnehmen, ohne eine Veränderung zu initiieren. Die Eltern könnten die Kompetenz der Erzieherin in Frage stellen und ihr mangelnde Autorität auch in anderen Situationen unterstellen.

Überforderung: Wenn sich die Erzieher intensiv mit wenigen Eltern beschäftigen, verlieren sie die anderen Eltern aus dem Blickfeld. Die Erzieherinnen müssen das Gesamtgeschehen im Auge behalten, um beispielsweise Eltern mit Kontaktschwierigkeiten dabei zu unterstützen, sich in die Elterngruppe zu integrieren.

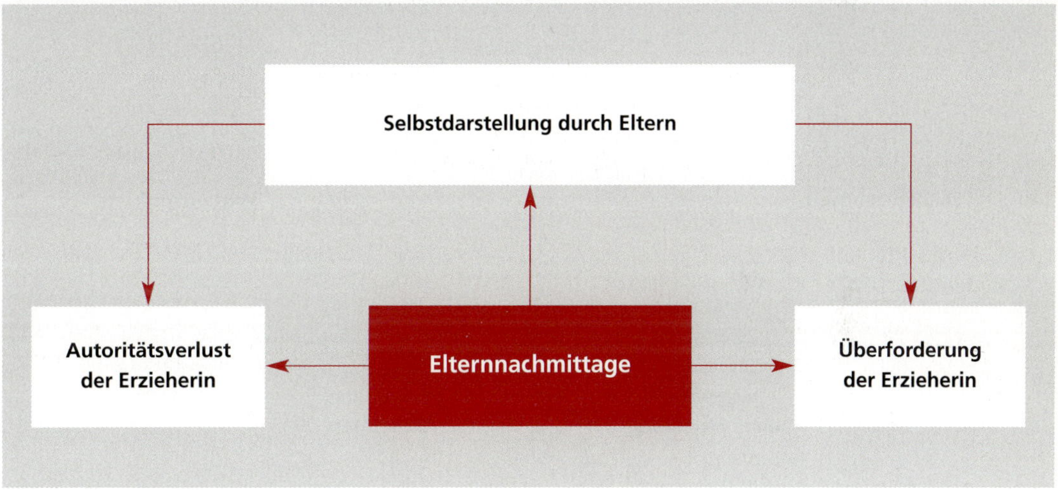

Gefahren bei Elternnachmittagen

4.2.3.3 Gesprächskreis

Aus den Inhalten und Themen von Elternabenden können sich **themenbezogene Gesprächskreise** ergeben.

• **Darstellung und Voraussetzungen**
Allerdings kommen Eltern dort innerhalb eines bestimmten Zeitraumes regelmäßig zusammen. Grundsätzlich wird bei diesen Zusammenkünften von Eltern zwischen **themenbezogener Zusammenarbeit** und **kontaktbezogener Zusammenarbeit** unterschieden.

Bei themenbezogenen Gesprächskreisen steht das Gespräch und die Diskussion und somit die Sachebene im Zentrum. So werden zum Beispiel Erziehungsprobleme fachlich erörtert. Bei der kontaktbezogenen Elterngruppenarbeit kommt mehr das gemeinsame Handeln zum Tragen. Über kontaktfördernde Angebote soll die Kommunikation zwischen den Eltern verbessert werden; die Beziehungsebene steht dabei im Vordergrund. Der Übergang zwischen den beiden Formen ist jedoch fließend, da themenbezogene Zusammenkünfte auch kommunikationsfördernd sind und bei kontaktbezogenen Treffen auch Erziehungsfragen diskutiert werden können.

Vor der Initiierung eines thematischen Gesprächskreises ist zu berücksichtigen, dass große Anforderungen an die Leitung der Gruppe gestellt sind. Die Beherrschung von gruppendynamischen Prozessen setzt eine entsprechende Ausbildung oder zumindest Erfahrungen in der Gruppenarbeit voraus. Es empfiehlt sich, den Gesprächkreis zu zweit zu leiten.

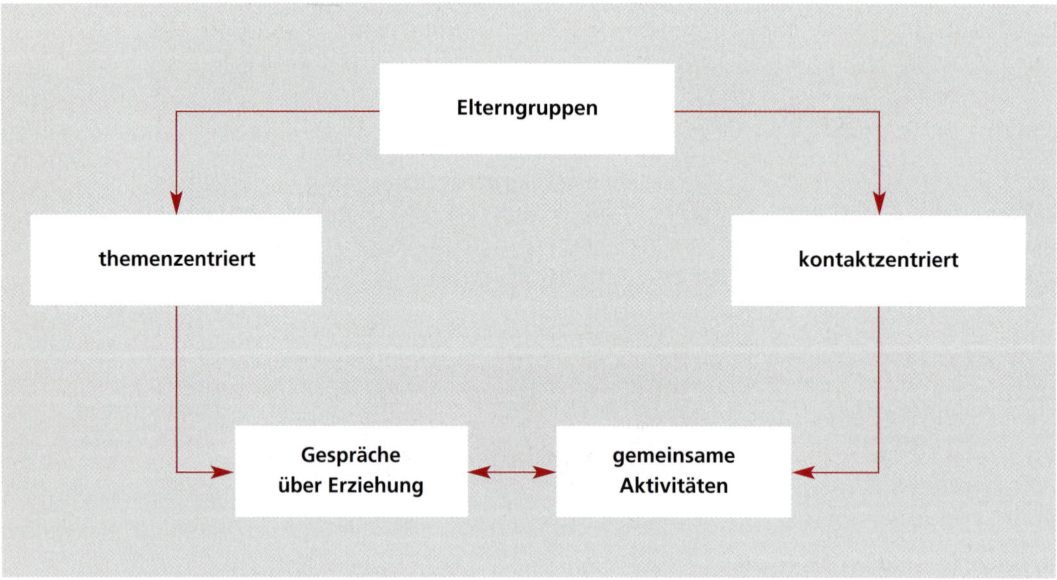

Unterscheidung von Elterngruppenarbeit

Als gängige Form der Elterngruppennarbeit werden Gruppengespräche durchgeführt. Bei diesen Gesprächskreisen werden in der Regel Probleme der Kinder, das Erziehungsverhalten der Eltern oder die Situation im Elternhaus erörtert und reflektiert (vgl. Paeßens 1996, Seite 30 f.).

Die Anzahl der Teilnehmer ist begrenzt. Die ideale Größe der Gruppen liegt zwischen acht und sechzehn Personen. An themenbezogenen Gesprächskreisen können einzelne Eltern, Elternpaare und weitere Bezugspersonen des Kindes teilnehmen. Der Teilnehmerkreis sollte stabil sein, um die Kontinuität des Gruppenprozesses zu erhalten.

Zudem sollten die zeitlichen Abstände zwischen den Treffen nicht groß sein, da sich die Gruppe sonst immer wieder neu zusammenfinden muss und die Auseinandersetzung mit der gewählten Thematik nur schleppend verläuft. Werden Termine und Themen der Gesprächskreise über vier Abende im Abstand von je einer Woche verteilt, ist das eine gute Basis für eine effektive und zufriedenstellende Zusammenarbeit. Ein einladender Gruppenraum und ein entsprechendes Umfeld, wie zum Beispiel Möglichkeiten für Entspannungsübungen oder die Anordnung eines Stuhlkreises, sollten gegeben sein.
Solche Formen von Elterngruppen haben oft Selbsterfahrungsaspekte. Eltern haben die Möglichkeit, das eigene Erziehungsverhalten und die zugrunde liegenden Motivationen zu reflektieren. Sie können sich mit anderen Eltern unterhalten, die vergleichbare Situationen erlebt und bereits bewältigt haben. Nach diesem Erfahrungsaustausch können die Eltern bewusst an der eigenen Verhaltensänderung arbeiten. Die gruppendynamischen Prozesse bewirken eine zunehmende Vertrautheit. Diese Entwicklung kann positive Auswirkungen auf die weitere Erziehung des Kindes und auf die Zusammenarbeit mit der Einrichtung haben.

Entscheidend für den Erfolg der Arbeit mit Gesprächskreisen ist die sich entwickelnde Atmosphäre in der Gruppe, die von gegenseitigem Vertrauen oder Misstrauen, von Distanz oder Nähe, Sympathie oder Antipathie geprägt wird. Eltern benötigen die Sicherheit, dass persönliche Angelegenheiten nicht nach außen getragen werden, sie wegen ihrer Äußerungen nicht abgewertet oder sogar ausgelacht werden und die Gruppenleitung mit auftretenden Emotionen insgesamt so kompetent umgehen kann, dass sich Eltern nicht bloßgestellt oder verletzt fühlen. In jedem Fall bleibt es den Eltern überlassen zu entscheiden, in welchem Maße sie sich einbringen.

- **Methoden und Beispiele**

In thematischen Gesprächskreisen geht es nicht nur um Wissensvermittlung, sondern um grundlegende Einstellungsänderungen. Daher müssen neben der kognitiven Dimension affektive und somit emotionale Aspekte berücksichtigt werden. Will jemand sein Erziehungsverhalten verändern, reicht es zum Beispiel nicht aus, nur über die Stile oder die Mittel der Erziehung Bescheid zu wissen. Sie müssen auch reflektiert werden, indem das persönliche Verhalten in der Eltern-Kind-Beziehung hinterfragt und die zugrunde liegenden Motivationen thematisiert werden.

Bei Gesprächskreisen müssen je nach Situation Methoden eingesetzt werden, die sowohl kognitive als auch affektive Bereiche ansprechen. Folgende Methoden haben sich in der Praxis bewährt (vgl. Dusolt 2001, Seite 70 bis 78):

Phasen	Methoden
Kennenlernen	**Paarinterviews:** Gegenseitig interviewen sich zwei Eltern und stellen die andere Person der Gruppe vor. **Kennenlern-Spiele:** So kann zum Beispiel ein Wollknäuel unter den Eltern herumgeworfen werden, bis alle einen Teil des Fadens in der Hand halten. Jeder, dem das Knäuel zugeworfen wird, stellt sich kurz vor.

Phasen	Methoden
Ankommen in der Gruppe	**Blitzlicht:** Diese Methode ist auch als Abschluss des Gesprächskreise geeignet. Die Eltern sagen kurz, was sie gerade bewegt und wie sie sich fühlen. Kurze **Meditationen** oder **Entspannungsübungen.**
Kognitive Ebene	Die kognitive und die affektive Ebene lassen sich methodisch nicht exakt trennen. Je nach Schwerpunktlegung steht die jeweilige Ebene im Vordergrund: Einsatz von **Medien**, wie Dia oder Video, kurze Referate mit anschließender Diskussion oder Aufgabenstellungen.
Affektive Ebene	**Kreative Techniken,** wie das Malen der Geschwisterposition aus der Herkunftsfamilie als Kind oder die gegenwärtige Familie. In **Rollenspielen** schwierige Erziehungssituationen darstellen, diese besprechen und daraufhin alternatives Erziehungsverhalten spielend einüben (siehe unten: konkretes Beispiel zum Rollenspiel).
Übertragung auf Alltagssituationen	Praktische oder schriftliche **Aufgaben** auf der Grundlage der Thematik stellen, die zu Hause durchgeführt werden sollen. Erfahrungen werden zu Beginn des nächsten Gesprächskreises erörtert.

Im Folgenden ein Beispiel für die Erarbeitung der affektiven Ebene mit der Methode des Rollenspieles (siehe oben):

Erziehungssituation:

Der Vater weist die Tochter auf ihr Verhalten beim Essen hin. Darauf verhält sie sich ihm gegenüber oft besonders aggressiv. Der Vater fühlt sich dabei sehr unwohl, weil er meint, dass dadurch seine Beziehung zu seiner Tochter gestört wird. Auch zweifelt er sein eigenes Verhalten dahingehend an, ob er nicht einfach zu empfindlich ist. Zwischenzeitlich versucht er auch den Situationen auszuweichen, indem er seine Mahlzeiten zu anderen Zeiten als seine Tochter einnimmt.

Spielsituation:

Vater und Tochter (teilnehmender Elternteil) sitzen gemeinsam am Tisch und beginnen zu essen. Die anderen Eltern beobachten das Rollenspiel:
Tochter: Sie kaut hastig mit weit offenem Mund, lauten Geräuschen und redet dabei.

Vater: „Man schmatzt nicht und hält den Mund beim Essen geschlossen, Rebecca!"

Tochter: Sie verbessert kurz ihr Essverhalten, isst aber nach kurzer Zeit wieder wie üblich.

Vater: „Höre endlich mit dem Schmatzen auf, das ist kein anständiges Essverhalten."

Tochter: Sie schmatzt noch stärker und blickt den Vater dabei provozierend an.

Besprechung und Reflektion:

Das Rollenspiel wird abgebrochen. Der Vater berichtet, dass er sich gerade so verärgert und hilflos gefühlt habe wie zu Hause mit seiner Tochter.

Der Elternteil, der die Rolle der Tochter spielte, erzählt von seinen erlebten Gefühlen während des Rollenspieles. Durch die aggressive Verhaltensweise des Vaters, der Man-Form und des Zurechtweisens hatte sie sich unterdrückt gefühlt und sich nicht als eine eigenständig Person wahrgenommen gesehen. Sie hat sich persönlich abgelehnt gefühlt, da der Vater kein situationsbedingtes Bedürfnis gezeigt habe.

Danach schildern die Zuschauer ihre Eindrücke. Dabei wird erörtert, dass die Ermahnung des Vaters bei seiner Tochter mehr Verständnis wecken könnte, wenn er seinen persönlichen Gefühlen Ausdruck verleihen würde, wie zum Beispiel: „Bitte höre mit dem Schmatzen auf und verhalte dich so, dass es mich nicht stört. Ich fühle mich dabei sonst sehr unwohl." Wichtig dabei ist, dass die Tochter wahrnimmt: Mein Verhalten wird in der Situation abgelehnt, nicht jedoch meine ganze Person.

Alternative Spielsituation:

In einem darauffolgenden Rollenspiel versucht nun der Vater, die Vorschläge der anderen Eltern einzuüben. Durch die Reaktion der Tochter kann der Vater unter Umständen erkennen, ob die Hinweise wichtige Impulse sind, die zu einer Entspannung der Atmosphäre zu Hause führen können.

- **Problematik**

Ebenenproblematik: Die Risiken und Schwierigkeiten bei Gesprächskreisen ergeben sich durch die notwendige Berücksichtigung der kognitiven und der affektiven Ebene. Allerdings darf diese Form der Elternarbeit nicht in eine Art Selbsterfahrungsgruppe abdriften. Bei einsetzenden gruppendynamischen Prozessen sollte die inhaltliche Ebene nur verlassen werden, wenn dies deutlich alle Eltern wünschen. Wird andererseits zu intensiv auf der kognitiven Ebene der Wissensvermittlung gearbeitet, können sich weniger Einstellungsveränderungen vollziehen, da diese vor allem von affektiven Einflüssen hervorgerufen werden.

Überforderung der Gesprächsleiterin: Ferner könnte die Leiterin des Gesprächskreises durch die in der Gruppe entstehenden Emotionen überfordert werden und dann den Gruppenprozess nicht mehr situationsgerecht steuern, zum Beispiel wenn Eltern starke Gefühle äußern. Die Leiterin sollte deswegen nur dann vertiefend auf die Gefühlsebene eingehen, wenn sie damit kompetent umgehen kann.

Psychische Verletzungen von Gesprächsteilnehmern: Wenn Eltern in Gesprächskreisen ihre Gefühle offen legen und keine entsprechende Hilfestellung bei der Bewältigung der dadurch entstehenden Emotionen erhalten, können psychische Verletzungen die Folge sein. So kann bei den Eltern das Gefühl von Ausbeutung oder Alleingelassensein zurückbleiben. Deshalb hat die Gesprächleitung hier eine große Verantwortung.

4.2.3.4 Elterntraining/Elternschulung

Die Elternbildung hat vor allem die Verbesserung der Elternkompetenzen bei der Erziehung ihrer Kinder zum Ziel. Kompetente Eltern erleichtern die Kommunikation. So werden Erziehungsprobleme im familiären Bereich besser bewältigt und belasten die Arbeit in die Kindertagesstätte weniger.

- **Ziele und Ansätze**

Es gibt sicher keine Eltern, die im Umgang mit ihren Kindern alles richtig machen. Da der Mensch in seinem Wesen bedingt und nicht vollkommen ist, macht er auch in der Erziehung und im Umgang mit Kindern Fehler. Problematisch wird es jedoch, wenn Kinder ständig und dauernd einer negativen Atmosphäre ausgesetzt sind. So gibt es verschiedene Faktoren innerhalb der Familie, die sich ungünstig auf die Entwicklung des Kindes auswirken:

  - Gleichgültigkeit und Ablehnung der Kinder durch Eltern, besondere Beachtung speziell bei negativem Verhalten des Kindes, kein Interesse bei Problemen, kein stringentes Erziehungsverhalten und somit keine Berechenbarkeit des Erziehungsverhaltens, Liebesentzug und Gewalt oder ständig negativ geprägte Stimmung in der Familie.

Verhaltensprobleme der Kinder können durch unangemessenes Erzieherverhalten verstärkt werden. Eltern sind dann oft überfordert und fühlen sich hilflos. In ihrer Ratlosigkeit verfallen sie dann oft in für das Kind problematische Verhaltensmuster, die ihren Erziehungsstil negativ prägen. Die Ursachen hierfür sind vielfältig, wie etwa:

  - eigene problematisch erlebte Erziehung und Lebensgeschichte der Eltern, Partnerkonflikte, finanzielle Schwierigkeiten oder Probleme innerhalb der Familie.

Vor dem Hintergrund dieser Ansätze hat das Elterntraining nach Penthin (2001) das Ziel, Eltern Hilfestellungen zu geben, mit ihrem Kind fairer, konsequenter, hilfreicher, akzeptierender und sinnvoll führender umzugehen. Damit können Fehlentwicklungen vermieden und mehr Freude in den Familien erlebt werden. Mit Hilfe des Elterntrainings können auch Probleme von Eltern erkannt werden und sie können – falls erforderlich – an entsprechende Institutionen oder Beratungsstellen vermittelt werden (vgl. Penthin 2001, Seite 10 f.)

Beispiel:

Klaus ist gegenüber bestimmten Erzieherinnen extrem anhänglich und nimmt sie ständig in Beschlag. Wird auf ihn nicht so eingegangen, wie er es möchte, reagiert Klaus aggressiv gegenüber anderen Kindern oder zieht sich für den Rest des Tages vom Gruppengeschehen zurück. Er sitzt dann nur an seinem Platz, redet und spielt nicht mehr.

Die Mutter von Klaus konnte dazu bewegt werden, an einem intensiven Elterntraining teilzunehmen. Sie konnte dadurch ihre Beziehung zu ihrem Sohn verbessern und lernte, dass sie auf seine emotionalen Bedürfnisse stärker eingehen muss. Klaus erhält die erforderliche emotionale Zuwendung von seiner Mutter und klammert sich nicht mehr so massiv an bestimmte Erzieherinnen. In der Kindertagesstätte ist für die Erzieherinnen der Konflikt beseitigt, sich unverhältnismäßig von einem Kind vereinnahmen zu lassen oder mit ihm für den Rest des Tages große Probleme zu haben. Auch wenn es hin und wieder vorkommt, dass Klaus in seine alten Verhaltensmuster zurückfällt, so ist zwischenzeitlich eine solide Gesprächsbasis zwischen der Mutter des Kindes und den entsprechenden Erzieherinnen entstanden, auf der das Verhalten von Klaus besprochen werden kann, ohne dass sich die Mutter angegriffen fühlt. Sie hat im Elterntraining die Grundlagen der Mutter-Kind-Beziehung und die Gründe von Klaus Verhaltens internalisiert, so dass ein sachliches Gespräch mit dem Ziel möglich ist, sein Verhalten in der Kindertagesstätte weiterhin zu verbessern. Durch das Elterntraining der Mutter ist ein für die Erzieherinnen sehr belastendendes Problem zumindest entschärft worden und die Zusammenarbeit mit der Mutter hat konstruktive Formen angenommen.

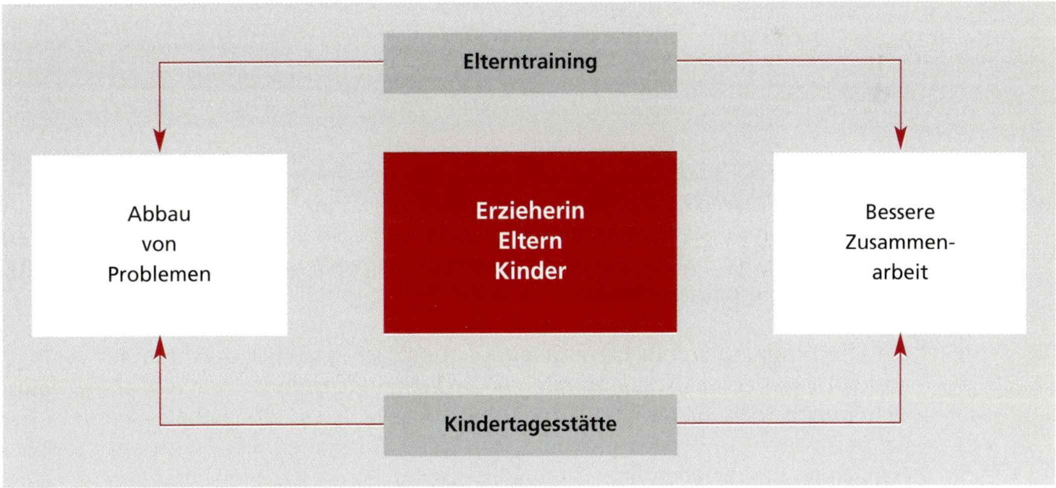

Auswirkungen des Elterntrainings auf die Einrichtung

Elterntraining und -schulung müssen je nach Situation und Problematik differenziert gestaltet werden. Sowohl vom Umfang als auch von der Intensität her sind unterschiedliche Formen und Konzepte erforderlich. Nach Sanders (1998) kann von fünf Stufen elternbezogener Hilfsmaßnahmen ausgegangen werden:

- **Beispiel und Methoden**

Nach Sanders können fünf Stufen bei der Elternbildung im Rahmen des Elterntrainings unterschieden werden. Die Übergänge zu den einzelnen Stufen sind fließend. Deshalb ist es auch schwierig, Konzepte einer bestimmten Stufe exakt zuzuordnen.

Stufe 5: Interventionen auf Familienebene
Diese Kinder weisen starke Verhaltensstörungen auf, die durch das familiäre Umfeld verstärkt werden. In Einzeltherapie werden bei den Eltern das Kommunikationsverhalten und die Vermeidung von Stresssituationen trainiert.

Stufe 4: Intensives Elterntraining
Im Rahmen eines Elterntrainings, das ca. 4 – 10 Einzel- oder Gruppensitzungen umfasst, wird den Eltern vermittelt, wie sie auf das Problemverhalten reagieren sollen, wie sie durch gezielte Verstärkung dieses Verhalten beeinflussen können oder wie durch das konsequente Nichtbeachten Verhaltensweisen verändert werden können.

Stufe 3: Information und aktives Training
Das Elterntraining (Einzel- oder Gruppensitzungen) beinhaltet das Einüben neuen Erziehungsverhaltens, um das Kind entwicklungsgemäß zu fördern. Die Eltern üben im Rollenspiel das neue Verhalten ein und erhalten über die Trainer ein Feed-back.

Stufe 2: Erziehungstipps für Kinder bis zum Grundschulalter
In vier Sitzungen (Dauer: 15 Min.) werden die Eltern mündlich und schriftlich über Entwicklungs- und Erziehungsprobleme informiert.

Stufe 1: Vermittlung allgemeiner Erziehungsmethoden
Mit Bezugspersonen wie Eltern, Großeltern oder Erziehern wird über Erziehungsfragen diskutiert; es werden Fernsehserien und Rundfunksendungen zu verschiedenen Erziehungsfragen erstellt und ausgestrahlt.

Formen elternbezogener Hilfsmaßnahmen nach Sanders (1998)

Im Rahmen des Handbuches können nicht alle Konzepte für die verschiedenen Stufen vorgestellt werden. In den weiteren Ausführungen möchten wir exemplarisch näher auf das Konzept von Penthin eingehen, das schwerpunktmäßig der vierten Stufe zugeordnet werden kann: „...Eltern sein dagegen sehr, Konzepte und Arbeitsmaterialien zur pädagogischen Elternschulung".

Ein Elterntraining soll in Form geleiteter Gesprächsgruppen durchgeführt werden und geht von einer Gruppengröße von zwischen sechs und zwölf Teilnehmern aus. Die Gruppe trifft sich an zehn Terminen für jeweils ca. eineienhalb Stunden. Die Gruppe kommt in der Regel einmal im Monat zusammen. Bei Eltern mit massiven Problemen sind wöchentliche Sitzungen empfehlenswert.

Die Durchführung des Konzepts obliegt Interessierten aus pädagogischen, psychologischen oder therapeutischen Berufsgruppen. Inhaltlich sind Eltern mit Kindern im Alter vom zweiten Lebensjahr bis zum Ende des Grundschulalters angesprochen. Penthin geht von folgenden Zielen der Gruppensitzungen aus (vgl. Penthin 2001, Seite 17 f.):

Sitzungen	ZIELE
1.	Positive innerfamiliäre Kommunikationsstrategien erarbeiten
2.	Familienrat, Regeln für das Zusammenleben
3.	Erwünschtes Verhalten beim Kind aufbauen
4.	Umgang mit dem Kind bei problematischem Verhalten
5.	Schwierige Routinesituationen im Alltag
6.	Kinder mit aggressiven und hyperaktiven Verhaltensauffälligkeiten
7.	Die Medienerziehung
8.	Freizeitgestaltung und Spiel
9.	Prävention bezüglich Sucht
10.	Der Abschluss und Zusammenfassung

Zu Beginn dieses Elterntrainings wird auf positive Ressourcen in den einzelnen Familien eingegangen. Daraufhin werden Interaktionsstile in den Familien analysiert, die hinderlich sind und Erziehungsprobleme hervorrufen. Dabei werden Strategien zur Verbesserung der innerfamiliären Kommunikationsstile besprochen und erarbeitet. Anschließend werden die gemeinsam erarbeiteten Strategien auf die alltäglichen Probleme der Familien angewandt.

Bei Kindern mit aggressiven oder hyperaktiven Verhaltensweisen etwa, wird dies thematisiert. Dabei wendet man die erarbeiteten Erziehungs- und Kommunikationsstrategien an und überträgt sie auf die Problemsituation. Sodann werden Themenbereiche angesprochen, die das Verhalten und Erleben von Kindern außerhalb des Elternhauses beeinflussen können, wie zum Beispiel Spiel- und Freizeitverhalten und Medienkonsum.

Auf der Grundlage des nun erarbeiteten Inhaltes soll die Auseinandersetzung mit der Suchtprävention geschehen. In dem Zusammenhang greift man auf Regeln einer angemessenen Beziehungsgestaltung zurück. Entsprechend den Wünschen der Eltern kann die letzte Gruppensitzung vertieft oder nach deren Vorstellungen durchgeführt werden.

- **Problematik**

Grenzen und Risiken:
An die Leiterin werden aus der Sicht der Elternbildung der Kindertagesstätten hohe Anforderungen gestellt, die in der Regel nur von erfahrenen und kompetenten Erzieherinnen erfüllt werden. Sie sollten Erfahrungen in der klientenzentrierten Gesprächsführung und die Kompetenz haben, Eltern mit der entsprechenden Fragetechnik zur eigenen Problemlösung anzuregen.

Vorteile:
Für die Situation der beteiligten Eltern ist es vorteilhaft, dass es sich nicht um ein verschultes und durchstrukturiertes Elterntraining handelt. Obwohl ein konsequente inhaltliche Orientierung gegeben ist, wird mit den Beiträgen und persönlichen Erlebnissen der Eltern gearbeitet. Dadurch ist die Aussicht auf stabile Verhaltensänderungen erfolgsversprechender.

Das Konzept setzt am Standort der Eltern und der häuslichen Situation an und erarbeitet darauf aufbauend gemeinsame Strategien zur Verbesserung der Kommunikation und der Beziehung zwischen den Eltern und Kindern.

4.2.3.5 Eltern-Kind-Wochenende

An dieser Form der Elternarbeit nehmen die Familien der Kinder und die Erzieher teil. Je nach Situation kann der familiäre Rahmen auf Großeltern oder Stiefelternteile ausgeweitet werden. Je nach Situation treffen sich die Teilnehmer Freitagabend und verbringen das Wochenende gemeinsam bis Sonntagmittag. Dabei werden die Kontakte zwischen den Familien positiv gefördert. Verschiedene Aktivitäten finden statt, wie etwa Vorstellungsrunde, Aktionen in gemeinsamen oder getrennten Eltern- und Kindergruppen, Schnitzeljagd, Tanzen, Theaterspielen, Basteln oder Gesprächsangebote. Im Gegensatz zu schriftlichen Informationen oder Eltern- und Gruppengesprächen steht bei Eltern-Kind-Wochenenden mehr die Handlungsebene im Vordergrund. So kann zum Beispiel im gemeinsamen Spiel Begegnung auf verbaler und nonverbaler Ebene stattfinden

- **Intentionen und Vorteile**

Eltern-Kind-Wochenenden haben folgende Ziele (vgl. Dusolt 2001, Seite 58 bis 63):

- Sie dienen dem Aufbau und der Förderung von Kontakten zwischen den Familien. So können sie nicht nur die Grundlage für das Entstehen eines Zusammengehörigkeitsgefühls unter den Kindern, sondern auch ihrer Familien schaffen. Vorteilhaft wirkt sich dabei die Freizeitatmosphäre und die Zwanglosigkeit aus.
- Kinder können sich außerhalb des gewohnten institutionellen Rahmen der Kindertagesstätte begegnen und somit intensiver kennen lernen. Der Zusammenhalt wird dadurch gefördert.
- Eltern und Erzieherinnen können ungezwungen miteinander kommunizieren. Somit wird der Kontakt untereinander gepflegt.
- Die Familien erhalten wichtige Anregungen für eine sinnvolle Freizeitgestaltung. Für Kinder und Erwachsene ist es oft ein einmaliges Erlebnis, sich als ein Teil einer großen Gemeinschaft erleben zu können.
- Im informellen Rahmen haben Eltern die Möglichkeit, über pädagogische Themen zu diskutieren.

- **Voraussetzungen**

Für eine erfolgreiche Durchführung eines Eltern-Kind-Wochenendes müssen einige Faktoren beachtet werden und folgende Voraussetzungen gegeben sein:

- Eltern sollten sich so weit wie möglich mit den Inhalten des Wochenendes identifizieren und sich darauf freuen können. Deshalb ist es wichtig, dass im Vorfeld ihre Bedürfnisse und Wünsche ermittelt und sie aktiv in die Programmplanung einbezogen werden. Die gute Organisation eines Eltern-Kind-Wochenendes setzt bei den Erziehern persönliches Engagement voraus. Die Übertragung von einzelnen Aufgaben an den Elternbeirat oder einzelne Eltern kann hier für Entlastung sorgen.
- Von Seiten der Eltern muss die Bereitschaft vorhanden sein, sich auf die Kontakte mit anderen Familien einzulassen.
- Das Tagungshaus sollte für die Gruppe und die geplanten Aktivitäten geeignet sein. Als vorteilhaft hat sich erwiesen, dass das Haus möglichst naturnah liegt und sich nicht am Wohnort befindet. Allerdings sollten auch zu lange Anfahrtswege vermieden werden. Zwei Gruppenräume sollten vorhanden sein und jeder Familie ein Zimmer zur Verfügung stehen. Bei Eltern von kleinen Kindern ist darauf zu achten, dass sie abends in Hörweite zu ihren Schlafräumen gemütlich zusammensitzen können.
- Die Aufsichtspflicht gegenüber den Kindern sollte so geregelt werden, dass sie nur dann von den Erzieherinnen ausgeübt wird, wenn die Eltern sich getrennt von ihren Kindern am Programm beteiligen. In allen anderen Situationenen, sollten Eltern bzw Sorgeberechtigte die Aufsichtpflicht ausüben.
- Es ist darauf zu achten, dass sich nicht einzelne Teilnehmer mit ihren Problemen und Interessen zu sehr in den Mittelpunkt des Geschehens stellen. Die Bedürfnisse der anderen Eltern und Kinder dürfen nicht zu kurz kommen. Hier ist Gruppenkonsens wichtig.
- Eltern-Kind-Wochenenden bergen die Gefahr, das der gemeinsame Charakter durch Abspaltungen von Kleingruppen verloren geht. Um dies zu verhindern oder nicht ausufern zu lassen, können Programmpunkte eingebaut werden, bei denen der gegenseitige Austausch von Erlebnissen im Vordergrund steht um so wieder Gemeinsamkeit herzustellen.

- **Methodische Hinweise und Beispiel**

Bei Methodenauswahl und Planung sollte berücksichtigt werden, dass man flexibel bleibt, um auf die aktuellen Wünsche und Bedürfnisse der Familien eingehen zu können. Wichtig sind Einheiten, bei denen Erwachsene und Kinder etwas getrennt unternehmen. Besonders für die Eltern ist dies vorteilhaft, da ihnen damit die Möglichkeit eröffnet wird, sich nicht nur als Eltern, sondern auch als Erwachsene kennen zu lernen. So können sie sich in der Erwachsenenrolle begegnen und ungestört Diskussionen und themenzentrierte Gespräche führen. In den folgenden Ausführungen wird ein mögliches Programm für ein Eltern-Kind-Wochenende dargestellt.

PROGRAMM: ELTERN-KIND-WOCHENENDE

Freitag:	
17:00	Anreise und Ankunft
18:00	Gegenseitige Vorstellung aller Teilnehmer
20:00	Möglichkeit zum Gedankenaustausch
Samstag:	
10:00 - 12:15	Geteilte Gruppen (Eltern bereiten ein Theaterstück mit selbstgebastelten Handpuppen vor und Kinder malen die Kulissen)
14:30 - 16:30	Schnitzeljagd im umliegenden Gelände
16:30 - 18:00	Geteilte Gruppen (Kinder üben Tänze ein und Eltern bereiten das Theaterstück weiter vor)
19:15 - 20:00	Gemeinsamer Laternenumzug im Dunkeln
20:30	Geselliges Zusammenkommen der Erwachsenen
Sonntag:	
9:30 - 11:45	Darbietung der Kindertänze und des Theaterstücks
11:45 - 12:15	Tagungskritik, Abschluss und Verabschiedung

Beispiel eines Programms für ein Eltern-Kind-Wochenende in Anlehnung an Dusolt (2001)

Eltern-Kind-Wochenenden sind eine Form, die viel Zeit und Engagement erfordert. Die Auswirkungen auf die weitere Zusammenarbeit können jedoch enorm sein. Deshalb ist es immer wieder lohnenswert, Eltern-Kind-Wochenenden anzubieten.

Zusammenfassung

Die Formen der gruppenbezogenen Elterarbeit sind durch die partnerschaftliche Zusammenarbeit einer Pädagogin mit mehreren Eltern, also in der Gruppe, gekennzeichnet. Diese gruppenbezogene Zusammenarbeit findet man bei Elternabend, Elternnachmittag, Gesprächskreis, Elterntraining und Eltern-Kind-Wochenende.

Bei **thematischen Elternabenden** steht die Information und die Kommunikation der Eltern untereinander und die Kontaktanbahnung zwischen Eltern Erzieherinnen im Vordergrund. Da in der Praxis immer weniger herkömmliche Elternabende angeboten werden, muss der Gesichtspunkt der Information im weiteren Sinne gesehen und hinsichtlich der Kompetenzerweiterung, besonders in Erziehungsfragen, ergänzt werden. Bei der Durchführung ist auf folgende Risiken zu achten: Dauerredner, begrenzte Wirksamkeit, zu hohe Erwartungen und selektive Wahrnehmung.

An **Elternnachmittagen** nehmen in der Regel Eltern, ihre Kinder und die Erzieherinnen teil. Je nach Situation, Thema und Intention können Geschwisterkinder und weitere Familienmitglieder eingeladen werden. So lernen die Eltern die Ausstattung und Räumlichkeiten der Kindertagesstätte kennen, die anderen Eltern mit deren Kindern und das eigene Kind im Zusammenspiel mit der Gruppe. Ferner können Eltern und Erzieher in einer „lockeren" Atmosphäre kommunizieren und sich so näher kommen. Dies wird vor allem dann gelingen, wenn die Elternnachmittage gruppenintern angeboten werden.

Bei dieser Form der Veranstaltung gehen die Erzieherinnen näher auf die einzelnen Eltern ein und beobachten zudem das gesamte Gruppengeschehen. Beide Aufgaben gleichzeitig wahrzunehmen, erfordert große Konzentration. Deshalb ist es sinnvoll, die Aufsicht über die Kinder den Eltern zu übertragen. Besonders Elternnachmittage mit mehr geselligem Charakter bergen Gefahren in sich, wie Selbstdarstellung der Eltern, Autoritätsverlust und Überforderung der Pädagogin.

Aus den Inhalten und Themen von Elternabenden können sich **themenbezogene Gesprächskreise** ergeben. Dort kommen Eltern innerhalb eines bestimmten Zeitraumes regelmäßig zusammen. Grundsätzlich wird bei diesen Zusammenkünften von Eltern zwischen **themenbezogener** und **kontaktbezogener Zusammenarbeit** unterschieden.

Bei themenbezogenen Gesprächskreisen steht das Gespräch, die Diskussion und somit die Sachebene im Zentrum. So werden zum Beispiel Erziehungsprobleme fachlich erörtert. Bei der kontaktbezogenen Elterngruppenarbeit kommt mehr das gemeinsame Handeln zum Tragen. Über kontaktfördernde Angebote soll die Kommunikation zwischen den Eltern verbessert werden; dabei steht die Beziehungsebene im Vordergrund. Die Pädagogin sollte die Gefahren der Ebenenproblematik, der Überforderung der Gesprächsleiterin und psychischen Verletzungen von Gesprächsteilnehmern achten.

Das **Elterntraining** hat die Verbesserung der Elternkompetenzen bei der Erziehung ihres Kindes zum Ziel. Kompetente Eltern erleichtern die Kommunikation zwischen Erziehern und Eltern. So werden Erziehungsprobleme im familiären Bereich besser bewältigt und sie belasten die Arbeit in die Kindertagesstätte weniger. Je nach Problemlage und Bedarf kann nach fünf Intensitätsstufen unterschieden werden.

Ein Elterntraining soll beispielsweise in Form geleiteter Gesprächsgruppen durchgeführt werden und geht von einer Gruppengröße von zwischen sechs und zwölf Teilnehmern aus. Die Gruppe trifft sich an zehn Terminen für jeweils ca. eineinhalb Stunden. Die Gruppe kommt in der Regel einmal im Monat zusammen. Bei Eltern mit massiven Problemen sind wöchentliche Sitzungen empfehlenswert.

An **Eltern-Kind-Wochenenden** nehmen die Familien der Kinder und die Erzieher teil. Je nach Situation kann der familiäre Rahmen auf Großeltern oder Stiefelternteile ausgeweitet werden. Nach Bedarf treffen sich die Teilnehmer am Freitagabend und verbringen das Wochenende gemeinsam bis Sonntagmittag. Dabei werden die Kontakte zwischen den Familien positiv gefördert. Es werden verschiedene Aktivitäten durchgeführt, etwa Vorstellungsrunde, Aktionen in gemeinsamen oder getrennten Eltern- und Kindergruppen, Schnitzeljagd, Tanzen, Theaterspielen, Basteln oder Gesprächsangebote.

Bei Methodenauswahl und Planung ist zu berücksichtigen, dass sie flexibel ist, um auch auf die aktuellen Wünsche und Bedürfnisse der Familien eingehen zu können. Wichtig sind auch Einheiten, bei denen Erwachsene und Kinder etwas getrennt unternehmen. Besonders für die Eltern ist dies vorteilhaft, da ihnen damit die Möglichkeit eröffnet wird, sich nicht nur als Eltern, sondern auch als Erwachsene kennen zu lernen.

4.2.4 Probleme der gruppenbezogenen Elternarbeit

4.2.4.1 Desinteresse – geringe Beteiligung

In Anlehnung an das weltbekannten Lied „Where have all the Flowers gone?" von Pete Seeger könnte der folgende Abschnitt auch heißen: „Sag mir, wo die Eltern sind?"

- **Problemlage und Ursachen**

Die oft von Erzieherinnen beklagte geringe Beteiligung an Aktivitäten und das mangelnde Interesse vieler Eltern am Geschehen der Einrichtung hat viele Ursachen.

Den Eltern voreilig den „Schwarzen Peter" zuzuschieben wäre unprofessionell und ungerecht. Bei diesem Problem sitzen mehrere Gruppen im Boot, nämlich die Erzieher, die Eltern und der Träger der jeweiligen Einrichtung.

Einige Träger beachten die erforderlichen Rahmenbedingungen für eine erfolgreiche Elternarbeit zu wenig. Freigewordene Stellen werden aus unterschiedlichen Gründen nicht zügig genug besetzt, so dass Erzieherinnen über längere Zeiträume hinweg im Personalschlüssel vorgesehene Stellen auffangen müssen. Auch kommt es vor, dass Erzieher eingestellt werden, die zum Beispiel für eine qualifizierte Elternarbeit bzw. für die Leitung einer Einrichtung noch keine ausreichenden Erfahrungen mitbringen. Personelle Engpässe, mangelnde Erfahrung der Mitarbeiter beeinflussen die Qualität der Elternarbeit und verschlechtern damit die Rahmenbedingungen für eine zufrieden stellende Elternarbeit.

Manche Erzieherinnen haben noch traditionelle Vorstellungen von Elternarbeit und gehen nur unzureichend auf die gesellschaftlichen Veränderungen ein (zum Beispiel Zahl der allein Erziehenden, Berufstätigkeit beider Elternteile). Bisher durchgeführte Formen der Elternarbeit werden zu wenig reflektiert und unverändert weiter praktiziert, Elternarbeit wird als lästig, aufwendig und uneffektiv bewertet. Den Eltern wird das Interesse an der Mitarbeit abgesprochen. Daraus resultiert ein geringes Interesse der Erzieherinnen an einer intensiven Elternarbeit. Mit dieser Einstellung kann keine Vertrauensbasis zwischen Eltern und Erzieherinnen aufgebaut werden, auf die es besonders in Problem- und Konfliktsituationen ankommt. Einige Erzieher lassen sich von Sympathie und Antipathie leiten. Bestimmte Eltern werden bevorzugt und andere erfahren nur geringe Wertschätzung und Beachtung. Die fehlende professionelle Distanz und die mangelhafte Reflexion der eigenen Lern- und Lebensgeschichte kommen hier zum Ausdruck.

Eltern können letztendlich nur für die Einrichtung gewonnen werden, wenn die Erzieherinnen in ihnen Partner sehen und sich davon im täglichen Umgang mit ihnen leiten lassen. Eltern wollen mit ihren Anliegen, Problemen und Bedürfnissen ernst genommen werden. Daraus kann auch eine partnerschaftliche Kundenorientierung gegenüber den Eltern abgeleitet werden (siehe Kapitel 2.3).

Selbstverständlich kann eine geringe Beteiligung der Eltern an den Aktivitäten der Einrichtung auch von diesen direkt ausgehen. Oft sind beide Elternteile berufstätig. Der Vater befindet sich in der beruflichen Aufbauphase und die Mutter hat vor kurzem ihre Arbeit wieder aufgenommen. Auch die fortschreitende Entwicklung von der traditionellen Familie hin zu anderen Lebensformen, wie zum Beispiel Stief- oder Fortsetzungsfamilien, können zu einer geringen Beteiligung tragen. Die Situationen von allein erziehenden Müttern und Vätern und von homosexuellen Paaren mit Kindern müssen in diesem Zusammenhang beachtet werden.

Auch darf nicht außer Acht gelassen werden, dass die geringe Beteiligung einiger Eltern nicht grundsätzlich mit einem geringen Interesse an der Einrichtung und am Kinde einhergehen muss. So verhält sich zum Beispiel die Mutter eines Kindes deswegen sehr zurückhaltend, weil sie es vermeiden möchte, dass die Erzieher und die anderen Eltern von der vor kurzem eingetretenen Arbeitslosigkeit ihres Mannes erfahren. Es gibt sicherlich noch weitere Ursachen für geringe Beteiligung und das mangelnde Interesse mancher Eltern.

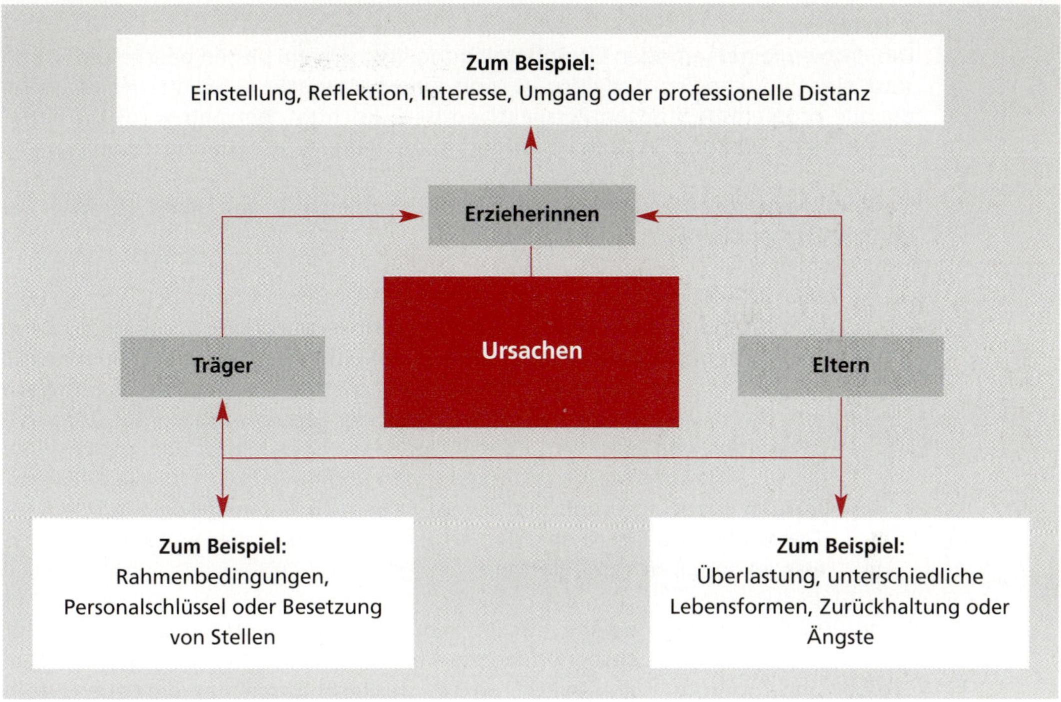

Ursachen geringer Elternbeteiligung

Die geringe Elterbeteiligung weist darauf hin, dass es den Erziehern nicht gelungen ist, die Eltern ausreichend zu motivieren. Die Wechselwirkung von Motivation und durch das Angebot ausgelöster Betroffenheit der Eltern verdeutlicht die nachfolgende Abbildung.

Bei der Auswahl der Themen ist darauf zu achten, dass eine möglichst hohe Betroffenheit bei der Eltern erreicht wird; je höher die persönliche Betroffenheit umso höher ist die Motivation und damit die Bereitschaft, sich in der Elternarbeit zu engagieren.

- **Hilfen**

Das Problem einer geringen Elternbeteiligung lässt sich am besten bearbeiten, wenn statt einer vorschnellen Schuldzuweisung eine systemische (s. u.) Vorgehensweise, die alle problemspezifischen Perspektiven berücksichtigt, gewählt wird. Ein einfaches Ursache-Wirkung-Denken verhindert in der Regel eine dauerhafte Lösung.

Das nachfolgende Beispiel verdeutlicht die Problematik, mit **einer** Ursache die geringe Elternbeteiligung zu erklären:

> *Nach den Sommerferien wird der erste Elternabend durchgeführt. An diesem Abend sind die Wahlen für die Elternvertretungen vorgesehen. Beim Treffen verlaufen die Wahlen schleppend. Eltern der neu aufgenommenen Kinder möchten sich zunächst nicht für die Wahl aufstellen lassen. Nach intensivem Werben des Trägervertreters, der Leiterin und einiger Gruppenleiterinnen sind zwei Mütter mehr oder weniger bereit, sich zur Wahl zu stellen. Alle aufgestellten Kandidatinnen und Kandidaten für die Elternvertretung werden gewählt. Am darauf folgenden Tag meint die Mehrheit des Teams, dass die Eltern der neu aufgenommenen Kinder wohl wenig Interesse an der Einrichtung hätten.*

Diese Erzieher verfallen einer typischen monokausalen Denkweise. Weil sich nur zwei der Eltern der neu aufgenommenen Kinder und diese sich nur nach langem Werben und Zögern zu Wahl stellten, wird daraus geschlossen, dass die neuen Eltern kein oder nur ein geringes Interesse an der Einrichtung haben.

Es wird also ein alleiniger (mono) ursächlicher (kausal) Zusammenhang zwischen dem Verhalten dieser Elterngruppe und der Meinung der Mehrheit des Teams gezogen. Weil diese Eltern sich zurückhaltend bei den Vertreterwahlen verhielten, haben sie angeblich ein geringes Interesses und werden sich wahrscheinlich zukünftig kaum an den angebotenen Aktivitäten der Erzieherinnen beteiligen.

Die weitere Zusammenarbeit zwischen Eltern und Erziehern wird von gegenseitigen negativen Einstellungen beeinflusst. Die Erzieher werden die Elternarbeit an ihrer pessimistischen Haltung ausrichten. Es wird folglich eine Art Alibi-Elternarbeit durchgeführt, die in aller Regel die meisten Eltern nicht erreicht. Die Eltern werden sich daraufhin zurückziehen oder eine Protest- und Konfrontationshaltung einnehmen. Die Erzieher fühlen sich dadurch in ihrer negativ ausgerichteten Haltung bestätigt. Somit schließt sich der Kreis. Erzieher und Eltern können so Vorurteile kultivieren und pflegen (siehe: Kapitel 4.1.4.1: Negative Einstellungen). Die monokausale Betrachtungsweise hilft der Erzieherin bei dieser Problemlösung nicht, sondern verstärkt die bestehenden Probleme. Eine professionelle und hilfreichere Methode einer Lösung näher zu kommen, ist die systemische Analyse der Situation.

Wie hätte nun die systemische Betrachtungsweise in unserem Beispiel für die Erzieherinnen ausgesehen?

> *Sicher am konkreten Sachverhalt hätte sich zunächst nichts geändert. Es war eine Tatsache, dass sich die Eltern der neu aufgenommenen Kinder bei den Vertreterwahlen zurückhaltend verhielten. Allerdings wären die*

Erzieherinnen nicht sofort einer Schlussfolgerung verfallen. Sie hätten sich nicht dazu verleiten lassen, eine vorschnelle Einstellung gegenüber den Eltern einzunehmen. Wie eingangs erwähnt hätten sie berücksichtigt, dass Erzieherinnen, Eltern und Träger im Boot sitzen. So lässt das Verhalten dieser Eltern auch verschiedene Ursachen vermuten. Vielleicht hat sich der Trägervertreter beim Elternabend zu förmlich und zu distanziert verhalten. Auch ist es nicht sinnvoll, die Vertreterwahl am ersten Elternabend durchzuführen. Die neuen Eltern brauchen eine Eingewöhnungsphase und Zeit, um die anderen Eltern und die Erzieherinnen näher kennen zu lernen. Einige Eltern fühlen sich überfordert, ein Amt zu übernehmen und den zunächst unbekannten Anforderungen gerecht zu werden. Andere engagieren sich bereits in anderen Bereichen ehrenamtlich (zum Beispiel Verein, Kirchengemeinde) und sind nicht bereit, weitere Ämter zu übernehmen. Es könnten noch viele Gründe für das Verhalten der Eltern der neu aufgenommenen Kinder am ersten Elternabend aufgeführt werden.

Die systemische Betrachtungsweise löst sicherlich das Problem der geringen Beteiligung an Aktivitäten und das mangelnde Interesse vieler Eltern am Geschehen der Einrichtung nicht sofort . Es schafft jedoch die Grundlage und die Voraussetzung, das Ursachengeflecht besser zu verstehen. Die Erzieherin hat mit der systemischen Betrachtungsweise bessere Chancen, eine tragfähige Beziehung zu den Eltern aufzubauen, da die Handlungen der Eltern nachvollziehbarer und die Auswirkungen von Handlungen besser vorausgesagt werden können. Eine positive Beziehung zu den Eltern schafft dann den Rahmen, um Eltern für die Mitarbeit zu gewinnen. Tipps und Hilfen, um diesen Rahmen entsprechend auszufüllen, werden in den folgenden Kapiteln erörtert.

Entscheidend für die Erzieherin und eine zufrieden stellende Elternarbeit ist die Haltung, dass sich Eltern trotz möglicher Erziehungsfehlhaltungen und für Erzieher unverständlichen Verhaltens um ihr Kind sorgen und für ihr Kind das Beste wollen. Wenn ihnen dies nicht immer im ausreichenden Umfang gelingt, kann das an folgenden Ursachen liegen:

- Erzieherinnen haben einen zu hohen Anspruch,
- Eltern können aufgrund ihrer Lern- und Lebensgeschichte einfach nicht anders oder
- Erzieherinnen sind die Hintergründe für das Verhalten der Eltern zu wenig bekannt.

Die Erzieherinnen müssen zunächst die Hilfen an den analysierten Ursachen des geringen Interesses ausrichten.

Sind die Inhalte für die Eltern nicht attraktiv, dann sollte man bei der Themengewinnung eine Umfrage durchführen, die deutlich macht, welche Interessensschwerpunkte vorliegen.

Scheitert die Teilnahme an der fehlenden Betreuung für das Kind, dann sind andere Zeiten zu überlegen oder andere Formen der Elternarbeit zu entwickeln, die eine Kinderbetreuung beinhaltet.

Die Teilnahme an den Elternveranstaltungen sind vom Stellenwert abhängig, den man der Einrichtung und ihrer Elternarbeit beimisst. Hier sind die Erzieherinnen gefordert, an der Einstellung der Eltern zu arbeiten, so dass eine höhere Verbindlichkeit entsteht. Die Erzieherinnen sollten beispielsweise die Bedeutung der Angebote, die Wichtigkeit der Teilnahme oder die Attraktivität der Veranstaltung herausstellen.

Das Desinteresse einiger Eltern scheint für viele Erzieherinnen eine unumstößliche Tatsache zu sein. Sie haben resigniert. Für sie spiegelt das geringe Interesse der Eltern in gewisser Hinsicht die gesellschaftlichen Gegebenheiten wider. Die Pädagogin sollte ihre Motivation dadurch jedoch nicht verlieren. Dabei ist wichtig, die engagierten Eltern nicht aus dem Blickfeld zu verlieren und die weniger engagierten Eltern aus ihrer Lethargie zu befreien.

4.2.4.2 Interessensgegensätze Eltern – Erzieherinnen

Elternarbeit soll partnerschaftlich ausgerichtet sein. Wie weit geht jedoch die Partnerschaft mit den Eltern? Es ist wichtig, sie ernst zu nehmen und sich zu bemühen, ihre Anliegen zu verstehen. Das bedeutet jedoch nicht, sich in allen Belangen an ihnen zu orientieren oder gar fachliche Einschätzungen und daraus resultierende Aufgaben zurückzuhalten. Ein solches Verhalten wäre einseitig und somit nicht mehr partnerschaftlich.

Die Erzieherin sollte sich nicht der Situation aussetzen, ihre Handlungen vor sich selbst und anderen nicht mehr fachlich und pädagogisch begründen zu können. Dies kann besonders dann vorkommen, wenn Eltern die tägliche Arbeit in der Einrichtung zu stark mitbestimmen können.

- **Ursachen und Hilfen**

Eine partnerschaftliche Beziehung beinhaltet auch Konflikte und Interessegegensätze. Diese können sich zum Beispiel aufgrund der unterschiedlichen Werthaltung zwischen den Erziehern und den Eltern und somit durch die unterschiedliche Bewertung und Interpretation eines Problems ergeben. Ein Interessegegensatz kann etwa eintreten, wenn ein Kind in seiner Sprachentwicklung zurückgeblieben ist und sich stark zurückzieht, weil es von den anderen Kindern ausgelacht wird.

Die Erzieherin möchte die Eltern veranlassen, mit dem Kind eine logopädische Beratungsstelle aufzusuchen. Da das Kind, anders als sein Bruder, nicht aggressiv ist, sondern sich still und zurückhaltend gibt, sehen die Eltern keine Veranlassung für eine Behandlung und „sitzen das Problem aus".

Die Eltern bewerten die Problemsituation unter dem, Aspekt der Aggressivität. Sie haben wegen des aggressiven Verhaltens des Bruders in der Schule ständig Schwierigkeiten. Ihr Kind in der Kindertagesstätte macht zurzeit keine größeren Probleme. Die Erzieherin dagegen hat die weitere Entwicklung und vor allem die zukünftigen negativen Auswirkungen der Sprachbeeinträchtigung des Kindes im Blick.

Solche Interessensgegensätze beruhen vor allem auf folgenden Gründen:

- besondere Belastung der Lebenssituation, wie schwere Krankheit oder Familienauflösung,
- destruktive Problemlösungsmuster, wie Verleugnung, Verdrängung oder Vermeidung,
- Vorerfahrungen mit Therapien bzw. Behandlungen oder mangelndes Selbstwertgefühl und Selbstzweifel.

4.2.4.3 Heterogenität der Elternschaft

• Problemlage und Ursachen

Die Erzieherin muss auch mit sozial schwachen Eltern zusammenarbeiten können. Dies ist verstärkt notwendig, wenn sich Einrichtungen in sozialen Brennpunkten befinden. Die Menschen in diesen Gebieten sind sehr unterschiedlich. Eine eindeutige Typisierung ist nicht möglich.

Bei einem Teil dieses Personenkreises muss die Erzieherin davon ausgehen, dass sie es mit benachteiligten Eltern zu tun hat. So ist von erhöhter Arbeitslosigkeit und geringerer Aussicht auf einen Arbeitsplatz auszugehen. Ferner sind Eltern aus sozialen Brennpunkten häufiger und höher verschuldet oder haben nicht den finanziellen Spielraum wie andere. Dadurch können sie oft nicht so am gesellschaftlichen Leben partizipieren, wie sie es sich wünschen.

Die Erzieherin muss davon ausgehen, dass die Situation sozial schwacher Eltern mit existenziellen Problemen verbunden ist. Dadurch stehen für diesen Personenkreis Fragen der Entwicklung des Kindes nicht so sehr im Vordergrund. Bei Kindern aus sozialen Brennpunkten ist auch zu beachten, dass sie gegenüber anderen Kindern benachteiligt sind.

Merz und Schmidt (1999, Seite 13–15) berichten von folgenden Defiziten bei Kindern aus einer Kindertagesstätte im sozialen Brennpunkt:

- Da die Kinder in äußerst beengten Wohnverhältnissen und unter mangelnden sanitären Bedingungen leben, ist ihre Körperpflege oft unzureichend.
- Die Kinder sind oft emotional stark vernachlässigt.
- Die Konfliktbereitschaft ist groß, viele Kinder erleben Gewalt im häuslichen Umfeld.
- Sie haben viele Ängste, Orientierungsdefizite und kognitive Mängel.
- Für die Kinder besteht die Gefahr, in eine Spirale von schulischem Versagen, Arbeitslosigkeit, Fatalismus, Sozialhilfe und Kriminalität abzudriften.

Im Umgang mit sozial benachteiligten Eltern muss die Erzieherin berücksichtigen, dass sie u. a. durch ihre Ausbildung zum Teil von den Erwartungen und Normen der Mittelschicht geprägt ist. So sind nach Eppel (1996) die unterschiedlichen Werte und Normen von Eltern und Erzieherinnen häufig der Ausgangspunkt für Missverständnisse, Schwierigkeiten und Auseinandersetzungen.

Die zum Teil von Mittelschichtsnormen geprägte Elternarbeit setzt Eigenschaften, Fähigkeiten und einen gewissen Bildungsstand voraus, die von manchen sozial schwachen Eltern nicht erfüllt werden können, wie zum Beispiel adäquate Umgangsformen, Pünktlichkeit, Zuverlässigkeit, entsprechende Sprachkompetenzen und das kritische Reflektieren des Verhaltens.

- **Hilfen**

Sozial benachteiligte Eltern verhalten sich gegenüber der Erzieherin zunächst unsicher und zurückhaltend. Dies darf sie nicht als mangelndes Interesse oder persönliche Ablehnung missverstehen. Sozialschwache Familien werden von Institutionen oft negativ betrachtet und behandelt. Ihnen fehlt deshalb oft die erforderliche Sicherheit und der Mut, auf Erzieherinnen zuzugehen und mit ihnen zusammenzuarbeiten. Deshalb ist es besonders wichtig, eine tragfähige Vertrauensbasis aufzubauen.

Grundlegende Bedeutung in der Zusammenarbeit mit sozial benachteiligten Eltern hat die persönliche Einstellung der Erzieherin (vgl. Dusolt 2001, Seite 137):

- Hat sie die erforderliche Toleranz gegenüber anderen Normen und Werthaltungen?
- Kann sie mit den Eltern sprachlich angemessen kommunizieren und ihr fachliches Anliegen verständlich vermitteln?
- Kann sie einen anderen und vielleicht auch einen gegensätzlichen Bildungs- und Erfahrungshintergrund akzeptieren und tolerieren?

Im Gespräch über aktuelle Probleme hat die Erzieherin die Chance, die Eltern zur Zusammenarbeit zu bewegen und Erziehungsfragen zu thematisieren. Solche regelmäßigen Unterredungen sind jedoch häufig nicht einfach:

- Oftmals haben sozial benachteiligte Eltern vor den gesellschaftlichen Bedingungen resigniert.
- Eine Terminierung des Gespräches auf „kommende Tage" können sie häufig wegen der Anspannung nicht aushalten.
- Bis zum Besprechungszeitpunkt kann das betreffende Problem bereits von anderen Schwierigkeiten überlagert worden und somit nicht mehr relevant sein.

In der Zusammenarbeit mit sozial schwachen Eltern muss die Erzieherin verstärkt auf die aktuelle Gefühls- und Erlebnissituation eingehen. Dies kann bei ihr Unzufriedenheit auslösen, da sie ihre pädagogischen Vorstellungen und langfristigen Ziele aus dem Blick zu verlieren glaubt. Hilfreich ist es dann, die Situation aus der Sicht der betroffenen Eltern zu betrachten. Allerdings darf sich die Erzieherin nicht überfordern. Ihre primäre erzieherische Aufgabe ist es, Anwalt des Kindes zu sein. Sie darf nicht die Rolle einer Lebensberaterin übernehmen und sich in innerfamiliäre Probleme verwickeln lassen (Becker-Textor 1998, Seite 40). Der Erzieherin bleiben die folgenden Handlungsmöglichkeiten:

- Sie kann sich über die verschiedenen Hilfsangebote im näheren Umkreis der Einrichtung informieren. Dabei ist es wichtig, deren Möglichkeiten, Arbeitsmethoden und Beratungsformen zu kennen, um den Eltern differenzierte Informationen geben zu können.
- Von mehreren Einrichtungen einer Gemeinde oder eines Stadtteils könnte ein „Beratungsführer" erstellt werden, in dem die vollständigen Anschriften von Jugendämter, Beratungsstellen, sozialen Diensten und alle anderen relevanten Institutionen aufgeführt sind.

- Der Beratungsführer und aktuelle Hilfsmöglichkeiten können öffentlich ausgelegt oder ausgehängt werden, damit Eltern sich auch anonym informieren können.

Die Vermittlung von Hilfsmöglichkeiten bei sozial benachteiligten Eltern ist oft schwierig, wenn diese Hilfe von außen als Zumutung und als Kontrolle erlebt wird. Da dies von Erzieherinnen wegen ihrer Mittelschichtprägung schwer nachvollziehbar ist, sollen die Motive für diese Einstellung verdeutlicht werden:

Eppel (1996, Seite 44/49) verweist auf Weiss und Buchholz bei der Begründung, warum Unterschichtsfamilien zu einer ablehnenden Haltung gegenüber der Beratung neigen:

- Da Erziehung und Familie als private Bereiche angesehen werden, wird Beratung als unzulässige Intervention in die familiäre Selbstständigkeit interpretiert und als Kontrolle verstanden.
- Die Familie wird als eine Art Leistungsbereich begriffen. Beratung in Anspruch zu nehmen, würde als ein Versagen in einem wichtigen Lebensbereich gesehen.
- Beratung wird mit sozialem Abstieg in Verbindung gebracht.
- Berater sind oft Akademiker. Somit wird der Berater als nicht kompetent angesehen, die eigene Lebenswelt zu verstehen und ihm wird die Fähigkeit zu einer gleichberechtigten Auseinandersetzung abgesprochen.
- Eine Beratungsstelle wird für Alltagsprobleme als nicht zuständig betrachtet. Erst ab einem bestimmten Schweregrad und bei zerrütteten Familienverhältnissen kann Beratung unter Umständen in Betracht gezogen werden.
- Eltern vermuten, dass Beratung Veränderungen bedeutet und ein psychischer und zeitlicher Aufwand erforderlich wird. Daraus resultieren Ängste und Widerstände. Der Aufwand wird im Vergleich zum möglichen Erfolg als zu hoch bewertet.

4.2.4.4 Ausländische Familien

• Problemlage

Bedingt durch gesellschaftliche Veränderungen nimmt der Anteil ausländischer Eltern deutlich zu. Besonders in Großstadt-Kindertagesstätten ist die Anzahl ausländischer Eltern sehr hoch. Eltern deutscher Kinder sind mancherorts sogar in der Minderheit. So müssen in der Elternarbeit folgende Einflussgrößen beachtet werden:

- Die Erwartungen und Wünsche ausländischer Eltern müssen ermittelt und ihre jeweilige besondere Situation muss erörtert werden.
- Die unterschiedliche Herkunft und die damit einhergehenden Probleme sind in den Erziehungsalltag mit einzubeziehen.
- Ein verändertes Bewusstsein und eine daraus resultierende Haltung der Erzieherin ist erforderlich.

• Erwartungen und Wünsche

Mit Hilfe der folgenden Fragen können die Erwartungen und Wünsche ausländischer Eltern erfasst werden (vgl. Böhm, kita 9/2001, Seite 18 f.):

- Wodurch ist die Lebenssituation der Eltern charakterisiert (Wohnung, Arbeit, bisherige Aufenthaltsdauer, Aufenthaltsstatus und Zukunftsperspektiven in Deutschland)?
- Was können und wollen sie in die Kindertagesstätte einbringen?
- Über welche besonderen Kompetenzen verfügen ausländische Eltern, die sie in den Erziehungsalltag der Einrichtung einbringen möchten und können?
- Wie wirken sich die Ansprüche der Einrichtung im Hinblick auf eine aktive Teilnahme an der Elternarbeit auf diese Elterngruppe aus?
- Bestehen zwischen ausländischen und deutschen Eltern gemeinsame Interessen und Bedürfnisse, die zum Beispiel in Projekten thematisiert werden können?

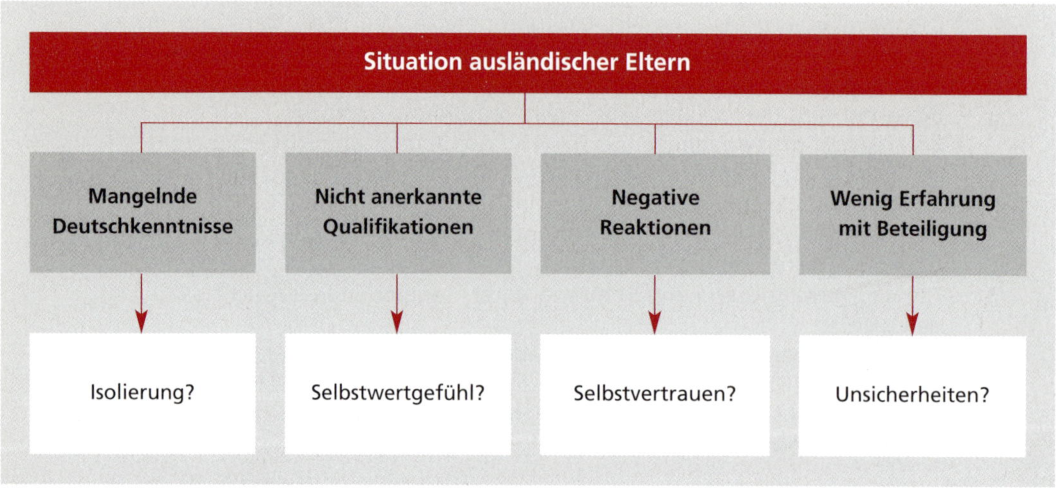

Situation ausländischer Eltern

Für die Erzieherin ist es nicht einfach, sich in die Situation von ausländischen Eltern hineinzuversetzen. Deren Situation lässt sich wie folgt charakterisieren:

- Ein Elternteil oder beide haben keine oder unzureichende Deutschkenntnisse. Daraus resultiert eine Isolierung von ihrer deutsch sprechenden Umwelt.
- Oft werden ihre Kompetenzen und beruflichen Qualifikationen zu wenig anerkannt. Ihr beruflicher Status ist ungeklärt. Dadurch kann sich ein verletztes Selbstwertgefühl ergeben.
- Sie erfahren negative Reaktionen darauf, dass sie „anders" sind. Daraus kann sich eine Minderung ihres Selbstvertrauens ergeben.
- Mit demokratischen Beteiligungsformen haben einige ausländische Eltern wenig Erfahrung.

• Heterogenität ausländischer Eltern

Ausländische Eltern sind keine homogene Gruppe. Je nach Herkunft und Lebenssituation ergeben sich unterschiedliche Problemfelder. Zunächst ist zu unterscheiden zwischen Partnerschaften, bei denen **ein** oder **beide** Elternteile Ausländer sind. Mit diesen Schwierigkeiten muss sich auch die Erzieherin auseinander setzen (u.s.w.).

Bei so genannten binationalen Beziehungen darf die Erzieherin nicht der Gefahr erliegen, sich zu stark auf den deutschen Elternteil zu konzentrieren (vgl. Dusolt 2001). In der Routine der Alltagsarbeit kann dies insbesondere wegen der einfacheren sprachlichen Verständigung leicht geschehen. Durch die bewusste Konzentration auf den ausländischen Elternteil trägt die Erzieherin dazu bei, ihn in seiner gesellschaftlichen Position zu stärken. Binationale Partnerschaften haben oft auch mit größeren Belastungen zu kämpfen als solche gleicher Nationalität. Die Erzieherin sollte die Eltern auf spezielle Beratungsstellen hinweisen oder gegebenenfalls vermitteln.

Ausländische Eltern haben oft größere Probleme, wenn sie aus den südosteuropäischen Staaten kommen oder wenn sie den Status als Asylsuchende aufweisen. Mit diesen Schwierigkeiten muss sich auch die Erzieherin auseinander setzen.

Eltern aus südosteuropäischen Ländern befinden sich in der Regel in einer inneren Zerrissenheit, weil sie zunächst nur einen zeitlich begrenzten Aufenthalt in Deutschland planten. Während ihres Aufenthalts erlebten sie eine Veränderung ihrer Person und ihrer Erinnerung an die Heimat. Viele Familien können den Verzicht auf eine Rückkehr in ihr Heimatland nicht verarbeiten. Sie fühlen sich sozusagen zu keinem Land mehr richtig zugehörig. Auch leben ihre älteren Kinder weitgehend nach deutschen Normen und Gebräuchen. Die Eltern haben jedoch den Wunsch, den Kindern ihre Traditionen und Werthaltungen aus dem Heimatland zu vermitteln. Dadurch haben viele ausländische Eltern Vorbehalte hinsichtlich der Zusammenarbeit mit deutschen Einrichtungen. Auch werden Erzieherinnen von Väter aus islamischen Ländern oft nicht als gleichberechtigte Gesprächspartner akzeptiert.

Bei Asylbewerbern kommen verstärkt Verständigungsprobleme hinzu. Oft können beide Elternteile kaum Deutsch. Ferner ist ihre Lebenssituation nicht stabil und planbar, da sie ständig mit einer Verlegung an einen anderen Ort oder einer Ausweisung rechnen müssen. Das zögernde Verhalten dieses Personenkreises gegenüber der Einrichtung ist auf dem Hintergrund dieser Gefahr zu betrachten und somit nicht als Desinteresse zu interpretieren.

- **Hilfen**

In der Zusammenarbeit mit ausländischen Eltern ist die generelle Bewusstseinshaltung der Erzieherin entscheidend, sich selbst verantwortlich für die Gestaltung einer vertrauensvollen Beziehung zu sehen. Sie darf also nicht darauf warten, bis die ausländischen Eltern auf sie zukommen, sondern sie muss aktiv auf diesen Personenkreis zugehen. Ausländische Eltern müssen dabei in ihrer Andersartigkeit toleriert und akzeptiert werden.

Eine zögernde oder ablehnende Haltung der ausländischen Eltern in der Zusammenarbeit mit den Erzieherinnen sollte nicht vorschnell als Desinteresse oder mangelndes Engagement interpretiert werden. Zahlreiche ausländische Familien haben bisher öffentliche Erziehung nur als Einmischung erlebt. Sie standen Eingriffen ohnmächtig gegenüber. Der Aufbau einer vertrauensvollen Erziehungspartnerschaft mit ausländischen Eltern macht es erforderlich, die eigene pädagogische Arbeit transparent zu gestalten (vgl. Böhm, kita 9/2001, Seite 20f.). Besondere Beachtung sollte folgenden Gesichtpunkten geschenkt werden:

Aufnahmegespräch: Im Aufnahmegespräch findet in der Regel der erste Kontakt zu den Eltern statt. Die Führung und Gestaltung des Gespräches hat entscheidenden Einfluss auf die weitere Beziehung. Die Eltern möchten sich vergewissern, ob sie ihr Kind den Personen einer unbekannten Einrichtung in einem fremden Land anvertrauen können. Von Seiten der Erzieherin ist darauf zu achten, dass ausländischen Eltern hinsichtlich ihres kulturellen Hintergrunds und ihrer Person Wertschätzung entgegengebracht wird.

Transparenz: Ausländischen Eltern fällt es während der Eingewöhnungszeit besonders schwer, ihr Kind „loszulassen". Die im Alltag erlebte Ablehnung kann auf die Erzieherin projiziert werden. Deshalb wäre es im Sinne der Transparenz vorteilhaft, wenn die Eltern ihr Kind während der Eingewöhnungszeit begleiten würden. Danach könnte die Elternpräsenz schrittweise zurückgenommen werden. Manche Eltern haben selbst keine Erfahrungen mit Kindertagestätten gemacht. Hier könnten mit individuellen Regelungen Ängste genommen und Vertrauen aufgebaut werden.

Elterninformation: In Tür-und-Angel-Gesprächen sollten Erzieherinnen die ausländischen Eltern ansprechen und von kleinen Ereignissen des Alltags berichten. So kann eine Vertrauensbasis aufgebaut und die einrichtungsbezogenen Einstellungen, Verhaltensweisen und grundlegenden Erziehungserwartungen können vermittelt werden.

Hospitationen: Eltern mit mangelnden Sprachkenntnissen können durch Hospitationen einen guten Einblick in die pädagogische Arbeit der Einrichtung erhalten. Dabei sollten die Eltern jedoch alle Situationen im Gruppenalltag erleben können, um einen umfassenden Eindruck zu gewinnen. Die Eltern werden als Partner im Erziehungsprozess ernst genommen.

Verständigungsprobleme: Ein großes Problem in der Zusammenarbeit mit ausländischen Eltern sind die Verständigungsschwierigkeiten. Durch die Öffnung der Kindertagesstätte zum Gemeinwesen hin bestehen vor allem für die Mütter zahlreiche Möglichkeiten, die deutsche Sprache zu erlernen.

Integrationskonzeption: In vielen Einrichtungen ist die Zahl der ausländischen Eltern sehr hoch. Deutsche Eltern fühlen sich bisweilen in einer Minderheitsposition. Diese Konstellation kann zu einer aufgeheizten und angespannten Situation führen. So haben sowohl ausländische als auch deutsche Eltern große Bedenken, dass ihre Kinder wegen mangelnder sprachlicher Anregung schlechte Voraussetzungen für den Schuleintritt mitbringen. Um solche Sorgen nicht eskalieren zu lassen, sollten sie in einem entsprechenden Rahmen thematisiert werden. Die Erzieherinnen müssen die Integrationskonzeption erläutern, d. h. darlegen wie sie sowohl den spezifischen Bedürfnissen der ausländischen als auch der deutschen Kinder gerecht werden wollen. Sie sollten dabei auf die interkulturellen und sozialen Erfahrungsmöglichkeiten der Kinder verweisen.

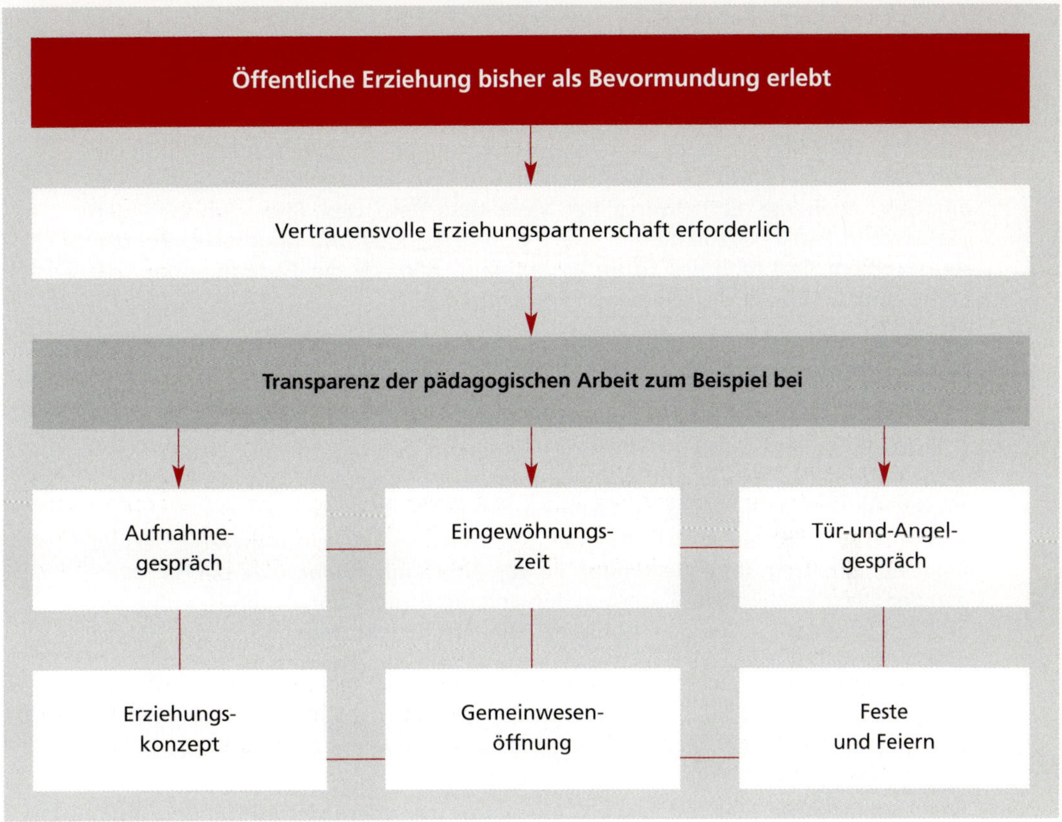

Transparenz der pädagogischen Arbeit

Bei den hier aufgeführten Aspekten handelt es sich um eine Auswahl, die nicht vollständig ist. Es gibt weitere Möglichkeiten, die eigene pädagogische Arbeit transparent zu machen und den ausländischen Eltern Hilfestellungen zu geben, zum Beispiel Ratschläge für den Umgang mit Behörden oder Vermittlung von Spielkontakten für die Kinder. Ausländische Eltern können etwa bei Festen die Kultur ihres Landes präsentieren. Dadurch könnten sie aus ihrer Randposition heraustreten und es würde deutlich, dass ihre Anwesenheit keine Bedrohung, sondern eine Bereicherung unseres Lebens darstellt.

Grundlage des Handelns der Erzieherin im Umgang mit ausländischen Eltern ist der Aufbau einer dialogischen Beziehung, die von Wertschätzung und Respekt getragen ist.

Zusammenfassung

Ein aus der Praxis immer wieder zu vernehmendes Problem ist das **Desinteresse der Eltern**. Eltern beteiligen sich kaum oder gar nicht an den Angeboten der Einrichtung. Die Pädagoginnen stehen am Elternabend vor vielen leeren Stuhlreihen, weil die meisten Eltern nicht gekommen sind. Dieses mangelnde Interesse am Geschehen der Einrichtung hat viele Ursuchen. Den Eltern voreilig den „Schwarzen Peter" zuzuschieben, wäre unprofessionell und ungerecht. Bei diesem Problem sind mehrere Gruppen beteiligt, nämlich die Pädagoginnen, die Eltern und der Träger der jeweiligen Einrichtung.

Das Problem einer geringen Elternbeteiligung lässt sich am besten bearbeiten, wenn statt einer vorschnellen Schuldzuweisung eine systemische Betrachtungsweise gewählt wird, die alle problemspezifischen Perspektiven berücksichtigt. Ein einfaches Ursache-Wirkung-Denken verhindert in der Regel eine zufrieden stellende Lösung. Die systemische Betrachtungsweise löst das Problem nicht, aber sie schafft die Grundlagen und die Voraussetzung, das Ursachengeflecht besser zu verstehen. Die Erzieherin hat mit der systemischen Betrachtungsweise bessere Chancen, eine tragfähige Beziehung zu den Eltern aufzubauen, da die Handlungen der Eltern nachvollziehbarer werden und die Auswirkungen von Handlungen besser vorausgesagt werden können. Eine positive Beziehung zu den Eltern schafft dann den Rahmen, um Eltern für die Mitarbeit zu gewinnen.

Bei **Interessengegensätzen zwischen Eltern und Erzieherinnen** ist es wichtig, die Eltern ernst zu nehmen und sich zu bemühen, ihre Anliegen zu verstehen. Das bedeutet jedoch nicht, sich in fast allen Belangen an den Eltern zu orientieren oder gar fachliche Einschätzungen und daraus resultierende Aufgaben zurükkzuhalten. Ein solches Verhalten wäre einseitig und somit nicht mehr partnerschaftlich.

Die Erzieherin sollte sich nicht der Situation aussetzen, dass sie ihre Handlungen vor anderen und vor sich selbst nicht mehr fachlich und pädagogisch begründen kann. Dies kann besonders dann vorkommen, wenn Eltern die tägliche Arbeit in der Einrichtung zu stark mitbestimmen können.

Bei der **Heterogenität der Elternschaft** ist zu berücksichtigen, dass die Erzieherin auch mit sozial schwachen Eltern zusammenarbeitet. Dies ist verstärkt der Fall, wenn sich Einrichtungen in sozialen Brennpunkten befinden.

Sozial benachteiligte Eltern verhalten sich gegenüber der Erzieherin zunächst unsicher und zurückhaltend. Dies darf sie nicht als unzureichendes Interesse oder persönliche Ablehnung missverstehen. Ihnen fehlt oft die erforderliche Sicherheit und der Mut, auf Erzieherinnen zuzugehen und mit ihnen zusammenzuarbeiten. Deshalb ist es besonders wichtig, eine tragfähige Vertrauensbasis aufzubauen.

Lässt sich die Erzieherin auf die Zusammenarbeit mit sozial schwachen Eltern ein, so muss sie verstärkt auf deren aktuelle Gefühls- und Erlebnissituation eingehen.

Dies kann bei der Erzieherin Unzufriedenheit auslösen, da sie ihre pädagogischen Vorstellungen und langfristigen Ziele aus dem Blick zu verlieren glaubt. Hilfreich ist es dann, die Situation aus der Sicht der betroffenen Eltern zu betrachten.

Ausländische Eltern sind keine homogene Gruppe. Je nach Herkunft und Lebenssituation ergeben sich unterschiedliche Problemfelder.

Eine zögernde oder ablehnende Haltung der ausländischen Eltern in der Zusammenarbeit mit den Erzieherinnen sollte nicht vorschnell als Desinteresse oder mangelndes Engagement interpretiert werden. Zahlreiche ausländische Familien haben bisher öffentliche Erziehung nur als Einmischung erlebt. Sie standen Eingriffen oft ohnmächtig gegenüber.

Der Aufbau einer vertrauensvollen Erziehungspartnerschaft mit ausländischen Eltern macht es erforderlich, die eigene pädagogische Arbeit transparent zu gestalten. Besondere Beachtung sollte deshalb dem Aufnahmegespräch, der Transparenz, der Elterninformation, der Hospitation, dem Verständigungsproblem und der Integrationskonzeption geschenkt werden.

Hilfreich ist es auch, ausländische Eltern zu motivieren, zum Beispiel bei Festen die Kultur ihres Landes zu präsentieren. Dadurch wird ihr Selbstvertrauen gestärkt und sie können aus ihrer Randposition heraustreten.

5 Einrichtungsunterstützende Formen der Elternarbeit und ihre Umsetzung

Wie Befragungen von Eltern und Erziehern zeigen, wird der Elternmitarbeit einen hoher Stellenwert zugemessen. Im Alltag zeigt sich jedoch, dass sich nur wenige der Eltern tatsächlich engagieren.

Die Mitwirkung der Eltern erfüllt im Wesentlichen vier Funktionen:

1. Entlastung
Die Eltern können beispielsweise durch die Übernahme von Diensten oder durch Mitwirken bei Festen die Erzieherinnen entlasten und damit bestimmte Angebote erst möglich machen.

2. Ergänzung
Die Elternmitarbeit stellt vielfach eine wünschenswerte Ergänzung zu den Angeboten der Erzieherinnen dar.

3. Erweiterung
Die Eltern, die sich mit neuen Ideen einbringen, dienen der Erweiterung von bestehenden Angeboten. So können qualifizierte Eltern Fremdsprachenangebote im Bereich der Kindertagesstätte entwickeln oder Projekte im Hortbereich anbieten.

4. Förderung
Das Engagement von Eltern in Fördervereinen oder die Durchführung von Basaren führt zur finanziellen Unterstützung der Erziehungsarbeit und verbessert damit beispielsweise durch eine bessere Ausstattung der Einrichtung die Qualität der Arbeit.

Wenn die Eltern durch ihr Mitwirken die Arbeit den sozialpädagogischen Institutionen aktiv unterstützen und damit ihre Identifikation mit der Einrichtung verdeutlichen, wird der Erfolg der Elternarbeit sichtbar. Wer Aufgaben an Eltern delegiert, muss andererseits dafürauch die Verantwortung den Eltern übertragen. Aus der Mitarbeit ergibt sich Mitverantwortung. Es ist deshalb genau zu prüfen, welche Eltern mit welchen Aufgaben betraut werden sollten.

5.1 Erzieherkompetenzen und Methoden

Die Erzieherin hat die Aufgabe, die Eltern für eine Mitarbeit in der Einrichtung zu gewinnen, das Engagement der Eltern zu steuern und langfristig zu erhalten. Sie muss sich zum einen mit der eigenen Rollenkompetenz und der Abgrenzung zu den Rollen der Eltern auseinander setzen und zum anderen Möglichkeiten zur Motivierung von Eltern nutzen.

5.1.1 Rollenkompetenz

Eine Rolle umfasst die Verhaltenserwartungen der anderen an den Inhaber einer bestimmten Position. Die Anzahl der Rollen ist abhängig von der Zahl der sozialen Gruppierungen, denen eine Person angehört. Neben der eigenen Rolle (siehe Kapitel: 5.3.1 Rollenkonflikte) sollte sich die Erzieherin in die Situation der Eltern versetzen und sich deren Rollen bewusst machen können. So nimmt Frau Miener, die Mutter der fünfjährigen Sabrina, gegenüber den Erzieherinnen beispielsweise folgende Rollen ein:

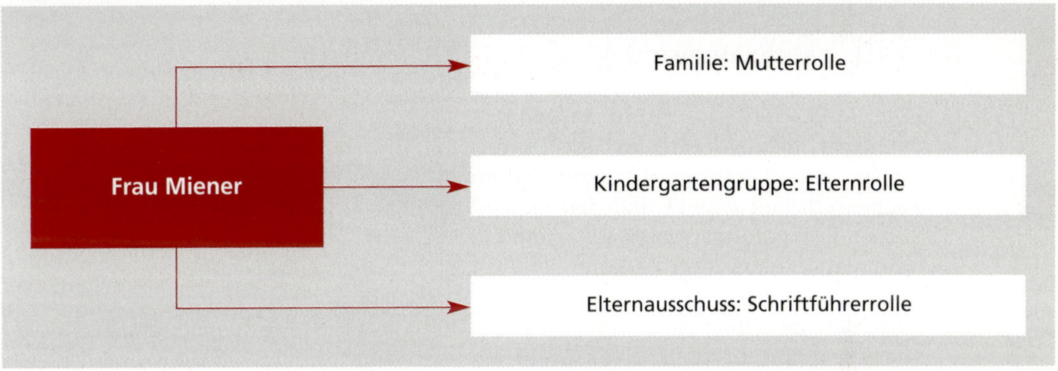

Es handelt sich dabei um eine natürliche Rolle als Mutter und als Elternteil und eine selbst gewählte Rolle in der Einrichtung. Die Erwartungen an die Rollenträger können sehr vage (Mutter- und Elternrolle) oder auf die Rolle als Schriftführerin bezogen an bestimmte Verhaltensvorschriften gebunden sein.

Im Rahmen der Elternmitarbeit kann Frau Miener weitere Rollen übernehmen. Wenn sie beispielsweise in der Gruppe für eine erkrankte Mitarbeiterin einspringt und deren Dienst übernimmt, nimmt sie die Rolle als Kollegin wahr. Die Mutter wird in dieser Rolle mit einer Fülle von Muss-, Soll- und Kann-Erwartungen von Seiten der Leitung, des Teams, der Kinder und der Eltern konfrontiert, die sie bei der Wahrnehmung dieser Rolle zu beachten hat (zum Beispiel Informationspflicht gegenüber der Leitung, Teamabsprachen, Regeln im Umgang mit den Kindern).

Die erfolgreiche Rollenwahrnehmung ist nicht zuletzt von der Kompetenz der Rollenträger abhängig. Wie Wunderer (2001, Seite 134) herausstellt, kann eine private Motivation auf berufliche Rollen zurückgehen. Die Eltern setzen ihre Kenntnisse und Kompetenzen aus ihrer Berufsrolle in ihrer privaten Rolle ein (Synergie-Effekt).

So kann zum Beispiel das berufliche Know-how der Eltern im Bereich EDV genutzt werden, um für die Einrichtung Broschüren oder Plakate zu erstellen.

Im Rahmen der Rollenübernahme sollte die Erzieherin folgende Aspekte beachten:

Rollendefinition: Die Rollen der Eltern, die im Rahmen der Elternmitarbeit übernommen werden, sollten klar definiert werden. Um Rollenkonflikte zu vermeiden, empfiehlt es sich, die Aufgaben und die Erwartungen an die Rolleninhaber schriftlich zu fixieren.

Rollenzuweisung: Die erfolgreiche Bewältigung der Rolle setzt die entsprechenden Fähigkeiten und Kompetenzen voraus. Die Erzieherin sollte darauf achten, dass Eltern mit den zugewiesenen Rollen nicht überfordert werden.

Rollenverhalten: Die Erzieherin sollte das Verhalten der Eltern bei der Wahrnehmung von Rollen kritisch beobachten. Bei Abweichungen bzw. Grenzüberschreitungen sollte sie das problematische Verhalten thematisieren und Rollenklarheit wiederherstellen.

5.1.2 Motivationstechniken für die Elternmitarbeit

Die Bereitschaft der Eltern, in der Einrichtung mitzuwirken, ist von unterschiedlichen Faktoren abhängig. Neben dem zeitlichen Aspekt und den persönlichen Kompetenzen spielt vor allem die Motivation eine zentrale Rolle. Im Zitat von Antoine de Saint-Exupéry wird deutlich, dass die Eltern nicht von den Erziehern verplant werden wollen. Steht ein gemeinsames Ziel im Mittelpunkt, dann löst diese Idee bei allen Beteiligten das erforderliche Engagement aus, bis das Ziel verwirklicht ist.

„Wenn du ein Schiff bauen willst,
dann trommle nicht Männer zusammen,
um Holz zu beschaffen,
Aufgaben zu vergeben
und die Arbeit einzuteilen,
sondern lehre die Männer die Sehnsucht nach dem weiten, endlosen Meer."

Antoine de Saint-Exupéry: Der kleine Prinz

Es ist die Aufgabe der Erzieherinnen mit den Eltern eine Vision zu entwickeln, aus der sich die erforderliche Motivation ergibt. Eine Vision ist ein möglichst konkretes Bild von einem Ziel bzw. einem zukünftigen, erstrebenswerten Zustand. Eine solche Vision könnte beispielsweise lauten: Wir wollen im nächsten Jahr beim Sommerfest den neuen Sinnenpfad im Außengelände einweihen.

• Motiv und Motivation

Um Eltern zur Mitarbeit zu motivieren, müssen die Erziehern die grundlegenden Motivationsprozesse kennen und die Wirkmechanismen in ihrem Vorgehen beachten.

Motive werden als überdauernde Antriebskräfte bzw. Beweggründe verstanden, die einem aktuellen Verhalten zugrunde liegen. Es können folgende, für die Elternarbeit grundlegende Motive unterschieden werden:

Leistungsmotiv: Die Befriedigung des Motivs ergibt sich durch die Verwirklichung von Leistungszielen.

Kompetenzmotiv: Das Streben nach persönlicher Entfaltung bezieht sich sowohl auf den beruflichen als auch privaten Bereich.

Geselligkeitsmotiv: Der Wunsch nach Kontakt Anschluss und Zugehörigkeit in eine Gruppe entspringt dem Bedürfnis nach Anerkennung und Schutz.

Sicherheitsmotiv: Das Bestreben, Gefahren und Hindernisse zu beseitigen, die eine Verwirklichung von Zielen und Bedürfnisse beeinträchtigen.

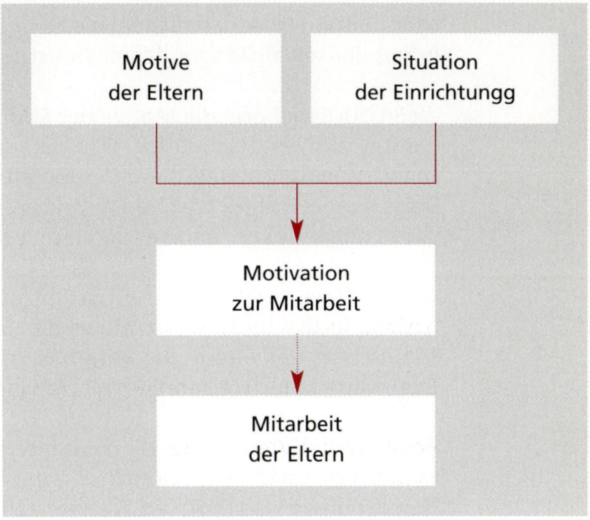

Die Erzieherin sollte darauf achten, dass in ihrer Argumentation (Darstellung der Einrichtungssituation) diese Motive der Eltern angemessen angesprochen werden. Hinweise auf die Gefährlichkeit von Spielgeräten im Außenbereich aktivieren das Sicherheitsmotiv; die Verwirklichung bestimmter Förderangebote setzt die Unterstützung durch die Eltern (Kompetenzmotiv) voraus; die Renovierung eines Gruppenraums erfolgt durch eine Elterngruppe, so dass die Möglichkeit der Kontaktaufnahme und des Erfahrungsaustauschs in einer ungezwungenen Atmosphäre (Geselligkeitsmotiv) gegeben ist.

Die Unterscheidung nach verschiedenen Bedürfnisstufen, die Maslow (1978) vornimmt, verdeutlicht, dass die Mitwirkung der Eltern vorwiegend dem Bedürfnis nach Anschluss (sozialen Kontakten), dem Bedürfnis nach Anerkennung und persönlichen Wertschätzung sowie in Ansätzen dem Bedürfnis nach Selbstverwirklichung entspringt. Die Elternmitarbeit bietet für Eltern eine gute Möglichkeit, soziale Kontakt mit anderen Eltern zu knüpfen, die in einer vergleichbaren Lebenslage ähnliche Interessen verfolgen undvergleichbare Aufgaben zu bewältigen haben. Wertschätzung und Anerkennung erhalten Eltern, die sich beispielsweise in Elternvertretungen engagieren oder durch einen hohen persönlichen Einsatz Herausragendes vollbringen. Das Bedürfnis nach Selbstverwirklichung können Eltern vor allem in

Bedürfnishierarchie nach Maslow

Elterninitiativen verwirklichen, wenn ihre Vorstellungen direkt in die konzeptionelle Arbeit der sozialpädagogischen Einrichtung einfließen.

Wenn die Erzieherin die Motive der Eltern durch ihre Darstellung der Einrichtungssituation aktiviert, so ergibt sich daraus die **Motivation** zur Mitarbeit. Sie stellt zunächst lediglich eine Handlungs**bereitschaft** dar. Wird bei einem Elternabend die Frage aufgeworfen, welche Eltern bereit sind, bei der Renovierung des Gruppenraums mitzuwirken, dann erklären sich zahlreiche Eltern bereit mitzuhelfen.

Aus der Handlungsbereitschaft ergibt sich jedoch nicht automatisch auf der Verhaltensebene die tatsächliche Mitarbeit. Es ist nun die Aufgabe der Erzieherin, die Bereitschaft der Eltern zur Mitarbeit in die Mitwirkung überzuleiten, indem beispielsweise konkrete Termine mit den motivierten Eltern vereinbart werden.

Ein wichtiger Aspekt zur Motivationserhöhung stellt die **Identifikation** der Eltern mit der Konzeption der Einrichtung dar. Die Identifikation beinhaltet dabei die Verknüpfung von persönlichen Wertvorstellungen mit den Werten, Vorstellungen und Zielsetzungen der Einrichtung. Eltern werden sich vor allem dann für die Einrichtung einsetzen, wenn sie dort sozial anerkannte Ziele und Werte verwirklicht sehen, die sie auch selbst verfolgen. Die Erzieherin muss deshalb berücksichtigen, welche Wertvorstellungen und Einstellungen die Eltern vertreten. Sozial eingestellte Eltern, die sich für andere einsetzen, übernehmen gern die Gestaltung eines Elterncafes als Begegnungsstätte für die Eltern, während Eltern mit einer ausgeprägt ökologischen Einstellung sich eher für die naturnahe Gestaltung des Außengeländes engagieren.

Für die Stärke der Motivation ist in der Regel die individuelle **Betroffenheit** ausschlaggebend. Eltern engagieren sich vor allem dann, wenn ihr Einsatz die Situation des eigenen Kindes verbessert. Wenn die Eltern in der Weihnachtszeit mit den Erzieherinnen ein Geschenk für das eigene Kind herstellen, sind nahezu alle Eltern anwesend und arbeiten hoch motiviert. Geht es darum, den Gruppenraum neu zu gestalten, so nimmt das Engagement deutlich ab. Steht bei der erwünschten Elternmitarbeit die Einrichtung im Mittelpunkt (zum Beispiel Durchführung eines Basars, Arbeiten im Außengelände), engagieren sich nur noch wenige Eltern. Die Erzieherin muss deshalb in der Phase der Motivierung die individuelle Betroffenheit der Eltern erreichen, die eine Verknüpfung des elterlichen Engagements mit den Vorteilen für ihr Kind herausstellt.

• **Motivierte Steuerung**

Die Erzieherin kann bei der Elternmitwirkung auf die Prinzipien der motivierten Steuerung zurückgreifen. Die Eltern können dann zur Mitarbeit motiviert werden, wenn die Erzieherin folgende Aspekte berücksichtigt:

Vertrauen: Die Erzieherin muss gegenseitiges Vertrauen schaffen und den Eltern als verlässlicher Partner gegenübertreten. Nur dann fühlen sich die Eltern bei Anfragen zur Mitarbeit nicht überrumpelt oder ausgenutzt.

Mitwirkung: Die Eltern sind als Partner in die verschiedenen Phasen (Planung – Durchführung) einzubinden. Die Kompetenzen der Eltern, ihre Fähigkeiten und ihr Können sind als Ressource der Einrichtung zu nutzen.

Verantwortung: Die Mitwirkung beinhaltet auch eine Mitverantwortung und Mitsprache. Die Erzieher müssen sich darüber im Klaren sein, dass sie durch die Elternmitarbeit auch Verantwortung abgeben bzw. mit den Eltern teilen. Die Fähigkeiten und Stärken der Eltern sind bei der Übertragung von Verantwortung zu bedenken.

Rollenverteilung: Eine effektive Zusammenarbeit zwischen Erzieherinnen und Eltern setzt eine klar geregelte Verantwortlichkeit voraus. Um Konflikte zu vermeiden, sind jedoch klare Regeln über die Kompetenzen der beteiligten Eltern herauszustellen.

Zielklarheit: Die Mitwirkung der Eltern und die Zusammenarbeit mit den Erzieherinnen wird dann gelingen, wenn sich beide Seiten über die Ziele einig sind. Gerade wenn langfristige Ziele verfolgt werden, ist es wichtig Meilensteine (Zwischenziele) zu formulieren, die das Erreichte bewusst machen und zur Weiterarbeit motivieren.

Erreichbarkeit: Die Eltern werden sich engagieren, wenn ihr Einsatz in einer überschaubaren Zeit zum Erfolg führt. Der Einsatz für einen neuen Kindergarten, der aus Genehmigungsgründen erst in drei bis vier Jahren gebaut werden kann, wird die Eltern in der Einrichtung nur wenig motivieren, wenn sie von den Veränderungen nicht profitieren.

Kompetenzen: Die verantwortungsvolle Wahrnehmung von übertragenen Aufgaben setzt bei den Eltern auch die entsprechenden Fähigkeiten und Kompetenzen voraus. Eine Überforderung der Eltern führt kurzfristig zu Frustrationen und Verärgerung sowohl bei den Eltern als auch bei den Erzieherinnen und lässt eine negative Einstellung zur Einrichtung entstehen.

Partizipation: Die Motivation der Eltern nimmt zu, je größer ihre Partizipation, d. h. ihre Einbindung, sein wird. Sind die Eltern bereits in der Planungsphase mitbeteiligt, dann wird ihnen die Bedeutung ihrer Mitwirkung transparenter, sie fühlen sich für das Gelingen in der Durchführungsphase verantwortlich. Die Eltern werden um- und weitsichtiger agieren.

Feed-back: Die Motivation zur Mitarbeit wird langfristig erhöht, wenn die Eltern eine angemessene Rückmeldung erfahren. Das Feed-back kann von der verbalen Anerkennung, einem Helferfest bis hin zu einer Würdigung durch den Träger reichen. Die Eltern sollten erfahren, dass ihr Beitrag wahrgenommen und anerkannt wird.

Gruppendynamik: Die Mitarbeit von Elterngruppen unterliegt auch gruppendynamischen Prozessen. Die Eltern erleben untereinander Solidarität, spornen sich gegenseitig an und entwickeln ein Wir-Gefühl, das auf den gemeinsamen Erfahrungen beruht, und – wie viele Eltern berichten – sich in gemeinsamen Aktivitäten im Grundschulbereich fortsetzt.

Zusammenfassung

Die Elternmitarbeit ist ein wesentlicher Teil der Elternarbeit und verdeutlicht, inwieweit sich die Eltern mit der Einrichtung identifizieren und sich für deren Belange engagieren. Die Elternmitarbeit entlastet, ergänzt und erweitert das erzieherische Angebot und verbessert die Rahmenbedingungen im Arbeitsfeld.

Die Eltern übernehmen durch ihr Mitwirken neue Rollen. Die Erzieherin benötigt **Rollenkompetenz**, um die Wahrnehmung der Elternrollen zu steuern. So kommt ihr die Aufgabe zu, Rollenklarheit herzustellen, indem Rollen eindeutig definiert werden. Bei der Auswahl ist auf die fachliche und persönliche Kompetenz der Eltern zu achten, um Frustrationen, Überforderungen und Fehlentwicklungen zu vermeiden.

Um Eltern zur Mitarbeit zu motivieren, sollte die Erzieherin auch folgende Aspekte bedenken:

- Mitwirkung beinhaltet auch die Übergabe von Verantwortung an die Eltern.
- Eine erfolgreiche Elternmitarbeit erfordert ein abgestimmtes Verhalten von Erzieherinnen und Eltern, die in den gesamten Prozess von der Planung bis zur Ausführung einzubinden sind.
- Die Motivation der Eltern steigt, wenn eine persönliche Betroffenheit erreicht wird und die angestrebten Ziele für die Eltern in einem überschaubaren Zeitraum verwirklicht werden können.
- Die übertragenen Aufgaben sollten in ihrem Anforderungsniveau den Kompetenzen und Fähigkeiten der Eltern entsprechen.
- Motivationssteigernd wirken sich schnelle Erfolge und verstärkende Rückmeldungen aus. Ein Ansporn zum Engagement kann sich auch aus gruppendynamischen Prozessen ergeben, wenn die Elterngruppe ein positives Wir-Gefühl entwickelt.

5.2 Formen der einrichtungsunterstützenden Elternarbeit

Die Elternmitarbeit verdeutlicht das Engagement der Eltern für „ihre" Einrichtung. In Zeiten leerer Kassen sind viele Einrichtungen auf die tatkräftige Unterstützung durch die Elternschaft angewiesen. Die Elternmitarbeit geht aber über die freiwillig erbrachte Arbeitsleistung hinaus und umfasst im weitesten Sinne die Integration der Elternschaft in die Gesamteinrichtung. Dies wird vor allem bei Elterninitiativen deutlich. Die Eltern übernehmen die **Verwaltung** der Einrichtung (Büroarbeit, Buchhaltung) und deren **Finanzierung**. Die Elterninitiativen erwarten von den Eltern ein verstärktes Engagement, das auch die **Übernahme von Diensten** in der Einrichtung umfassen kann (Verpflegungsdienst) und bei personellen Engpässen auch die **Mitarbeit in der Gruppe** beinhaltet. Eltern unterstützen das Team auch bei der Durchführung von Außenaktivitäten (Waldspaziergänge, Ausflüge). Eltern können auch bei der Entwicklung und Durchführung von Projekten einbezogen werden.

In zahlreichen Einrichtungen renovieren die Eltern beispielsweise die Räume, gestalten das Außengelände, reparieren Spielmaterialien und Geräte oder sind bei der Planung und Durchführung von Festen und Basaren engagiert.

Die Eltern sollten auch bei der Entwicklung der Einrichtung (zum Beispiel Erstellung einer Konzeption, Bildung von integrativen Gruppen) einbezogen werden, da sie als Adressaten das Angebot der Einrichtung annehmen sollen. In diesem Verständnis werden die Eltern als Partner im Erziehungsauftrag ernst genommen und tragen mit den Erzieherinnen gemeinsam die Verantwortung für die Erziehung ihrer Kinder.

Die Elternmitarbeit ist nicht nur als ein Mittel zur Kostenersparnis zu sehen, sondern zeigt im besonderen Maße die Identifikation der Eltern mit der Einrichtung, die sie zum Wohle ihrer Kinder optimal mitgestalten wollen.

5.2.1 Elternvertreter

Die Funktionen der Elternvertreter sind je nach Einrichtung unterschiedlich. In Kindergärten und Kindertagesstätten sind die gesetzlichen Aspekte, die Grundlagen, die Zusammensetzung und die Aufgaben wie folgt:

- **Gesetzliche Aspekte**

Die Bestimmungen über die Mitwirkung der Eltern in Kindertagesstätten werden in Gesetzen und Verordnungen des jeweiligen Bundeslandes geregelt. Dies erfolgt in den Kindertagesstättengesetzen und gegebenenfalls in weiteren Ausführungsverordnungen. Somit liegt für die Bundesrepublik Deutschland kein einheitliches Gesetz vor, das die Elternvertretung regelt und auf das Bezug genommen werden kann. Gleichwohl gibt es einen roten Faden und vergleichbare Aspekte, die sich in den gesetzlichen Grundlagen aller Bundesländer niedergeschlagen haben.

- **Grundlagen**

Die gesetzlichen Regelungen und Verordnungen legen in der Regel fest, dass die Eltern durch eine Elternversammlung und einen Elternbeirat vertreten werden. Durch diese Gremien wird die Mitwirkung an der Erziehungs- und Bildungsarbeit gesichert.

Eltern und der die Kindertagesstätte besuchenden Kinder bilden das Gremium der Elternversammlung. Aus der Mitte der Elternversammlung wird der Elternbeirat gewählt, zum Beispiel an einem Elternabend.

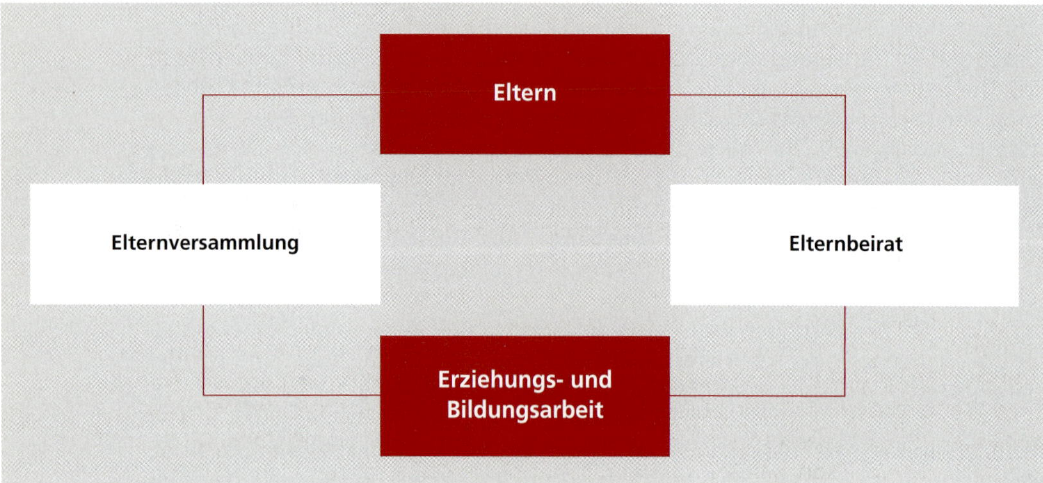

Mitwirkung der Eltern

- **Zusammensetzung und Treffen des Elternbeirates**

Der Elternbeirat ist also ein Vertretungsgremium, das alle Eltern und Erziehungsberechtigten gegenüber den Mitarbeiterinnen und dem Träger der Einrichtung vertritt. Die Wahl erfolgt in der Regel für ein Jahr. Wahlberechtigt und wählbar sind die anwesenden Eltern und Erziehungsberechtigten. Auch verhinderte Eltern können bei Vorliegen einer schriftlichen Einverständniserklärung in den Elternbeirat gewählt werden. Es genügt eine formlose, handschriftliche Mitteilung, wie zum Beispiel:

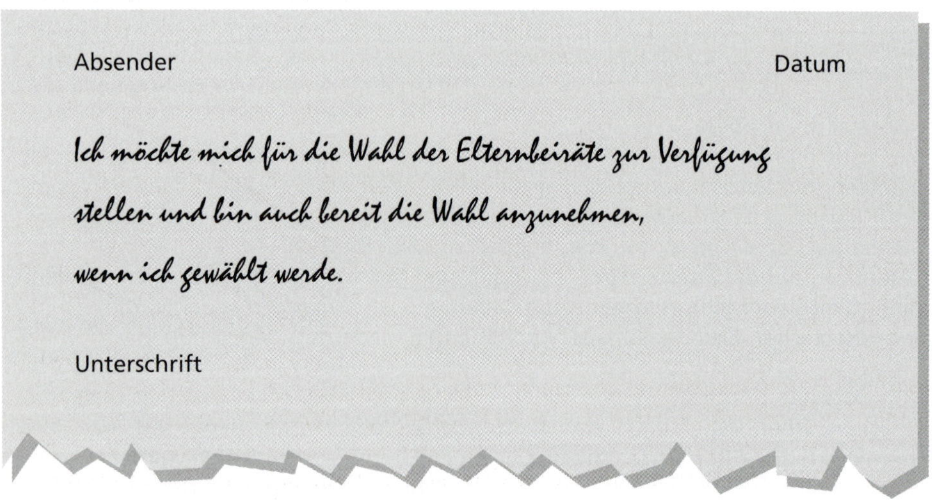
Absender Datum

Ich möchte mich für die Wahl der Elternbeiräte zur Verfügung stellen und bin auch bereit die Wahl anzunehmen, wenn ich gewählt werde.

Unterschrift

Zur Wahl lädt der Träger in Absprache mit der Leitung der Einrichtung innerhalb einer Frist vor dem Termin schriftlich ein. Der Träger ist für die ordnungsgemäße Durchführung der Beisitzerwahl verantwortlich.

Der Elternbeirat trifft sich in regelmäßigen Abständen und wählt nach seiner Konstituierung einen Vorsitzenden und seinen Vertreter. In der Regel kommt der Elternbeirat auf Einladung des Vorsitzenden zusammen. Jedoch kann auch der Träger, die Leitung der Kindertagesstätte oder die Mitglieder des Beirats das Zusammenkommen verlangen.

An den Besprechungen sollen verschiedene Personengruppen teilnehmen, wie zum Beispiel der Träger, die Leitung und weitere vom Elternbeirat hinzugezogene Personen. Die Mitgliedschaft im Elternbeirat endet, wenn kein Kind des Mitglieds mehr die Kindertagesstätte besucht.

• Aufgaben des Elternbeirates

Der Elternbeirat hat den Auftrag, die Erziehungspartnerschaft in der Kindertagesstätte zu unterstützen und die Zusammenarbeit zwischen der Einrichtung und den Eltern zu fördern. Er soll den Träger und die Leitung in allen wesentlichen Fragen der Arbeit in der Kindertagesstätte beraten. Er kann auch Anregungen zur Gestaltung und Organisation geben. Der Träger und die Leitung sollen dem Elternausschuss regelmäßig über ihre Arbeit berichten. Sie müssen den Beirat vor allen grundlegenden Entscheidungen anhören. Dies gilt besonders bei der Festlegung von Grundsätzen über die Aufnahme von Kindern, Gruppengröße und Personalschlüssel, Öffnungs- und Ferienzeiten, Inhalte und Formen der Erziehungsarbeit, ebenso bei Einführung neuer pädagogischer Programme, bei baulichen Veränderungen und sonstigen, die Ausstattung betreffenden Maßnahmen.

5.2.2 Kooperation mit Elterninitiativen

• Gegebenheiten und besondere Situation

Bei Kindertagesstätten von Elterninitiativen haben Eltern im Gegensatz zu herkömmlichen Kindertagesstätten weitaus größere Mitbestimmungsrechte. Eltern sind dort die Träger. Bei solchen Einrichtungen handelt es sich um von Elterninitiativen gegründete Tageseinrichtungen, die sich als eine Alternative zu Regeleinrichtungen verstehen.

Die Erzieherinnen können grundsätzlich mit sehr interessierten und engagierten Eltern rechnen. Zudem dürfen sie auf deren Mitarbeit hoffen.

Als Träger der Einrichtung bestimmen die Eltern die Grundlagen der pädagogischen Arbeit, stellen das Personal ein und sind für die Finanzierung zuständig. In der Regel sind Eltern dazu motiviert, einen eigenständigen pädagogischen Ansatz und für ihre Kinder kleinere Gruppen anzustreben. Sie helfen bei grundlegenden praktischen Tätigkeiten wie der Essenszubereitung, bei Einkäufen und bei der Raumpflege. Oft sind solche Einrichtungen von folgenden Bedingungen charakterisiert:

- In manchen Kindertagesstätten von Elterninitiativen widerspricht eine hohe materielle Ausstattung dem eigenen pädagogischen Selbstverständ-

nis und Ansatz. Vielmehr wird auf solide Beschaffenheit und Materialien aus Natur geachtet, wie zum Beispiel Holz oder Stoffe aus Naturfasern.
- Wegen der oft knapp bemessenen öffentlichen Finanzierung dieser Kindertagesstätten sind die Elternbeiträge hoch. Somit stehen nur wenige Mittel für Spielsachen und Sonstiges zur Verfügung.

Die Gründung dieser Form von Kindertagesstätten ist oft darauf zurückzuführen, dass Eltern für ihre Kleinkinder keinen Krippenplatz finden konnten. Sie benötigen eine differenzierte Betreuung ihrer Kinder, weil sie studieren oder berufstätig sind. Ferner spielt auch die pädagogische Ansicht eine wichtige Rolle, dass Gruppenerfahrungen bereits für Kinder unter drei Jahren wichtig sind.

Für die Erzieherin ergibt sich dadurch die Situation, dass die Altersspanne innerhalb der Gruppen in der Regel größer ist als in den sonstigen Kindertageseinrichtungen. Kommen die Kinder in das Kindergartenalter, so bleiben sie weiterhin in der Einrichtung. Auch wenn sie dann eingeschult werden, sind sie oft noch integriert und besuchen die Elterninitiativeinrichtung nach der Schule weiter. Aufgrund des pädagogischen Ansatzes halten die Eltern dies für wichtig oder sie benötigen darüber hinaus eine weitere Betreuung. Auf diese größere Altersspanne muss sich die Erzieherin einstellen oder – je nach Gegebenheit – die Gruppe altersentsprechend teilen.

• **Probleme**

Aus den Grundlagen von Elterninitiativen ergibt sich für die Erzieherin eine sehr enge Kooperation mit den Eltern. Diese intensive Zusammenarbeit kann nicht selten zu Spannungen führen. So treten Eltern gegenüber der Erzieherin in einer dreifachen Funktion auf:

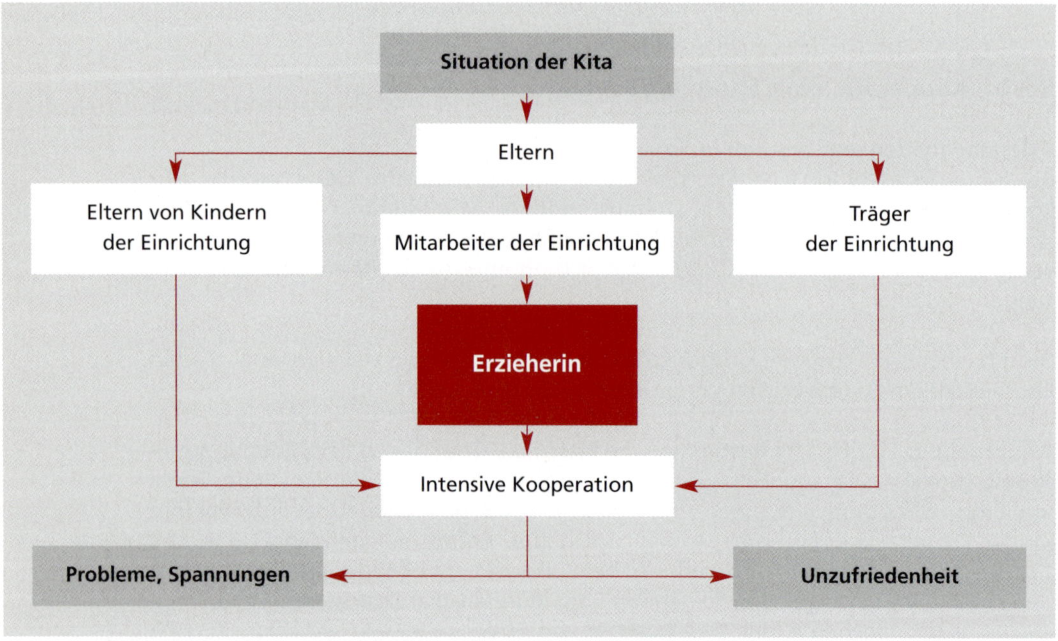

Rolle der Erzieherin in Kitas von Elterninitiativen

- Wie in Regeleinrichtungen übergeben Eltern ihre Kinder zur Förderung und Betreuung der Erzieherin.
- Anders als in Regeleinrichtungen haben Eltern gegenüber der Erzieherin substantielle Mitbestimmungsrechte und Kontrollfunktionen. Nicht die Kommune oder die Kirchengemeinde ist in solchen Einrichtungen der Träger, sondern die Eltern der zu betreuenden Kinder.
- Darüber hinaus arbeiten einige Eltern zeitweise in der Gruppe oder in der Küche mit bzw. übernehmen Reinigungsarbeiten. Die Eltern haben einen Mitarbeiterstatus.

Problematisch kann es werden, wenn die Erzieherin nur mehr als Unterstützung für die pädagogische Arbeit eingestellt wird und die Elternarbeit ein grundlegender Bestandteil der pädagogischen Zielsetzungen ist. Daraus kann sich für die Erzieherin ein weiteres Spannungsfeld ergeben:

- In der Erzieherausbildung wird oft noch nicht der angemessene Stellenwert der Elternarbeit vermittelt. In Initiativeinrichtungen ist der Anspruch und die Bedeutung der Elternarbeit ein anderer als in Regeleinrichtungen, weil die Eltern eine andere Funktion haben. Sie sind nicht nur Kunden, sondern auch Arbeitgeber.
- Für die Erzieherin als professionelle Fachkraft kann es problematisch werden, den Sachverhalt anzunehmen und die Arbeit daraufauszurichten, dass das pädagogische Konzept meistens von Eltern bestimmt wird, die keine grundlegende pädagogische Ausbildung in der Elementarpädagogik haben. Denn die Eltern sind in einer Machtposition ihr gegenüber, nämlich als Arbeitgeber, so dass sie sich auf einem schmalen Pfad bewegen muss, der unbefriedigend und spannungsreich sein kann.

5.2.3 Übernahme von Diensten

Nicht nur in Elterninitiativen, sondern auch in den herkömmlichen Kindertagesstätten werden Eltern bei der Übernahme von Diensten beteiligt, wie zum Beispiel: Verpflegung, Unterstützung bei Wanderungen, Durchführung von Projekten, Gestaltung von Räumen und Außengelände, Reparatur von Geräten und Spielmaterial, Festgestaltung, Ausflügen oder Mitarbeit bei der Konzeptionserstellung.

• Situation, Hilfen und Probleme

Wenn Eltern Dienste übernehmen, ist darauf zu achten, dass sie mit ihren Beiträgen ernst genommen und nicht als Erfüllungsgehilfen behandelt werden. Sie dürfen nicht bevormundet und belehrt werden. Erzieherinnen müssen im Rahmen einer partnerschaftlichen Zusammenarbeit Vertrauen in die Fähigkeiten der Eltern entwickeln. Den Eltern sind Freiräume für eigene Ideen zuzugestehen. Hierfür gibt es einige Möglichkeiten (vgl. Eppel 1996, Seite 102 f.):

- Eltern sollten ein Freiraum bei der Gestaltung von Vorhaben gegeben werden.
- Die Eltern sollten bei der Auswahl und der Planung von Aktivitäten mitbestimmen können.
- Die Planung der Vorhaben sollte von den Kompetenzen und Interessen der Eltern ausgehen.

In der alltäglichen Arbeit in der Kindertagesstätte kann die Erzieherin zum Beispiel folgendermaßen vorgehen:

Die Erzieherin erläutert im Verlauf eines Elternabends oder in persönlichen Gesprächen mit den Eltern die pädagogischen Angebote und verweist auf Bereiche, die zurzeit noch zu kurz kommen. Sie bittet die Eltern, für sich zu prüfen, inwieweit Interesse an der Mitgestaltung eines Angebots in der Kindergruppe besteht. Die Mitwirkung der Eltern könnte im Rahmen von Projektwochen oder in regelmäßiger Form erfolgen, beispielsweise einmal im Monat oder für eine bestimmte Zeit wöchentlich. Als elterngeleitete Aktivitäten kommen, abhängig von den Kompetenzen der Eltern, zum Beispiel Theaterspielen, Bewegungsangebote, musikalische Früherziehung oder Fremdsprachenunterricht in Frage.

Vorschläge zur Mitarbeit und Beteiligung von Eltern ernst zu nehmen, bedeutet für die Erzieherin, zunächst die Wünsche wahrzunehmen und sich substanziell damit auseinander zu setzen. Oft werden die vorhandenen Möglichkeiten nicht genutzt, weil die aktive Elternmitarbeit Ängste und Gefahren in sich birgt. Eppel weist darauf hin, dass sich die Erzieher diese Ängste und Gefahren bewusst machen und reflektieren sollten, aber andererseits die Ressourcen der Elternkompetenzen als Bereicherung der Arbeit angemessen nutzen sollten (vgl. Eppel 1996, Seite 104 f.).

- Die pädagogische Arbeit durch Eltern darf nicht nach Gutdünken oder willkürlich gestaltet werden. Die Erzieherin muss sie fachlich und im Kontext der Einrichtung verantworten können. Den Eltern sind diese Grenzen deutlich zu vermitteln. Innerhalb dieser Grenzen können die Freiräume für eine aktive Elternmitarbeit genutzt werden.
- Auch wenn Eltern, insbesondere bei personellen Engpässen, vorübergehend in einzelnen Gruppen mitarbeiten, darf Elternbeteiligung nicht als preiswerter Ersatz für fehlende Mitarbeiter gesehen werden. Im Sinne einer fachlich qualifizierten Arbeit im sozialpädagogischen Bereich ist darauf zu achten, dass die Stellen mit Fachpersonal besetzt werden.
- Die Mitarbeit ist, abhängig von der Lebens- und Berufssituation, der Ausbildung und den Kompetenzen der Eltern, sehr unterschiedlich. Einige engagieren sich sehr stark, andere bringen sich kaum ein. Erzieherinnen müssen darauf achten, dass hier keine hierarchischen Strukturen entstehen. Vielmehr sind die Möglichkeiten der Beteiligung zur berücksichtigen. So ist es nur verständlich, wenn bestimmte Eltern sich nur vormittags zu einer bestimmten Uhrzeit engagieren können. Sind die Möglichkeiten dann auch noch nur auf musische Bereiche beschränkt, wird der Einsatz der Eltern weiter eingeengt.
- Es darf keine Atmosphäre des Zwanges zur der Elternmitarbeit nach dem Motto entstehen: „nur engagierte Eltern sind bei uns gerne gesehen." Diese Stimmung könnte sich negativ auf die Elternbeteiligung auswirken.

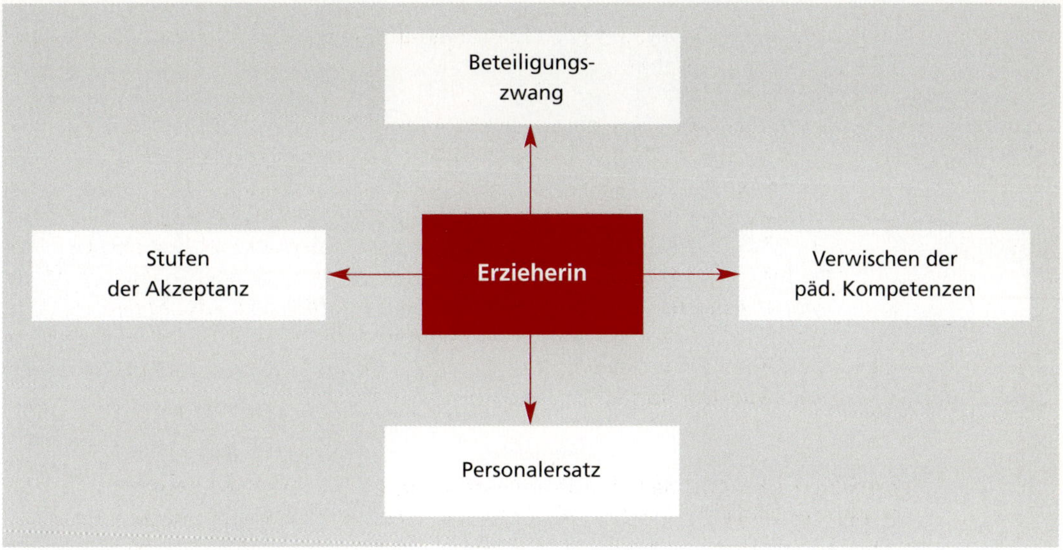

Gefahren der Elternmitarbeit

Wie bereits erwähnt, kann die aktive Mitarbeit von Eltern in einer Kindertagesstätte bei einigen Mitarbeitern Ängste auslösen. Diese Ängste dürfen nicht verdrängt oder übergangen werden. Die Erzieherinnen sollten sich mit ihnen konstruktiv, zum Beispiel in Teamsitzungen, auseinander setzen. Ängste können durch positive Erfahrungen vermindert werden. So kann der Umfang der Elternmitarbeit in kleinen Schritten erweitert und im Hinblick auf weitere Beteiligungsmöglichkeiten ausgedehnt werden. Bei Erziehern sind folgende typische Ängste und Befürchtungen zu beobachten:

- Eltern könnten merken, dass sie in bestimmten Bereichen den Erzieherinnen überlegen sind. Verlieren die Eltern dann nicht den Respekt vor der Fachlichkeit, Kompetenz und Person der Erzieherin?
- Die Kinder vergleichen die mitwirkenden Eltern mit den Erzieherinnen. Wie soll sich die Erzieherin verhalten, wenn Kinder daraus Ansprüche an sie ableiten?
- Eltern können den Blick für ihre Grenzen verlieren. Sie können zu viele Aufgaben an sich reißen und sich zu stark in die Arbeit der Fachkräfte einmischen. Wie soll die Erzieherin damit umgehen? Wie kann sie die erforderlichen Grenzen setzen, ohne die Eltern zu frustrieren?
- Eltern könnten ihre Kinder mehr oder weniger unbewusst bevorzugen und andere Kinder benachteiligen. Wie kann man dieses Problem angemessen mit den Eltern bearbeiten?
- Einige Eltern, die sich sehr motiviert und engagiert einbringen wollen, sind mit der pädagogischen Arbeit überfordert. Wie geht man mit diesen Eltern um, ohne negative Reaktionen auszulösen?
- Die Mitarbeit der Eltern signalisiert: Die Erziehertätigkeit kann von jedem, auch ohne Ausbildung, wahrgenommen werden. Warum ist eine dreijährige Ausbildung erforderlich? Genügen nicht engagierte Eltern für die Arbeit in den sozialpädagogischen Einrichtungen?

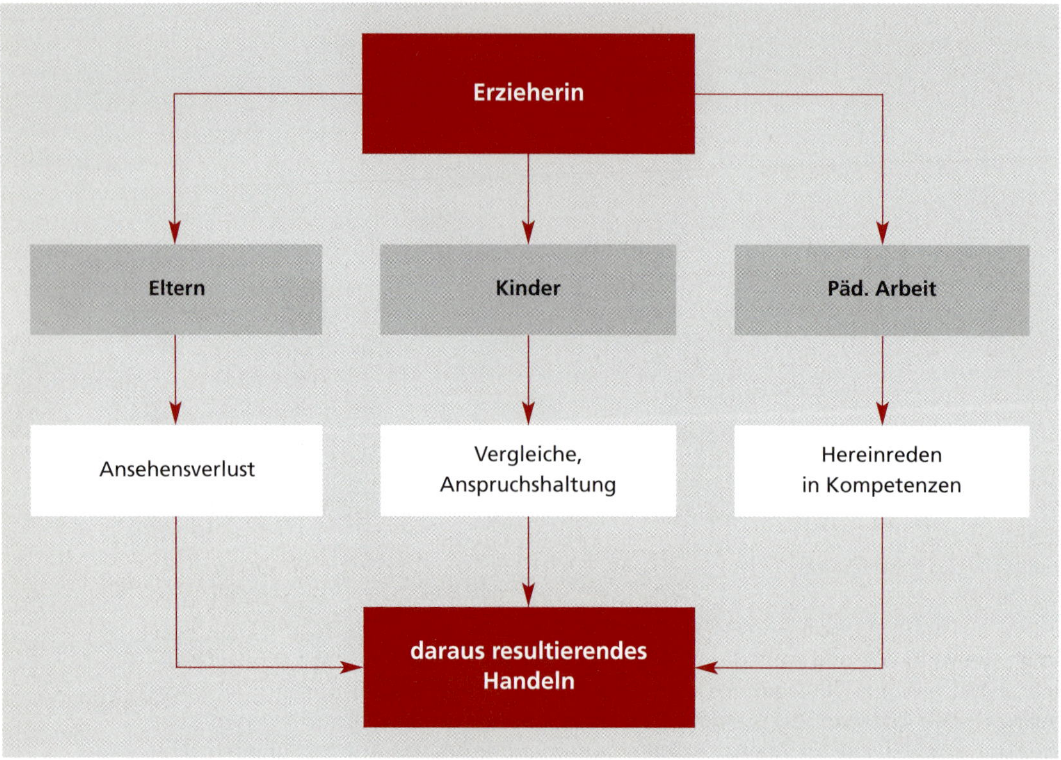

Ängste der Erzieherinnen bei der Elternbeteiligung

- **Positive Perspektiven**

Entlastung: Durch aktive Elternmitarbeit werden die Erzieher in ihrer Alltagsarbeit entlastet. Die Investitionen für den Aufbau einer Erziehungspartnerschaft mit den Eltern zahlen sich bald aus. So gehen immer mehr Fachkräfte dazu über, Eltern nicht nur bei Festen und Feiern einzubinden, sondern auch bei darüber hinausgehenden Angeboten. So können Eltern motiviert werden, sich bei Renovierungsarbeiten, bei der Gestaltung der Außenflächen, Reparatur der Spielsachen, bei der Erstellung einer Kindergartenzeitung oder sogar bei Büroarbeiten zu engagieren. Auch Wanderungen, Ausflüge oder Gottesdienste können über die Elternvertretung in Angriff genommen werden. Eltern kennen sich untereinander oft besser als die Erzieherinnen sie kennen, d. h. sie wissen somit besser Bescheid über besondere Kompetenzen. So können Eltern, die zum Beispiel ein bestimmtes Musikinstrument gut beherrschen, dazu motiviert werden, dieses interessierten Kindern im Rahmen eines Eltern-Kind-Nachmittags vorzustellen.

Verbesserung des Einrichtungsklimas: Durch die Einbeziehung der Eltern wird die „Stimmung" in nicht zu unterschätzendem Maße verbessert. Dies kann zum Beispiel dadurch geschehen, dass über die Elternvertretung die Kompetenzen mancher Eltern für andere nutzbar gemacht werden. So können Mütter oder Väter in den Räumlichkeiten der Kindertagesstätte Kurse für andere Eltern geben, etwa Kochkurse oder Sportangebote. Es können Flohmärkte organisiert werden. Gegenseitige

Besuche und Übernachtungen der Kinder können angeregt und gemeinsame Unternehmungen der Eltern mit Kindern durchgeführt werden. Dadurch wird die Verbundenheit und Identifikation mit der Einrichtung gestärkt.

Bereicherung des Angebots: Die Lernerfahrungen für die Kinder werden vielfältiger und die Angebote attraktiver. Im Rahmen von Projekten können sich Kinder die Erwachsenenwelt besser erschließen. Dadurch, dass die besonderen Fähigkeiten von Eltern in die Kindertagesstättenarbeit integriert werden, können auch solche Eltern für die Mitarbeit gewonnen werden, die an Elternabenden oder sonstigen Aktivitäten nicht teilnehmen möchten oder können. Für diesen Teil der Elternschaft kann ein speziell auf sie passendes Angebot gemacht werden. Dadurch wird das Spektrum der Elternarbeit erweitert. Die besonderen Fähigkeiten werden integriert und für die Eltern und Kinder zu erschlossen.

Einstellungsverbesserung: Wird die Elternvertretung in einer Kindertagesstätte ernst genommen, so überträgt sich dies auf die gesamte Elternschaft und führt zu einer positiven Elternarbeit. Die anderen Eltern erkennen und erfahren in Gesprächen, dass auf ihre Anliegen und Wünsche eingegangen wird. Erzieher sollten Eltern an der Erstellung und Fortschreibung der Einrichtungskonzeption oder an der Jahresplanung beteiligen. Eltern können dann über ihre Vertretung bei der Planung und Durchführung von Festen oder Projekten teilnehmen. Die Elternvertretung sollte die Wünsche und Anliegen der Elternschaft bezüglich der Wochenpläne erfassen und diese dem Team vortragen. Die Bedeutung der Elternmitarbeit liegt nicht nur in der Kostenersparnis, sondern ist ein Gradmesser der Identifikation der Elternschaft mit der Einrichtung. Werden durch die Mitwirkung von Eltern an Festen oder Basaren Mittel erwirtschaftet (zum Beispiel Kuchen-, Salatspenden) sollten die Eltern auch bei der Verwendung der Mittel mitbestimmen.

Öffentlichkeitswirkung: Die Mitarbeit von Eltern sollte für die Öffentlichkeitsarbeit (zum Beispiel in Gremien) nutzbar gemacht werden. Textor (2000, Seite 55) diskutiert dies unter dem Stichwort „Empowerment". Hierbei handelt es sich um eine indirekte Form der Öffentlichkeitsarbeit. So sollen Erzieherinnen die Eltern motivieren, sich auf kommunaler oder kirchengemeindlicher Ebene zu engagieren und die Interessen der Kindertagesstätten zu vertreten. Die Mitarbeit von Eltern in Initiativgruppen, überörtlichen Elternvertretungen oder in Eltern- und Familienverbänden kann ebenfalls angeregt werden. In solchen Gremien, die sich für die Belange der Kindertagesstätte einsetzen, können Eltern die Weiterentwicklung der Einrichtung wirkungsvoll unterstützen, indem sie zum Beispiel positiven Einfluss auf die Personalsituation nehmen. Zum Beispiel eine Mutter der Kindertagesstätte ist Mitglied des Kirchengemeinderates, der zugleich Träger der Kindertagesstätte ist. In den Sitzungen des Kirchengemeinderates trägt sie immer wieder die derzeit kritische Situation vor, worauf dann der Träger tätig wird.

Trägerwirkung: Ferner muss die Elternvertretung die Belange der Einrichtung gegenüber dem Träger vertreten. In Absprache mit den Erzieherinnen setzen sich die Eltern zum Beispiel dafür ein, dass der Träger den Kindern einen Teil der Rasenfläche als Gartenland zur Anpflanzung von Gemüse abgibt. Oder die Elternvertretung tritt für flexiblere und mehr der Lebenssituation der Eltern entsprechende Öffnungszeiten ein.

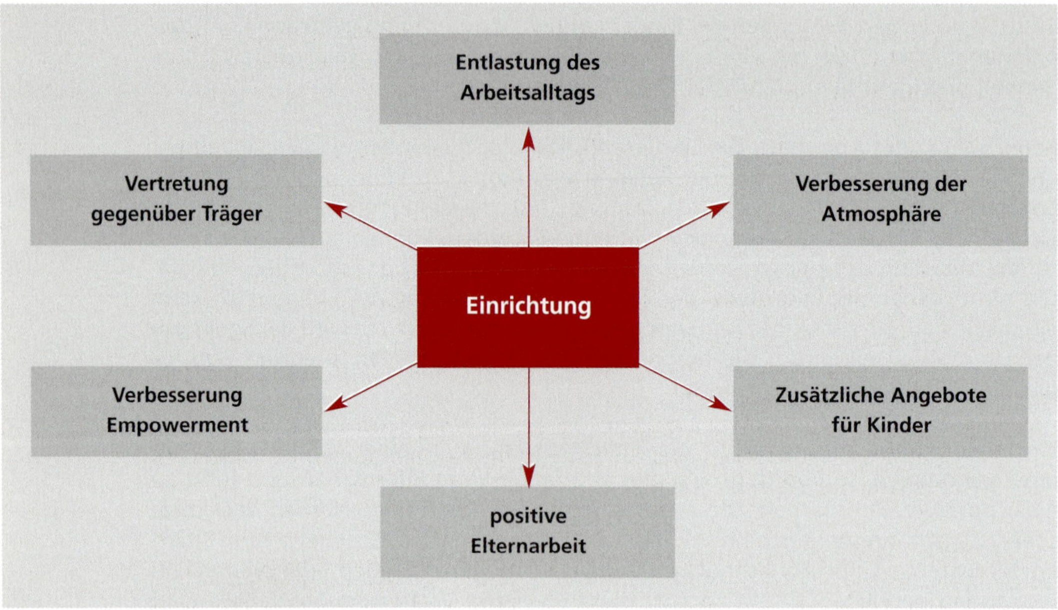

Vorteile der Elternmitwirkung

5.2.4 Festgestaltung/Ausflüge

Bei Festen, Feiern, Ausflügen und Treffen können die Eltern intensiv in die Planung, Vorbereitung und Durchführung eingebunden werden. Dies ist wesentlicher Bestandteil einer konstruktiven Elternbeteiligung.

• Inhalte und Intentionen
Höhepunkte eines Kindergartenjahres sind Feste, wie zum Beispiel St. Martins-, Nikolaus-, Advents- und Weihnachtsfeiern oder Frühlings-, Sommer- und Herbstfeste. Über diese Form der Elternarbeit können viele Eltern erreicht werden. Feste können auch so ausgerichtet werden, dass sich die Kindertagesstätte zum Gemeinwesen hin öffnet (vgl. Textor 2000, Seite 51 f.). So können zu großen Festen die Nachbarschaft oder bestimmte Gruppen, wie zum Beispiel behinderte Menschen oder Senioren, eingeladen werden. Feste und Feiern haben mehrere Vorteile:

- Eltern können ihre Kinder, die Erzieher und sich an Höhepunkten im Jahresverlauf erleben.
- Die Eltern untereinander lernen sich gegenseitig kennen.
- Die Beziehungen zwischen Erzieherinnen und Eltern können positiv gestärkt werden. Die auf einem Fest entstandenen informellen Kontakte fördern die Entwicklung gegenseitigen Vertrauens.
- Feste optimieren das Wir-Gefühl, machen Spaß und schaffen somit wichtige Grundlagen für eine gute Zusammenarbeit zwischen Eltern und Erzieherinnen.
- Durch gemeinsames Feiern wird die Integration von Eltern gefördert, die der Einrichtung distanziert gegenüber stehen. So kommen auch

Eltern zu Festen, die über andere Formen der Elternarbeit nicht erreicht werden können. Dies ist zum Beispiel bei sozial schwachen oder ausländischen Familien der Fall.

Werden Eltern aktiv an der Planung, Vorbereitung und Durchführung eines Festes beteiligt, entlastet dies die Fachkräfte. Bestimmte Feste können von Teilen der Elternschaft weitgehend selbstständig durchgeführt werden. Die Elternbeteiligung kann sich auf alle Bereiche der Festgestaltung beziehen:

- Eltern nehmen an der Programmgestaltung teil und bieten Spiele für Kinder an, machen Vorführungen mit Handpuppen oder gestalten Sketche. So können sie am Ende des Kindergartenjahres für die Kinder, die nach den Sommerferien in die Schule kommen, ein kleines Theaterstück „lustige Schulstunde" vorspielen.
- Eltern bringen ihre Vorschläge und Ideen ein, geben das Essen und die Getränke aus, backen und kochen zu Hause oder stellen Dekorationen her und gestalten die Räume.

• Hilfen

Bei der Festgestaltung ist zu berücksichtigen, dass diese Form der Elternarbeit sowohl für die Kinder als auch für die Eltern Spaß bringt. Es ist wenig ansprechend und anregend, wenn über mehrere Jahre hinweg turnusmäßige Feste gleichartig gestaltet werden. So sollte zum Beispiel vermieden werden, Feste, wie ‚Sommerfest' oder ‚St. Martin', ähnlich oder identisch zu gestalteten. Bei einem dreijährigen Aufenthalt der Kinder in der Einrichtung kann bei den Eltern eine abstumpfende Gewöhnung eintreten. Die Mitwirkung der Eltern kann die bestehende Festkultur bereichern:

- Durch die aktive Beteiligung und Mitarbeit der Eltern lassen sich die traditionellen Feste kreativer und abwechslungsreicher gestalten. So können sie zu einem Elternabend für das Martinsfest eigeladen werden, bei dem nicht nur bekannte und neue Lieder eingeübt oder Laternen gebastelt werden. Im Vordergrund sollte vielmehr die Eigeninitiative und Kreativität der Eltern stehen. So können Eltern zum Beispiel die Grundaussage des Martinsfest auf aktuelle Situationen übertragen und den Kindern in einer Theateraufführung oder einem Schattenspiel vorführen. Je nach gewählter Problematik ließen sich dann noch passende Überraschungen für die Kinder basteln, backen oder kochen. Dann können noch die Möglichkeiten zum Verkleiden und Schminken gegeben werden. Aus den Erfahrungen mit der Gestaltung des Martinsfests und der gemeinsamen Nachbetrachtung kann die Elternschaft dazu angeregt werden, sich mit der weiteren Festgestaltung in der Kindertagesstätte auseinander zu setzen und sich daran zu beteiligen.
- Eine andere Alternative besteht darin, dass der Festkalender erweitert wird. Zum Beispiel könnte ein russisches Fest, ein Märchen-, Ritter- oder Erntedankfest alternativ zusammen mit den Eltern geplant, vorbereitet und durchgeführt werden.

Bei der Planung und Beteiligung der Eltern ist darauf zu achten, dass Feste mit Eltern in drei Kategorien unterteilt werden können (vgl. Pausewang 1994, Seite 334 f.).

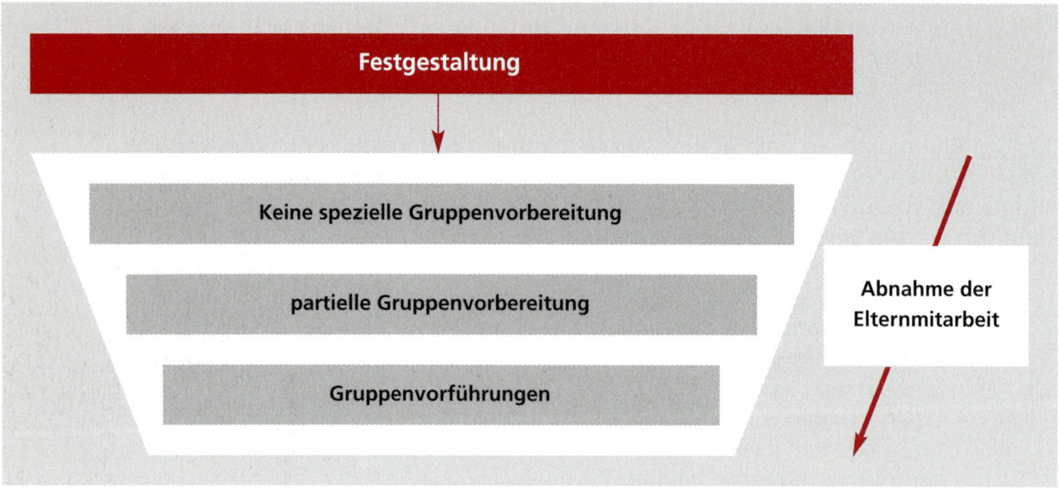

Einteilung von Feste und Feiern

- Feste und Feiern werden **ohne spezielle Vorbereitung** mit der Kindergruppe durchgeführt. Auf der Grundlage von gemeinsamen Aktivitäten feiern Eltern und Kinder ein Fest. Eine solche Festform kann zum Beispiel das Sommerfest sein.
- In der Gruppe wird das Fest **teilweise vorbereitet**. Gemeinsame Aktivitäten werden unternommen. Die Mitarbeit der Eltern ist unter diesen Rahmenbedingungen nicht mehr so stark gegeben. Zum Beispiel nehmen bei einer Fastnachtsfeier die Eltern an Spielen teil, die den Kindern bekannt sind. Eltern erfahren Spiele neu.
- Von der Gruppe wird etwas vorgeführt. Eltern erleben, wie die Kinder Lieder, Spiele oder Theaterstücke aufführen. Hierbei sind die Eltern **weitgehend passiv**. Dazu sind Spiele und Lieder geeignet, die im Alltag aus Spielfreude gesungen und gespielt werden. Die Kinder zeigen ihr Können vor den Eltern, die durch solche Vorführungen ihre Kinder in einer besonderen Situation erleben und zugleich ein Stück Alltag der Kindertagesstätte erfahren. Damit wird das Leben in der Einrichtung für die Eltern transparenter. Um Feste und Feiern abwechslungsreich zu gestalten, sollte die gesamte Festgestaltung so ausgerichtet sein, dass solche Vorführungen nur einen Teil des Festes ausmachen. Dies sollte auch vor dem Hintergrund einer aktiven Mitarbeit und Beteiligung der Eltern betrachtet werden.

• Positive Auswirkungen

Wie bei Festen und Feiern ist auch bei Ausflügen und Treffen auf eine größtmögliche Mitarbeit der Eltern zu achten. Freizeitaktivitäten bieten die Chance zum ungezwungenen Kennen lernen. Die Möglichkeiten sind vielfältig, wie zum Beispiel Radtouren, Wanderungen oder Ausflüge (vgl. Textor 2000). Bei solchen Aktivitäten steht das gemeinsame Erleben im Vordergrund. Besonders zu Beginn des Kindergartenjahres bieten sich solche Aktivitäten an. Die Eltern der neu aufgenommenen Kinder können dadurch mit den anderen Eltern und den Erzieherinnen außerhalb der Einrichtung ins Gespräch kommen. Die Erzieher haben Gelegenheit, mit den anderen Familienmitgliedern, wie dem Vater, den Geschwistern oder den Großeltern, in

Kontakt zu treten. Auch können Beobachtungen sowie Gespräche mit den Sorgeberechtigten Hinweise auf Erziehungseinstellungen und -praktiken geben. Die Erzieherinnen können die Eltern im alltäglichen Umgang mit ihren Kindern erleben. So sind bestimmte Verhaltensweisen der Kinder besser einzuordnen und zu verstehen.

Jakob verhält sich in der Kindertagesstätte sehr zurückhaltend und traut sich nichts zu. Die Erzieherin erlebt, wie sein Vater ihn während des Ausflugs ständig ermahnt und ihn wegen Kleinigkeiten stark kritisiert. Die Mutter möchte eine Eskalation vermeiden und schränkt Jakobs Spielraum stark ein. Er darf nicht mit den anderen Kindern vom Weg abgehen und an kleinen Bächen spielen. Aufgrund dieser Beobachtungen kann die Erzieherin zukünftig in Elterngesprächen versuchen, den Zusammenhang von Jakobs Verhaltensweisen in der Kindertagesstätte und dem Verhalten der Eltern zu vermitteln.

Ausflüge, Wanderungen und Treffen können grundsätzlich von Teilen der Elternschaft organisiert und gestaltet werden. Erzieherinnen sind dann nicht nur weitgehend bei den Vorbereitungen entlastet, sondern müssen auch keine anderen Aktivitäten anbieten. Ferner haben sie nur eine bedingte oder keine Aufsichtpflicht für die Kinder. Dadurch können sie sich verstärkt ungezwungenen Gesprächen mit den Eltern widmen. Den Eltern muss dabei deutlich nachvollziehbar mitgeteilt werden, auf welche Bereiche sich ihre Aufsichtspflicht erstreckt. Dies sollte am besten schriftlich geschehen in der Einladung oder auf einem Faltblatt.

5.2.5 Soziales Sponsoring

Eine in sozialpädagogischen Institutionen nicht alltägliche Form der einrichtungsunterstützenden Elternarbeit ist das „Social Sponsoring". Inwieweit Eltern darin eingebunden werden können, ist je nach Projekt und Einrichtung unterschiedlich.

Ca. 2,45 Millarden € wurden im Jahr 2000 für Sponsorenmaßnahmen ausgegeben. Davon flossen die einzelnen Beträge in folgende Bereiche:

Jahr	1999	2000	2001 geschätzt
Gesamtsumme = in Millarden €	2,20	2,45	2,70
Sport	1,30	1,45	1,55
Medien/TV	0,40	0,45	0,50
Kultur	0,30	0,30	0,35
Sozialer Bereich	0,10	0,15	0,15
Ökologie	0,10	0,10	0,15

Quelle: ISPR (Internationale Sportrechte Gesellschaft): Sponsoringklima 1999. München 2000: entnommen aus dem Internet am 7.10.2003 http://www.belowmarketing.de/sponsoring/daten.htm

Wie die Verteilung der Gelder zeigt, fließt nur ein geringer Betrag in den sozialen Bereich.

Definition

Definition von Soziales Sponsoring

„Sozial-Sponsoring unterstützt innovative Projekte, qualifiziert die Öffentlichkeit, unterstützt die Entwicklung der zwingend notwendigen beruflichen Professionalität, trägt zur Erhöhung des Bekanntheitsgrades der Einrichtung bei, fordert eine konstruktiv-fundierte Teamarbeit und macht eine inhaltlich-konzeptionelle Auseinandersetzung notwendig." (Krenz 1997, Seite 226)

Soziales Sonsoring weist folgende Aspekte auf:
- Leistung und Gegenleistung sind ausgewogen.
- Beide Seiten haben Vorteile voneinander.
- Sponsor und gesponserte Institution sind beide Gewinner.
- Es ist auf eine langfristige Zusammenarbeit beider Partner ausgelegt. Dabei lernen sich die Beteiligten immer besser kennen.
- Die Sponsoren können ihr gutes Image vermarkten. Die gesponserte Institution kann mit ihrem eigenen guten Ruf für eine Imageverstärkung sorgen.
- Für beide Seiten setzt Soziales Sponsoring eine intensive Arbeit voraus.
- Es wird zwischen beiden Parteien vertraglich festgehalten, wer welche Leistungen an welcher Stelle erbringt. Das wird detailliert ver- und ausgehandelt.
- Eine professionell gestaltete Presse- und Medienarbeit begleitet in der Regel Soziales Sponsoring.

Mögliche Sponsorleistungen sind zum Beispiel die Finanzierung von Projekten und Sachausstattungen, die Bereitstellung von Räumen und eines professionellen Know-how oder die Unterstützung zur Anschaffung von Nutzgegenständen. Sozialpädagogische Einrichtungen können auch Sponsoring-Agenturen in Anspruch nehmen, um ein Social-Sponsoring zu starten.

Zusammenfassung

Bei der einrichtungsunterstützenden Elternarbeit ist grundlegend, das Eltern als Partner im Erziehungsauftrag ernst genommen werden und sie mit den Pädagogen gemeinsam die Verantwortung für die Erziehung ihrer Kinder tragen. Die einrichtungsunterstützende Zusammenarbeit findet bei folgenden Formen statt: Elternvertreter, Kooperation mit Elterninitiativen, Übernahme von Diensten und Festgestaltung oder Ausflügen.

Die **Elternvertreter** in Kindertagesstätten haben den Auftrag, die Erziehungspartnerschaft in der Einrichtung zu unterstützen und die Zusammenarbeit zwischen der Kindertagesstätte und den Eltern zu fördern. Sie sollen den Träger und die Leitung in allen wesentlichen Fragen der Arbeit in der Kindertagesstätte beraten. Die Elternvertreter können auch Anregungen zur Gestaltung und Organisation geben.

Der Träger und die Leitung sollen dem Elternausschuss (Elternvertreter) regelmäßig über ihre Arbeit berichten. Sie müssen den Elternausschuss vor allen grundlegenden Entscheidungen anhören. Dies gilt besonders bei der Festlegung von Grundsätzen über die Aufnahme von Kindern, Gruppengröße und Personalschlüssel, Öffnungs- und Ferienzeiten, Inhalte und Formen der Erziehungsarbeit, ebenso bei Einführung neuer pädagogischer Programme, baulichen Veränderungen und sonstigen, die Ausstattung betreffenden Maßnahmen.

Bei der **Kooperation mit Elterninitiativen** haben Eltern im Gegensatz zu herkömmlichen Kindertagesstätten weitaus größere Mitbestimmungsrechte. Eltern sind die Träger. Als Träger der Einrichtung bestimmen sie die Grundlagen der pädagogischen Arbeit, stellen das Personal ein und sind für die Finanzierung zuständig. Sie helfen bei grundlegenden praktischen Tätigkeiten wie der Essenszubereitung, bei Einkäufen und bei der Raumpflege.

Aus den Gegebenheiten der Kindertagesstätten von Elterninitiativen ergibt sich für die Erzieherin eine sehr enge Kooperation mit den Eltern. Diese intensive Zusammenarbeit kann nicht selten zu Spannungen führen.

Für die Erzieherin als professionelle Fachkraft kann es problematisch werden, den Sachverhalt anzunehmen und die Arbeit daraufhin einzustellen, dass das pädagogische Konzept meistens von Eltern bestimmt wird, die keine grundlegende pädagogische Ausbildung in der Elementarpädagogik haben. Trotzdem treten ihr die Eltern in einer Machtposition gegenüber, nämlich als Arbeitgeber, so dass sie sich auf einem schmalen Pfad bewegen muss, der unbefriedigend und spannungsreich sein kann.

Nicht nur in Elterninitiativen sondern auch in herkömmlichen Einrichtungen werden Eltern bei der **Übernahme von Diensten** beteiligt, wie zum Beispiel: Verpflegung, Unterstützung bei Wanderungen, Durchführung von Projekten, Gestaltung von Räumen und Außengelände, Reparatur von Geräten und Spielmaterial, Festgestaltung, Ausflügen oder Mitarbeit bei der Konzeptionserstellung. Erzieher

- **Ursachen**

Die Konflikte beruhen darauf, dass Eltern die Erzieherinnen und Erzieherinnen die Eltern in ihrer jeweiligen Rolle wahrnehmen und daraus Forderungen ableiten.

Wie betrachten die Eltern die Erzieherinnen in ihrer Rolle?

Diese Frage kann nicht eindeutig beantwortet werden. So wird einerseits eine Achtung und Wertschätzung der beruflichen Stellung von Erzieherinnen deutlich, die Mehrzahl der Erzieherinnen berichtet andererseits jedoch von einer Geringschätzung ihres Berufes. Diese Betrachtungsweise des Erzieherberufes scheint von einigen Eltern geteilt zu werden. In diesem Zusammenhang ist auch die gesellschaftspolitische Bewertung zu berücksichtigen: Eltern gestehen der Schule weitaus mehr Bedeutung zu als dem Elementarbereich (vgl. Leupold 1995, Seite 84 f.):

- Oft werden Hinweise der Erzieherinnen auf Verhaltensauffälligkeiten oder fehlende Schulreife des Kindes von den Eltern einfach nicht ernst genommen.
- Klischees und Vorurteile bestimmen das Bild von der Erzieherin im Kindergarten.
- Beharrlich hält sich die Auffassung, dass für die Tätigkeit als Kindergärtnerin eigentlich keine spezielle und qualifizierte Ausbildung nötig sei. In diesem Zusammenhang ist auch die gesellschaftspolitische Bewertung zu berücksichtigen, die dadurch gekennzeichnet ist, dass die Eltern der Schule weitaus mehr Gewicht als dem Elementarbereich zugestehen.

Ein weiterer wichtiger Aspekt im Kontext der Rollenzuschreibungen besteht darin, dass die Eltern dahin tendieren, zu hohe Forderungen und Erwartungen an die Erzieherinnen zu stellen. So sollen Erzieherinnen aus der Sichtweise der Eltern freundliche, zuvorkommende, aufopferungsbereite und hilfsbereite Frauen sein, die sich um alles kümmern und sozusagen immer alles im Griff haben.

Problematisch ist auch, dass die Eltern die Rolle der Erzieherin nicht einheitlich sehen. Vielmehr wird sie zu mindestes von einem Teil der Eltern sogar in sich widersprüchlich betrachtet.

Einerseits wünschen sich Eltern die bestmögliche Förderung und Betreuung für ihr Kind. Andererseits sollen sich Erzieherinnen nicht auf die Familiensituation konzentrieren oder gar auf Schwierigkeiten oder Probleme des Kindes hinweisen.

Wie nehmen die Erzieherinnen die Eltern in ihrer Rolle wahr?

Bei der Beantwortung der Frage fließen die jeweiligen Erfahrungen der Herkunftsfamilie, der individuellen Lebenssituation und weltanschauliche Haltungen mit ein. Deshalb ist es schwierig, sich auf eine eindeutige Rollenbetrachtung der Eltern durch Erzieherinnen festzulegen. Bei Erzieherinnen, die selbst bereits Kinder haben, lässt sich beobachten, dass sie den Eltern meist mehr Verständnis und Toleranz entgegenbringen. Auf der anderen Seite sind sie verstärkt der Gefahr ausgesetzt, zu extrem ihre eigenen Erfahrungen in den Vordergrund zu rücken und diese auf ihre Arbeit zu übertragen. In diesem Zusammenhang muss sich die Erzieherin mit den folgenden Aspekten auseinandersetzen und ihre Position finden (vgl. Leupold 1995, Seite 86 bis 88):

- Wie viel Engagement und Kooperation fordere ich von den Eltern ein?
- Welches Maß an Autonomie und Eigenverantwortung gestatte ich den Eltern?
- Wie viel Verständnis für die Situation der Eltern, für ihre Schwierigkeiten und Aufgaben bringe ich auf?
- In welchem Umfang gewähre ich den Eltern Mitspracherechte in der Einrichtung?

Eine besondere Situation ergibt sich in Elterninitiativkindergärten. Denn Rollenkonflikte zwischen Erzieherinnen und Eltern verschärfen sich und werden von zusätzlichen Spannungen überlagert, wenn Eltern den Erzieherinnen auch in der Rolle von Arbeitgebern mit Mitbestimmungsrechten und Kontrollfunktionen gegenübertreten. Dies ist in Elterninitiativkindergärten der Fall. Solche Einrichtungen gehen meist aus Eltern-Kind-Gruppen hervor. Bei der Erreichung des Kindergartenalters der jeweiligen Kinder möchten die Eltern ihre Kinder nicht in die Obhut von Regelkindergärten geben. So gründen sie Initiativkindergärten, in denen vor allem die Elternarbeit ein substanzieller Bestandteil der pädagogischen Zielsetzungen ist. Zur Unterstützung der Arbeit werden von den Eltern Erzieherinnen „eingestellt". Erzieherinnen werden somit von den Eltern mit unklaren Rollen konfrontiert, woraus sich weitere Problemfelder ergeben können.

- Das pädagogische Konzept des Kindergartens wird in der Regel von nicht pädagogisch ausgebildeten Eltern vorgegeben. Der Erzieherin als professioneller Fachkraft fällt es oft schwer, dieses Konzept in allen Teilen mitzutragen, es umzusetzen oder zu akzeptieren. Da ihr die Eltern jedoch auch in der Rolle des Arbeitgebers begegnen, gerät die Erzieherin in ein Dilemma, was immer wieder zu massiven Spannungen führt. Unzufriedenheit und ein Gefühl der Überlastung bei der Erzieherin können die Folge sein.
- Verstärkt wird dies Problematik noch, wenn die Erzieherin mit der Einstellung an ihre pädagogische Arbeit herangeht, dass Elternarbeit nur eine sekundäres Aufgabenfeld darstellt.

• Hilfen

In den Rollenkonflikten zwischen Eltern und Erzieherinnen sind einige Erzieherinnen großen Reibungsverlusten ausgesetzt. Dadurch fühlen sie sich überfordert. Um dies zu vermeiden oder zu minimieren, kann sie folgende Verhaltensstrategien verfolgen:

- Zunächst sollte sie dazu beitragen, dass die Eltern ein realistischeres Bild von der Rolle der Erzieherin erhalten.
- Sie sollte ihre fachliche und persönliche Kompetenz ständig erweitern und diese selbstbewusst gegenüber den Eltern ausdrücken.
- Eine positive Beziehung zu den Eltern durch einen guten persönlichen Kontakt ist wichtig.
- Sie sollte zu einer überzeugenden berufsständischen Vertretung beitragen, die Anliegen und Leistungen des Elementarbereichs in den Vordergrund stellt.
- Das pädagogische Konzept der Einrichtung sollte sie nicht nur verstärkt den Eltern, sondern auch dem Träger, der Gemeinde und der Öffentlichkeit vorstellen. Dabei ist die professionelle Ausrichtung und der pädagogische Hintergrund zu betonen.

- Des Weiteren kann die Erzieherin ihre Einstellung und Haltung gegenüber den Eltern reflektieren. Dies kann sie zum Beispiel in Supervisionen, Fortbildungen, Teamgesprächen oder Praxisbegleitungen klären.
- Durch die Auseinandersetzung mit ihrem eigenen Berufsverständnis erreicht sie immer größere Rollensicherheit. Mit der Hilfe einer reflektierten Berufsidentität werden ihr ihre beruflichen Zuständigkeiten, Fähigkeiten und Grenzen klar. Somit kann sie Eltern mit klaren Einstellungen und Zielvorstellungen gegenübertreten. Sie ist dann besser in der Lage, souverän auf die Forderungen der Eltern einzugehen und die eigene Position mit Überzeugungskraft zu vertreten.
- Sie muss sich eingehend mit den Forderungen und Erwartungen der Eltern beschäftigen. Das Ziel ist eine Klärung der Frage, welchen Erwartungen sie entsprechen muss, kann bzw. möchte oder welchen Forderungen sie nicht nachgeben muss.

5.3.2 Einmischen in den pädagogischen Alltag

Eltern und Erzieher sind aufgefordert, partnerschaftlich zusammenzuarbeiten. Wird diese Kooperation unterschiedlich interpretiert, dann sind Konflikte unvermeidlich. Wenn einige Eltern mehr an der Durchsetzung ihrer Vorstellungen interessiert sind, tritt der wünschenswerte Austausch untereinander in den Hintergrund.

• **Problemlage**

Wenn sich Eltern in den pädagogischen Alltag einmischen, wird die Zusammenarbeit schwierig. Sie wollen zum Beispiel bestimmen:

- Anzahl und Gestaltung der Feste im Jahresablauf,
- Ziele und Durchführung der Ausflüge,
- Umfang und Inhalte von Angeboten/Aktivitäten ,
- Niveau und Dauer der Schulvorbereitung für die Vorschulkinder oder
- Sonderwünsche im Umgang mit den eigenen Kindern.

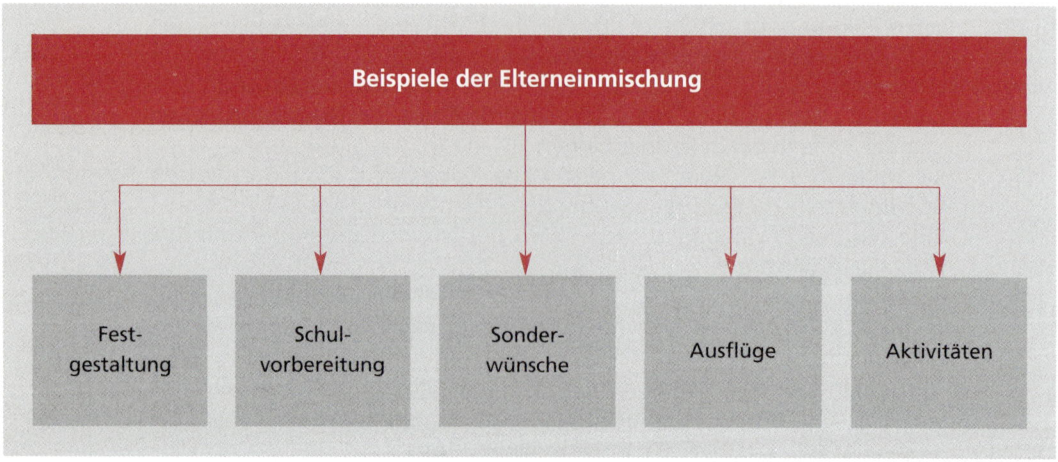

Elterneinmischung

• Ursachen

Die Ursachen für ein solches Elternverhalten sind unterschiedlich:

- So wollen immer mehr Eltern bewusst an der Entwicklung ihres Kindes partizipieren.
- Sie möchten ihm beste Förderangebote bieten und verfallen dabei manchmal in blinden Aktionismus.
- Einige Eltern informieren sich, lesen pädagogische Literatur und Elternzeitschriften und fordern von den Erzieherinnen die Umsetzung der neuen Konzepte.
- Elterliche Erziehungsaufgaben werden an die Einrichtung delegiert. Während das Kind zu Hause nur vor dem Computer oder vor dem Fernsehgerät sitzt, soll es in der Kindertagesstätte spielen und sich beschäftigen lernen.
- Einige Eltern sehen in den Erzieherinnen lediglich Animateure für möglichst vielfältige Freizeit-, Erlebnis- und Spielangebote.
- Erzieherinnen haben in der Gesellschaft nicht den ihrer Verantwortung und ihre Tätigkeiten entsprechenden Status und das erforderliche Ansehen.
- Einige Eltern wollen die Erziehung ihres Kindes umfassend steuern und kontrollieren. In der Einrichtung erfolgt die Erziehung des Kindes für mehrere Stunden am Tag von „Fremden" und entzieht sich ihrem Kontrollbereich. Treten Schwierigkeiten auf, erzeugt das bei den Eltern Angst und Wut.

• Hilfen

Treten Meinungsunterschiede auf, sollte den Eltern vermittelt werden, dass man sich für ihre Haltung interessiert. Auch wenn man bei seiner Auffassung bleibt, kann das Gespräch über die unterschiedlichen Positionen eine positive Wirkung haben. So wird den Eltern Wertschätzung vermittelt und durch das Sich auseinandersetzen mit ihrer Position das ernsthafte Bemühen um Verständnis signalisiert:

> *Mutter: „Ich halte es für wichtig, dass wie früher der Nikolaus wieder in den Kindergarten zu den Kindern kommt."*
>
> *Erzieherin: „Sie wissen doch, dass wir das bereits seit zwei Jahren nicht mehr machen."*
>
> *Mutter: „Für die Kinder ist das doch sehr schön und gehört für mich zur Adventszeit einfach dazu."*
>
> *Erzieherin: „Mich würde interessieren, warum Ihnen persönlich diese Person und die Feier so wichtig sind."*

Problematisch wird die Situation, wenn Eltern anfangen, das Erzieherverhalten als falsch oder richtig zu bewerten und sich daraus Konflikte und Machtkämpfe entwickeln. Die Angelegenheit, um die es eigentlich gehen sollte, rückt dann immer mehr in den Hintergrund. Der Blickwinkel verengt sich auf siegen oder verlieren.

Sowohl für das Kind als auch für die Erzieherin ist ein solcher Machtkampf belastend, weil beide Bezugspersonen für das Kind sind. Das Kind wird somit in einen

Loyalitätskonflikt hineingetrieben und die Erzieherin befindet sich sozusagen zwischen beiden Stühlen. Wenn Eltern ihre Macht bewusst demonstrieren, ist der höchste Eskalationspunkt erreicht:

In der Kindertagestätte ist es üblich, keine Süßigkeiten zum Frühstück zu essen. Frau Ludwig kann nicht einsehen, dass ihr Sohn nicht hin und wieder kleine Leckereien zu sich nehmen darf. Sie steht morgens auf dem Flur und begleitet ihren Sohn zum Frühstückstisch. Demonstrativ gibt sie ihm eine Schachtel Kekse, öffnet diese und erlaubt ihm, die Schokoladenkekse zu essen. Danach verlässt Frau Ludwig den Gruppenraum.

Die Mutter fühlt sich offenbar in ihrer erzieherischer Selbst- und Mitbestimmung übergangen. Die Erzieherin empfindet dagegen das Verhalten der Mutter als Unverschämtheit und ungeheure Provokation, die sie als einen Eingriff in ihren Kompetenzbereich interpretiert. Wie soll sie sich in dieser äußerst spannungsgeladenen Situation verhalten?

- Sie sollte nicht sofort auf die Machtdemonstration der Mutter eingehen, da sich sonst der Konflikt weiter verschärft, das betreffende Kind zum Leidtragenden wird und es vor anderen Kindern zu einem offenen Streit kommt.
- Zu einem späteren Zeitpunkt (zum Beispiel beim Abholen) und ohne Beisein des Kindes sollte sie die Mutter direkt auf ihr Verhalten ansprechen.

Um Anschuldigungen und eine nicht akzeptable Schärfe in den Äußerungen zu vermeiden, sollte die Erzieherin ihre Aussagen in der Ich-Form formulieren:

„Ich möchte Sie in Zukunft darum bitten, dass wir so etwas nicht vor den Kindern, sondern nur unter uns Erwachsenen austragen."

„Ich hatte das Gefühl, dass Sie Ihre Macht zum Nachteil Ihres Kindes demonstriert haben."

„Ich habe die Situation heute Morgen als eine Beleidigung empfunden."

Bleibt die Erzieherin in der Ich-Form, äußert sie lediglich ihr Gefühl und ihre Betroffenheit. So bleibt die Möglichkeit eines Gespräches über die Sache bestehen, selbst wenn der Konflikt eskaliert, die Eltern Drohungen aussprechen:

„Ich werde Ihren Vorgesetzen darüber informieren."

„Das lasse ich mir nicht gefallen. Sie werden die Konsequenzen zu spüren bekommen."

„Dafür werde ich sorgen ... und mich über Sie beschweren."

Äußert ein Elternteil eine solche Drohung, so handelt es sich letztendlich um einen letzten Versuch, sich Gehör zu verschaffen. Man kann solche Eskalationen vermeiden, wenn man die Eltern bereits zu Beginn des Konfliktes ernst nimmt (vgl. Weber-Röger 1999, Seite 69 bis 87).

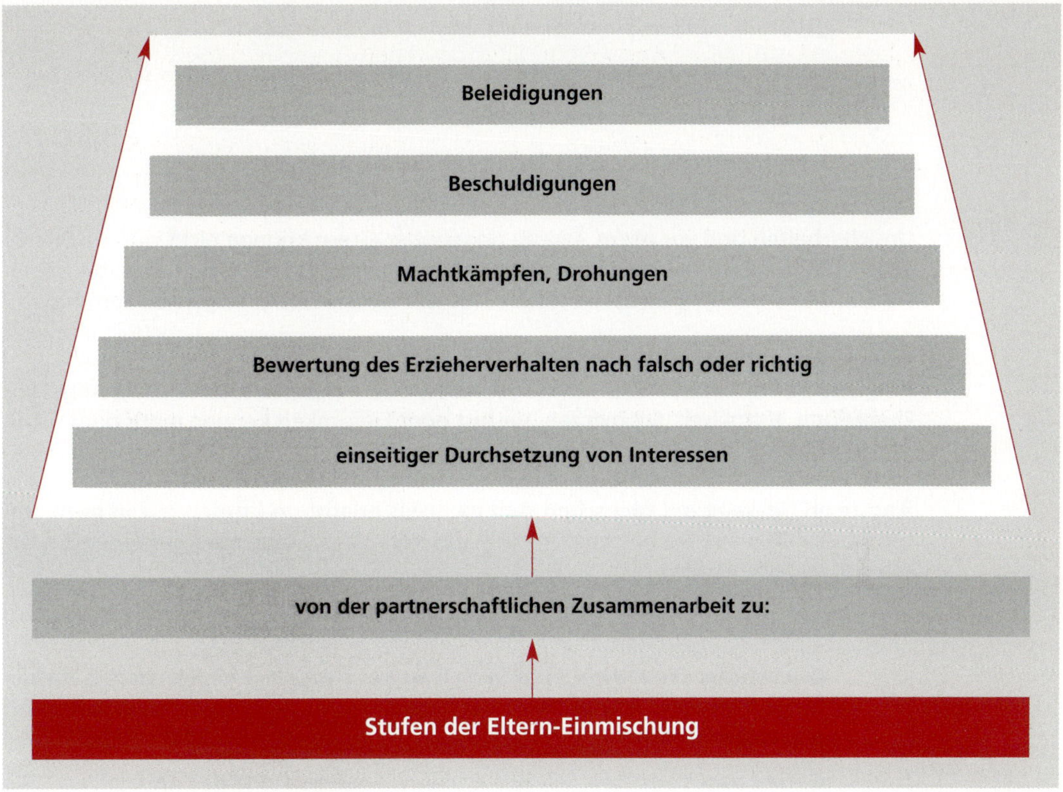

Eskalation der Elterneinmischung

5.3.3 Ängste und Unsicherheiten

Jeder Mensch hat mehr oder weniger Ängste und fühlt sich in bestimmten Situationen unsicher. Dies ist besonders bei Berufen der Fall, in denen man es mit Menschen zu tun hat.

- **Problemlage**

Besonders bei Erzieherinnen mit geringer Berufserfahrung, aber auch bei erfahrenen Erzieherinnen, lösen einige Formen der Elternarbeit (zum Beispiel Konfliktgespräche, Elternabende) Ängste aus. Die Erzieherausbildung konzentriert sich zum Beispiel auf die pädagogische Arbeit mit Kindern und Jugendlichen sowie die Teamarbeit und geht auf Ängste und Unsicherheiten in der Elternarbeit oft zu wenig ein.

Erst im Rahmen von Praktika werden die angehenden Erzieher mit der praktischen Elternarbeit konfrontiert. Der Umgang mit einer heterogenen Erwachsenengruppe, die in der Regel älter und lebenserfahrener ist, löst Ängste und Unsicherheiten aus. So wird befürchtet, dass durch kritische Haltungen der Eltern die eigene Sicherheit verloren geht. Allerdings wird das Wort Angst selten beim Namen genannt (Weber-Röger 1999, Seite 46). So sind vielmehr Sätze zu hören wie:

„Warum können die mich nicht endlich in Ruhe lassen?"

„Einen Tag ohne Frau Y oder Herr X erleben zu können, ist ein schöner Tag."

„Was soll ich nur machen, die macht mich einfach fertig?"

„Wenn ich den nur sehe, könnte ich schon platzen."

Unsicherheiten und vor allem Ängste gegenüber Eltern können nicht nur die Elternarbeit beeinträchtigen, sondern die gesamte pädagogische Arbeit negativ beeinflussen und das Engagement hemmen. Deshalb ist es wichtig, Ängste zu vermindern.

- **Ursachen**

Wie Freude, Trauer oder Wut, ist Angst zunächst ein normales Gefühl. Die Angst vor Dunkelheit, Krankheit, Schmerzen, Verlust oder Einsamkeit kennen mehr oder weniger alle Menschen.

Ängste im Umgang mit Menschen sind meistens erlernt und treten nur in bestimmten Situationen auf. Sie bestimmen dann das Verhalten. Folgende Komponenten lassen sich unterscheiden:

Situation: *Frau Kabs betritt mit ihrem Kind den Gruppenraum.*

Bewertung: *Die Erzieherin denkt: Frau Kabs wird mir gleich wieder Vorhaltungen machen und mich verbal angreifen. Sie bewertet die Situation für sich als gefährlich.*

Gefühl und Verhalten: *Bei der Erzieherin steigert sich das Angstniveau. Sie ergreift die Flucht, indem sie schnell den Gruppenraum verlässt oder sie mobilisiert ihre Kräfte für einen möglichen Gegenangriff.*

Komponenten der Angst

Bewerten wir eine bestimmte Situation als „gefährlich", so gelangen wir automatisch in den Zustand angespannter Aufmerksamkeit und verschiedene physiologische Prozesse werden aktiviert: In der Magengegend entsteht ein flaues Gefühl. Der Blutdruck steigt, die Hände werden feucht, das Herz schlägt schneller, die Atemfrequenz erhöht sich, man wird blass oder auch rot. Die Kräfte des Menschen werden für die Flucht oder den Kampf mobilisiert.

Ist eine wirkliche Gefahr zu bewältigen, so ist die Angst eine sinnvolle Alarmreaktion. Werden wir zum Beispiel von einer Person existenziell bedroht, so kann die Angstreaktion uns aus dieser Situation retten, da wir alle psychischen und physischen Kräfte in höchstem Maße zur Verfügung haben. Durch die Angst wird die Leistungsfähigkeit des Menschen verbessert.

Da die Mobilisierung aller Kräfte ein ungeheurer Energieaufwand ist, muss die Angst in einem angemessenen Verhältnis zur objektiven Gefahr stehen. In diesem Sinne bringt das Phänomen Angst dem Menschen Vorteile. Problematisch ist es jedoch, wenn das aufkommende Angstgefühl der Situation nicht mehr angemessen ist. Der Körper wird sozusagen unnötig oder zu stark in Alarmbereitschaft versetzt. Überschreitet die Angst ein gewisses Ausmaß, weil zum Beispiel die Situation subjektiv als zu gefährlich bewertet wird, so kann sich das nachteilig auswirken:

- Sie beeinträchtigt das Denken und Verhalten
- verringert die Konzentrationsfähigkeit,
- in bestimmten Situationen kann massive Angst sogar zu Kurzschlussreaktionen führen, die gefährlich werden können.

Problematisch ist es, wenn Menschen häufig in Situationen Angst haben, die objektiv betrachtet nicht gefährlich und nicht lebensbedrohend sind, wie zum Beispiel bei Konflikten, Kritik, Autoritäten, Vorgesetzten, Ablehnung, bei Risiken oder Herausforderungen. Hat die Erzieherin in unnötigen Situationen Angst, so kostet das sehr viel Energie und Kraft. Psychosomatische Erkrankungen können die Folge sein. Die Qualität der Erziehungspartnerschaft zwischen Eltern und Pädagoginnen kann darunter leiden.

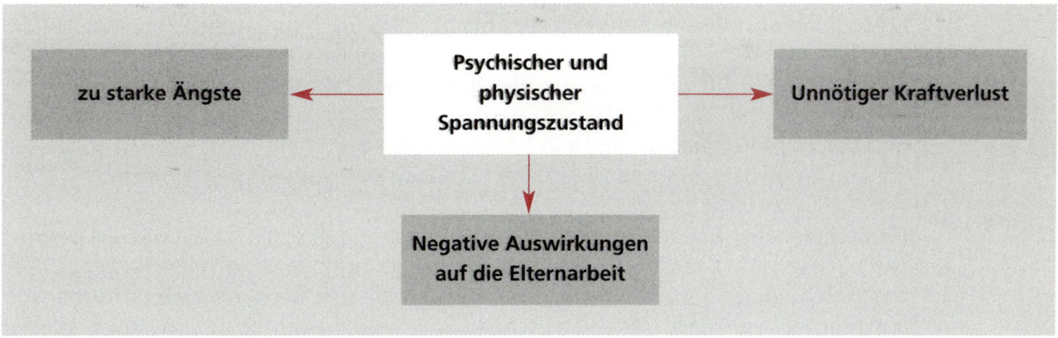

Folgen der Überbewertung von Ängsten

- **Hilfen**

Zunächst sollte sich die Erzieherin bewusst machen, dass insbesondere in der Kindertagesstätte oder in der Krippe häufiger die Eltern Angst vor den Erzieherinnen haben (Pausewang 1994, Seite 312). Die Erzieherin ist in der Regel die erste „öffentliche" professionelle Person, die über viele Indikatoren Einblick in das Familienleben und die Erziehung gewinnen kann. Eltern ist bewusst, dass sie ihr Kind nicht fehlerlos erziehen können. Der Alltag bringt es unwillkürlich mit sich, dass Eltern auch bei größter Anstrengung nicht immer ihrer pädagogischen Überzeugung gerecht werden können. Sie handeln oder reagieren im Erziehungsalltag oft gereizt, genervt oder unüberlegt.

Wie Erzieher haben auch Eltern oft den Anspruch, perfekt sein zu müssen und keine Fehler machen zu dürfen. Daher haben nicht wenige Eltern Versagensängste, die sie bewusst oder unbewusst mit sich herumtragen.

Für die Erzieherinnen besteht nun die Gefahr, dass die Eltern ihre Versagensängste, meistens unbewusst, auf sie projizieren. Dieses Wissen um die Angst der Eltern ist für das eigene Verhalten hilfreich.

Unangemessene Verhaltensstrategien
Die Erzieherin sollte ihre Ängste und Unsicherheiten bezüglich der Eltern reflektieren. Viele Menschen, und somit auch Erzieherinnen, gehen nämlich mit ihren Ängsten unangemessen um. Übertragen auf die Elternarbeit sind die folgenden exemplarisch ausgewählten Verhaltensstrategien inadäquat (vgl. Wolf & Merkle 2000, Seite 62 bis 65):

Vermeidungsverhalten: Ein oft praktiziertes Verhalten ist das Vermeiden der Situation. Wie in dem vorhergehenden Beispiel beschrieben, verlässt die Erzieherin beim Hereinkommen der Mutter schnell den Gruppenraum. Dadurch hat sie kurzfristig die negativen Gefühle und Ängste vermieden, langfristig schränkt sie damit jedoch ihren Bewegungsspielraum ein. Sie manövriert sich psychologisch in eine angespannte, reagierende und defensive Position. Sie liegt sozusagen ständig auf der Lauer, ob sie nicht irgendwelchen Personen begegnet, vor denen sie flüchten muss. Ferner kann sich ein solches Vermeidungsverhalten auf andere Berufs- und Lebensbereiche ausweiten. Es wird zu einem Verhaltenscharakteristikum. Dabei wird die Angst immer größer und das Problem bleibt ungelöst.

Suchtverhalten: Oft wird versucht, die Angst durch Tabletten, Alkohol oder Essen zu überwinden. Da die Ängste auf diese Weise nicht beseitigt, sondern lediglich betäubt werden, bleiben die Ursachen weiterhin bestehen. Diese Verhaltensweisen können langfristig zu gesundheitlichen Schäden und Abhängigkeit führen.

Dramatisierung: Erzieherinnen können sich unangemessen stark mit Problemen beschäftigen. Sie entwickeln „Katastrophenfantasien", d. h. sie stellen sich vor, welche Anschuldigungen Frau Lelle oder Herr Leonhardt beim nächsten Elternabend aussprechen könnten. „Es wäre schrecklich, wenn Herr Leonhardt mich darauf ansprechen würde, dass sein Kind letzte Woche mehrmals von Marcel geschlagen wurde." Obwohl die Situation noch nicht eingetreten ist und vielleicht auch nie Wirklichkeit wird, gerät die Erzieherin dadurch in ständige Anspannung. Diese Verhaltensstrategie wurde als Schutzmechanismus aufgebaut, um nicht enttäuscht zu werden bzw. darauf vorbereitet zu sein, wenn Herr Leonhardt die Erzieherin tatsächlich beleidigend anginge.

Verdrängung: Eine ungünstige Bewältigungsstrategie ist der vermeintliche Angstabbau durch „Wegschieben". Die Erzieherin stellt fest, dass Claudia im Vergleich mit den Gleichaltrigen in ihrer Gruppe Entwicklungsrückstände hat. Der Vater von Claudia ist Arzt und die Mutter ist Lehrerin. Die Erzieherin hat Angst, diesem „qualifizierten" Elternpaar den Sachverhalt mitzuteilen und schiebt somit das Gespräch immer wieder hinaus. Dadurch kommt es kurzfristig zu einer Entlastung, allerdings ist das Problem nicht gelöst. Die Strategie ist langfristig gesehen unwirksam.

Verleugnung: Ein weiterer ungünstiger Bewältigungsmechanismus besteht darin, die Angst nicht zuzugeben. Dieser Strategie liegt die Einstellung zugrunde, dass schwach und unfähig ist, wer Angst hat. Also bemühen sich manche Erzieherinnen, ihre Angst vor Kolleginnen und Eltern zu verstecken. Die Anspannung bleibt jedoch bestehen und ist für andere Personen anhand nonverbaler Signale dennoch gut erkennbar. Menschen können sich in Extremsituationen dann wie folgt fühlen: „Durch das Verbergen der Angst muss ich mich zusammenreißen, was mich fast verrückt macht!"

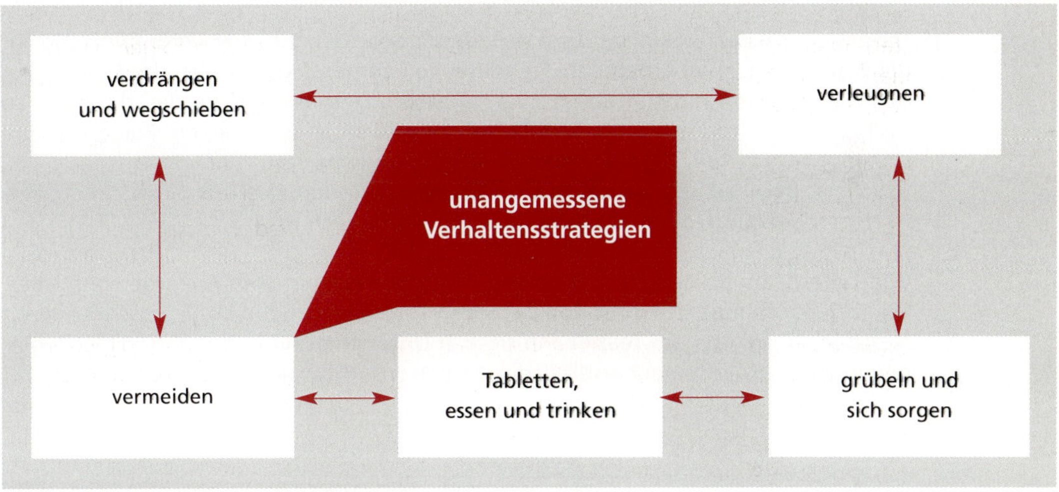

unangemessene Umgangsweisen mit Angst

Förderliche Aspekte

Für die Erzieherin ist es wichtig, sich bewusst zu machen, welche Eltern bei ihr Unsicherheiten und Ängste auslösen. Sie sollte auf die Verhaltensweisen, Eigenschaften und Merkmale der Eltern achten, die bei ihr diese Gefühle auslösen. Für die Bewältigung der eigenen Ängste ist es wichtig, die angstauslösenden Reize zu identifizieren. Erst dann kann hinterfragt werden, welche Bewertungen diese Reize gefährlich erscheinen lassen. So können Kleidung (zum Beispiel Uniformen), Verhaltensmuster (zum Beispiel Drohgebärden, aufbrausendes Verhalten, Herrschsucht), Aussehen oder Gerüche eine Angst auslösende Wirkung haben.

Die Erzieherin darf sich nicht in eine Opferrolle begeben, indem sie den Eltern die Schuld für ihre negativen Gefühle gibt. Deshalb muss die eigene Einstellung bzw. die Bewertung von angstauslösenden Reizen verändert werden. Die von den Eltern ausgehenden Signale, sind aus einer anderen Perspektive zu betrachten. Die Verantwortung für Ängste und Unsicherheiten liegt bei der Erzieherin selbst. Sie hat sich diese während ihrer bisherigen Lebensgeschichte angeeignet und kann sie auch wieder „verlernen", relativieren oder abbauen.

Eine problematische Situation für Erzieherinnen ist es immer wieder, wenn sie Eltern kritische und negative Dinge über ihr Kind mitteilen müssen. Die Erfahrung zeigt, dass mit starken Reaktionen wie Resignation, Beschuldigungen, Zorn, Hysterie, Weinen, Zusammenbruch oder Beleidigungen zu rechnen ist. Aus Angst davor gehen einige Erzieherinnen der Situation dann aus dem Weg.

Hilfreich ist es für die Erzieherin, wenn sie sich eindeutig bewusst macht, was sie mit diesem Gespräch erreichen möchte.

- Die Beobachtungen und die Meinung über die Probleme des Kindes soll den Eltern mitgeteilt werden.
- Die Erzieherin soll den Eltern Wege und Möglichkeiten aufzeigen, die für das Kind hilfreich sein können.

Die Erzieherin darf sich nicht dazu verleiten lassen, selbst zu viel Verantwortung für die Problematik zu übernehmen. Sie sollte die Rahmenbedingungen der Einrichtung und die Situation nicht aus dem Blick verlieren. Deshalb darf sie das Ziel nicht zu hoch ansetzen und muss ihre Möglichkeiten realistisch einschätzen. Folgende Zielsetzung wäre für ein Gespräch zum Beispiel unangemessen:

- Birgit's Eltern sollen davon überzeugt werden, dass für Birgit eine Untersuchung in der Kinderpsychiatrie erforderlich ist.

Wie bereits erwähnt, sind Ängste und Unsicherheiten nichts Außergewöhnliches. Die Erzieherin muss sich ihrer Kompetenzen versichern und in ihren Einschätzungen realistischer werden. Im Team kann sie sich Unterstützung holen und mit Kolleginnen in einem Rollenspiel Konflikte durchspielen und für sich einen Weg finden.

Zusammenfassung

Rollenkonflikte beruhen darauf, dass Eltern die Erzieherinnen und Erzieherinnen die Eltern in ihrer jeweiligen Rolle wahrnehmen und daraus Forderungen ableiten.

Die Erzieherin befindet sich in einem umfangreichen Rollengeflecht, das mit vielfältigen Erwartungen verknüpft ist. So haben zum Beispiel Eltern, Kinder, Kolleginnen, Mitarbeiterinnen, Praktikantinnen, Raumpflegerinnen, Hauswirtschaftskräfte, Vorgesetzte, Träger, Spitzenverbände oder die Gesellschaft bestimmte Erwartungen an die Rolle einer Erzieherin.

Eltern tendieren dahin, zu hohe Forderungen und Erwartungen an die Erzieherinnen zu stellen. So sollen Erzieherinnen aus der Sichtweise der Eltern freundliche, zuvorkommende, aufopferungsbereite und hilfsbereite Frauen sein, die sich um alles kümmern und „immer alles im Griff" haben.

Eine besondere Situation ergibt sich in Elterninitiativkindergärten. Denn Rollenkonflikte zwischen Erzieherinnen und Eltern verschärfen sich und werden mit zusätzlichen Spannungen überlagert, wenn Eltern den Erzieherinnen auch in der Rolle von Arbeitgebern mit Mitbestimmungsrechten und Kontrollfunktionen gegenübertreten.

Wenn sich **Eltern in den pädagogischen Alltag einmischen**, wird die Zusammenarbeit einseitig. Sie wollen zum Beispiel bestimmen: Anzahl und Gestaltung der Feste im Jahresablauf, Ziele und Durchführung der Ausflüge, Umfang und Inhalte von Angebote/Aktivitäten, Niveau und Dauer der Schulvorbereitung für die Vorschulkinder oder Sonderwünsche im Umgang mit den eigenen Kindern.

Treten Meinungsunterschiede auf, sollte den Eltern vermittelt werden, dass man sich für ihre Haltung interessiert. Auch wenn man bei seiner Auffassung bleibt, kann das Gespräch über die unterschiedlichen Positionen eine positive Wirkung haben. So wird den Eltern Wertschätzung vermittelt und durch das Sich auseinandersetzen mit ihrer Position das ernsthafte Bemühen um Verständnis signalisiert.

Die Stufen der Elterneinmischung können bis zur Eskalation führen: einseitige Durchsetzung von Interessen, Bewertung des Erzieherverhaltens nach falsch oder richtig, Machtkämpfe bzw. Drohungen, Beschuldigungen und Beleidigungen.

Der Umgang mit einer heterogenen Erwachsenengruppe, die in der Regel älter und lebenserfahrener ist, kann **Ängste und Unsicherheiten** auslösen. So wird befürchtet, dass durch kritische Haltungen der Eltern die eigene Sicherheit verloren geht. Aber auch einige Formen der Elternarbeit (zum Beispiel Konfliktgespräche, Elternabende) lösen Ängste aus.

Ängste im Umgang mit Menschen sind meistens erlernt und treten nur in bestimmten Situationen ein. Sie bestimmen dann das Verhalten.

Problematisch ist es, wenn Menschen in zu vielen Situationen Angst haben, die objektiv betrachtet nicht gefährlich und nicht lebensbedrohend sind, wie zum Beispiel die Angst vor Konflikten, Kritik, Autoritäten, Vorgesetzten, Ablehnung, die Angst Fehler zu machen oder zu versagen. Hat die Erzieherin in unnötigen Situationen Angst, so kostet das sehr viel Energie und Kraft. Psychosomatische Erkrankungen können die Folge sein. Die Qualität der Erziehungspartnerschaft zwischen Eltern und Pädagoginnen kann darunter leiden.

Nicht angemessene Verhaltensstrategien sind: Vermeidungsverhalten, Suchtverhalten, Dramatisierung, Verdrängung und Verleugnung.

Für die Erzieherin ist es wichtig, sich bewusst zu machen, welche Eltern bei ihr Unsicherheiten und Ängste auslösen. Sie sollte auf die Verhaltensweisen, Eigenschaften und Merkmale der Eltern achten, die bei ihr diese Gefühle auslösen. Für die Bewältigung der eigenen Ängste ist es wichtig, die angstauslösenden Reize zu identifizieren. Erst dann kann hinterfragt werden, welche Bewertungen diese Reize gefährlich erscheinen lassen . So können Kleidung (zum Beispiel Uniformen), Verhaltensmuster (zum Beispiel Drohgebärden, aufbrausendes Verhalten, Herrschsucht), Aussehen oder Gerüche eine angstauslösende Wirkung haben.

6 Schriftliche Formen der Elternarbeit und ihre Umsetzung

6.1 Erzieherkompetenzen und Methoden

Für diesen Bereich der Elternarbeit benötigt die Erzieherin vorwiegend sprachliche Kompetenzen, aber auch Wissen aus dem Bereich der EDV. Um schriftliche Mitteilungen effektiv zu gestalten, ist eine gute Beherrschung der deutschen Sprache und spezifische Kenntnisse in der Gestaltung von Texten nötig. Werden die Eltern als Kunden gesehen, so sind auch die schriftlichen Informationen kundenfreundlich zu formulieren.

6.1.1 Textgestaltung/Sprachkompetenz

Die Textgestaltung umfasst drei Schritte:

1. Schritt: Vorbereiten
Die Erzieherin muss sich zunächst über das Ziel des Textes im Klaren sein. Soll den Eltern etwa von einem Ausflug berichtet werden? Ist eine Einladung zum Elternabend zu formulieren oder ein Protokoll von einer Versammlung zu erstellen? Wenn Zielklarheit besteht, sammelt die Erzieherin Informationen, die für den Text bedeutsam sein könnten. Liegen Inhalt und Umfang des Textes fest, gliedert die Erzieherin den Stoff.

2. Schritt: Entwerfen
Anschließend formuliert sie den Text. Zur Verdeutlichung können Übersichten, Grafiken, Bilder usw. hinzugefügt werden.

3. Schritt: Verbessern
Liegt der Text Entwurf vor, überarbeitet die Erzieherin oder andere Teammitglieder diese Vorlage. Es fällt wesentlich leichter, einen Textentwurf zu verbessern, als einen eigenen Text zu erstellen. Mitunter reagieren Verfasser von Texten ungehalten, wenn andere Verbesserungsvorschläge einbringen, und fühlen sich persönlich angegriffen. Hier sollte man seine Einstellung ändern und das Feed-back als Hilfe verstehen.

Grundlegend sollte die Erzieherin beim Abfassen von Texten folgendes beachten:

Verständlich formulieren bedeutet:
- einfach, eindeutig und klar schreiben,
- sich kurz fassen,
- den Text sinnvoll strukturieren,
- auf die Zielgruppe achten.

Die Erzieherin sollte in ihren Texten die **Anhäufung von Substantiven** (Hauptwörter) vermeiden und diese – wo möglich – durch Verben (Zeitwörter) ersetzen.

Beispiel: Die Gestaltung des Sommerfestes wurde von den Erziehern übernommen. Besser: Die Erzieher gestalteten das Sommerfest.

Auf **Fremdwörter** sollte man weitgehend verzichten, um die Verständlichkeit zu erhöhen. Fachbegriffe sollten dem Leser erläutert werden.

Beispiel: Die Mediation verbessert die Kompetenz der Erzieherin im pädagogischen Kontext. Besser: Das Verfahren der Streitschlichtung, auch als Mediation bezeichnet, verbessert die Handlungsfähigkeit der Erzieherin im Erziehungsalltag.

Abkürzungen sollten vermieden werden. Dies gilt besonders für interne Abkürzungen, die einrichtungsspezifisch sind.

Beispiel: Der PD führt die Untersuchung bei Kindern mit ADS durch. Besser: Der psychologische Dienst führt die Untersuchung der Kinder mit einer Aufmerksamkeits-Defizit-Störung (ADS) durch.

Auf unnötige **Füllwörter** wie Umstandswörter, Sinndopplungen besser verzichten, um den Text kurz zu halten. Ein Satz sollte weniger als 20 Wörtern umfassen. **Verschachtelungen** und **Bandwurmsätze** sind zu vermeiden.

Beispiel: Ich habe immer wieder darauf hingewiesen, dass eine abwechslungsreiche, vielseitige Ernährung für alle Kinder, die unsere Kindertagesstätte „Regenbogen" besuchen, unerlässlich ist und deshalb den täglichen Speiseplan bestimmt. Besser: Eine abwechslungsreiche, kindgerechte Ernährung bestimmt unseren Speiseplan.

Der Text sollte in **Aktiv-Form** formuliert werden, Passiv-Konstruktionen sind zu vermeiden.

Beispiel: Die Bilder wurden mittels Aushang anderen Eltern zugänglich gemacht. Besser: Wir haben die Bilder am das schwarze Brett ausgehängt. Die Anmeldeunterlagen sollten eingereicht werden … Besser: Bitte schicke Sie uns Ihre Anmeldeunterlagen …

In den Schreiben sollten sowohl **Männer als auch Frauen** angesprochen werden. Entweder werden die weibliche und männliche Form genannt oder es werden geschlechtsneutrale Begriffe eingesetzt. Schrägstrich- und Klammerschreibweisen sowie Großbuchstaben im Wort sollten nicht verwendet werden (Erzieher/in, Erzieher(in), ErzieherIn).

Beispiel: Die Erzieherinnen und Erzieher unserer Einrichtung … besser: Das Team unserer Einrichtung …

6.1.2 Techniken der Elternbefragung (Gestaltung – Auswertung – Rückmeldung)

Elternbefragungen stellen ein wichtiges Instrument im Rahmen des Qualitätsmanagements sozialpädagogischer Institutionen dar, um beispielsweise die Wünsche, Meinungen und Interessen der Eltern zu erfahren, ihre Zufriedenheit mit der Einrichtung zu erkunden und Ansatzpunkte zur Verbesserung der Arbeit zu erhalten.

Definition

Die Befragung wird als Instrument definiert, das ein planmäßiges Vorgehen beinhaltet, um durch gezielte Fragen bei den Eltern aussagekräftige Informationen zu einem festgelegten Bereich zu gewinnen.

Zum Einsatz von Befragungen liegen aus der empirischen Sozialforschung umfangreiche Erkenntnisse vor, die wichtige Hinweise zur Planung, Durchführung und Auswertung von Befragungen geben.

- **Formen der Befragung**

Es werden folgende, für die Elternarbeit bedeutsame Befragungsformen unterschieden:

Nichtstandardisierte Verfahren: Die Befragungssituation wird nur geringfügig vorstrukturiert. Die Erzieherin als Interviewerin hat in der Regel einen „Leitfaden", der lediglich die Fragenbereiche festlegt. Die Reihenfolge der Fragen ergibt sich jeweils situativ. Die Antworten werden dabei mitprotokolliert.

Da nur wenige Vorgaben diese Befragung steuern, werden an die Erzieherin besonders hohe Anforderungen gestellt, denen nur erfahrende Interviewer gerecht werden.

> *Beispiel: Die Erzieherin möchte wissen, wie die Eltern das Sommerfest bewerten. Es liegen verschiedene Fragebereiche wie Verpflegung und Getränke, Ablauf des Programms, Dauer und Zeitpunkt fest. In Tür-und Angel-Gesprächen spricht die Erzieherin das Thema an und erfasst die Antworten den Eltern.*

Teilstandardisierte Verfahren: Genauere Informationen liefert das teilstandardisierte Vorgehen. Der Spielraum für die fragende Erzieherin wird durch die Vorgabe von Reihenfolge und Wortlaut der Fragen eingeengt, so dass der gesamte Gesprächsverlauf vorstrukturiert wird. Die Eltern können auf die Fragen frei antworten. Dieses Vorgehen bietet sich im erzieherischen Alltag weniger an.

Standardisierte Verfahren: Bei der standardisierten Befragung werden zusätzlich die Antwortmöglichkeiten vorstrukturiert. Hierzu werden in der Regel Fragebögen entwickelt, die den Eltern mit der Bitte übergeben werden, sie ausgefüllt zurückzugeben.

Der Fragebogen ist ein wichtiges Verfahren für sozialpädagogische Einrichtungen. Deshalb sollen Grundsätze für die Erstellung, Auswertung und Rückmeldung eines Fragebogens verdeutlicht werden.

• **Entwicklung eines Fragebogens**

Die Planung eines aussagekräftigen Fragebogens orientiert sich an folgenden Überlegungen:

- **Was** wird **warum** gefragt (Zielsetzung)?
- **Wer** wird gefragt (Zielgruppe)?
- **Wie** wird gefragt (Fragebogenaufbau und Frageformulierungen)?

Zielsetzung

Bevor die Erzieherinnen Fragen formulieren, sollte man sich Klarheit über die Zielsetzung verschaffen. Wozu dient die Befragung und welche Bedeutung haben die Ergebnisse für die Einrichtung bzw. für andere? Die Befragung sollte sich auf einen klar abgegrenzten, überschaubaren inhaltlichen Rahmen beziehen. Wenn etwa die Nachmittagsbelegung in einer Kindertagesstätte gering ist, sollte sich die Befragung gezielt mit möglichen Ursachen, den Bedürfnissen und Interessen der Eltern auseinandersetzen und andere Aspekte wie Bereitschaft zur Mitarbeit bei der Neugestaltung des Außengeländes oder die Zufriedenheit mit dem Erntedankfest unbeachtet lassen.

Die Zielsetzung des Fragebogens muss auch den Eltern bewusst sein, um ihre Motivation zur Bearbeitung und Rückgabe zu erhöhen.

Zielgruppe

Die Auswahl der Zielgruppe ist bedeutsam für den Aussagewert der Befragung. Folgende Überlegungen sollten angestellt werden:

- Sollen alle Eltern in die Befragung einbezogen werden, was bei großen Einrichtungen mit einem erheblichen Auswertungsaufwand verbunden ist, oder
- beschränkt sich die Befragung auf eine zufällig ausgewählte Teilgruppe;
- richtet sich die Befragung auf bestimmte Teilgruppen (zum Beispiel Eltern der neu aufgenommenen Kinder, ausländische Eltern, Eltern mit Kindern in besonderen Angebotsformen) ?

Die Zielgruppe muss hinsichtlich der Frageinhalte und –formulierungen beachtet werden. Werden zahlreiche fremdsprachliche Eltern angesprochen, so ist der Fragebogen ggf. für diese Familien zu übersetzen.

Fragebogenaufbau

Der Fragebogen sollte so aufgebaut werden, dass er zur Beantwortung motiviert.

Für die **Reihenfolge der Fragen- und Themenbereiche** sollten folgende Aspekte berücksichtigt werden:

Anfangs bietet sich es an einfache Themen ansprechen, um einen Abbruch der Befragung zu verhindern; deshalb werden häufig *demografische Fragen* nach Alter, Beruf, Familienstand usw. an den Anfang gestellt.

Im mittleren Drittel des Fragebogens sollten die *zentralen Programmpunkte* und die heiklen Fragen abgehandelt werden; zu diesem Zeitpunkt ist ein Abbruch unwahrscheinlich und die Konzentration des Befragten am höchsten.

Bei den Themenübergängen sollten folgende *Funktionsfragen* Berücksichtigung finden:

Frageform	Zielsetzung
Einleitungs-, Eisbrecherfragen	zur Kontaktaufnahme
Übergangs- bzw. Vorbereitungsfragen	bei einem Themenwechsel
Ablenkungs- oder Pufferfragen	zur Vermeidung von Ausstrahlungseffekten von einer Frage auf die Beantwortung anderer Fragen
Filterfragen	zur Bildung von Untergruppen
Motivationsfragen	Abbau von Hemmungen des Befragten und Erhöhung der Antwortbereitschaft

Wenn die erste Fassung des Fragebogens vorliegt, empfiehlt es sich, ihn im Rahmen eines ***Vortests*** zu überprüfen, um Schwachstellen zu erkennen und ausmerzen zu können. So ist zum Beispiel zu prüfen,

- wie lange die Beantwortung dauert;
- ob die Fragen eindeutig und verständlich formuliert wurden;
- inwieweit die vorgegebenen Antwortalternativen das Antwortspektrum abdecken bzw. wichtige Antwortmöglichkeiten übersehen wurden.

Die endgültige Fassung sollte *übersichtlich* angeordnete Fragen-/Themenbereiche beinhalten. Bei geschlossenen Fragen sollten die Antwortkategorien klar gegliedert und gut erkennbar sein, um die Antworten *eindeutig* eintragen zu können.

Frageformulierungen

In der Literatur werden im Allgemeinen folgende Empfehlungen zur Formulierung von Fragen gegeben:

- Möglichst einfache, **klare, eindeutige Formulierungen wählen**; Fehlinterpretationen sollten ausgeschlossen sein;
- **kurze Fragen** stellen;
- **Überforderungen des Befragten vermeiden** (*„Bei Kindern mit ADS wird häufig Ritalin verabreicht. Was halten Sie davon?" „Sollte die Einrichtung den funktionsorientierten Ansatz oder den situationsorientierten Ansatz verwirklichen?");*
- **konkrete Fragen** formulieren, keine zu allgemeine Aussagen;
- **keine Suggestivfragen** stellen (*„Sind Sie nicht auch der Meinung, dass …").*

Folgende Frageformen können im Fragebogen benutzt werden:

Frageform	Kennzeichen	Beispiel	Einsatzmöglichkeiten
Offene Fragen	Keine festen Antwortmöglichkeiten vorgegeben	Wie bewerten Sie das Mittagessen in unserer Einrichtung?	Offene Fragen werden eingesetzt, wenn man noch wenig über das Antwortspektrum der Eltern weiß bzw. durch die Antworten neue Ideen aufnehmen will. Diese Fragen wirken auflockernd, da die Eltern ihre eigene Meinung äußern können.
Geschlossene Fragen	Geschlossene Fragen grenzen die Antwortmöglichkeiten auf vorher definierte Alternativen ein. Die Erzieherinnen müssen die Antwortmöglichkeiten der Eltern kennen und die Alternativen ausgewogen formulieren. Alle Antworten müssen logisch auf einer Ebene liegen.	Wie erlebten Sie die Eingewöhnungsphase ihres Kindes in unserer Einrichtung? ☐ gut ☐ ging so ☐ weniger gut	Geschlossene Fragen erleichtern die Auswertung, wenn man die Ergebnisse an die Eltern rückmelden will. Verschiedene Möglichkeiten der Auswertung (Säulen-, Kreisdiagramme) bieten sich zur Ergebnisdarstellung an. Die geschlossenen Fragen ermöglichen eine genaue Messung der Inhalte (zum Beispiel Wie viel Prozent der Eltern sind mit unserer Arbeit zufrieden? Hat sich die Zufriedenheit in den letzen Jahren verändert?).
Formen der geschlossenen Fragen:			
Alternativfragen	Zwei Antwortalternativen stehen zur Auswahl	Sollten behinderte Kinder in unsere Einrichtung aufgenommen werden? ☐ Ja ☐ Nein	Alternativfragen werden von den Eltern bisweilen als Einengung empfunden, da sie keine differenzierte Aussage machen können. Deshalb ist diese Frageform nur bei Sachverhalten, die eindeutig mit ja oder nein zu beantworten sind, anzuwenden.

Frageform	Kennzeichen	Beispiel	Einsatzmöglichkeiten
Skalen- fragen	Zur Beantwortung werden abgestufte Alternativen vorgegeben. Bis zu sieben Abstufungen sind noch sinnvoll unterscheidbar. Die Abstufungen möglichst verbal kennzeichnen.	Wie zufrieden sind Sie mit der pädagogischen Arbeit unserer Einrichtung? ☐ sehr zufrieden ☐ zufrieden ☐ unzufrieden ☐ sehr unzufrieden	Die Skalenfragen führen zu einem differenzierten Ergebnis, um die aktuelle Bewertung und Veränderungen in der Bewertung der Eltern zu erfassen.
Katalog- fragen bzw. **Mehrfach-** **auswahl-** fragen	Die Eltern können zwischen verschiedenen Möglichkeiten wählen. Die Antwortvorgaben setzen eine gute Kenntnis über die Denkweisen, Wünsche, Interessen, Gewohnheiten der Eltern voraus. Mehrfachantworten können zulässig sein.	Welche Themen sollen auf den nächsten Elternabenden besprochen werden? (zwei Nennungen sind möglich.) ☐ Ist mein Kind schulreif? ☐ Konflikte lösen ohne Gewalt ☐ Fernsehen – der heimliche Erzieher ☐ Kindesmisshandlungen ☐ Zappelphilipp. Wenn Kinder unruhig, unkonzentriert sind. ☐ Mein Kind hat Angst.	Die Verwendung von Katalog- und Mehrfachauswahlfragen führt zu einem Meinungsbild, das als Entscheidungsgrundlage genutzt werden kann. Um das Meinungsspektrum zu erweitern, können dem Katalog auch weitere Vorschläge angefügt werden.
Projektive oder indirekte Fragen	Um Motive oder eine Meinung zu erfahren, können Fragen formuliert werden, die für die Eltern schwer durchschaubar sind und eher indirekt einen Sachverhalt abklären.	**Satzergänzungen:** Eltern, die am Nachmittag ihre Kinder zum Kindergarten bringen ... Gewalt gegen Kinder ist ein Zeichen von .... Einige Eltern haben Bedenken gegenüber der Aufnahme von behinderten Kindern, weil ... Das Angebot der Kindertagesstätte zur Vorbereitung auf die Einschulung	Die Eltern äußern sich indirekt, indem sie ihre Meinung in die Aussage einbetten. Dieses Verfahren bietet sich an, wenn es heikle Themen geht, über die sich Eltern nicht offen äußern wollen.

Rücklauf
Der Aussagewert einer schriftlichen Befragung ist wesentlich von der Höhe des Rücklaufs abhängig. Die empirische Sozialforschung hat sich deshalb mit den Einflussgrößen auseinandergesetzt, die den Rücklauf bestimmen . Habermehl (1992) nennt folgende Faustregeln zur Vorabkalkulation des Rücklaufs:

Bei postalischen Befragungen liegt der durchschnittliche Rücklauf bei etwa 36 Prozent. Die Rücklaufquote wird von folgenden Faktoren beeinflusst:

Absender: Der Rücklauf verringert sich um ca. 10 Prozent bei Marktforschungsinstituten und erhöht sich bis auf 10 Prozent bei einem amtlichen Absender.

Befragte: Die Rücklaufquote hängt von der Berufsgruppe der Befragten ab. Bei Angestellten erhöht sich die durchschnittliche Rücklaufquote von 36 Prozent um etwa 12 Prozent auf 48 Prozent.

Frageinhalt: Der Rücklauf nimmt bis zu 15 Prozent zu, wenn die Befragung für die Eltern von hoher Bedeutung ist (zum Beispiel Änderung von Betreuungszeiten).

Umfang: Mit zunehmendem Umfang verringert sich die Rücklaufquote. Pro Fragebogenseite verringert sich der Rücklauf um etwa 0,5 Prozent.

Nachfrage: Durch Erinnerungsschreiben und die Bitte um Beantwortung kann sich der Rücklauf um 9 Prozent erhöhen. Werden die Befragten persönlich daran erinnert, ist eine Rücklaufsteigerung um bis zu 25 Prozent möglich.

Belohnung: Wird den antwortenden Eltern eine Belohnung gegeben, so kann der Rücklauf um etwa 6 Prozent gesteigert werden.

- **Ergebnisrückmeldung und -darstellung**

Werden Befragungen durchgeführt, dann erwarten die Eltern zeitnah eine Rükkmeldung der Ergebnisse. Dazu eignen sich Mitteilungen in Zeitschriften der Einrichtung oder durch Plakate, die gut sichtbar ausgehängt werden. Die Ergebnisrükkmeldung sollte eindeutig und anschaulich sein. Klar zu trennen ist zwischen der objektiven Ergebnisdarstellung und der subjektiven Interpretation.

Für die Rückmeldung übernimmt das Team bzw. die Leitung der Einrichtung die Verantwortung. Sie entscheiden über den Umfang, die Form (verbale oder graphische Darstellung der Ergebnisse) und auf welchem Weg die Eltern informiert werden.

Um zur passenden graphischen Darstellung der Befragungsergebnisse zu gelangen müssen drei Leitfragen beachtet werden (Zelazny 1996):

Was soll ausgesagt werden?
Will die Erzieherin aus den Ergebnissen der Befragung Aussagen ableiten, muss sie die geeignete Form der Veranschaulichung auswählen.

Was soll verglichen werden?
Jede Aussage, die aus den Befragungsergebnissen abgeleitet wird, enthält einen Vergleich. Für die Arbeit im Erziehungsbereich kommen im Wesentlichen drei Vergleichsformen in Betracht: der Struktur-, Zeitreihen und Häufigkeitsvergleich (siehe Übersicht).

Vergleichsform	Kennzeichen	Signalbegriffe	Beispiele
Strukturvergleich	Die Bedeutung einzelner Aspekte bezogen auf die Gesamtheit der Eltern wird verdeutlicht.	Anteil, Prozentsatz, X-Prozent entfielen auf …	35 % der Eltern wünschen eine Betreuung der Kinder bis 17:30 Uhr, 23 % der Eltern wünschen eine Betreuung bis 17:00 Uhr; 42 % der Eltern sind mit der bisherigen Öffnungszeit bis 16:30 Uhr zufrieden.
Rangfolgevergleich	Einzelne Gesichtspunkte werden miteinander verglichen unter den Aspekten: gleich, größer, kleiner …	Wertende Aussagen wie: größer als, kleiner als, gleich, besser, schlechter …	Themenvorschläge für die nächsten Elternabende: 46 % Einschulung 31 % Angst 13 % Fernsehen 7 % Konflikte 3 % Kindesmisshandlung
Zeitreihenvergleich	Die Veränderungen der ausgewählten Aspekte im Verlauf der Zeit wird erfasst: Steigerung, Rückgang, Stagnation	Verändern, wachsen, steigen, zunehmen, fallen, sinken, schwinden …	In den letzten Jahren ist die Zufriedenheit der Eltern mit der pädagogischen Arbeit deutlich gestiegen: **2002:** 38 % sehr zufrieden 36 % zufrieden 28 % unzufrieden **2003:** 45 % sehr zufrieden 33 % zufrieden 22 % unzufrieden **2004:** 56 % sehr zufrieden 32 % zufrieden 12 % unzufrieden

Wie kann der Vergleich veranschaulicht werden?
Abhängig von der Vergleichsform bieten sich unterschiedliche Grafiken an. Mit Hilfe der EDV (zum Beispiel Tabellen- und Grafikprogrammen) wied die Darstellung von aussagefähigen Schaubildern erleichtert.

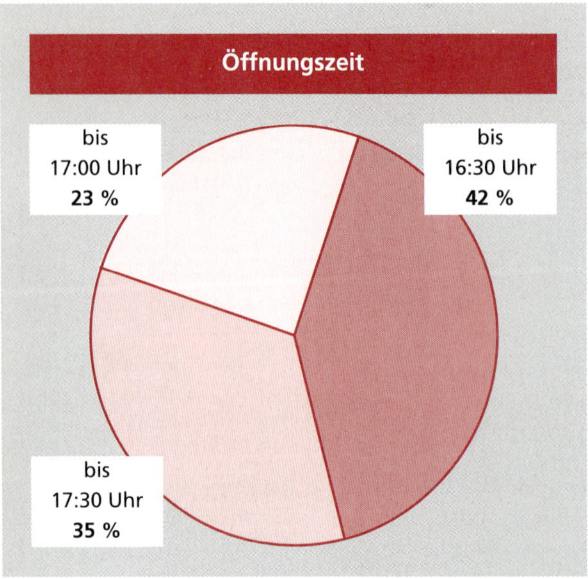

Strukturvergleiche sollten durch **Kreisdiagramme** visualisiert werden. Der Kreis symbolisiert das Ganze (hier die Gesamtheit der Eltern), das in seine Bestandteile aufgeteilt wird. Es wird deutlich, welcher Teil der Elternschaft welche Position vertritt. Die Unterteilung sollte, um übersichtlich zu bleiben, maximal fünf Aspekte umfassen. Da wir gewohnt sind, im Uhrzeigersinn zu lesen, sollte das stärkste Element um „12:00 Uhr" beginnen, und die nachfolgenden Komponenten nach ihrer Stärke angeordnet werden.

Rangfolgevergleiche sollten am besten als Balkendiagramm veranschaulicht werden. Die verschiedenen Aspekte werden nach ihrer Stärke sortiert und stehen an erster Stelle. Wichtige Elemente (zum Beispiel die eigene Einrichtung im Vergleich mit anderen Institutionen) können farblich herausgestellt werden. Das Balkendiagramm erlaubt einen schnellen Überblick über die Verteilung der Antworten und ist mit der Beschriftung am linken Rand leicht lesbar.

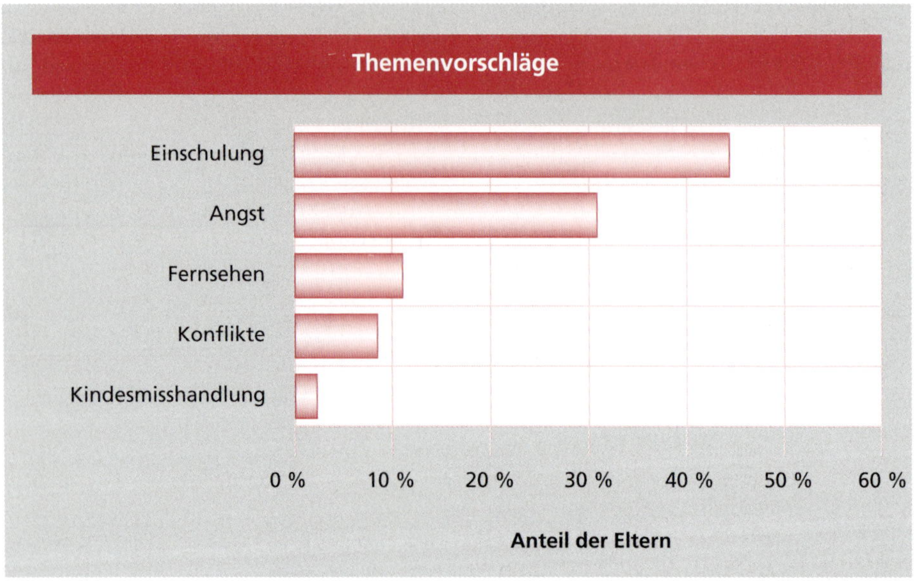

Zeitreihenvergleiche verdeutlichen die Veränderungen über einen bestimmten Zeitraum. Die Darstellung kann sowohl im Säulendiagramm als auch im Kurvendiagramm erfolgen. Werden nur wenige Zeitpunkte (max. acht Werte) berücksichtigt, dann sollte nach Zeleazny (1996) das Säulendiagramm gewählt werden. Sind mehr als acht Vergleichpunkte darzustellen, empfiehlt sich das Kurvendiagramm.

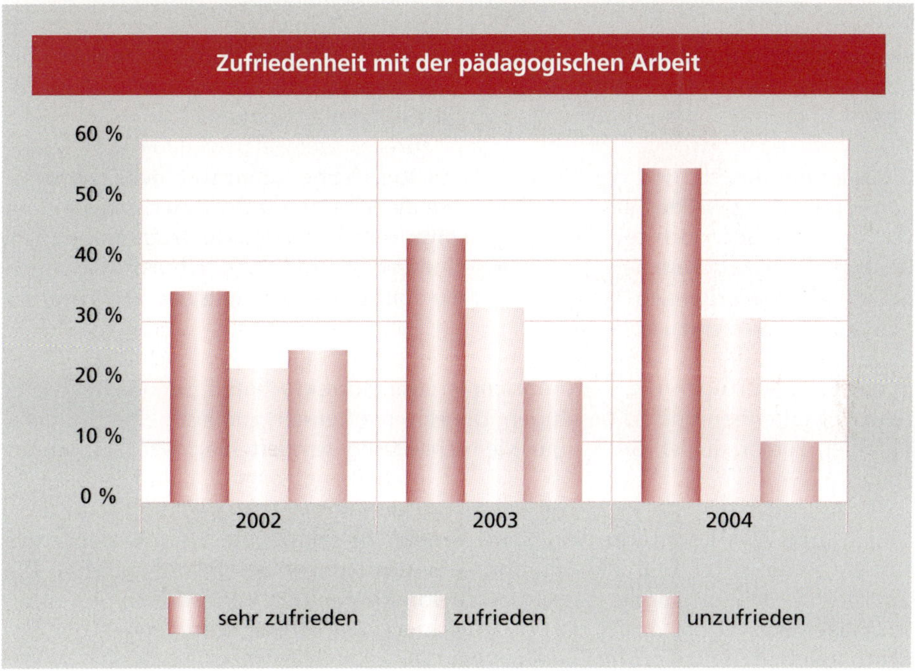

Die Schaubilder können mit Wert- bzw. Prozentangaben versehen werden, wenn es um die Genauigkeit (zum Beispiel Verdeutlichung von geringen Unterschieden bei Entscheidungen) geht.

Bei der Erstellung von Grafiken gilt der Grundsatz: Reduzierung der Darstellung auf das Wesentliche! Eine Überfrachtung der Schaubilder mit Zusatzinformationen verringert die Wirkung. Das Weglassen wichtiger Informationen stellt dagegen die Grafik und die daraus abgeleiteten Konsequenzen in Frage. So sollte man bei Befragungen angeben, wie viele Eltern bei der Darstellung berücksichtigt werden.

Der Einsatz von Farben sollte ebenfalls bedacht werden. Die Farben können unterschiedliche Funktionen erfüllen (siehe Zeleazny 1996):

- Farben heben Wichtiges hervor (zum Beispiel gravierende Veränderungen);
- Farben dienen dem Wiedererkennen und dem Differenzieren (zum Beispiel die Gruppen der Einrichtung immer mit denselben Farben kennzeichnen);
- Farben haben Signalwirkung (zum Beispiel Rot signalisiert Gefahr; Gelb steht für Achtung, Grün kennzeichnet Positives).

6.1.3 Möglichkeiten und Grenzen der Nutzung der EDV

Mit Hilfe des PCs und entsprechender Software kann die Gestaltung von Texten oder Aushängen erleichtert und verbessert werden. Folgende Voraussetzungen sind zu beachten:

Leistungsfähigkeit des PCs und Software müssen aufeinander abgestimmt sein. In einigen Einrichtungen werden Computer eingesetzt, die von Eltern ausrangiert wurden. Die Leistungsfähigkeit der Rechner (Geschwindigkeit, Speicherumfang) ist bisweilen zu gering, um anspruchsvolle Software nutzen zu können.

Die Nutzung des PCs und der Software setzt spezifische Kenntnisse der Erzieherinnen voraus. Zwar werden an den Fachschulen die Schüler mit der Datenverarbeitung vertraut gemacht, doch fehlen häufig Kenntnisse für bestimmte Programme (zum Beispiel Grafikprogramme). Die Erzieherinnen sollten sich durch Fortbildungen gerade in diesem Bereich fit halten, um die zahlreichen Vorteile und Erleichterungen der EDV nutzen zu können.

In der Regel verfügen die Textprogramme über Korrekturhilfen, um Rechtschreibfehler zu erkennen und zu beseitigen. Die Hilfen erkennen zumeist keine Grammatikfehler, Fehler in der Groß- und Kleinschreibung sowie fehlerhafte Zeichensetzung.

Liegen gute EDV-Kenntnisse vor, dann können beispielsweise Elternbefragungen schnell ausgewertet und die Ergebnisse in Grafiken umgewandelt werden. Die Gestaltung von Aushängen, das Verfassen von Briefen, die Verwendung von grafischen Elementen wird durch die EDV erleichtert. Schriftliche Mitteilungen der Einrichtung erhalten eine professionelle Form.

Die Nutzung des PCs bringt manche Erzieherinnen zur Verzweiflung. Störungen in Komponenten des Computers, Druckerprobleme, Bedienungsfehler oder Auswirkungen von Viren, lassen dann die Freude am PC schwinden. In vielen Fällen sind Eltern mit PC-Erfahrung bereit, bei der Problembeseitigung zu helfen.

Zusammenfassung

Die Erzieherin sollte bei der **Texterstellung** dreistufig vorgehen. Am Anfang steht die Vorbereitung des Textes (Zielklarheit, Stoffsammlung, Gliederung), worauf das **Entwerfen** deines vorläufigen Textvorschlags folgt. Zum Abschluss wird der Entwurf mit Unterstützung von Teammitgliedern **verbessert**.

Die Texte sollten einfach, klar, kurz, sinnvoll strukturiert und adressatengerecht formuliert werden.

Die **Elternbefragungen** haben in der Elternarbeit vor allem beim Qualitätsmanagement einen hohen Stellenwert. Die Erzieherin kann ihr Vorgehen unterschiedlich stark standardisieren. So reicht die Befragung von einem nicht-standardisierten Interview, das lediglich einem allgemeinen Leitfaden folgt, bis zu einem standardisierten Fragebogen mit vorstrukturierten Antwortwortmöglichkeiten.

Werden Fragebögen eingesetzt, so muss die Erzieherin sich mit der Zielsetzung der Befragung (was will ich warum wissen), der Zielgruppe (wer wird befragt) und dem Fragebogenaufbau und den Formulierungen auseinander setzen.

Die Datenerhebung ist auf das Befragungsziel und die Zielgruppe abzustimmen; eine breit angelegte, ziellose Datensammlung erhöht den Umfang des Fragebogens und vermindert den Rücklauf von ausgefüllten Fragebögen.

Um einen möglichst hohen Rücklauf zu erhalten, sind verschiedene Regeln bei der Gestaltung eines Fragebogens zu beachten. Dies reicht von der Anordnung der Fragebereiche bis hin zu den konkreten Frageformulierungen.

Abhängig vom Ziel der Befragung können offene Fragen ohne Beantwortungsvorgaben oder geschlossene Fragen mit vorgegebenen Antwortmöglichkeiten eingesetzt werden. Geschlossene Fragen umfassen Alternativ-, Skalen-, Katalogfragen sowie indirekt /projektive Fragen.

Die befragten Eltern sollten zeitnah über die Ergebnisse der Befragung informiert werden. Die grafische Veranschaulichung der Befunde ist abhängig von den Vergleichsformen: Beim Strukturvergleich wird die Elternschaft im Hinblick auf bestimmte Fragestellungen unterteilt. Zur Visualisierung bietet sich das Kreisdiagramm an. Bei einem Rangfolgevergleich sollte das Balkendiagramm gewählt werden. Der Zeitreihenvergleich beruht auf der mehrmaligen Anwendung eines Fragebogens und erfasst Veränderungen im Verlauf der Zeit. Zur Darstellung der Ergebnisse sollte das Säulendiagramm gewählt werden.

Die schriftlichen Mitteilungen und die Durchführung von Befragungen kann durch den **Einsatz von Computern** erleichtert werden. Es ist darauf zu achten, dass die Leistungsfähigkeit des Computers mit den Anforderungen der Software übereinstimmt und die Erzieherinnen über die erforderlichen Kenntnisse der Datenverarbeitung verfügt. Die Nutzung des Computers stößt beim Erkennen von Fehlern in Texten jedoch auf Grenzen. Nicht alle Rechtschreib- und Grammatikfehler sowie Mängel in der Zeichensetzung werden erkannt.

6.2 Formen schriftlicher Elternarbeit

6.2.1 Aushänge

Durch den Aushang von Wochenplänen, Tages- und Wochenberichten, Projektaktivitäten etc, durch Fotowände und schwarzes Brett ist bei regelmäßigem Elternkontakt eine fortlaufende Information gegeben. Diese Informationen können oft Tür-und-Angel-Gesprächen anregen.

• Bedeutung und Hinweise

Der Aushang von Wochenplänen sowie Tages- und Wochenberichten vor den Gruppenräumen macht die Arbeit der Erzieher transparent. Eltern können den Tagesablauf und die Aktivitäten ihrer Kinder nachvollziehen, zumal es manchen Kindern schwer fällt, ihre Erfahrungen zu Hause mitzuteilen. Auf diese Weise können dann von den Eltern Gesprächsimpulse ausgehen. Über das schwarze Brett können Nachrichten der Kindertagesstätte an die Eltern oder Nachrichten von Eltern zu Eltern weitergegeben werden, es kann auf Veranstaltungen außerhalb der Einrichtung hingewiesen werden. Das schwarze Brett sollte an einem gut sichtbaren Ort platziert sein. Am günstigsten ist in der Regel der Eingangsbereich.

Aus Gründen der Übersichtlichkeit ist die Funktionen und die Arbeit des Elternbeirats auf einer eigen Informationstafel oder Pinnwand darzustellen. Hier können dann auch Zeitungsartikel, Hinweise auf Bücher und Broschüren, Listen von Beratungsstellen oder psychosozialen Diensten aufgeführt werden.

Es spricht für die fachliche Kompetenz einer Kindertagesstätte, wenn sie den Eltern auch Informationen zur Verfügung stellt, die nicht direkt mit der Arbeit der Erzieher zusammenhängen. Solche Aushänge haben eine wichtige familienunterstützende Bedeutung. Eltern in schwierigen Lebenslagen können sich dadurch ungestört vorab informieren und danach entsprechende Hilfe aufsuchen, ohne bei anderen Eltern oder den Erzieherinnen Fragen stellen zu müssen.

Tipps zur Gestaltung des schwarzen Brettes

Bei der Gestaltung des schwarzen Brettes ist darauf zu achten, dass es klar strukturiert ist und ausreichend Platz für die verschiedenen Informationen vorhanden ist, da sonst die Übersichtlichkeit verloren geht. In Anlehnung an Krenz (1997, Seite118 f.) können Gestaltungsmängel vermieden werden, wenn folgende Kriterien berücksichtig werden:

- Nur die wirklich relevanten Informationen sind aufzuführen.
- Damit Einzelinformationen zur Kenntnis genommen werden können, ist zwischen den einzelnen Hinweisen ausreichend Platz zu lassen.
- Ein spezieller Raum ist für Informationen von Eltern für Eltern bereitzustellen.
- Alle Informationen des schwarzen Brettes müssen den Erzieherinnen vor dem Aushängen bekannt sein. Externe Veranstalter müssen zum Beispiel vor der Benutzung des Informationsträgers die Erlaubnis einholen.

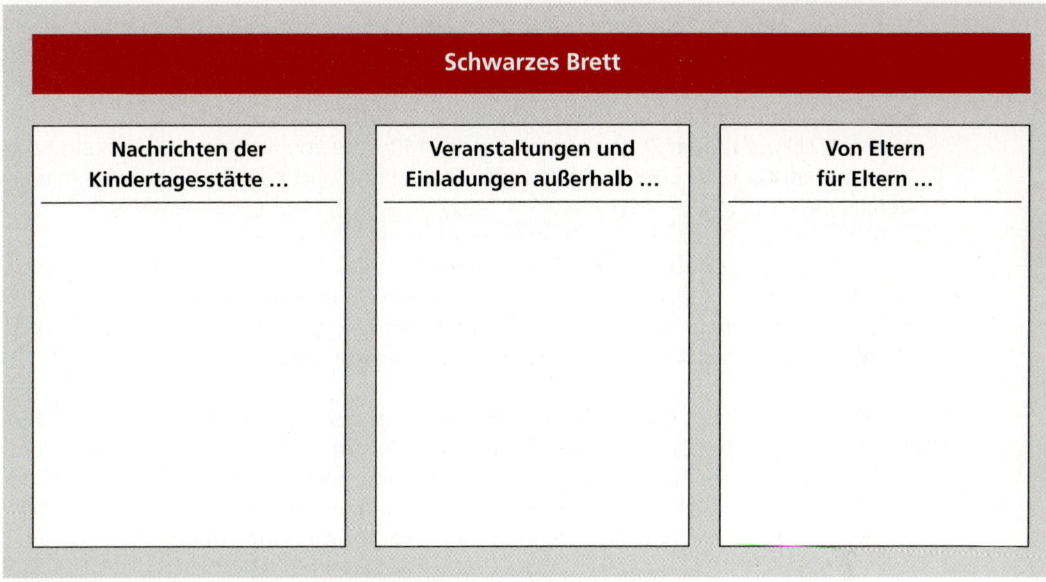

Beispiel einer Struktur eines schwarzen Brettes in Anlehnung an Krenz

6.2.2 Schriftliche Kurzmitteilung/Elternbrief

Eltern erhalten im Laufe eines Kindergartenjahres verschiedene schriftliche Mitteilungen der Einrichtung. Je nach Intention der Erzieherinnen liegt der Schwerpunkt mehr auf der Elternberatung und -information oder mehr auf der Elternbildung. Die Übergänge sind jedoch oft fließend, so dass eine exakte Zuordnung nicht immer möglich ist. In den folgenden Ausführungen möchten wir auf die schriftlichen Mitteilungen eingehen, bei denen die Beratung und Information im Vordergrund stehen.

In dem Zusammenhang können zum Beispiel folgende schriftliche Informationen aufgeführt werden:

- **Schriftliche Kurzmitteilungen**, wie Kurzbriefe, Merkblätter, Informationsheft, Kopien zu bestimmten Themen, Kopien von Artikeln, Notizen oder Tagebuch;
- **Elternbriefe**, wie Informationsschriften bei der Aufnahme, Briefe zu bestimmten Themen, zu Anliegen der Erzieher oder zur Vorstellung der Einrichtung.

• Schriftliche Kurzmitteilungen

Bei der Aufnahme der Kinder erhalten die Eltern in der Regel die Informationsschriften. Darin sind je nach Kindertagesstätte Öffnungszeiten, Tagesablauf, Ferienregelung, Beiträge, geplante Aktivitäten, Wochenpläne oder konzeptionelle Hinweise aufgeführt.

In Informationsheften können die Erzieher wichtige oder aktuelle Vermerke eintragen, wie zum Beispiel Unwohlsein des Kindes. Die Kinder bewahren das Informationsheft in ihren Taschen auf. Diese Form der schriftlichen Mitteilung ist besonders geeignet, wenn Eltern kaum in die Einrichtung kommen oder die Kinder durch einen Fahrdienst gebracht werden

Durch kurz gefasste Elternbriefe kann bewirkt werden, dass Eltern bestimmte erzieherische Verhaltensweisen reflektieren. Dies gelingt oft umso besser, wenn pädagogische Fragen witzig oder pointiert angerissen werden. Die Themen hierfür sind sehr vielfältig, wie zum Beispiel: Essgewohnheiten, „Ausdrücke", sozialer Umgang, Weihnachten, Nikolaus oder Zeithaben für Kinder. Mit Hilfe von Kopien und Artikeln kann dies unterstützt oder Eltern können auf aktuelle und wichtige Dinge hinweisen werden.

Auch durch gelegentliche schriftliche Notizen, die den Kindern mit nach Hause gegeben werden, kann zum Beispiel über lustige Gegebenheiten oder über die Entwicklungsfortschritte des Kindes informiert werden. Dies ist vor allem bei berufstätigen und weit entfernt wohnenden Eltern sinnvoll, die kaum erreichbar sind.

Ferner kann von den Erzieherinnen ein Tagebuch über jedes Kind geführt werden. Sie tragen fast täglich Hinweise über besondere Aktivitäten, Leistungen und wenn nötig Probleme des Kindes ein. In den Garderobenfächern der Kinder werden die Tagebücher aufbewahrt. Beim Abholen oder Bringen der Kinder können die Eltern die Tagebücher lesen und sind somit aktuell über ihr Kind informiert.

• **Elternbriefe**

Bei den schriftlichen Informationen spielt der Elternbrief eine zentrale Rolle. Mit ihm geht die Kindertagesstätte sozusagen auf die Eltern zu. Besonders bei längeren Elternbriefen ergibt sich das Problem, dass sie für die Eltern oft eintönig, unattraktiv und langweilig wirken. Auch haben sie oft nur eine begrenzte Lesezeit zur Verfügung, so dass Elternbriefe mit Zeitungen, Zeitschriften und anderen professionell aufgemachten Medien in Konkurrenz stehen. Deshalb ist bei der Gestaltung zu berücksichtigen, dass nicht nur Aktivitäten, Ankündigungen von Veranstaltungen, Organisatorisches und sonstige formelle Hinweise aufgeführt sind, sondern dass sie attraktiv und leserorientiert sind. Somit ist es wichtig, von bisher herkömmlichen Elternbriefen abzurücken und neue Stile zu praktizieren. Nach Textor (2000, Seite 57) kann das Interesse der Eltern durch folgende Faktoren vergrößert werden:

- Die pädagogische Arbeit in der Kindertagesstätte kann durch kurze, prägnant geschriebene Artikel hervorgehoben werden. Diese Artikel können als Serie konzipiert werden.
- Der Abdruck von Berichten über besondere Aktivitäten, wie Projekte, Ausflüge oder Feste in der Kindergruppe erhöht den persönlichen Aspekt.
- Eine kurze Abhandlung zu allgemeinen Erziehungsfragen, mit denen sich die Eltern derzeit aktuell auseinander setzen, wie zum Beispiel: ‚Wie verhalte ich mich gegenüber der Aggressivität meines Kindes' erhöht die Attraktivität.
- Die Thematisierung von aktuellen Ereignissen, wie zum Beispiel Krieg und Gewalt. Dies ist für Eltern von Bedeutung, da bei solchen Themen unklar ist, wie Kinder darauf reagieren und ob sie Verarbeitungshilfen brauchen.
- Die Eltern sind zu Aktivitäten zu motivieren, die sie mit ihren Kindern zu Hause durchführen können. Durch solche Vorschläge wird zugleich die pädagogische Arbeit in der Kindertagesstätte ergänzt.
- Eltern kann man den Zugang zu den Gefühlen und Gedanken der Kindern öffnen. Dies kann durch kurze Erlebnisberichte oder Anekdoten geschehen.

- Eine gewisse Identifikation der Eltern mit den Elternbriefen kann hergestellt werden, wenn man sie bei der Erstellung einbindet. Eltern können selbst Beiträge verfassen oder Druck und Layout übernehmen.

Beispiele
Es gibt kürzere und längere Elternbriefe. In den folgenden Beispielen wird ein kurz gefasster Elternbrief zum Thema „Zeit" und ein längerer aufgeführt, bei dem sich eine Einrichtung vorstellt und an dem die Kinder wesentlich mitgewirkt haben.

ELTERNBRIEF

Post vom Kindergarten

Ach du liebe Zeit!

Liebe Eltern, liebe Sorgeberechtigte,
kommt es Ihnen auch oft so vor, dass einem die Zeit davonläuft?

Zeit ist Mangelware geworden.

Beruf, Haushalt, Einkaufen, Termine, Kontakte, Zeitung, Telefon, Fernsehen ..., da bleibt einem nicht mehr viel Zeit für einen selbst, oft auch nicht mehr für die Kinder.
Dabei leiden viele Kinder gerade darunter, dass man sich zu wenig Zeit für sie nimmt.

Nur für sie allein dasein heißt:
- nicht neben dem Abspülen,
- nicht neben dem Fernsehen,
- nicht neben dem Zeitungslesen,
- nicht neben dem Einkaufen,
- nicht neben ...

Wie viel Zeit bleibt eigentlich Ihnen am Tag, in der Sie sich allein mit ihren Kindern beschäftigen, ihm etwas vorlesen, sich mit ihm unterhalten, mit ihm etwas spielen?

Kommen Sie auf mehr als fünf Minuten am Tag?

Mehr wäre sicherlich gut. Nehmen wir nur also mehr Zeit für unsere Kinder!

In diesem Sinne viele Grüße:
Ihr Kindergarten-Team

Kurzer Elternbrief, Dusolt (2001), Seite 83.

Liebe Eltern,
liebe Sorgeberechtigte,

können Sie sich vorstellen, was es bei uns alles gibt und was man alles machen kann? Wenn Sie es wissen möchten, dann nehmen Sie sich ein paar Minuten Zeit.

Unser Kindergarten hat zwei Gruppen mit 50 Plätzen für drei- bis siebenjährige Kinder. Unserem Konzept folgend sind die Gruppen durchlässig. Die Kinder können sich also im ganzen Kindergarten bewegen. Sie können sich jeweils an einem Vormittag für einen Gruppenraum und somit für eine bestimmte Gruppe entscheiden. Da das „Programm" in allen Gruppen gleich ist und sich nur durch die individuelle Arbeitsweise der Erzieher und die Individualität der Kinder unterscheidet, ist diese möglich. Die Gruppen der Kinder sind altersgemischt und nur zu einzelnen Beschäftigungen altersgleich.

Unsere Öffnungszeiten sind täglich von 7:15 bis 11:45 Uhr, und von 13:30 bis 16:45 Uhr, freitags bis 16:00 Uhr. Es gibt auch immer einige Mittagskinder, die den ganzen Tag das sind. Sie dürfen ihr Essen von zu Hause mitbringen. In unserer Küche wird es dann warmgestellt und hergerichtet. Für Eltern, die halbtags arbeiten und noch nicht um 11:45 Uhr zum Abholen kommen können, gibt es unsere „Spätabholerregelung". Eine Rücksprache mit dem Erzieherpersonal ist in jedem Fall notwendig.

Bei uns kann man wirklich eine Menge machen... Wenn die Kinder morgens kommen, können sie sich während der Freispielzeit aussuchen, in welches Gruppenzimmer sie gehen und was sie spielen möchten: malen, basteln, spielen, bauen ...

Um 9:15 Uhr ist dann Aufräumen angesagt, dann gemeinsames Frühstück und selbstverständlich anschließend Zähneputzen.

Beschäftigungen und Angebote in Klein- und Großgruppen folgen danach - nach Situation, Thema und Interesse bzw. Motivation der Kinder. Am Nachmittag ist dann wieder Freispielzeit, daraufhin kleinere Aktivitäten, Spaziergänge ...

Unsere Vorschulkinder, das sind Kinder, die im Jahr vor der Einschulung stehen. Sie arbeiten zweimal wöchentlich in altersgleichen Gruppen zusammen. Die Themen sind dem entsprechenden Wochenthema angegliedert. Wir haben jedoch kein gesondertes Vorschulprogramm. Bei uns gibt es keine Vorschulmappen und es werden keine schulischen Techniken eingeübt!

Gemeinsam werden die verschiedenen Wochenthemen festgelegt. Erzieher und Kinder bringen ihre Ideen ein. Einmal in der Woche setzt sich das Erzieherteam zusammen und arbeitet den Wochenplan aus. Die Möglichkeiten für die Kinder sind vielfältig und sie können ein Thema durch allerlei Methoden kennen lernen: Turnen, Liedersingen, Basteln, Malen, Bilderbücher, Rollenspiele, Theaterspielen … und vieles mehr.

Selbstverständlich gibt es eine große Anzahl von Festen, die immer gemeinsam mit allen gefeiert werden: Geburtstage, Frühlings, Sommer, Theater, Turn, Weihnachtsfest und „Rausschmeißen der Vorschulkinder aus dem Kindergarten". Die Eltern helfen fleißig mit. Sie bereiten Theaterstücke vor, basteln, verkaufen Lose, Eis, Getränke ..., backen Kuchen. In regelmäßigen Abständen finden für die Eltern Veranstaltungen statt, wie zum Beispiel Elternabende mit aktuellen Themen zum Kindergartengeschehen oder Themen, die sich die Eltern wünschen.

Jetzt haben wir genug von der Arbeit in unserem Kindergarten erzählt und wollen Ihnen nur noch mitteilen, was es bei uns sonst noch so gibt: Zwei Gruppenzimmer mit Puppenecken, Bauteppichen, Spielschränken mit verschiedenen Materialien (angefangen bei Kleber, Schere, Wachs- und Bundmalstiften, Malpapier, Gesellschaftsspiele, Holzbausteinen, Constristeinen, Bauernhöfen, Legespielen, Webrahmen...) An den Spieltischen kann man malen, basteln, spielen ...
Den meisten gefällt es besonders gut in unserem ‚Knuddelzimmer': Kuscheln, Geschichten erzählen, Bilderbücher anschauen, Musik hören, verkleiden und Theater spielen ..., das alles macht riesigen Spaß. Bei uns gibt es zwei ganz besondere Regeln für die Benutzung des Knuddelzimmers: „Eintritt nur ohne Schuhe" und „Essen, Malen und Basteln verboten".
Unseren großen Flur benötigen wir für die Turnstunden, zum Feste-Feiern und hin- und wieder zum Malen und Basteln. Für jedes Kind gibt es im Flur auch eine eingebaute Garderobe mit Turn- und Schuhfächern. Die Kindertoilette mit Waschbecken, Handtüchern und Zahnputzbechern ist natürlich für alle Kinder sehr wichtig.
Die „Bastelkammer" ist ein kleiner und zugleich wichtiger Raum. Darin findet man so alles Mögliche: Schachteln, Papierrollen, Stoff- und Wollreste, Pelzstücke, Farben … - womit man eine Menge basteln kann. Damit die Bastelkammer immer gut gefüllt ist, sammeln alle Eltern mit.
Im Büro „empfangen" die Erzieher hin- und wieder Besucher oder sie müssen etwas schreiben. Auch ein Telefon haben wir. Manchmal dürfen die Kinder abheben, wenn es klingelt.
Die Küche benötigen wir, um das Essen aufzuwärmen, Kakao und Tee zu kochen, Plätzchen zu backen ..., jedoch auch um die Ernte aus unserem Garten zu verwerten. Wir bauen nämlich Gemüse an, ernten Erdbeeren, und Kartoffeln haben wir auch schon gesteckt.
Die kleine Gartenkammer am Eingang verbirgt Sandspielsachen und Turngeräte … die sind sehr wichtig für unsere große Sandkuhle im Freien. Es gibt kleine Bänke und Gartentische, damit wir im Sommer draußen sein können.

Das war es. Wenn Ihr Lust und Zeit habt, schaut doch einfach einmal auf einen Besuch bei uns rein.

So, und jetzt zum Abschluss viele Grüße!

Ihr Kindergarten-Team

Im Text leicht veränderter Elternbrief – unter Weglassung von Kinderzeichnungen – in Anlehnung an Becker-Textor (1998), Seite 64 bis 67.

6.2.3 Elternzeitschriften

Das Herstellen von Elternzeitschriften stellt hohe Anforderungen an die Erzieher. Der zeitaufwendige Prozess der Redaktionsarbeit mit der Sammlung von Beiträgen, der Gestaltung der Zeitschrift bis hin zum technischen Know-how sowie der Kalkulation der Kosten schreckt zunächst viele ab. Allerdings haben Elternzeitschriften auch sehr positive Auswirkungen, wie zum Beispiel die Förderung der Berufszufriedenheit, auf die nachfolgend eingegangen wird.

- **Ziele und Inhalte**

Über Elternzeitschriften können wichtige **Informationen über die Kindertagesstätte** vermittelt und aktuelle Erziehungsfragen thematisiert werden. Dadurch können Erzieherinnen ihre pädagogische Arbeit und ihre Kompetenzen den Eltern gegenüber transparent machen. Dies schafft Vertrauen und bietet zugleich Gesprächsstoff.

Mit der Elternzeitschrift wird ein **Forum für die Eltern** geschaffen, wo sich Erzieherinnen und Eltern austauschen können. Hier kann eine gemeinsame Wissensbasis hergestellt werden, die den Ausgangspunkt für die Auseinandersetzung mit pädagogischen oder Erziehungsproblemen bildet. Den Eltern kann zum Beispiel ihr Erziehungsverhalten mit den Auswirkungen auf die kindliche Entwicklung verdeutlicht werden, sodass die Reflexion angeregt und die Bereitschaft zur Verhaltensänderung erhöht wird.

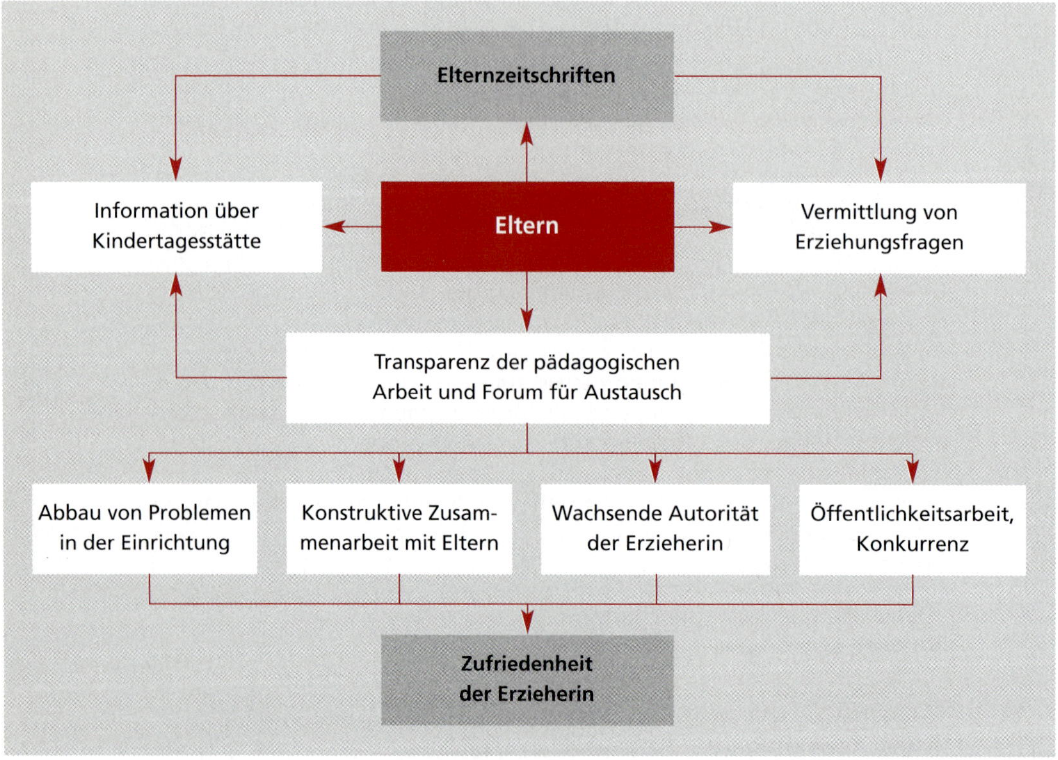

Auswirkungen von Elternzeitschriften

Über Elternzeitschriften können persönliche und **fachliche Positionen** von einzelnen Erzieherinnen bzw. des Teams zu einem bestimmten Thema oder einer Problematik vermittelt werden (zum Beispiel spielzeugfreier Kindergarten, offene Arbeit, Montessori-Material, Umwandlung in eine integrative Einrichtung). Die fachliche Auseinandersetzung mit aktuellen pädagogischen Fragestellungen verdeutlicht die Sach- und Fachautorität der Erzieher und belegt, dass die Arbeit mit den Kindern hohen fachlichen Ansprüchen genügt. Es wird deutlich, dass der Arbeitsalltag von erzieherischen Zielen, pädagogischen Intentionen und Konzepten der Erzieherinnen bestimmt wird. In diesem Zusammenhang sind Elternzeitschriften auch ein wichtiger Beitrag zu dem für Kindertagesstätten immer wichtiger werdenden Aspekt der **Öffentlichkeitsarbeit**.

Wie die Abbildung auf Seite 262 zeigt, können Elternzeitschriften positive Auswirkungen auf die Zusammenarbeit mit den Eltern haben und zur Berufszufriedenheit der Erzieherin beitragen. Aber welche Grundsätze sind bei der Erstellung einer Elternzeitschrift zu beachten?

• Themen

Bei der Auswahl der Themen ist darauf zu achten, dass sie aktuell und für die Eltern bedeutsam sind und mit dem Geschehen in der Kindertagesstätte in enger Verbindung stehen. Bei der Formulierung der Beiträge sollte die jeweilige persönliche Haltung zum Ausdruck kommen. Phrasen und Sätze mit vielen Fachausdrücken oder Fremdwörtern sprechen die meisten Eltern nicht an und wirken eher abschreckend. Es ist besser, Erziehungsfragen engagiert mit eigenen Worten zu formulieren, als Artikel aus Fachzeitschriften (auch nur teilweise) zu übernehmen. Lesende Eltern merken sehr schnell, ob die Formulierungen mit dem Denken und Fühlen der Autorin übereinstimmen, ob die Inhalte sie persönlich beschäftigen, ob sie sich engagiert damit auseinander setzt und ob die Thematik für die pädagogische Arbeit der Einrichtung von Bedeutung ist. Je nach Situation der Kindertagesstätte können vielfältige und unterschiedliche Themen in einer Elternzeitschrift aufgegriffen werden:

- **Fernsehkonsum:** Welche Filme können je nach Alter der Kinder empfohlen werden? Wie lange darf mein Kind schauen? Welche Auswirkungen kann unangemessener Fernsehkonsum auf mein Kind und sein Verhalten – auch in der Kindertagesstätte – haben.
- **Erziehungsmittel:** Warum ist es so wichtig, mein Kind immer wieder zu loben? Welche Auswirkungen hat es auf mein Kind und sein Verhalten, wenn ich es immer ermahne und ihm nichts zutraue?
- **Berichte** über **aktuelle Projekte** aus den Gruppen oder von Praktikanten: Wie haben wir die Zeit in der Kindertagesstätte erlebt?
- **Termine** von Elternabenden, Festen oder Sitzungen des Elternbeirats, Buchvorstellungen und Hinweise auf besondere Vorkommnisse.
- **Buchbesprechungen:** Vorstellung der aktuellen Lieblingsbilderbücher und Kinderlieder: Warum gefällt unseren Kinder besonders …? Nach welchen Kriterien wähle ich gute Bilderbücher aus?
- Aus dem **Alltag der Kindertagesstätte:** Was waren die tollsten Erlebnisse mit unseren Kindern? Witzige Aussagen von Kindern …
- **Pädagogische Grundhaltungen:** Warum für uns das Spielen und kreative Angebote wichtig sind. Sind spezielle Angebote für die Vorschulkinder sinnvoll? Wie wird die Kindertagesstätte dem Bildungsauftrag gerecht?

Für die Erscheinungshäufigkeit von Elternzeitschriften gibt es keine allgemein gültigen Empfehlung, dies muss jeweils der Situation entsprechend entschieden werden. In den meisten Einrichtungen werden Elternzeitschriften viertel- oder halbjährlich herausgegeben.

- **Welcher Name?**

Die Attraktivität und die Identifikation der Eltern mit der Elternzeitschrift kann durch einen ansprechenden Namen gesteigert werden.

Bei der Namensgebung sollten sowohl die Kinder als auch die Eltern beteiligt werden. Hierfür kann zum Beispiel ein Ausschuss unter Beteiligung von zwei Erzieherinnen, zwei Eltern und mehreren Kindern gebildet werden, der alle Vorschläge auswertet und das Ergebnis der Leitung der Kindertagesstätte übergibt. Alle Vorschläge werden am schwarzen Brett ausgehängt, so dass die Transparenz gewährleistet ist und keine missliche Stimmung nach dem Motto entsteht: „Es wurde getuschelt und bestimmte Vorschläge sind stärker berücksichtigt worden."

Die Namensgebung kann zu heftigen Auseinandersetzungen zwischen Träger, Team und Eltern führen, wenn unterschiedliche Interessen aufeinander prallen. Die Eltern sehen die Zeitung als internes Kommunikationsmedium, das Team als wichtigen Teil der einrichtungsbezogenen Öffentlichkeitsarbeit und der Träger u. U. als offizielles Informationsorgan. Diese unterschiedlichen Sichtweisen können bei der Namensfindung zu Auseinandersetzungen führen.

Auch mit Hilfe eines Preisausschreibens kann man den Namen ermitteln. Wenn alle Einsendungen vorliegen, wird über die Ideen abgestimmt und der Vorschlag mit den meisten Stimmen wird genommen. Die Namen von Zeitungen sind vielfältig, wie zum Beispiel:

- „Kita-Zeitung Don Bosco"
- „Die Arche Noah"
- „Sturm und Wurm"
- „Kita aktuell"
- „Kita-Report"

- **Beispiel**

Wie bereits erwähnt, sollte bei einem Artikel die persönliche Position des Schreibers zum Ausdruck kommen und der Text selbst engagiert formuliert geben sein. Dadurch wird er lebendig und ansprechender. Im Folgenden geben wir einen Beitrag einer Kindergartenleitung auszugsweise und leicht verändert wieder (vgl. Krenz 1997, Seite 140 ff.) :

„Liebe Eltern und Sorgeberechtigte,

immer neue Begriffe sind in der Kindergartenpädagogik zu hören. Da hören Sie und wir ‚spielzeugfreier Kindergarten', ‚Waldkindergarten', ‚Naturkindergarten' und ‚ökologisch-dynamischen Kindergarten'. Wir fragen uns alle, was sich wohl hinter diesen Namen und Begriffen verbirgt, welche pädagogischen Ansätze das gemeinsame Leben und Lernen von Klein und Groß prägen. Sicher können Grundaussagen getroffen werden: So geht es um die Sensibilisierung der Sinne, der Seele für Natur und Umwelt, für die Schöpfung. Ein hoher und zweifelsfrei begrüßenswerter Anspruch.

Aber wie sehen die Dinge heute aus? Unsere Kinder kennen oft bereits die Malediven, Gran Canaria oder Mallorca viel besser als die Wälder im Bereich ihres Heimatortes. Erzieherinnen stehen Fragen der Kinder verwundert gegenüber, wenn sie beispielsweise den Unterschied zwischen Kaninchen und Hasen erfragen. Allerdings können dieselben Kinder mit den Begriffen wie Tyranosaurus, Pteranodon oder Labeosaurus sicher umgehen. Ein Zeitzeichen? ....

In unserem Kindergarten haben wir einen großen Schatz, nämlich ein einzigartiges Gelände mit über 18 verschiedenen Strauch- und Baumarten, vielen zahmen und wilden Tieren, sozusagen einen richtigen Abenteuergarten. In diesem lässt es sich noch träumen und wir denken, dass damit eine Konzeption vorhanden ist. So macht es uns oft nachdenklich, wenn einzelne Eltern oder Sorgeberechtigte meinen, ihr Kind sei unterfordert, weil wir keine Vorschularbeit machen. Herzlich möchten wir Sie einladen, bei uns zu hospitieren ...

Ich meine, wir sollten uns öfters einmal die Zeit nehmen, in aller Stille zu beobachten, mit unseren Kindern wirklich leben, mit ihnen lachen, trauern, hoffen, albern und ausgelassen sein, entsprechend dem Motto: „Hier bin ich einfach Kind – und kein vortrainierter, kleiner Erwachsener – hier kann und darf ich es sein."

Ich wünsche Ihnen auch im Namen aller unserer Kolleginnen eine gute Zeit. Gerne laden wir Sie ein, auch dieses Mal wieder in unsere Elternzeitschrift zu blicken ...

6.2.4 Informationsbroschüren

Wichtiger Bestandteil der Elternarbeit sind schriftliche Informationen, wie zum Beispiel Tipps bei der Anmeldung, Hinweise zu Veranstaltungen, Einladungen oder grundlegende Nachrichten durch den Elternbrief. Diese Informationsbroschüren können in drei Gruppen unterteilt werden:

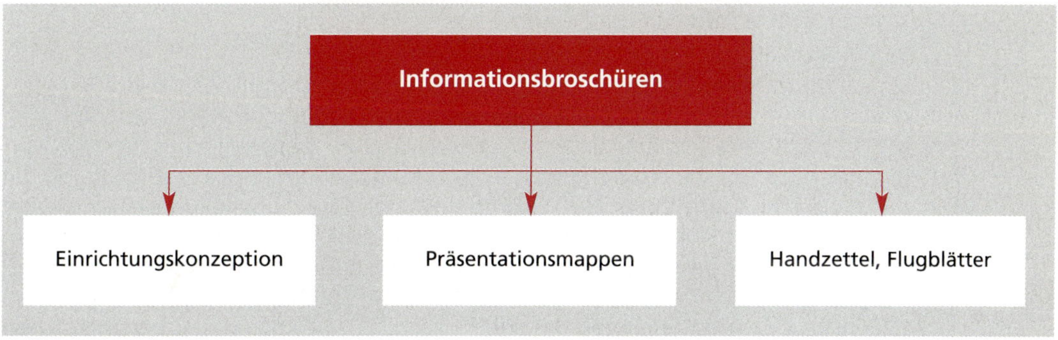

Beispiele von Informationsbroschüren im Rahmen der gesamten Elternarbeit

In diesem Abschnitt werden Formen von Broschüren berücksichtigt, die den Zielsetzungen der Elternbildung entsprechen. Informationsbroschüren beschäftigen sich mit erziehungsrelevanten Themen, die sich vertiefend mit pädagogischen Inhalten, Schwerpunkten, Ansätzen und mit Zielen der Einrichtung auseinander setzen.

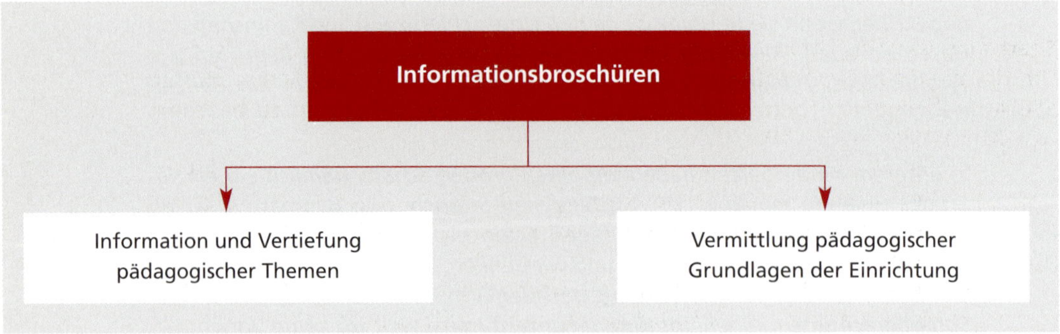

Aufgaben von Informationsbroschüren im Rahmen der Elternbildung

- **Einrichtungskonzeptionen**
Mit Hilfe einer Informationsbroschüre zur Konzeption der Einrichtung erhalten Eltern ein differenziertes Bild über die pädagogische Arbeit der Erzieherinnen. Sie lernen den pädagogischen Ansatz der Kindertagesstätte kennen und können das daraus resultierende Handeln der Erzieher nachvollziehen. Im Erziehungsalltag können die Eltern überprüfen, inwieweit die Erzieherinnen dem pädagogischen Anspruch gerecht werden.

Somit ist die Einrichtungskonzeption eine qualitativ wichtige Informationsbroschüre. Sie spiegelt die Realität wider und beschränkt sich nicht auf Absichtserklärungen (vgl. Krenz 1997, Seite 133). Sie enthält eine exakte inhaltliche Beschreibung aller Schwerpunkte, die die Tätigkeiten der Erzieherinnen in der Kindertagesstätte maßgeblich bestimmen. Durch eine Einrichtungskonzeption kommt das eigenständige Profil der Kindertagesstätte zum Ausdruck; der individuelle Charakter wird für Außenstehende deutlicher erkennbar und ein Vergleich mit anderen Institutionen wird möglich. Um diesem Anspruch zu genügen, sind grundlegende Voraussetzungen bei der Erstellung der Broschüre zu berücksichtigen.

Verbindlichkeit
Einrichtungskonzeptionen sind auf einer breiten Basis zu erarbeiten, d. h. alle Mitarbeiterinnen der Einrichtung, der Elternbeirat und der Träger sollten beteiligt sein. Die Konzeption sollte für alle Erzieherinnen und ihr pädagogisches Handeln verbindlich sein. Wie die Eltern können auch zukünftige Fachkräfte feststellen, ob die pädagogische Ausrichtung der Kindertagesstätte ihren Vorstellungen entspricht. Folglich sollte die Konzeption viele Beispiele aus der Praxis enthalten. Diese müssen so gestaltet sein, dass sich Eltern und zukünftige Erzieher bei der Auseinandersetzung mit den Inhalten eine exakte Vorstellung von der Arbeitsweise, den Arbeitsansätzen und den Einstellungen der Einrichtung zu grundlegenden pädagogischen Fragestellungen machen können.

So wird eine hoher Grad an Transparenz erzielt. Konzeptionen müssen so lange gültig und für alle Erzieherinnen verbindlich sein, bis die ganze Konzeption oder Teile daraus überarbeitet werden müssen. Dies ist zum Beispiel der Fall, wenn sich grundlegende Rahmenbedingungen ändern oder sich pädagogische Ausrichtungen wandeln. Da die Konzeptionen auch in Dienstverträge mit einbezogen werden, sind die Erzieherinnen verpflichtet, ihr pädagogisches Handeln daran zu orientieren.

Beachtung der Aufgabenbereiche

Um das eigenständige Profil der Kindertagesstätte herauszukristallisieren, müssen alle Aufgabengebiete berücksichtigt werden. Folgende Aspekte sind zu beachten (vgl. Krenz 1997, Seite 134):

- Der gesetzliche Auftrag der Bereiche Betreuung, Erziehung und Bildung.
- Die jeweilige Vorstellung des pädagogischen Ansatzes.
- Das besondere Verständnis der religiösen Erziehung bei konfessionellen Trägern.
- Die eindeutige Beschreibung des Anspruches, dass die Kinder zum Ausgangspunkt der pädagogischen Arbeit gemacht werden.
- Die Aufzählung und die Ausführung von besonderen Arbeitsschwerpunkten.
- Die Hervorhebung der Bedeutung und des Stellenwerts des Spieles.
- Darstellungen zum Selbstverständnis des Berufsbildes der Erzieherin.
- Die Art und Weise der Zusammenarbeit mit dem Träger, der Erzieherinnen untereinander und die Teamarbeit.
- Das Spektrum der Formen und Aufgaben der Zusammenarbeit mit den Eltern.
- Formen und Möglichkeiten der Zusammenarbeit mit den Fachdiensten anderer Einrichtungen.
- Formen und Aufgaben der Öffentlichkeitsarbeit.
- Das Selbstverständnis bei der Beratung und Anleitung von Praktikanten.
- Der Stellenwert und die Bedeutung von Fort-, Weiter- und Zusatzausbildungen für die Erzieherinnen.
- Die besonders hervorzuhebenden Rahmenbedingungen der Kindertagesstätte und der zu absolvierenden Arbeit.
- Die aktuell verwendete Fachliteratur.

Zielgruppen

Einrichtungskonzeptionen sind nicht nur für Eltern oder zukünftige Erzieherinnen bestimmt, sondern können auch für andere Einrichtungen, Personen oder Personengruppen wichtige Informationsquellen sein.

- Eltern von zukünftigen Kindern der Kindertagesstätte
- Eltern von Kindern, die die Einrichtung besuchen
- Relevante Beratungsstellen, Therapeuten und Ärzte
- Schulen im Einzugsbereich der Einrichtung
- Wichtige Ämter, wie zum Beispiel Jugendamt
- Anliegende und benachbarte Kindertageseinrichtungen
- Der jeweilige Träger oder Vorstand
- Personen und Vertreter der politischen Gremien
- Ausbildungsinstitutionen, wie Fach- oder Fachhochschulen
- Sonstige für die Einrichtung bedeutende Personen

Konzeptionen sollen attraktiv wirken und der Leser soll sich persönlich angesprochen fühlen. Dies kann durch ein ansprechendes Vorwort und Nachwort erreicht werden. Im Vorwort ist eine kurze Einführung in die Bedeutung und Funktion der Konzeption zu geben. Im Nachwort kann zur Diskussion angeregt und Wünsche an die Leser gerichtet werden. In der Regel ist auf der letzten Innenseite die Konzeption vom Träger, den Erzieherinnen und dem Elternbeirat unterschrieben.

Da sich die Einrichtung durch ihre Konzeption nach Außen darstellt, ist eine qualitativ hochwertige Gesamtgestaltung erforderlich, ein entsprechendes Layout fördert den guten Eindruck. Konzeptionen sollten auf dem PC gedruckt oder einer Druckerei in Auftrag gegeben werden. Die Suche nach einem Sponsor, der die Druckkosten zu einem Teil mitträgt, sollte nicht von vornherein ausgeschlossen werden. Als Gegenleistung könnte ihm angeboten werden, dass seine Leistung in der Konzeption kurz genannt wird:

> *„Unsere Konzeption wurde durch die finanzielle Unterstützung von … hergestellt."*

6.2.5 Elterninformation per Internet

Der gesellschaftliche Wandel schreitet unbeirrbar fort. Die modernen Staaten haben sich von Industrie- zu Kommunikationsgesellschaften weiterentwickelt. Haben sozialpädagogische Einrichtungen den Anspruch, eine moderne und professionelle Elternarbeit zu praktizieren, müssen sie sich die Frage stellen, inwieweit sie solche Kommunikationsmöglichkeiten wie das Internet nutzen wollen.

Definition

Der Begriff ‚Internet' ist abgeleitet vom lateinischen Ausdruck ‚inter' (= zwischen) und dem englischen Wort ‚net' (= Netz). Übersetzt bedeutet ‚Internet' die ‚Verbindung' von Netzen'. Es ist das größte globale Netzwerk der Welt. Es verbindet Computer miteinander, die auf der ganzen Erde verteilt sind. So kann von jedem Punkt des Globus aus ein Computer ans Internet angeschlossen werden. Dadurch ist ein weltweiter Datenaustausch und die elektronische Kommunikation ermöglicht. Die Verbindung der Computer erfolgt über Telefonleitung, Glasfaserkabel, Breitband-Hochfrequenz-Kupferleitungen, Richtfunk oder Satelliten.

- **Vorteile**

Zwischenzeitlich machen sich immer mehr soziale Einrichtungen diese Möglichkeit des Datenaustausches und der Kommunikation zunutze. Wie aber können Kindertagesstätten das Internet im Kontext der Elternarbeit einsetzen?

- Im Rahmen von „Business und Marketing" können Kindertagesstätten sich und ihr Dienstleistungsangebot vorstellen. Hierzu muss eine „Homepage" erstellt werden. Sie ist die Eingangs- oder Startseite der „Website" im „WWW". Die „Web-Site" stellt die Gesamtheit der Internetpräsentation der Einrichtung dar.

- Die Kindertagesstätte kann so zum Beispiel das Personal, die Räumlichkeiten, die Betreuungszeiten, die pädagogische Zielsetzung, die Jahresplanung oder Veranstaltungen zugänglich machen. Dies signalisiert Offenheit, Transparenz und schafft grundsätzlich eine vertraute Atmosphäre. Eltern können dadurch ein substantiellen Einblick in die Kindertagesstätte erhalten. Diese Möglichkeit ist besonders für Eltern geeignet, bei denen die Aufnahme des Kindes in die Einrichtung bevorsteht. So werden zugleich für die Erzieherinnen zeitliche Ressourcen geschaffen, da sich dann viele Eltern schon über das Internet informieren können.
- Mit Hilfe der elektronischen Post („E-Mail") können Erzieher mit Eltern und umgekehrt miteinander kommunizieren. Erzieherinnen können den Eltern zum Beispiel wichtige Informationen über Veranstaltungen oder das Kind auf einem unkomplizierten Weg zu kommen lassen. Eltern können den Erzieherinnen ihre Wünsche, Vorstellungen und auch Beschwerden mitteilen (siehe 4.1.4.7: Probleme der Elternarbeit).

- **Problematik**

Allerdings muss berücksichtigt werden, dass die Einrichtung einer Homepage und einer Website für kleine Einrichtungen je nach Situation ein großer Kostenaufwand sein kann. Für die sachgerechte Bedienung des Internets sind auch Kompetenzen erforderlich.

Auch erfordert die alltägliche Benutzung der Homepage der Kindertagesstätte Zeit und klare Absprachen zwischen den Erzieherinnen. Deshalb sollten insbesondere kleine Einrichtungen vor der Benutzung des Internets in der Elternarbeit den Aufwand und die Kosten gegenüber dem Nutzen differenziert abwägen.

Größere Einrichtungen verfügen jedoch über mehr Personal und über ein umfangreicheres Budget, so dass der Einsatz einer Website durchaus in Erwägung gezogen werden sollte.

6.2.6 Elternbefragung

Befragungen von Eltern stehen im Kontext der Planung von Elternarbeit und können wichtige Informationen über Lebenslagen, Wünsche, Bedürfnisse und Interessen der Eltern liefern. Die Bedeutung der Elternbefragung soll das folgende kurze Fallbeispiel veranschaulichen:

> *In der Kita Don. B. sind viele Eltern, die zwei und mehr Kinder haben. Frau Meyers drittes Kind besucht die Einrichtung. Wie in den vergangenen Jahren haben die Erzieherinnen wieder einen Elternabend zum Thema „Konfliktbewältigung" angeboten.*
> *Obwohl die Erzieherinnen sich immer sehr viel Mühe mit dieser Veranstaltung geben und zwischenzeitlich zu diesem Thema über eine enorme Kompetenz verfügen, erhalten sie von Frau Meyer und anderen Eltern keine positive Rückmeldung. Auch sind sie von der geringen Anzahl der teilnehmenden Eltern enttäuscht.*

Das Beispiel zeigt, dass die Erzieherinnen in diesem Fall zu stark von ihren eigenen Vorstellungen ausgegangen sind und die Situation der Eltern zu wenig berücksichtigt haben. Trotz großem Einsatz und großer Sachkompetenz war der Elternabend letztendlich kein Erfolg. Die Gründe hierfür sind leicht auszumachen:

- Dadurch, dass schon Geschwisterkinder die Kindertagesstätte besuchten, kennen viele Eltern die Einrichtung seit vielen Jahren.
- Werden Veranstalten über mehrere Jahre wiederholt, so verlieren sie für die Eltern an Attraktivität.

• Planung der Elternarbeit und Befragungen

In welchem Zusammenhang stehen Elternbefragungen mit der Planung der Elternarbeit? Die Planung der Elternarbeit ist ein komplexer Prozess. Er umfasst die Situations- und Bedarfsanalyse, die Entwicklung und Fortschreibung der Konzeption für die Elternarbeit und die Erstellung des Jahresprogramms (vgl. Textor 2000, Seite 26 f.).

Die **Situationsanalyse** kann mit Hilfe von Elternbefragungen durchgeführt werden. Dabei können wichtige Fakten über die Lebenssituation der Familien erfasst werden, wie zum Beispiel: Größe, Wohnsituation, vorherrschende Familienstruktur und -formen, Umfang der Frauenerwerbstätigkeit, soziale Schichtung, innerfamiliäre Arbeitsteilung, Freizeitverhalten, Erziehungsziele oder besondere Probleme innerhalb der Familie.

Auf der Grundlage der erhobenen Daten muss die Elternarbeit entsprechend konzipiert werden. So sollte in einer Kindertagesstätte, die sich in einem sozialen Brennpunkt mit entsprechender Problematik befindet, eine andere Elternarbeit durchgeführt werden, als in einer Einrichtung, deren Kinder vorwiegend aus einem Mittelschichtmilieu stammen.

Welche Bedürfnisse die Familien haben, die zu erwartenden Formen der Elternarbeit oder günstige Zeitpunkte für Elternveranstaltungen, all diese Faktoren werden mit Hilfe der **Bedarfsanalyse** ermittelt.

Das Konzept wird auf der Basis der Situations- und Bedarfsanalyse entwickelt. Es werden die Angebote für die Elternarbeit konzipiert und die Ziele festgelegt, was dann erreicht werden soll.

Mit Hilfe der fortgeschriebenen oder neuen Konzeption der Kindertagesstätte wird die **Jahresplanung** erstellt. Dadurch kann wie in dem eingangs geschilderten Fallbeispiel vermieden werden, dass sich im Verlauf der Jahre gleichbleibende Formen der Elternarbeit wiederholen, wenn große Teile der Elternschaft die Einrichtung seit vielen Jahren kennen.

Zu berücksichtigen ist, dass die Situations- und Bedarfsanalyse, die Konzeptionsentwicklung, die Umsetzung und Überprüfung des Konzeptes einen endlosen Kreislauf bilden. So verändern sich durch gesellschaftliche Gegebenheiten die Lebensumstände von Familien. Im Rahmen einer fachlich guten Elternarbeit ist es wichtig, auf diese Veränderungen einzugehen.

Diese für eine erfolgreiche Elternarbeit wichtigen Daten und Fakten können mit Hilfe von Elternbefragungen ermittelt werden. Dadurch können wie bereits erwähnt Umstände der Lebenssituationen, Wünsche, Bedürfnisse oder Interessen der Eltern erfasst werden.

- **Elternbefragung**

Exemplarisch stellen wir hier eine Elternbefragung vor (vgl. Textor 2000, Seite 32 ff.):

ACHTUNG ELTERNBEFRAGUNG!

Für wie wichtig halten Sie die Elternarbeit in unserer Kindertagesstätte?

- ☐ sehr wichtig
- ☐ wichtig
- ☐ wenig wichtig
- ☐ unwichtig

Möchten Sie in unserer Einrichtung Hinweise über die Erziehung und Entwicklung von Kindern erhalten?

- ☐ ja gerne
- ☐ gelegentlich
- ☐ nein

Möchten Sie Hinweise über Aktivitäten erhalten, die Sie zu Hause mit Ihrem Kind machen können?

- ☐ ja gerne
- ☐ gelegentlich
- ☐ nein

Haben Sie Interesse, in unserer Einrichtung andere Eltern kennen lernen?

- ☐ ja gerne
- ☐ teils, teils
- ☐ nein

Haben Sie den Wunsch, mit anderen Eltern über die Erziehung und Entwicklung von Kindern zu diskutieren?

- ☐ ja gerne
- ☐ hin und wieder
- ☐ nein

Sind Sie gut über das Verhalten und die Entwicklung Ihres Kindes in unserer Einrichtung informiert?

- ☐ bestens
- ☐ zufriedenstellend
- ☐ nicht ausreichend
- ☐ völlig ungenügend

Wie beurteilen Sie die Zusammenarbeit zwischen Ihnen und uns?

- ☐ bestens
- ☐ zufriedenstellend
- ☐ nicht ausreichend
- ☐ völlig ungenügend

Sind Sie genügend über das pädagogische Konzept und die Arbeitsweise unserer Einrichtung informiert?

- ☐ bestens
- ☐ zufriedenstellend
- ☐ nicht ausreichend
- ☐ völlig ungenügend

Können Sie in unserer Einrichtung längere Gespräche mit unseren Fachkräften führen?

- ☐ ja
- ☐ hin und wieder
- ☐ nein

Können Sie mit unseren Fachkräften über Ihr Kind und Ihre Familie sprechen?

- ☐ bestens
- ☐ zufriedenstellend
- ☐ nicht ausreichend
- ☐ völlig ungenügend

Können sich unsere Fachkräfte in Ihre Situation hineinversetzen?

- ☐ ja
- ☐ bedingt
- ☐ nein

Sind Ihre Erziehungsvorstellungen in unserer Kindertagesstätte berücksichtigt?

- ☐ ja, völlig
- ☐ zum großen Teil
- ☐ kaum
- ☐ überhaupt nicht

Finden Sie in unserer Einrichtung Hilfe bei Erziehungsfragen und -problemen?

- ☐ ja
- ☐ bedingt
- ☐ nein

Lesen Sie in der Regel die Elternbriefe und die kita-Zeitung?

- ☐ ja
- ☐ kaum
- ☐ nein

Haben Sie Mitbestimmungsmöglichkeiten in unserer Einrichtung?

- ☐ ja
- ☐ bedingt
- ☐ überhaupt nicht

Zu welchen Zeiten könnten Sie für sich am besten unsere Angebote der Elternarbeit wahrnehmen?

- ☐ ab 20:00 Uhr
- ☐ ab 18:00 Uhr
- ☐ ab 16:00 Uhr
- ☐ ab 14:00 Uhr
- ☐ Samstagvormittag oder –nachmittag

Wie viel Zeit können Sie in der Regel im Monat für unsere Angebote der Elternarbeit aufbringen?

- ☐ weniger als 1 Stunde
- ☐ 1 bis 2 Stunden
- ☐ 3 bis 4 Stunden
- ☐ 5 bis 7 Stunden
- ☐ 8 Stunden und mehr

Haben Sie Verbesserungsvorschläge?
Wir würden uns darüber freuen!

____

____

____

____

____

Vielen Dank für Ihre Mitarbeit.
Ihr Kindertagesstätten-Team

Zusammenfassung

Durch **Aushänge** von Wochenplänen, Tages- und Wochenberichten, Projektaktivitäten etc. Fotowände und schwarzes Brett ist bei regelmäßigem Elternkontakt eine fortlaufende Information der Eltern gegeben. Der Aushang von Wochenplänen und Tages- und Wochenberichten vor den Gruppenräumen macht die Arbeit der Erzieherinnen transparent. Eltern können den Tagesablauf und die erlebten Aktivitäten ihrer Kinder nachvollziehen.

Bei der Gestaltung zum Beispiel des schwarzen Brettes ist darauf zu achten, dass es klar strukturiert ist und ausreichend Platz für die verschiedenen Informationen vorhanden ist, da sonst die Übersichtlichkeit verloren geht.

Eltern erhalten im Laufe eines Kindergartenjahres verschiedene schriftliche Mitteilungen von der Einrichtung.

- **Schriftliche Kurzmitteilungen**, wie Kurzbriefe, Merkblätter, Informationsheft, Kopien zu bestimmten Themen, Kopien von Artikeln, Notizen oder Tagebuch,
- **Elternbriefe**, wie Informationsschriften bei der Aufnahme, Briefe zu bestimmten Themen, zu Anliegen der Erzieher oder zu Vorstellung der Einrichtung

Zum Beispiel erhalten die Eltern bei der Aufnahme der Kinder in der Regel die ***Informationsschriften.*** Darin sind je nach Kindertagesstätte Öffnungszeiten, Tagesablauf, Ferienregelung, Beiträge, geplante Aktivitäten, Wochenpläne oder konzeptionelle Hinweise aufgeführt.

Bei den schriftlichen Informationen hat der Elternbrief eine zentrale Rolle. Mit ihm geht die Kindertagesstätte sozusagen auf die Eltern zu.

Über **Elternzeitschriften** können wichtige Informationen vermittelt und aktuelle Erziehungsfragen thematisiert werden. Dadurch können Erzieherinnen ihre pädagogische Arbeit und ihre Kompetenzen transparent machen. Dies schafft Vertrauen und bietet zugleich Gesprächsstoff.

Mit der Elternzeitschrift wird ein Forum für die Eltern geschaffen, wo sich Erzieherinnen und Eltern austauschen können. Hier kann eine gemeinsame Wissensbasis geschaffen werden, die als Ausgangspunkt für die Auseinandersetzung mit pädagogischen oder Erziehungsproblemen dient.

Bei der Auswahl der Themen ist darauf zu achten, dass diese aktuell und für die Eltern bedeutsam sind und mit dem Geschehen in der Kindertagesstätte in enger Verbindung stehen. Bei der Formulierung der Themen sollte die jeweilige persönliche Haltung zum Ausdruck kommen. Phrasen und Sätze mit vielen Fachausdrükken oder Fremdwörtern sprechen die meisten Eltern nicht an und wirken eher abschreckend.

Die Attraktivität und die Identifikation der Eltern mit der Elternzeitschrift kann durch einen ansprechenden Namen gesteigert werden. Bei der Namensgebung sollten sowohl die Kinder als auch die Eltern beteiligt werden.

Informationsbroschüren können in drei Gruppen unterteilt werden: Einrichtungskonzeption, Präsentationsmappen und Handzettel bzw. Flugblätter. Im Rahmen der Elternbildung haben Informationsbroschüren folgende Aufgaben: Information und Vertiefung von pädagogischen Themen und Vermittlung von pädagogischen Grundlagen der Einrichtung.

Die Einrichtungskonzeption ist eine qualitativ wichtige Informationsbroschüre, mit deren Hilfe die Eltern ein differenziertes Bild von der pädagogischen Arbeit der Erzieherinnen erhalten. Sie lernen den pädagogischen Ansatz der Kindertagesstätte kennen und können das daraus resultierende Handeln nachvollziehen. Im Erziehungsalltag können die Eltern überprüfen, inwieweit die Erzieherinnen dem pädagogischen Anspruch gerecht werden.

Einrichtungskonzeptionen sind auf einer breiten Basis zu erstellen, d. h. alle Mitarbeiterinnen der Einrichtung, der Elternbeirat und der Träger sollten beteiligt sein. Die Konzeption sollte für alle Erzieherinnen und ihr pädagogisches Handeln verbindlich sein. Wie die Eltern können auch zukünftige Fachkräfte feststellen, ob die pädagogische Ausrichtung der Kindertagesstätte ihren Vorstellungen entspricht. Folglich sollte die Konzeption viele Beispiele aus der Praxis enthalten.

So wird eine hoher Grad an Transparenz erzielt. Konzeptionen sollen attraktiv wirken und der Leser soll sich persönlich angesprochen fühlen.

Durch **Elterninformation über das Internet** kann zum Beispiel über das Personal, die Räumlichkeiten, die Betreuungszeiten, die pädagogische Zielsetzung, die Jahresplanung oder Veranstaltungen informiert werden. Eltern können dadurch ein substanziellen Einblick in die Kindertagesstätte erhalten.

Im Rahmen von Business und Marketing können Kindertagesstätten sich und ihr Dienstleistungsangebot vorstellen.

Mit Hilfe der elektronischen Post (= E-Mail) können Erzieherinnen mit Eltern oder umgekehrt miteinander kommunizieren. Erzieherinnen können den Eltern zum Beispiel wichtige Informationen über Veranstaltungen oder das Kind auf einem unkomplizierten Weg zu kommen lassen. Eltern können den Erzieherinnen ihre Wünsche, Vorstellungen und auch Beschwerden mitteilen.

Die **Elternbefragung** steht im Kontext der Planung von Elternarbeit und kann wichtige Informationen über Lebenslagen, Wünsche, Bedürfnisse und Interessen der Eltern liefern.

Die Planung der Elternarbeit ist ein komplexer Prozess. Er umfasst die Situations- und Bedarfsanalyse, die Entwicklung und Fortschreibung der Konzeption für die Elternarbeit und die Erstellung des Jahresprogramms

Die Situationsanalyse kann mit Hilfe von Elternbefragungen durchgeführt werden. Auf der Grundlage der erhobenen Daten muss die Elternarbeit konzipiert werden. Mit Hilfe der fortgeschriebenen oder erstellten Konzeption der Kindertagesstätte wird die Jahresplanung gemacht.

Dadurch kann vermieden werden, dass sich zum Beispiel im Verlauf der Jahre gleichbleibende Formen der Elternarbeit wiederholen, wenn große Teile der Elternschaft die Einrichtung seit vielen Jahren kennen.

6.3 Probleme der schriftlichen Elterninformation

6.3.1 Sprache und Sprachniveau/ausländische Eltern

Ein großes Problem in der Zusammenarbeit mit ausländischen Eltern sind nicht nur die Verständigungsschwierigkeiten, sondern ist auch die Vermittlung von schriflichen Informationen.

Der Anteil an ausländischen Eltern nimmt bedingt durch die gesellschaftlichen Veränderungen ständig zu. Besonders in Großstadt-Kindertagesstätten ist die Anzahl ausländischer Eltern sehr hoch. Eltern von deutschen Kindern sind mancherorts sogar in der Minderheit (siehe 4.2.4.4: Probleme der Elternarbeit – ausländische Familien). Bei der Gestaltung der schriftlichen Formen der Elternarbeit müssen die mangelnden Deutschkenntnisse ausländischer Eltern berücksichtigt werden.

- **Hilfen**

Grundsätzlich ist zum Beispiel beim Verfassen eines Elternbriefes darauf zu achten, dass alle Beiträge gut verständlich und in Schriftdeutsch verfasst werden. Die Aussagen von Kindern können in ihrer Mundart übernommen werden. Dies wirkt authentischer und bringt eine gewisse Würze in das Produkt. In Elternbriefen stellen die Erzieher sich selbst, ihre Arbeit und ihre Einrichtung dar. Elternbriefe sind also ein Medium der Öffentlichkeitsarbeit und sollten deshalb inhaltlich und formal professionell gestaltet sein. Dabei sind folgende Kriterien zu berücksichtigen (vgl. dazu auch Jansen und Wenzel 2000, Seite 64):

- Wählen Sie die Themen aus, die Ihnen für Ihre pädagogische Arbeit wichtig sind, die aber gleichermaßen auf die Interessen der Eltern stoßen.
- Achten Sie darauf, dass Sie die Inhalte verständlich formulieren: Schachtelsätze vermeiden, lieber kurz und prägnant formulieren, Inhalte fachlich, aber nicht kompliziert darstellen, Fremdwörter vermeiden, auf Anschaulichkeit achten etc.
- Seien Sie freundlich in Ihrem Tonfall, aber nicht anbiedernd. Sprechen Sie die Eltern als Erwachsene an und vermeiden Sie es, in eine kindertümelnde Sprache zu verfallen.
- Stellen Sie sicher, dass alle Eltern einen Elternbrief bekommen. Am besten führen Sie eine Liste. Wenn Sie den Brief den Kindern mitgeben, ist es sinnvoll, am nächsten Tag noch einmal nachzufragen, ob sie ihren Auftrag erledigt haben.
- Achten Sie auf korrekte Anschrift und Anrede, halten Sie dazu Ihre Adressdatei – ob auf Karteikärtchen oder im Computer – immer auf dem neuesten Stand.
- Ist der Elternbrief länger und umfasst mehrere Themen, empfiehlt sich zur besseren Orientierung eine kleine Inhaltsübersicht.
- Alle Schreiben sollen das gleiche Logo und Layout haben.
- Es ist wichtig, dass ein Elternbrief keine Rechtschreib- oder Layoutfehler enthält. Deshalb: Geben Sie jeden Brief einer Kollegin zum Gegenlesen, arbeiten Sie die Korrekturen ein und lassen dann den Brief noch einmal Korrekturlesen. Die Mühe lohnt sich, auch ein Elternbrief ist eine Art Visitenkarte!

– Nicht zuletzt weil der Elternbrief ein Medium der Öffentlichkeitsarbeit ist, müssen alle Mitglieder des Teams zum Zeitpunkt des Verschickens über den Inhalt informiert sein.

6.3.2 Kosten/Gestaltung

Bei den schriftlichen Formen der Elternarbeit stellt sich die Frage nach den Kosten und der Gestaltung.

• Kosten

Ob es sinnvoll ist, zum Beispiel eine Elternzeitschrift kostenlos oder gegen eine nur geringe Gebühr abzugeben, kann man unterschiedlich beurteilen, da verschiedene Faktoren berücksichtigt werden müssen. Die folgenden Kriterien sind bei der Diskussion „Abgabe kostenlos oder gegen einen kleinen Unkostenbeitrag" hilfreich:

Eltern	• Lesefreude bei den Eltern: vorhanden oder nicht? • Interesse an Kindertagesstätte: stark oder schwach? • Beziehung zur Einrichtung: eng oder weniger stark?
Zeitung	• Layout ansprechend: ja oder nein • Artikel in Ausgaben: eher interessant oder nicht? • Gestaltung: gut übersichtlich oder nicht?
Abstände	• Erscheinungsweise: in regelmäßigen Abständen oder unregelmäßig? • Feste Ausgabetermine: ja oder nein?

Preisgestaltungskriterien einer Elternzeitschrift in Anlehnung an Krenz (1997)

Die Preisgestaltung ist deshalb von Bedeutung, weil bei vielen Menschen das Motto gilt: „Alles Gute hat seinen Preis, und was nichts kostet, hat keinen großen Wert."

Ist die Lesefreude bei vielen Eltern vorhanden, haben sie ein Interesse an der pädagogischen Arbeit der Kindertagesstätte und ist die Beziehung zur Einrichtung gut, ist die Elternzeitschrift übersichtlich und ansprechend gestaltet und enthält interessante Artikel, erscheint sie darüber hinaus in regelmäßigen Abständen, so ist damit zu rechnen, dass man für die Elternzeitschrift einen kleinen Betrag bekommen wird. Aus der Praxis wird berichtet, dass ca. 25 bis 50 Cent von den Eltern akzeptiert werden. Ist die Attraktivität groß, werden sicherlich kaum Eltern wegen des Preises auf die Zeitung verzichten.

• Impulse für die Gestaltung

Eine Elternzeitschrift kann einen Umfang von 10 bis 15 Seiten im DIN-A-4-Format haben. Vergleichbar mit den Tageszeitungen ist es für die lesenden Eltern hilfreich, wenn bei den Ausgaben die Reihenfolge immer wiederkehrender Themen gleich bleibt und die Schwerpunkte als Seitenüberschriften aufgeführt sind. Somit sind die Grundlagen für eine übersichtliche Gestaltung gegeben. Die Redaktionsarbeit kann von Erzieherinnen und Eltern gemeinsam geleistet werden. Die Zeitung sollte folgenden Kriterien genügen (vgl. Krenz 1997, Seite 145 f.):

- Ein übersichtliches Layout, guter Druck oder klare Kopien.
- Das Druckbild sollte ansprechend sein. Bei handgeschriebenen Texten ist auf gute Lesbarkeit zu achten. Das Schriftbild der Texte sollte einheitlich sein, d. h. kein (bzw. nur seltener) Wechsel der Schrifttypen.
- Zwischen den einzelnen Beiträgen ist ausreichend Platz zu lassen. Die Zeilenabstände nicht zu eng wählen. Keine falsche Sparsamkeit nach dem Motto „so viel Text wie möglich auf eine Seite bringen, um Blätter zu sparen."
- Selbstverständlich ist darauf zu achten, keine Rechtschreib- und Grammatikfehler zu übersetzen.
- Werden Artikel aus Fachzeitschriften oder aus Büchern übernommen, sind Quellenangaben erforderlich. Bei der Wiedergabe größerer Textpassagen, Liedern usw. sind die Urheberrechte zu beachten.
- Eine lebendige Gestaltung kann durch Bilder, Zeichnungen, Grafiken erreicht werden.
- Das positive Gesamtbild der Zeitung wird wesentlich durch eine sachgerechte und ordentliche Heftung unterstützt.
- Bei einem beidseitigen Druck darf die jeweils andere Seite nicht durchschimmern. Deshalb ist eine entsprechende Papierstärke und -qualität auszuwählen.
- Es erweist sich als vorteilhaft, links und rechts der Seiten einen erkennbaren Rand zu lassen. Damit wird eine Elternzeitschrift übersichtlicher und lässt sich angenehmer lesen.
- Es ist nicht abwegig, auch einige wenige Anzeigen aufzunehmen, da eine Zeitschrift Kosten verursacht. Dadurch kann die Finanzierung zu einem gewissen Grad abgedeckt werden.

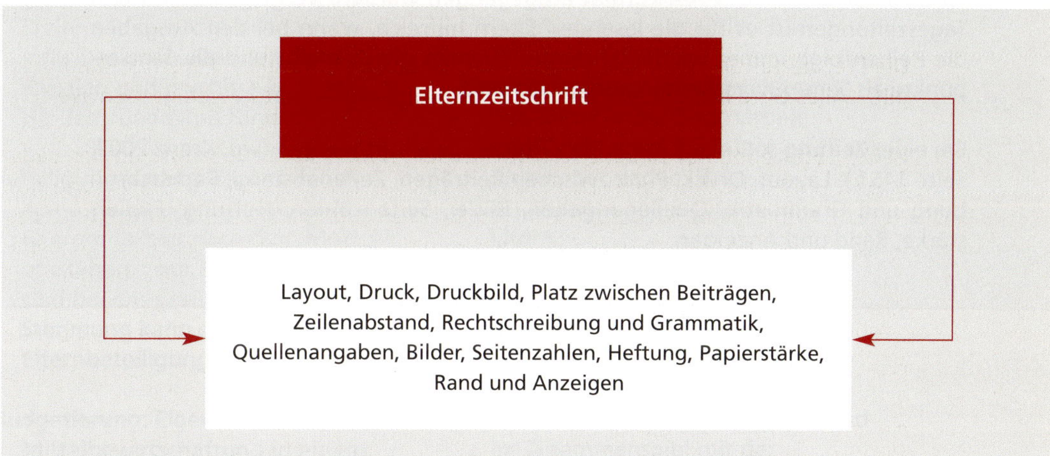

Kriterien für die Gestaltung einer Elternzeitschrift

Elternsprechstunden: dienen der gegenseitigen Information und dem Austausch zwischen Erzieherinnen und Eltern.

Elterntraining: hat die Verbesserung der Elternkompetenzen bei der Erziehung ihres Kindes zum Ziel. Kompetente Eltern erleichtern zudem die Kommunikation zwischen Erzieherinnen und Eltern.

Elternversammlung: Gremium aus Eltern und Erziehungsberechtigten der die Kindertagesstätte besuchenden Kinder.

Elternvertreter: Sie unterstützen die Erziehungspartnerschaft in der Einrichtung und fördern die Zusammenarbeit zwischen der Kindertagesstätte und den Eltern. Sie beraten den Träger und die Leitung in allen wesentlichen Fragen.

Evaluation: Bewertungsvorgang (zum Beispiel Überprüfung des Erfolgs von Maßnahmen).

Kooperation mit Elterninitiativen: Bei Kindertagesstätten von Elterninitiativen sind die Eltern Träger. Als Träger der Einrichtung bestimmen sie die Grundlagen der pädagogischen Arbeit, stellen das Personal ein und sind für die Finanzierung zuständig.

Empathie: Element des aktiven Zuhörens; kennzeichnet das einfühlende Verstehen des Kommunikationspartners.

Fortsetzungsfamilie: Sieffamilie oder Patchwork-Familie; erweiterte Familienverhältnisse nach Trennung/Scheidung und Wiederheirat.

Gemeinsame elterliche Sorge: Nach der Scheidung sind beide Elternteile sorgeberechtigt. Die Fragen der Informationsweitergabe und der Entscheidungskompetenzen sind abzuklären.

Hospitationen: Die Eltern können mehrere Stunden oder den ganzen Tag in der Einrichtung verbringen und so als aktive Teilnehmer in das Geschehen einbezogen werden.

Hyperaktivität: (griech: hyper = über(mäßig)); ein durch ungebremsten Bewegungsdrang geprägtes Verhalten. Kinder neigen zu übermäßiger bis zu überschießender Aktivität. Hinzu kann mangelnde Ausdauer besonders hinsichtlich der Konzentration und die Neigung kommen, ständig die Tätigkeiten zu wechseln.

Internet: ‚Verbindung' von Netzen'; Es ist das größte globale Netzwerk der Welt. Es verbindet Computer miteinander, die auf der ganzen Erde verteilt sind. Dadurch ist ein weltweiter Datenaustausch und elektronische Kommunikation möglich.

KES (Kindergarten-Einschätz-Skala): Messverfahren zur Erfassung der Qualität von Kindertagesstätten. Erfasst werden die Prozess-, Struktur- und Orientierungsqualität in zehn ausgewählten Bereichen.

Kompensatorische Erziehung: erzieherische Maßnahmen zum Ausgleich von Benachteiligung (zum Beispiel durch gezielte Sprachförderung).

Kongruenz: Element des aktiven Zuhörens; weist auf die Echtheit des Zuhörers in seinen verbalen und nonverbalen Reaktionen hin.

Loyalitätskonflikt: Für das Kind ist die Mutter und die Erzieherin eine Bezugsperson. Entsteht zwischen ihnen ein Konflikt, ist es emotional zwischen den Parteien hin- und hergerissen.

Mediation: Verfahren zur Unterstützung der eigenverantwortlichen Konfliktlösung durch die Konfliktpartner selbst.

Öffentlichkeitswirkung: indirekte Form der Öffentlichkeitsarbeit; Die Mitarbeit von Eltern wird für die Öffentlichkeitsarbeit (zum Beispiel in Gremien) nutzbar gemacht. Eltern in solchen Gremien setzen sich für die Belange der Einrichtung positiv ein.

Partizipation: Beteiligung der Eltern an Planungen und Entscheidungen der Einrichtung.

Planung der Elternarbeit: Umfasst die Situations- und Bedarfsanalyse, die Entwicklung und Fortschreibung der Konzeption für die Elternarbeit und die Erstellung des Jahresprogramms.

Psychische Verletzungen: Wenn Eltern in Gesprächskreisen ihre Gefühle offenlegen und keine entsprechende Hilfestellung bei der Bewältigung der dadurch entstehenden Emotionen erhalten, bleibt das Gefühl von Ausbeutung oder Alleingelassensein zurück.

Prozessmanagement: Verfahren zur Analyse und Verbesserung von Abläufen.

Psychosomatik: Beziehungen zwischen Körper und Seele, wie psychosomatische Erkrankungen.
Die Unterdrückung von Gefühlen kann zu körperlichen Erkrankungen führen.

Qualitätshandbuch: Dokumentation des Qualitätsmanagements, das Arbeitsanweisungen, Prozessbeschreibungen, Durchführungsregelungen umfasst.

Qualitätsmanagement: Maßnahmen zur Analyse und Verbesserung von Produkten und Dienstleistungen zur Erhöhung der Kundenzufriedenheit.

Ressourcenmanagement: Bereitstellung und effizienter Einsatz zur Verfügung stehender Mittel.

Rollenkonflikte: Sie beruhen darauf, dass Eltern die Erzieherinnen und Erzieherinnen die Eltern in ihrer jeweiligen Rolle wahrnehmen und daraus Forderungen ableiten.
So sollen zum Beispiel Erzieherinnen aus der Sichtweise der Eltern freundliche, zuvorkommende, aufopferungsbereite und hilfsbereite Frauen sein.

Sach- und Fachautorität: Kenntnis- und Wissensvorsprung, durch den die Person Ansehen und Einfluss gewinnt.

Selbstdarstellung: Einzelne Eltern nutzen eine Veranstaltung (zum Beispiel Elternabend) zur Profilierung oder reißen weit gehend die Regie an sich.
Die anderen Eltern fühlen sich dann zu wenig beachtet und werden ungehalten.

Selektive Wahrnehmung: Bei der Erziehung die Gefahr, dass nur bestimmte oder Teile von Inhalten aufgenommen werden, welche die bisherige Haltung zum Erziehungsverhalten verstärken und bestätigen.

Setting: Gestaltung einer angemessenen äußeren Umgebung und Atmosphäre, die auf die jeweilige Situation bezogen ist.

Sexueller Missbrauch: Verwendung eines Kindes für die sexuellen Belange eines Erwachsenen (Machtmissbrauch, Berührung, Ausbeutung, oder Zwang).

Sich-selbst-erfüllende-Prophezeiung: Zum Beispiel die ständige Angst einen Fehler nachgewiesen zu bekommen, verunsichert die Erzieherinnen und provoziert damit Fehler.

Situationsanalyse: Wird mit der Hilfe von Elternbefragungen durchgeführt.

Situationsansatz: pädagogisches Vorgehen, das Lebenssituationen des Kindes aufgreift, um die Handlungskompetenz des Kindes zu erhöhen.

Sozial-Sponsoring: Dient u. a. innovativen Projekten, qualifiziert die Öffentlichkeit, unterstützt die Entwicklung der beruflichen Professionalität und trägt zur Erhöhung des Bekanntheitsgrades der Einrichtung bei.

Stigmatisierung: Ein Prozess oder Geschehen, bei dem eine Person gebrandmarkt bzw. negativ gekennzeichnet wird.

Stufen der Elterneinmischung: von der partnerschaftlichen Zusammenarbeit zur Eskalation; einseitige Durchsetzung von Interessen, Bewertung des Erzieherverhaltens nach falsch oder richtig, Machtkämpfe bzw. Drohungen, Beschuldigungen und Beleidigungen.

Systemische Betrachtungsweise: Alle problemspezifischen Perspektiven werden berücksichtigt. Sichtweise, bei der ganzheitlich die Wirkung auf das ganze System beachtet wird.

Thematischer Elternabend: Im Vordergrund steht die Information der Eltern, die Kommunikation der Eltern untereinander und die Kontaktanbahnung zwischen Eltern.

Themenbezogener Gesprächskreis: Das Gespräch. die Diskussion, somit die Sachebene steht im Zentrum. So werden zum Beispiel Erziehungsprobleme fachlich erörtert.

Ursache-Wirkung-Denken: Es wird zum Beispiel ein alleiniger (mono) ursächlicher (kausal) Zusammenhang zwischen dem Verhalten einer Elterngruppe und der Meinung der Mehrheit des Teams hergestellt.

Voranschluss: charakterisiert den Zustand in der Ausgangsphase vor dem Zusammenschluss einer Gruppe.

Waldorf-Pädagogik: Erziehungskonzept, das auf Rudolf Steiner zurückgeht; das Konzept baut auf einem anthroposophischen Menschbild auf.

Zertifizierung: Nachweis, dass das Unternehmen festgelegten Qualitätsstandards entspricht.

Altenthan, Sophia/**Düerkop**, Gesa/**Hagemann**, Christine u. a.: Erziehungslehre, Köln Stam Verlag, 1996.

Amann, Kreszentia/**Kegel**, Dietmar/ **Rausch**, Bernhard/**Siegmund**, Alexander: Erfolgreich präsentieren. Ein Praxistraining mit Beispielen und Tipps, Neusäß, Kieser, 2001.

Angstmann, August: Elternarbeit im Vorschulbereich und ihre Erneuerung als gemeinwesenorientierte Erwachsenenbildung, Frankfurt am Main, Lang (Europäische Hochschulschriften: Reihe 11, Pädagogik, Band 62), 1978.

Arbeitskreis Neue Erziehung e.V. (Hrsg.): Kinder stark machen – sexuellen Missbrauch vorbeugen, Mitarbeit: Gerlinde Unverzagt, Bonn, Bundesministerium für Familie, Senioren, Frauen und Jugend, 1998.

Bayerisches Staatsministerium für Arbeit und Sozialordnung, Familie, Frauen und Gesundheit (Hrsg.): Elternmitarbeit: Auf dem Wege zur Erziehungspartnerschaft, München, Selbstverlag, 1996.

Becker-Textor, Ingeborg: Der Dialog mit den Eltern, München, Don Bosco, 1992.

Becker-Textor, Ingeborg: Semiprofessionelle Formen der Kinderbetreuung am Beispiel „Netz für Kinder", in: Fthenakis, Wassilios E./Textor, Martin R. (Hrsg.): Qualität von Kinderbetreuung. Konzepte, Forschungsergebnisse, internationaler Vergleich, Weinheim, Beltz (BELTZ praxis), 1998, S. 117–126.

Berkel, Karl: Konflikte in und zwischen Gruppen, in: von Rosenstiel, Lutz/Regnet, Erika/Domsch, Michel (Hrsg.): Führung von Mitarbeitern. Handbuch für erfolgreiches Personalmanagement, 3. Auflage, Stuttgart, Schäffer-Poeschel, 1995, S. 359–373.

Bernitzke, Fred: Gesprächsführung (Teil 1) – Prinzipien der Gesprächsführung und das Beratungsgespräch, in: Schüttler-Janikulla, Klaus (Hrsg.): Handbuch für Erzieher in Krippe, Kindergarten, Vorschule und Hort, Landsberg, Moderne Verlagsgesellschaft, 1988.

Bernitzke, Fred: Gesprächsführung (Teil 2) – Das Kritik- und Beurteilungsgespräch sowie die Leitung von Besprechungen, in: Schüttler-Janikulla, Klaus (Hrsg.): Handbuch für Erzieher in Krippe, Kindergarten, Vorschule und Hort, Landsberg, Moderne Verlagsgesellschaft, 1989.

Blank, Brigitte/**Eder**, Elisabeth: Zusammenarbeit mit Eltern in Kindertageseinrichtungen. Arbeitshilfen für die Praxis, Kronach, Carl Link/Deutscher Kommunalverlag, 1999.

Böhm, Regine: Gemeinsam für die Kinder. Zusammenarbeit mit Eltern nicht deutscher Herkunft, in: kindergarten heute, Heft 9, 31. Jahrgang, 2001, S. 18–24.

Boneberg, Iris: Präsentation und Rhetorik, in: Steiger, Thomas/ Lippmann, Eric (Hrsg.): Handbuch der angewandten Psychologie für Führungskräfte, Band 1, Berlin, Springer, 1999, S. 229–260.

Bundesminister für Jugend, Familie, Frauen und Gesundheit (Hrsg.): Qualifizierung von Erzieherinnen für Elternarbeit vom Elementarbereich aus. Ein Projekt des Instituts für Sozialpädagogik der Universität Dortmund, Stuttgart, Kohlhammer (Schriftenreihe des Bundesministers für Jugend, Familie, Frauen und Gesundheit, Band 191), 1984.

Bundeszentrale für politische Bildung (Hrsg.): Zeitlupe, 37, Familie, 1999.

Burmeister, Jürgen: Qualitätsmanagement in Kindertageseinrichtungen: systematisch und nachhaltig, in: Irskens, Beate/Vogt, Herbert (Hrsg.): Qualität und Evaluation, Frankfurt, Deutscher Verein, 2000, S. 60–64.

Buzan, Tony/**Buzan**, Barry: Das Mind-Map-Buch. Die beste Methode zur Steigerung Ihres geistigen Potenzials, 4. Auflage, Landsberg/Lech, Verlag Moderne Industrie, 1999.

Colberg-Schrader, Hedi: Kindergarten – Ort für Kinderleben und Treffpunkt für Eltern. Zur Qualität von Kindergärten, in: Fthenakis, Wassilios E./Textor, Martin R. (Hrsg.): Qualität von Kinderbetreuung. Konzepte, Forschungsergebnisse, internationaler Vergleich, Weinheim, Beltz (BELTZ praxis), 1998, S. 86–97.

Crisand, Ekkehard: Psychologie der Gesprächsführung, Heidelberg, Sauer, 1982.

Decker, Franz: Das große Handbuch für soziale Institutionen, Landsberg/Lech, Verlag Moderne Industrie, 1997.

Deutscher Familienverband (Hrsg.): Handbuch Elternbildung, Band 1: Wenn aus Partnern Eltern werden, Opladen, Leske & Budrich, 1999.

DIN EN **ISO 9000**:2000 für Dienstleistungsunternehmen, hrsg. v. Elmar Pfitzinger, 2., überarbeitete Auflage, Berlin, **DIN** Deutsches Institut für Normung e.V., 2001.

Doppler, Klaus/**Lauterburg**, Christoph: Change-Management. Den Unternehmenswandel gestalten, 10. aktualisierte und erweiterte Auflage, Frankfurt am Main, Campus, 2002.

Dusolt, Hans: Elternarbeit. Ein Leitfaden für den Vor- und Grundschulbereich, Weinheim, Beltz, 2001.

Eppel, Heidi u. a.: Mit Eltern partnerschaftlich arbeiten. Elternarbeit neu betrachtet, Freiburg, Herder, 1996.

Erath, Peter/**Amberger**, Claudia: Das KitaManagementKonzept. Kindertagesstätten auf dem Weg zur optimalen Qualität, Freiburg, Herder, 2000.

Faller, Kurt: Mediation in der pädagogischen Arbeit. Ein Handbuch für Kindergarten, Schule und Jugendarbeit, Mülheim an der Ruhr, Verlag an der Ruhr, 1998.

Fröhlich, Andreas: Basale Stimulation, Düsseldorf, Verlag Selbstbestimmtes Leben, 1994.

Fthenakis, Wassilios E./**Textor**, Martin R. (Hrsg.): Qualität von Kinderbetreuung. Konzepte, Forschungsergebnisse, internationaler Vergleich, Weinheim, Beltz (BELTZ praxis), 1998.

Furian, Martin (Hrsg.): Praxis der Elternarbeit in Kindergarten, Hort, Heim und Schule, Heidelberg, Quelle & Meyer, 1982.

Gerstacker, R.: Ich kann mein Kind nicht verstehen. Gesprächsrunden mit Eltern, in: Welt des Kindes 78 (1), 2000, S. 10–13.

Gerull, Peter: Die Kunden- und Mitarbeiterbefragung. Ein Instrument der Evaluation, in: Irskens, Beate/ Vogt, Herbert (Hrsg.): Qualität und Evaluation, Frankfurt am Main, Deutscher Verein, 2000, S. 151–158.

Gerull, Peter: Zertifizierung von Qualitätsmanagementsystemen in der Kinder- und Jugendhilfe: Zur Problematik externer Beurteilungen, in: Irskens, Beate/Vogt, Herbert (Hrsg.): Qualität und Evaluation, Frankfurt am Main, Deutscher Verein, 2000, S. 52–59.

Gerzer-Sass, Annemarie: Die Qualität in den Betreuungsansätzen von Mütterzentren – dargestellt anhand von Ergebnissen des Modellversuchs „Orte für Kinder", in: Fthenakis, Wassilios E./Textor, Martin R. (Hrsg.): Qualität von Kinderbetreuung. Konzepte, Forschungsergebnisse, internationaler Vergleich, Weinheim, Beltz (BELTZ praxis), 1998, S. 107–116.

Gordon, Thomas: Familienkonferenz, München, Heyne, 1989.

Grüneberg, Lutz/**Hauser**, Paul: Erziehen als Beruf. Eine Praxis- und Methodenlehre, 2. Auflage, Köln, Stam, 1995.

Habermehl, Werner: Angewandte Sozialforschung, München, Oldenbourg, 1992.

Hahn, Maria/**Janssen**, Rolf: Erziehungswissenschaft, Band 2, Köln, Stam, 1994.

Heller, Elke/**Pressing**, Christa: Wie macht sich Qualität bei Kindern bemerkbar?, in: Irskens, Beate/Vogt, Herbert (Hrsg.): Qualität und Evaluation, Frankfurt am Main, Deutscher Verein, 2000, S. 175–182.

Hepp, Gerd (Hrsg.): Eltern als Partner und Mit-Erzieher in der Schule. Wege und Möglichkeiten zu einer pädagogischen Kooperation, Stuttgart, Metzler, 1990.

Hillenbrand, Clemens: Einführung in die Verhaltensgestörtenpädagogik, München, E. Reinhardt Verlag, 1999.

Hummel, Uli: Qualitätsmanagement in der Behinderten- und Jugendhilfe. Zukunftsweisende Alternative oder programmierter Rückschritt?, in: Qualitätsmanagement in der Behinderten- und Jugendhilfe, hrsg. v. Berufsverband der Heilpädagogen, Büdelsdorf/ Rendsburg, 1997.

Huppertz, Norbert: Elternarbeit vom Kindergarten aus. Didaktische und methodische Möglichkeiten in der Sozialpädagogik, Freiburg, Herder, 1974.

Institut für Bildung und Entwicklung im Caritasverband der Erzdiözese München und Freising e. V. (Hrsg.): Die qualifizierte Leiterin. Erfolgreiches Sozialmanagement in Kindertagesstätten, 2. Auflage, München, Don Bosco, 2002.

Irskens, Beate/**Vogt**, Herbert (Hrsg.): Qualität und Evaluation, Frankfurt am Main, Deutscher Verein, 2000.

Jansen, Frank/**Wenzel**, Peter: Von der Elternarbeit zur Kundenpflege. Kindertageseinrichtungen auf dem Weg zu Dienstleistungsunternehmen, 2. Auflage, München, Don Bosco, 2000.

Jeske, Kerstin: Mit den Eltern und nicht für die Eltern. Zusammenarbeit für die Eltern und Erzieherinnen in Kindereinrichtungen, Grafschaft-Birresdorf, Vektor, 1997.

Kinder- und Jugendhilfegesetze: Gesetzessammlung mit allen wichtigen Vorschriften für den Praktiker in der Kinder- und Jugendhilfe, bearbeitet von Karl Janssen, 11., völlig neu bearbeitete Auflage, abgeschlossen nach dem Rechtsstand vom 30. September 2002, Kronach, Link, 2002.

Kirckhoff, Mogens: Mind Mapping. Die Synthese von sprachlichem und bildhaftem Denken, 5. Auflage, Berlin, Synchron-Verlag, 1991.

Kirsten, Rainer E./**Müller-Schwarz**, Joachim: Gruppentraining, Reinbek, Rowohlt, 1976.

Klauß, Theo/**Wertz-Schönhagen**, Peter: Behinderte Menschen in Familie und Heim, Weinheim, Beltz, 1993.

Knisel-Scheuring, Gerlinde: Gesprächshilfen für Erzieherinnen in Kindergarten und Hort, Lahr, Kaufmann, 2001.

Kobelt-Neuhaus, Daniela: Gemeinsame Erziehung von Kindern mit und Kindern ohne Behinderung in Tageseinrichtungen – Qualitätsmerkmale von Einzelintegration aus Elternsicht, in: Gemeinsam leben, Heft 10, 2002, S. 54–61.

Krenz, Armin: Handbuch der Öffentlichkeitsarbeit, Freiburg, Herder, 1997.

Kronberger Kreis für Qualitätsentwicklung in Kindertageseinrichtungen (Hrsg.): Qualität im Dialog entwickeln. Wie Kindertageseinrichtungen besser werden, Seelze, Kallmeyer, 1998.

Kudsi, Barbara: An der Hand ins Märchenland, in: kindergarten heute, Heft 2, 31. Jahrgang, 2001, S. 32–34.

Kühne, Norbert/**Wenzel**, Peter: Praxisbuch Pädagogik, Köln, Stam, 2000.

Leupold, Eva Maria: Handbuch der Gesprächsführung, Freiburg, Herder, 1995.

Lill, Gerlinde (Hrsg.): Von Abenteuer bis Zukunftsvisionen. Qualitätslexikon für Kindergartenprofis, Neuwied, Luchterhand, 1998.

Lowy, Louis/**Bernstein**, Saul: Untersuchungen zur sozialen Gruppenarbeit in Theorie und Praxis, übers. v. Margarete Bellebaum und Ernst Nathan, Freiburg, Lambertus, 1969.

Maslow, Abraham H.: Motivation und Persönlichkeit, Olten, Walter Verlag, 1978.

Mecke, Axel/**Weinmann-Lutz**, Birgit: Präventive Mediation, in: Deutscher Familienverband (Hrsg.): Handbuch Elternbildung, Band 1: Wenn aus Partnern Eltern werden, Opladen, Leske & Budrich, 1999, S. 173 ff.

Merkle, Rolf: Lass dir nicht alles gefallen, Mannheim, PAL, 2000.

Merz, Christine/**Schmidt**, Hartmut: Genau hinsehen und reagieren. Erzieherinnen im sozialen Brennpunkt, in: kita heute, Heft 3, 1999, S. 12–15.

Ministerium für Kultur, Jugend, Familie und Frauen (Hrsg.): Kinder haben Rechte. Berlin, o. J.

Münzenloher, Inge: Qualitätsmanagement in der Kita. Umsetzung der DIN EN ISO 9000 in Kindertageseinrichtungen, Köln, Stam, 2001.

Mutzeck, Wolfgang: Kollegiale Praxisberatung, in: Fitting, Klaus/Kluge, Eva/Saßenrath-Döpke, Eva Maria (Hrsg.): Pädagogik und Auffälligkeit. Impulse für Lehren und Lernen bei erwartungswidrigem Verhalten, Weinheim, Deutscher Studienverlag, 1993, S. 168-181.

Niedenführ, Andreas: Qualitätsmanagement. Grundbegriffe und Ausgangsfragen, in: Wunderlich, Theresia/Jansen, Frank (Hrsg.): Kindergärten mit Gütesiegel?, Freiburg, Verband Katholischer Tageseinrichtungen (KTK) – Bundesverband e. V., 1998, S. 21-39.

Paeßens, Dieter: Die Elternarbeit im Spannungsfeld zwischen Ursprungsfamilie und Heimerziehung, Frankfurt am Main, Deutscher Verein, 1996.

Pausewang, Freya: Ziele suchen – Wege finden, Berlin, Cornelsen, 1994.

Penthin, Rüdiger: ... Eltern sein dagegen sehr. Konzepte und Arbeitsmaterialien zur pädagogischen Elternschulung, München, Juventa, 2001.

Randow-Barthel, Sybille: Elterndialog als Voraussetzung einer neuen Kindertagesstättenkultur, in: Die qualifizierte Leiterin. Erfolgreiches Sozialmanagement in Kindertagesstätten, hrsg. v. Institut für Bildung und Entwicklung im Caritasverband der Erzdiözese München und Freising e. V., 2. Auflage, München, Don Bosco, 2002, S. 68–77.

Redlich, Alexander: Konfliktmoderation. Handlungsstrategie für alle, die mit Gruppen arbeiten, Hamburg, Windmühle, 1997.

Rogers, Carl R.: Die klientenzentrierte Gesprächspsychotherapie, übers. v. Erika Nosbüsch, 15. ungekürzte Auflage, Frankfurt am Main, Fischer, 2002.

Saint-Exupéry, Antoine de: Der kleine Prinz, übers. von Grete und Josef Leitgeb, Berlin, Volk und Welt, 1984.

Sanders, Matt: Verhaltenstherapeutische Familientherapie: Eine „Public-Health"-Perspektive, in: Hahlweg, Kurt u. a. (Hrsg.): Prävention von Trennung und Scheidung – Internationale Ansätze zur Prädiktion und Prävention von Beziehungsstörungen, Stuttgart, Kohlhammer 1998, S. 273–288.

Schaub, Clemens: Jetzt auch noch Managerin. Der Spagat zwischen pädagogischem Anspruch und Wirtschaftlichkeit, Freiburg, Herder, 1998.

Schmitt-Wenkebach, Barbara: Kindergarten und Elternarbeit. Bedingungen, Möglichkeiten, Methoden, Inhalte, Hannover, Schroedel, 1976.

Schönbach, Gerhard: Keine Angst vor ISO 9000:2000, Eschenborn, RKW-Verlag, 2000.

Schuchardt, Erika: Warum gerade ich? Leben lernen in Krisen, 8. Auflage, Göttingen, Vandenhoeck & Ruprecht, 1994.

Schulz von Thun, Friedemann: Miteinander reden: Störungen und Klärungen. Psychologie der zwischenmenschlichen Kommunikation, Reinbek, Rowohlt, 1981.

Seifert, Josef W.: Besprechungs-Moderation. Mit neuer Technik effektiv leiten, erfolgreich teilnehmen, Zeit sparen, 5. Auflage, Offenbach, Gabal, 1995.

Seifert, Josef W.: Visualisieren, präsentieren, moderieren, 8. Auflage, Offenbach: Gabal, 1995.

Smith, Manuel J.: Sage nein ohne Skrupel. Die neue Methode zur Steigerung von Selbstsicherheit und Selbstbehauptung, übers. v. Evelyn Linke, Landsberg am Lech, MVG, 2001.

Steiger, Thomas/**Lippmann**, Eric (Hrsg.): Handbuch der angewandten Psychologie für Führungskräfte, 2 Bände, Berlin, Springer, 1999.

Stürmer, Günter: Neue Elternarbeit. Mitbestimmen und mitgestalten, Freiburg, Herder, 2001.

Suter, Werner: Moderation von Gruppen, in: Steiger, Thomas/ Lippmann, Eric (Hrsg.): Handbuch der angewandten Psychologie für Führungskräfte, Band 1, Berlin, Springer, 1999, S. 380–394.

Tausch, Reinhard: Gesprächspsychotherapie, 6. Auflage, Göttingen, Verlag für Psychologie Hogrefe, 1974.

Textor, Martin: Elternarbeit mit neuen Akzenten. Reflexion und Praxis, 4. Auflage, Freiburg, Herder, 1998.

Textor, Martin: Kooperation mit den Eltern. Erziehungspartnerschaft von Familie und Kindertagesstätte, München, Don Bosco, 2000.

Tietze, Wolfgang/**Viernickel**, Susanne (Hrsg.): Pädagogische Qualität in Tageseinrichtungen für Kinder. Ein nationaler Kriterienkatalog, Weinheim, Beltz, 2002.

Tietze, Wolfgang (Hrsg.): Wie gut sind unsere Kindergärten? Eine Untersuchung zur pädagogischen Qualität in deutschen Kindergärten, Neuwied, Luchterhand, 1998.

Tietze, Wolfgang/**Roßbach**, Hans-Günter/**Schuster**, Käthe-Maria: Kindergarten-Einschätz-Skala (KES), Neuwied, Luchterhand, 1997.

Tietze, Wolfgang: Die Kindergarten-Einschätz-Skala (KES). Entstehung, Instrumentarium, Einsatzmöglichkeiten, in: Irskens, Beate/Vogt, Herbert (Hrsg.): Qualität und Evaluation, Frankfurt am Main, Deutscher Verein, 2000, S. 70–75.

Verband Bildung und Erziehung (Hrsg.): Qualitätsstandards, Qualitätssicherung in Kindertagesstätten, Bonn, Weißenberger (Reihe „VBE-Dokumentationen"), 1999.

Vogt, Herbert: Qualität im Dialog entwickeln. Das Konzept des Kronberger Kreises, in: Irskens, Beate/Vogt, Herbert (Hrsg.): Qualität und Evaluation, Frankfurt am Main, Deutscher Verein, 2000, S. 81–87.

Warnke, Andreas: Elternarbeit, in: Speck, Otto/Martin, Klaus-Rainer (Hrsg): Handbuch der Sonderpädagogik, Band 10: Sonderpädagogik und Sozialarbeit, Berlin, Marhold, 1990, S. 410–426.

Watzlawick, Paul/**Beavin**, Janet H./**Jackson**, Don D.: Menschliche Kommunikation: Formen, Störungen, Paradoxien, 10., unveränderte Auflage, Bern, Huber, 2000.

Weber-Röger, Regina: Eltern fordern uns heraus, 3. Auflage, Freiburg, Herder, 1999.

Weisbach, Christian-Rainer: Professionelle Gesprächsführung. Ein praxisnahes Übungsbuch, 4. Auflage, München, Deutscher Taschenbuch Verlag, 1999.

Wolf, Bernhard: Elternhaus und Kindergarten. Einschätzungen aus zwei Perspektiven (Eltern und Erzieherinnen), Aachen, Shaker, 2002.

Wolf, Doris/**Merkle**, Rolf: Gefühle verstehen – Probleme bewältigen, 16. Auflage, Mannheim, PAL, 2000.

Wolters, Ursula: Lösungsorientierte Kurzberatung. Was auf schnellem Wege Nutzen bringt, Leonberg, Rosenberger Fachverlag, 2000.

Wunderer, Rolf: Führung und Zusammenarbeit, 4. vollständig überarbeitete Auflage, Neuwied, Luchterhand, 2001.

Wunderlich, Theresia/**Jansen**, Frank (Hrsg.): Kindergärten mit Gütesiegel?, Freiburg, Verband Katholischer Tageseinrichtungen (KTK) – Bundesverband e.V., 1998.

Zeissner, Georg: Arbeitsbuch Kindergarten, Köln, Stam, 1993.

Zelazny, Gene: Wie aus Zahlen Bilder werden. Wirtschaftsdaten überzeugend präsentieren, übers. v. Christel Delker, 4. Auflage, Wiesbaden, Gabler, 1996.

Zink, Klaus J.: Besser führen. Problemfeld 6: Qualität als Führungsaufgabe, München, Institut Mensch und Arbeit, 1994.

Bildquellenverzeichnis

Evelyn Neuss, Hannover, S. 17, 18, 19, 40, 113, 148, 153, 188, 191, 206

Interfoto Pressebild-Agentur Bildarchiv, München, S. 57

dpa – Fotoreport, Hamburg, S. 58

R

S

T

U

V

W

Z